Buch-Updates

Registrieren Sie dieses Buch auf unserer Verlagswebsite. Sie erhalten dann Buch-Updates und weitere, exklusive Informationen zum Thema.

Galileo
BUCH UPDATE

Und so geht's
> Einfach www.galileocomputing.de aufrufen
<<< Auf das Logo **Buch-Updates** klicken
> Unten genannten **Zugangscode** eingeben

Ihr persönlicher Zugang zu den Buch-Updates

123845000709

Helma Spona

Windows PowerShell

Galileo Press

Liebe Leserin, lieber Leser,

mit der Windows PowerShell, auch bekannt unter den Codenamen Monad und Microsoft Command Shell (MSH), bietet Microsoft endlich einen Nachfolger für das Windows XP-Kommandozeilenprogramm cmd.exe an. Die auf dem .NET -Framework 2.0 basierende Windows PowerShell verbindet die aus Unix-Shells bekannte Philosophie von Pipes und Filtern mit dem Paradigma der objektorientierten Programmierung. Ein Benutzer kann wie bisher einfache Befehle ausführen oder auch komplexe Programme mit einer Skriptsprache entwickeln.

In diesem Buch bekommen Sie einen schnellen Einstieg ins Thema und Lösungen für den Umgang mit der PowerShell – zugeschnitten auf Ihre Bedürfnisse. Egal, ob Sie bereits Vorkenntnisse in der Programmierung haben und über VBScript- und WSH-Kenntnisse verfügen oder nicht: Alles dafür Notwendige bekommen Sie vermittelt. Die Unterschiede zwischen PowerShell und Windows Script Host werden im Detail aufgezeigt, sodass der Umstieg leicht fällt.

Dass die PowerShell ein wahres Kraftpaket ist, werden Sie sehen, wenn es daran geht, mit dem Benutzer zu kommunizieren und mit dem Dateisystem zu arbeiten. Bei Interaktionen mit dem Benutzer können Sie nun auch auf .NET-Objekte zugreifen. Und der Zugriff auf Windows-Interna mit dem Active Directory Service Interface (ADSI) und der Windows Management Instrumentation (WMI) ist mit der Powershell noch einfacher als mit dem WSH. Ebenfalls deutlich verbessert hat sich der Zugriff auf Datenbanken, lesend wie schreibend. Außerdem erfahren Sie, wie Sie über die PowerShell Anwendungen oder auch Systemprogramme steuern und aufrufen.

Dieses Buch wurde mit großer Sorgfalt begutachtet, lektoriert und produziert. Sollten sich dennoch Fehler eingeschlichen haben oder Fragen auftreten, zögern Sie nicht, mit uns Kontakt aufzunehmen. Sagen Sie uns, was wir noch besser machen können. Ihre Anregungen und Fragen sind uns jederzeit willkommen.

Viel Spaß beim Lesen!

Ihre Judith Stevens-Lemoine
Lektorat Galileo Computing

judith.stevens@galileo-press.de
www.galileocomputing.de
Galileo Press · Rheinwerkallee 4 · 53227 Bonn

Auf einen Blick

1	Die PowerShell-Umgebung einrichten	11
2	PowerShell für Ein- und Umsteiger	21
3	Sprachgrundlagen	41
4	Kommunikation mit dem Anwender	147
5	Arbeiten mit dem Dateisystem	189
6	Zugreifen auf das Windows-System	237
7	Datenbankzugriffe	331
8	Fremde Anwendungen steuern	367

Der Name Galileo Press geht auf den italienischen Mathematiker und Philosophen Galileo Galilei (1564–1642) zurück. Er gilt als Gründungsfigur der neuzeitlichen Wissenschaft und wurde berühmt als Verfechter des modernen, heliozentrischen Weltbilds. Legendär ist sein Ausspruch *Eppur se muove* (Und sie bewegt sich doch). Das Emblem von Galileo Press ist der Jupiter, umkreist von den vier Galileischen Monden. Galilei entdeckte die nach ihm benannten Monde 1610.

Gerne stehen wir Ihnen mit Rat und Tat zur Seite:
judith.stevens@galileo-press.de bei Fragen und Anmerkungen zum Inhalt des Buches
service@galileo-press.de für versandkostenfreie Bestellungen und Reklamationen
stefan.krumbiegel@galileo-press.de für Rezensions- und Schulungsexemplare

Lektorat Judith Stevens-Lemoine, Anne Scheibe
Fachgutachten Benjamin Maretsch
Korrektorat Friederike Daenecke, Zülpich
Cover Barbara Thoben, Köln
Titelbild Corbis
Typografie und Layout Vera Brauner
Herstellung Iris Warkus
Satz SatzPro, Krefeld
Druck und Bindung Koninklijke Wöhrmann, Zutphen, NL

Dieses Buch wurde gesetzt aus der Linotype Syntax Serif (9,25/13,25 pt) in FrameMaker. Gedruckt wurde es auf fein holzhaltigem Naturpapier.

Bibliografische Information der Deutschen Bibliothek
Die Deutsche Bibliothek verzeichnet diese Publikation in der Deutschen Nationalbibliografie; detaillierte bibliografische Daten sind im Internet über http://dnb.ddb.de abrufbar.

ISBN 978-3-89842-880-4

© Galileo Press, Bonn 2007
1. Auflage 2007

Das vorliegende Werk ist in all seinen Teilen urheberrechtlich geschützt. Alle Rechte vorbehalten, insbesondere das Recht der Übersetzung, des Vortrags, der Reproduktion, der Vervielfältigung auf fotomechanischem oder anderen Wegen und der Speicherung in elektronischen Medien. Ungeachtet der Sorgfalt, die auf die Erstellung von Text, Abbildungen und Programmen verwendet wurde, können weder Verlag noch Autor, Herausgeber oder Übersetzer für mögliche Fehler und deren Folgen eine juristische Verantwortung oder irgendeine Haftung übernehmen. Die in diesem Werk wiedergegebenen Gebrauchsnamen, Handelsnamen, Warenbezeichnungen usw. können auch ohne besondere Kennzeichnung Marken sein und als solche den gesetzlichen Bestimmungen unterliegen.

Inhalt

1 Die PowerShell-Umgebung einrichten 11

1.1	Installation der PowerShell und eines passenden Skripteditors		11
	1.1.1	Download-Quellen	11
	1.1.2	Besonderheiten bei der Installation unter Windows XP	12
	1.1.3	Installation unter Windows Vista	13
1.2	Installation von Hilfe und Dokumentation		14
1.3	Der erste Start		15
1.4	Einen Editor installieren		17
1.5	Sicherheit		19

2 PowerShell für Ein- und Umsteiger 21

2.1	Die PowerShell – eine bessere Kommandozeile?		22
	2.1.1	Grundlagen der OOP	23
2.2	Unterschiede zwischen PowerShell und WSH		24
	2.2.1	Groß- und Kleinschreibung	24
	2.2.2	Leerzeichen	25
	2.2.3	Typisierung und Variablendeklarationen	25
	2.2.4	Parameterübergabe und Funktionsaufrufe	26
	2.2.5	Skriptblöcke	28
	2.2.6	Gültigkeitsbereiche	29
	2.2.7	Ein- und Ausgaben, Benutzeroberflächen	30
	2.2.8	Fehlerbehandlung	30
	2.2.9	Parsen von Skriptcode	30
2.3	Umstieg mit System		32
	2.3.1	Einschränkungen der PowerShell	32
	2.3.2	WSH-Skripte portieren	33

3 Sprachgrundlagen 41

3.1	Grundlegende Syntax		41
3.2	PowerShell-CmdLets		41
	3.2.1	CmdLets auflisten	45
	3.2.2	Pipelines nutzen	46
	3.2.3	Wichtige CmdLets im Überblick	49
3.3	Datenprovider nutzen		57

3.4	Skripte erstellen	58
	3.4.1 Dateinamen	59
	3.4.2 Aufbau von Skripten	59
	3.4.3 Skripte ausführen	60
	3.4.4 Kommentare	61
	3.4.5 Variablen verwenden	63
	3.4.6 Operatoren	70
	3.4.7 Inkrement und Dekrement	78
	3.4.8 Der Umgang mit Objekten	78
	3.4.9 Handling von Zeichenketten	81
3.5	Funktionen und Codeblöcke	91
	3.5.1 Funktionen	91
	3.5.2 Skriptblöcke	103
	3.5.3 Rückgabewerte und Parameter für Skripte	106
	3.5.4 Gültigkeitsbereiche	108
	3.5.5 Skripte als Bibliotheken einbinden	117
3.6	Programmablaufsteuerung	119
	3.6.1 Boolesche Ausdrücke und Vergleichsoperatoren	120
	3.6.2 Verzweigungen	124
	3.6.3 Schleifen	132
3.7	Fehlerbehandlung und Debugging	140
	3.7.1 Syntaxfehler suchen und beheben	140
	3.7.2 Laufzeitfehler behandeln	141
	3.7.3 Logische Fehler im Code finden	143

4 Kommunikation mit dem Anwender 147

4.1	Meldungen ausgeben und Werte einlesen	147
	4.1.1 Einfache Ausgaben mit Write-Output	147
	4.1.2 Ausgaben mit Write-Host	149
	4.1.3 Warnungen und Fehler ausgeben	152
	4.1.4 Doppelte Ausgaben mit Tee-Object	153
	4.1.5 Benutzereingaben anfordern	154
	4.1.6 Kennworteingaben realisieren	156
4.2	Auf das .NET-Framework zugreifen	158
	4.2.1 Einfache Meldungen ausgeben	158
	4.2.2 Notwendige .NET-Bibliotheken laden	159
	4.2.3 Einen Titel angeben	160
	4.2.4 Rückgabewerte auswerten	162
	4.2.5 Symbole anzeigen	163
	4.2.6 Dateiauswahldialoge anzeigen	166

4.3	Benutzeroberflächen gestalten	172
	4.3.1 Einen Dialog erzeugen und anzeigen	172
	4.3.2 Steuerelemente einfügen und anordnen	173
	4.3.3 EventHandler für Buttons erstellen	175
	4.3.4 Eine InputBox-Funktion für Benutzereingaben programmieren	176
	4.3.5 Aktives Steuerelement und Tabulatorreihenfolge festlegen	180
	4.3.6 Farben ändern	182
	4.3.7 EventHandler erstellen	185

5 Arbeiten mit dem Dateisystem ... 189

5.1	Dateien und Verzeichnisse manipulieren	189
	5.1.1 Absolute Pfadangaben	189
	5.1.2 Relative Pfade	190
	5.1.3 Aktuelles Verzeichnis abrufen und setzen	191
	5.1.4 Prüfen, ob Dateien und Verzeichnisse existieren	192
	5.1.5 Verzeichnisse erstellen, löschen und umbenennen	192
	5.1.6 Dateien umbenennen, erstellen und löschen	198
	5.1.7 Verzeichnisinhalte durchsuchen und bearbeiten	211
5.2	Auf Laufwerke und die Netzwerkumgebung zugreifen	214
	5.2.1 Laufwerke auflisten	215
	5.2.2 Prüfen, ob ein Laufwerk bereit ist	217
	5.2.3 Laufwerkseigenschaften ermitteln	218
	5.2.4 Einen Laufwerksauswahldialog erstellen	221
5.3	Text- und XML-Dateien bearbeiten	227
	5.3.1 Eine Textdatei erstellen	228
	5.3.2 Text in die Datei schreiben	229
	5.3.3 Textdateien zeilenweise lesen	230
	5.3.4 Inhalte einer Textdatei ändern	234
	5.3.5 Eine Textdatei auf dem Bildschirm anzeigen	235

6 Zugreifen auf das Windows-System ... 237

6.1	WMI-Grundlagen	237
	6.1.1 Erste Beispiele und WMI-Grundlagen	238
	6.1.2 Nach einem bestimmten Element suchen	239
	6.1.3 Einen neuen Startmenü-Ordner erstellen	244
	6.1.4 Menüeinträge erstellen	245

	6.1.5	Problemfall: WMI-Dokumentation	248
	6.1.6	WMI im Detail	253
6.2		Anwendungsbeispiele	254
	6.2.1	Datenträgername lesen und ändern	255
	6.2.2	Registry-Einstellungen lesen	259
	6.2.3	Registry-Werte auslesen	261
	6.2.4	Prüfen, ob es einen Schlüssel oder Wert gibt	267
	6.2.5	Schlüssel und Werte erstellen	268
	6.2.6	Werte und Schlüssel mit dem WSH erstellen	271
	6.2.7	Schreibzugriffe auf die Registry	274
	6.2.8	Registry-Schlüssel löschen	275
	6.2.9	Dienste starten, stoppen und installieren	277
	6.2.10	Nur laufende Dienste ausgeben	279
	6.2.11	Einen Dienst stoppen und starten	279
	6.2.12	Druckertreiber und Anschlüsse auflisten	280
	6.2.13	Druckerport hinzufügen	282
	6.2.14	Druckerport löschen	284
	6.2.15	Installierte Drucker auflisten	285
	6.2.16	Abhängige Dateien prüfen	286
	6.2.17	Netzwerkdrucker verbinden	289
	6.2.18	Lokal installierten Drucker löschen	293
	6.2.19	Starteinstellungen	298
	6.2.20	Rechner neu starten	304
6.3		Benutzerverwaltung	307
	6.3.1	Benutzerkonten auflisten	307
	6.3.2	Benutzerkonten aktivieren und deaktivieren	309
6.4		ADSI: Zugreifen auf ActiveDirectory-Daten	310
	6.4.1	ADSI-Sicherheitskonzepte	310
	6.4.2	ADSI-Provider	311
	6.4.3	Grundlegende Vorgehensweise in ADSI-Skripten	311
	6.4.4	Einen Benutzer anlegen	312
	6.4.5	Benutzerkonto anpassen	316
	6.4.6	Benutzergruppen auflisten und Benutzer einer Gruppe zuordnen	317
	6.4.7	Benutzer löschen	321
6.5		Netzwerkfreigaben verwalten	322
	6.5.1	Vorhandene Freigaben auflisten	323
	6.5.2	Eine neue Freigabe erzeugen	324
	6.5.3	Freigaben löschen	326
	6.5.4	Freigaben mit Laufwerksbuchstaben verbinden	327

7 Datenbankzugriffe 331

- 7.1 Zugreifen auf Datenbanken 331
  - 7.1.1 Datenbankgrundlagen 332
  - 7.1.2 Aufbau der Datenbank 332
  - 7.1.3 Zugriffsmöglichkeiten 333
  - 7.1.4 Erstellen einer Benutzeroberfläche für Abfragen 335
- 7.2 Datenbankinhalte auslesen 341
  - 7.2.1 Verbindung zur Datenbank aufbauen 341
  - 7.2.2 Abfragen formulieren und ausführen 345
  - 7.2.3 Die Funktion aufrufen 347
- 7.3 Schreibende Zugriffe auf Datenbanken 350
  - 7.3.1 Das Primärschlüsselfeld erstellen 351
  - 7.3.2 Datensätze ändern 352
  - 7.3.3 Die Änderungen in die Datenbank schreiben 353
  - 7.3.4 Datensätze hinzufügen und löschen 360
  - 7.3.5 Geänderte Daten neu laden 362
  - 7.3.6 Änderungen verwerfen 363

8 Fremde Anwendungen steuern 367

- 8.1 Steuern von Word und Excel über Objektautomation 367
  - 8.1.1 Objektautomation, was ist das? 368
  - 8.1.2 Ein COM-Objekt erzeugen und zerstören 369
  - 8.1.3 Excel starten und beenden 371
  - 8.1.4 Eine Arbeitsmappe erstellen und speichern 373
  - 8.1.5 Eine vorhandene Arbeitsmappe öffnen 376
  - 8.1.6 Prüfen, ob es ein bestimmtes Tabellenblatt gibt 376
  - 8.1.7 Ein Tabellenblatt hinzufügen und benennen 378
  - 8.1.8 Zugreifen auf Zellen 379
  - 8.1.9 Einen Zellbereich benennen 380
  - 8.1.10 Auf einzelne Zeilen zugreifen 380
  - 8.1.11 Daten- und Formeln in Zellen schreiben 384
  - 8.1.12 Zugreifen auf Word 390
- 8.2 SMTP-E-Mails senden 400
- 8.3 Windows-Systemprogramme ausführen 403
  - 8.3.1 Ping ausführen 403
  - 8.3.2 FTP-Verbindung aufbauen 405
  - 8.3.3 Eine Webseite mit dem IE anzeigen 411

Inhalt

A Anhang 413

- A Übersichtstabellen 415
  - A.1 CmdLets 415
  - A.2 Systemvariablen 419
  - A.3 PowerShell-Schlüsselwörter 420
  - A.4 Operatoren 421
  - A.5 Verzweigungen 423
  - A.6 Schleifen 424
  - A.7 Wichtige Member der Klasse String 425
  - A.8 Escape-Zeichen 427
  - A.9 Wichtige Code-Fragmente 427
  - A.10 Wichtige Fehlermeldungen und deren Ursache 429
  - A.11 WMI-Klassen und Namensräume 429
  - A.12 Datentypen 430
- B Glossar 431

Index 435

Zeichenerklärung

Im Buch finden Sie viele Zusatzinformationen in grauen Kästen. Einige dieser Kästen sind mit Icons gekennzeichnet, die Ihnen anzeigen, welcher Art die Information ist:

[!] Warnhinweis: Die in diesen Kästen enthaltenen Informationen weisen auf potentielle Fehlerquellen hin.

[+] Tipp: In den Kästen, auf die dieses Zeichen aufmerksam macht, finden Sie kleine Tipps und Tricks, die Ihnen die Arbeit erleichtern.

[»] Hinweis: Diese Kästen enthalten hilfreiche Zusatzinformationen, z. B. Tipps, wie Sie die gezeigten Beispiele ergänzen können, oder Verweise auf Stellen mit weiterführenden Informationen zum Thema.

Skriptbeispiele zum Download

Alle Skriptbeispiele finden Sie auf der Website zum Buch **http://www.galileo-press.de/1385** unter der Rubrik »BuchUpdates«.

Ob PowerShell oder Monad – der Name spielt keine Rolle. Mit dem Einsatz der PowerShell beginnt für viele Skriptprogrammierer ein neues Zeitalter. Ob es auch besser ist, muss sich erst noch zeigen, aber die ersten positiven Entwicklungen sind schon jetzt zu sehen.

1 Die PowerShell-Umgebung einrichten

1.1 Installation der PowerShell und eines passenden Skripteditors

Die Windows PowerShell, vormals Monad genannt, steht für Windows XP, Windows 2003 Server und Windows Vista zur Verfügung. Ob sie bereits in Windows Vista enthalten sein wird, stand zur Zeit der Drucklegung leider noch nicht fest. Es könnte also sein, dass Sie auch bei einer Vista-Installation die Installation der PowerShell und der Dokumentation noch ausführen müssen.

1.1.1 Download-Quellen

Die PowerShell steht auf der Microsoft-Webseite zum Download zur Verfügung. Rufen Sie dazu die URL **http://www.microsoft.com/germany/technet/scriptcenter/hubs/msh.mspx** auf. Hier finden Sie alle Download-Möglichkeiten rund um die PowerShell sowie ebenfalls eine Download-Möglichkeit für die Dokumentation und das erforderliche .NET-Framework 2.0.

> [!] Achten Sie beim Download unbedingt darauf, die für Ihr Betriebssystem und Ihren Prozessor passende Version herunterzuladen. Für einen 64-Bit-Prozessor sollten Sie daher auch die 64-Bit-Version herunterladen. Die 64-Bit-Version können Sie allerdings nur dann auch einsetzen, wenn Sie eine 64-Bit-Betriebssystem-Version installiert haben.

> [«] Das .NET-Framework müssen Sie nur dann installieren und herunterladen, wenn es nicht schon auf Ihrem System vorhanden ist. Sie haben es mit Sicherheit, wenn Sie eines der folgenden Programme und/oder Betriebssysteme installiert haben:
> - Windows Vista
> - Visual Studio 2005
> - Visual Basic 2005 Express Edition (oder eine andere Programmiersprache als Express-Edition)

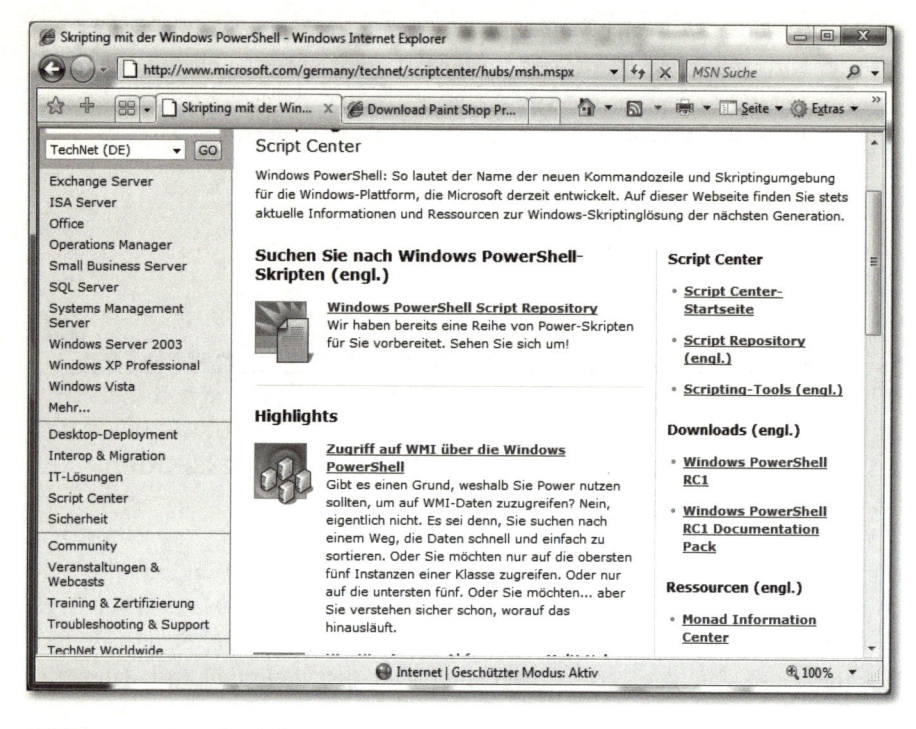

Abbildung 1.1 Downloads für PowerShell und Dokumentation

Ansonsten sollten Sie zunächst prüfen, ob Sie bereits die erforderliche Version installiert haben. Unter Windows XP gehen Sie dazu wie folgt vor:

- Wählen Sie **Start • Systemsteuerung** aus.
- Klicken Sie auf das Symbol **Leistung und Wartung**.
- Klicken Sie auf **Verwaltung**. Gibt es nun ein Symbol **Windows .NET Framework 2.0 Konfiguration**, ist das .NET-Framework 2.0 installiert.

1.1.2 Besonderheiten bei der Installation unter Windows XP

Falls Sie festgestellt haben, dass Ihnen das .NET-Framework auf Ihrem System fehlt, installieren Sie dieses unbedingt vor Installation der PowerShell. Führen Sie dazu nach dem Download die Datei **dotnetfx.exe** aus, und folgen Sie den Anweisungen des Setup-Assistenten. Anschließend erfolgt die Installation genau so, wie für Vista beschrieben.

Installation der PowerShell und eines passenden Skripteditors | 1.1

1.1.3 Installation unter Windows Vista

Folgende Schritte sind nur dann erforderlich, wenn Sie noch mit der Beta-Version von Vista arbeiten und die PowerShell nicht automatisch installiert wurde oder wenn diese zwar installiert wurde, Sie sie aber später deinstalliert haben. Offenbar scheint es keine Möglichkeit zu geben, die PowerShell über die Systemsteuerung wieder zu installieren. Falls Sie eine Neuinstallation durchführen möchten, müssen Sie die PowerShell für Windows XP herunterladen und können sie dann so installieren, wie im Folgenden beschrieben wird.

[!]

Haben Sie die PowerShell heruntergeladen, ist die Installation in wenigen Schritten erledigt. Gehen Sie dazu folgendermaßen vor:

- Wählen Sie **Start • Computer** aus dem Menü von Vista aus.
- Öffnen Sie den Ordner, in dem Sie den Download gespeichert haben.
- Klicken Sie doppelt auf die heruntergeladene ZIP-Datei. Bei der 64-Bit-Version heißt die Datei **PowerShell_amd64**, in der Version für X86er-Systeme heißt sie **PowerShell_i386**.

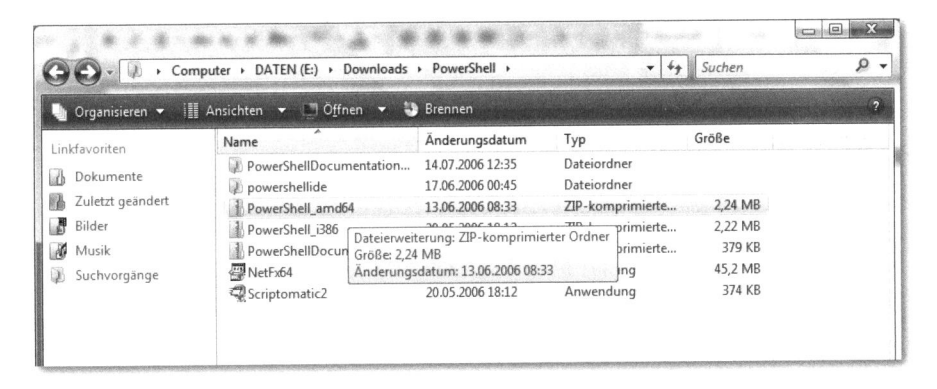

Abbildung 1.2 Doppelklicken Sie auf die ZIP-Datei.

- Vista öffnet die ZIP-Datei, und Sie können dann die enthaltene Installation per Doppelklick ausführen. Für die AMD 64-Bit-Version heißt sie bspw. **PowerShell_setup_amd64**.
- Abhängig von den Sicherheitseinstellungen von Vista und den Rechten Ihres Benutzerkontos kann es allerdings sein, dass Sie vor der eigentlichen Installation gefragt werden, ob Sie den Zugriff des Setup-Programms auf das System erlauben möchten. Bestätigen Sie dies, sonst wird das Setup nicht abgeschlossen.
- Das Setup wird nun ausgeführt und sollte in der Regel fehlerfrei abgeschlossen werden.

1.2 Installation von Hilfe und Dokumentation

Die Dokumentation, allerdings in Englisch, können Sie ebenfalls von der gleichen Webseite herunterladen. Sie besteht ebenfalls aus einer ZIP-Datei, die drei Dokumente beinhaltet. Zum schnelleren Zugriff sollten Sie diese Dokumente jedoch entpacken, indem Sie **Extrahieren** aus dem Kontextmenü der Datei auswählen.

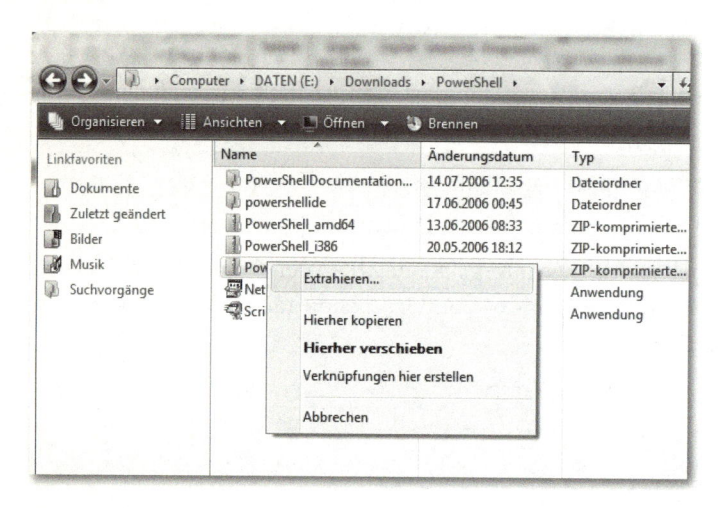

Abbildung 1.3 Extrahieren der Dokumentation

Wählen Sie das Zielverzeichnis aus, sofern Sie das vorgeschlagene Verzeichnis nicht verwenden möchten, und aktivieren Sie das Kontrollkästchen **Dateien nach Extrahierung anzeigen**. Klicken Sie dann auf **Extrahieren**.

Abbildung 1.4 Extrahieren der Dokumentation

Damit Sie schneller darauf zugreifen können, sollten Sie noch einen Startmenüeintrag erzeugen, über den Sie die Dokumente aufrufen können. Markieren Sie dazu alle drei Dateien mit der Maus, und ziehen Sie sie bei gedrückter rechter Maustaste auf das Start-Symbol. Vista öffnet dann das Menü, und Sie können ein Unterverzeichnis wählen, in das Sie die Dateien kopieren können.

Befindet sich die Maus über dem gewünschten Startmenüverzeichnis, lassen Sie die Maustaste los.

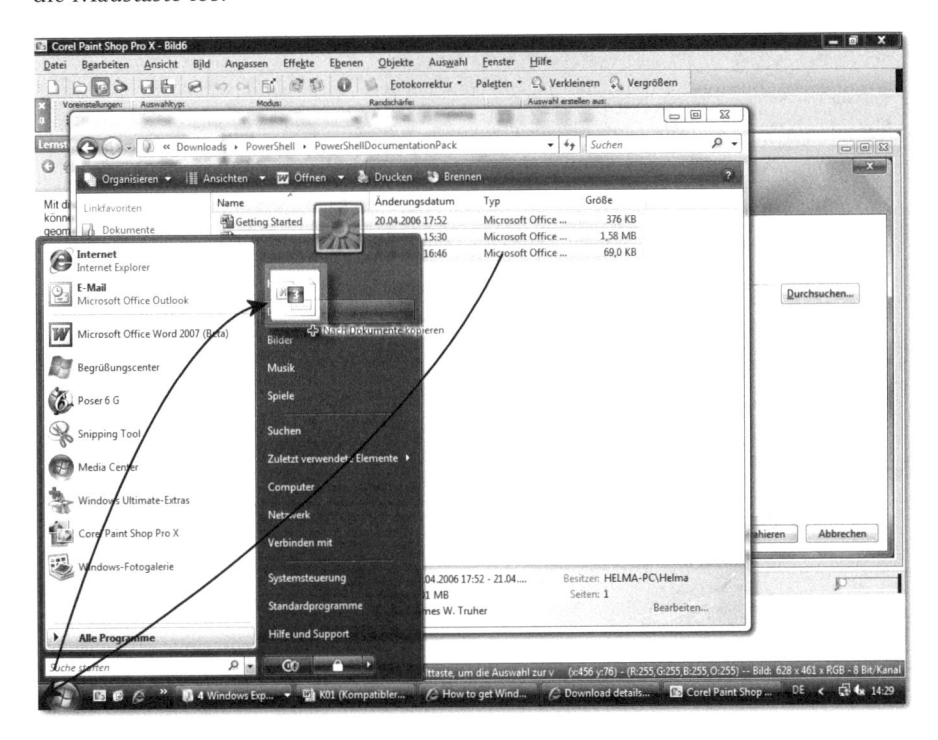

Abbildung 1.5 Startmenüeinträge per Drag & Drop erstellen

[!] Mit der RC2 (Release Candidate 2) der PowerShell werden auch Teile der Dokumentation installiert. Diese werden direkt in das Programm-Menü der PowerShell eingefügt. Allerdings entsprechen sie vom Umfang und Inhalt nicht dem, was im PowerShellDocumentation-Pack steht. Sie sollten dieses also auf jeden Fall zusätzlich herunterladen.

1.3 Der erste Start

Möchten Sie die PowerShell starten, geht das ganz leicht über das Startmenü von Vista. Klicken Sie auf den Start-Button, und wählen Sie dann **Alle Programme** aus. Vista zeigt nun eine Liste aller installierten Programme an, darunter auch den Eintrag **Windows PowerShell**.

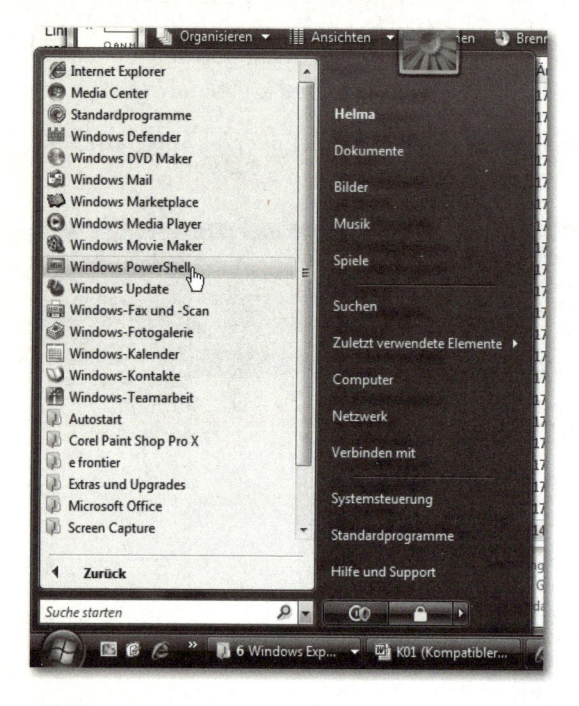

Abbildung 1.6 Starten der PowerShell über das Startmenü von Windows Vista

> [»] Wenn Sie Windows XP verwenden, finden Sie die PowerShell ebenfalls im Menü unter **Start • Alle Programme • Microsoft PowerShell**. Abhängig von der installierten Version der PowerShell könnte sich diese aber auch in einem Untermenü befinden. Dann wählen Sie **Start • Alle Programme • Windows-PowerShell • Windows PowerShell** aus.

Die Windows-Kommandozeile fragt Sie nun, ob Sie dem Herausgeber der Software vertrauen und das Programm ausführen möchten. Als Antworten stehen Ihnen die folgenden Tasten zur Verfügung:

- ▸ [V] Niemals ausführen, die PowerShell wird deaktiviert.
- ▸ [D] Nicht ausführen, die PowerShell wird nicht gestartet, kann aber später gestartet werden.
- ▸ [R] Einmal ausführen, die PowerShell wird jetzt ausgeführt, beim nächsten Mal wird aber erneut nachgefragt.
- ▸ [A] Immer ausführen, die PowerShell wird immer ausgeführt.
- ▸ [?] Hilfe; es wird eine Erläuterung der verfügbaren Optionen angezeigt.

Bei der zur Zeit der Drucklegung verfügbaren Version wird allerdings nur die die Taste [!] A akzeptiert. In allen anderen Fällen wird erneut gefragt. Drücken Sie einfach die entsprechende Taste, also bspw. A, wenn Sie zukünftig auf Rückfragen verzichten möchten.

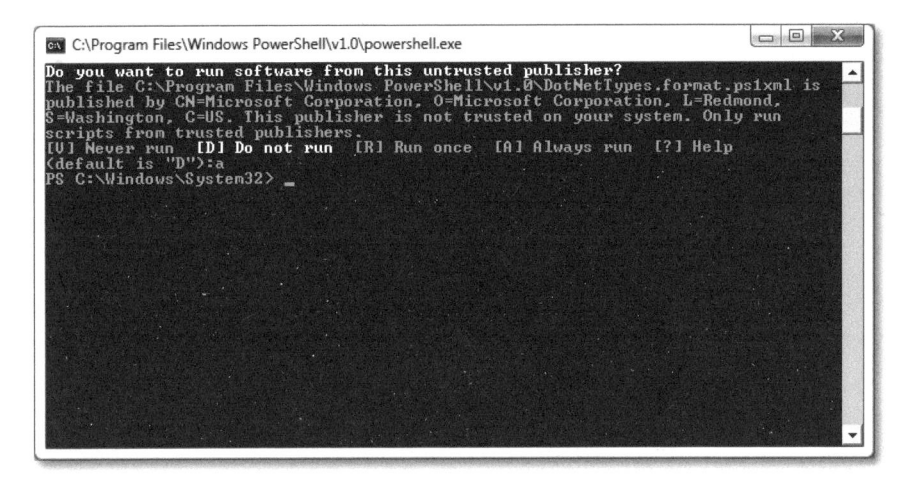

Abbildung 1.7   Rückfrage, ob der Software vertraut wird

1.4   Einen Editor installieren

Die PowerShell unterstützt die direkte Ausführung einzelner Anweisungen genauso wie den Start komplexer Skripte, die wie beim WSH (Windows Script Host) als Skriptdateien gespeichert werden. Diese Dateien können Sie zwar mit jedem Texteditor erstellen, optimal ist aber der Einsatz eines entsprechenden Editors.

Auf der Microsoft-Webseite finden Sie einen Hinweis auf die PowerShellIDE, eine Entwicklungsumgebung, die von Dr. Tobias Weltner für die Erstellung von PowerShell-Skripten entwickelt wurde. Sie wird nachfolgend für die Skripterstellung verwendet.

Sie können die PowerShellIDE unter der URL **www.powershell.com** herunterladen. [+]
Dort finden Sie gegebenenfalls auch Updates und Aktualisierungen.

Eine Installation ist nicht erforderlich. Wenn Sie die Datei heruntergeladen und entpackt haben, können Sie die Entwicklungsumgebung über die Datei **PowerShellIDE.EXE** starten.

1 | Die PowerShell-Umgebung einrichten

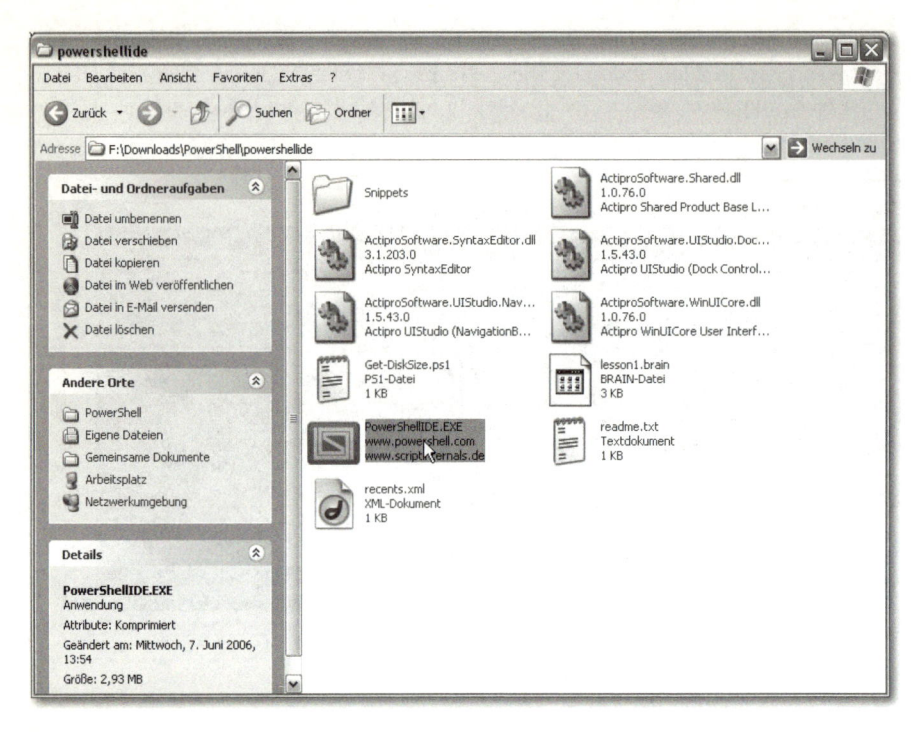

Abbildung 1.8 Eine mögliche Entwicklungsumgebung für die PowerShell: die PowerShellIDE

[+] Für einen einfacheren Start der Entwicklungsumgebung können Sie die Datei natürlich auch per Drag & Drop auf das Startmenü ziehen und dort einen Startmenüeintrag erstellen.

Beim ersten Starten der Entwicklungsumgebung werden Sie wie beim Starten der PowerShell gefragt, ob Sie das Programm starten möchten. Klicken Sie hier auf **Always Run**.

Abbildung 1.9 Bestätigen Sie, dass die Software immer gestartet werden soll.

Nach dem Start finden Sie eine Benutzeroberfläche vor, die stark an die Oberfläche von Vista und die neue Microsoft Office-Version angelehnt ist. Beenden können Sie das Programm bspw. über die X-Schaltfläche im Fenstertitel oder über die **Beenden**-Schaltfläche, die Sie in der Statusleiste des Programms unten rechts finden.

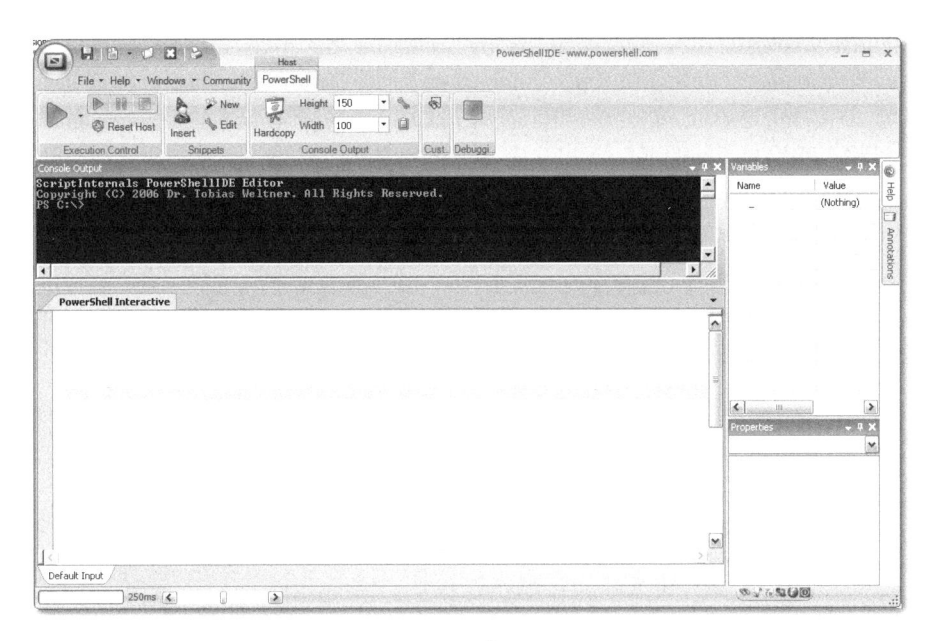

Abbildung 1.10 Die Entwicklungsumgebung im Überblick

1.5 Sicherheit

Die PowerShell legt mehr Wert auf Sicherheit als der WSH(=Windows Script Host). Genau wie dieser werden auch in der PowerShell alle Skripte und Kommandos nur mit den Rechten des aktuell angemeldeten Benutzers ausgeführt. Da es aber keine Systeme ohne Rechteverwaltung gibt, auf denen die PowerShell ausgeführt werden kann, ist damit schon einmal sichergestellt, dass Viren wie »loveletter« und Co. es weitaus schwerer haben – vorausgesetzt, der angemeldete Benutzer hat nur eingeschränkte Rechte und die PowerShell ist entsprechend eingestellt.

Es gibt nämlich, genau wie in Windows 2003 und Vista, sogenannte »execution policies«. Wörtlich lässt sich das mit »Ausführungsregeln« übersetzen. Sie bestimmen, welche Programme und ausführbaren Dateien ausgeführt werden und welche nicht.

Über die Sicherheitseinstellungen der PowerShell können Sie außerdem festlegen, ob Skripte überhaupt ausgeführt werden, ob diese verschlüsselt sein müssen oder ob auch unverschlüsselte Skripte ausgeführt werden. Zudem können Sie die Ausführungsbeschränkungen auch von der Herkunft des Skriptes abhängig machen.

1 | Die PowerShell-Umgebung einrichten

Standardmäßig ist die PowerShell so eingestellt, dass Sie zwar einzelne Befehle an der Kommandozeile ausführen können, aber keine Skripte. Das merken Sie spätestens dann, wenn Sie versuchen, ein Skript auszuführen. Dann werden Sie nämlich mit der folgenden Meldung konfrontiert:

```
The file ... cannot be loaded. The execution of scripts is disabled
on this system. Please see "Get-Help about_signing" for more details
```

Erhalten Sie diese Meldung, müssen Sie die Ausführungsregeln für Skripte lockern, wenn Sie Skripte ausführen möchten. Dazu stehen vier mögliche Einstellungen zur Verfügung:

Einstellung	Beschreibung
Restricted	Dies ist die Standardeinstellung, in der keine Skripte ausgeführt werden.
AllSigned	Mit dieser Einstellung werden nur signierte Skripte ausgeführt und diese auch nur nach Rückfrage, ob Sie dem Herausgeber vertrauen. Damit können allerdings immer noch schädliche Skripte ausgeführt werden, solange diese signiert sind.
RemoteSigned	Alle Skripte werden ausgeführt; Skripte, die von Kommunikationsprogrammen, wie Browser, Outlook, Outlook Express heruntergeladen und ausgeführt werden, müssen jedoch signiert sein, damit sie ausgeführt werden. Normale, lokale Skripte werden ohne Rückfrage ausgeführt.
Unrestricted	Hebt alle Beschränkungen auf. Dadurch werden alle Skripte ohne Rückfrage ausgeführt. Diese Einstellung sollten Sie möglichst nicht verwenden. Sie stellt ein Sicherheitsrisiko dar.

Tabelle 1.1 Einstellungen für die Ausführungsregeln der PowerShell

Die Sicherheitseinstellungen können Sie über ein CmdLet der PowerShell ändern. Damit Sie Skripte ausführen können und Sie nicht vor jedem Test eines Beispiels das Skript signieren müssen, sollten Sie die Einstellung `RemoteSigned` verwenden. Diese können Sie einstellen, indem Sie die folgende Anweisung eingeben und mit ⏎ abschließen:

```
Set-ExecutionPolicy RemoteSigned
```

Sie haben noch nie programmiert und wollen sich in die PowerShell einarbeiten? Kein Problem. Sie verfügen über VBScript- und WSH-Kenntnisse und fühlen sich durch Vista genötigt, auf die PowerShell umzusteigen? Noch besser. Dieses Kapitel wird Ihnen den Ein- und Umstieg so schmerzlos wie möglich machen.

2 PowerShell für Ein- und Umsteiger

Um die grundlegende Struktur der PowerShell zu verstehen, ist es wichtig, sich zunächst einmal die Aufgaben einer Shell vor Augen zu halten. Sie soll

- Anwendungen ausführen,
- mit dem Benutzer kommunizieren und
- mit Anwendungen kommunizieren.

In der alten DOS-Shell bzw. **Cmd.Exe** unter Windows 2000/XP wurden diese Aufgaben ebenfalls realisiert. Die Ausführung von Anwendungen erfolgt durch Angaben von Namen und Pfad. Mit `CScript.Exe` ⏎ an der Kommandozeile von Windows konnten Sie bspw. die Kommandozeilen-Version des WSH starten. Die Kommunikation zwischen Benutzer und Command-Shell erfolgt hier durch Eingaben des Benutzers und Ausgaben im DOS-Fenster bzw. im Fenster der Shell.

Die Kommunikation mit anderen Anwendungen erfolgte in der Regel über die Parameter, die an die Anwendung übergeben wurden oder über sogenannte Pipelines. Pipelines kamen dabei zum Einsatz, wenn es darum ging, die Ausgabe einer Anwendung mit einer anderen weiterzuverarbeiten. Das war bspw. der Fall, wenn Verzeichnislisten erstellt oder Ausdrucke gemacht werden sollten. Standardmäßig führte bspw. der Befehl

```
dir *.exe
```

dazu, dass alle EXE-Dateien im aktuellen Verzeichnis aufgelistet wurden.

Mit Hilfe einer Pipeline konnte diese Ausgabe in eine Datei umgeleitet werden:

```
dir *.exe > verzeichnis.txt
```

oder auf einem Drucker ausgegeben werden:

dir *.exe > lpt1

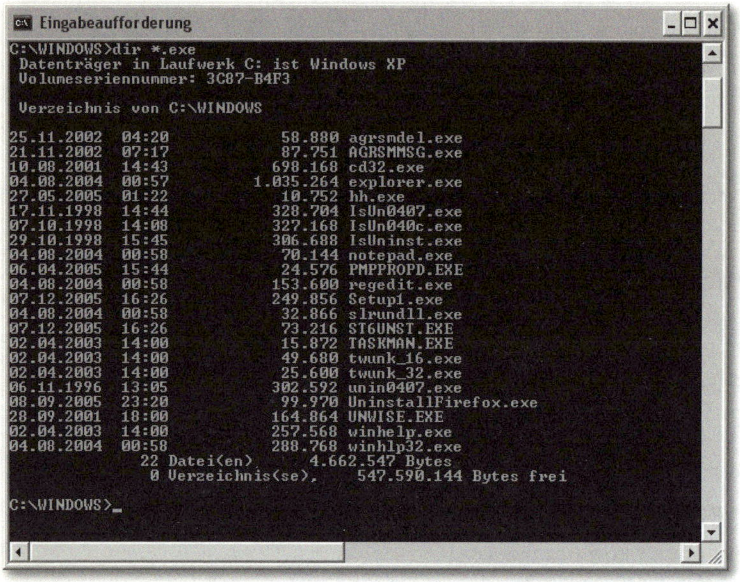

Abbildung 2.1 Ausgabe des DIR-Befehls

2.1 Die PowerShell – eine bessere Kommandozeile?

Alle drei Aufgaben der Shell erfüllt die PowerShell natürlich ebenso. Darüber hinaus bietet sie jedoch .NET-Unterstützung, was dazu führt, dass Sie nun richtige Skripte und nicht nur einfache Batch-Dateien erstellen können. Sie können damit Fehlerbehandlungen durchführen, auf Ereignisse reagieren und grafische Benutzeroberflächen für Ihre Skripte erstellen, was zu DOS-Zeiten nicht möglich war. Die Anweisung

dir *.exe > lpt1

verursacht bspw. einen Fehler, wenn der betreffende Rechner nicht über einen parallelen Druckerport mit der Bezeichnung lpt1 verfügt. Das ist heute bei vielen modernen Notebooks und Laptops der Fall. In Batch-Dateien konnten Sie solche Fehler nur mangelhaft beheben und mussten sich meist damit abfinden, dass die »Skripte« dann eben fehlschlugen. Mit der PowerShell ist das wesentlich effektiver und einfacher. Sie können nicht nur vorab ermitteln, ob ein Druckeranschluss verfügbar ist, sondern können auch Fehler behandeln und so das Skript eventuell doch noch zu einem korrekten Abschluss bringen.

Die PowerShell ist weit mehr als eine normale Kommandozeile, da sie vollkommen objektorientiert arbeitet. Sie müssen also bei entsprechenden Vorkenntnissen auf OOP (objektorientierte Programmierung) nicht mehr verzichten. Andererseits kommen Sie um Kenntnisse in der objektorientierten Programmierung nicht herum, wenn Sie effizient mit der PowerShell arbeiten möchten.

2.1.1 Grundlagen der OOP

OOP ist eine heute nicht nur weit verbreitete, sondern auch die effektivste Programmiertechnik. Dabei werden Daten in Form von Objekten verpackt und durch Methoden verändert und manipuliert. Methoden dienen dabei nicht nur der Kommunikation zwischen den Objekten, sondern können auch neue Objekte erzeugen und Werte zurückgeben. Methoden werden daher häufig auch als Messages oder Nachrichten bezeichnet. Die Daten von Objekten werden in Form von Eigenschaften gespeichert. Durch Veränderung einer Eigenschaft können daher auch die Objekte selbst verändert werden.

Die OOP wurde entwickelt, um die Softwareentwicklung effektiver und fehlertoleranter zu machen. Das ist möglich, weil nicht für alle Anwendungen die gleichen Dinge immer wieder neu programmiert werden müssen, sondern mit Hilfe von Klassen und Objekten vorhandener Code erweitert und in zahlreichen Anwendungen genutzt werden konnte.

Klassen definieren, wie ein Objekt aussieht, welche Eigenschaften und Methoden es hat und welche Standardwerte den Eigenschaften nach der Erzeugung des Objektes zugewiesen werden. Sie können sich Klassen also wie eine Art Schablone vorstellen, aus der gleichartige Objekte erzeugt werden.

Objekte erzeugen

Objekte erzeugen Sie in der PowerShell mit dem CmdLet `New-Object`. Ein CmdLet ist ein PowerShell-Befehl, den Sie über Parameter steuern können. Im Fall des CmdLets `New-Object` geben Sie als Parameter den Namen der Klasse an, aus der ein Objekt erzeugt werden soll, bspw. `New-Object "System.String"`, wenn Sie ein `String`-Objekt erstellen möchten.

`System.String` ist eine .NET-Klasse, die also Bestandteil des .NET-Frameworks ist. Sie können aber das gleiche CmdLet auch verwenden, um COM-Objekte zu erstellen, wie bspw. ein `WSHShell`-Objekt oder auch ein `Word.Application`-Objekt zur Steuerung von Word. In diesem Fall geben Sie den Parameter `-ComObject` vor dem Klassennamen an. Mit der Anweisung

```
$appIE=New-Object -ComObject "InternetExplorer.Application"
```

erzeugen Sie bspw. das `Application`-Objekt des Internet-Explorers und starten damit den Browser.

> [»] Wenn Sie die Anweisung testen, wundern Sie sich nicht, wenn der Internet Explorer nicht sichbar wird. Er bleibt so lange unsichtbar, bis Sie ihn explizit einblenden, indem Sie entsprechende Eigenschaften setzen.

Statische Klassen und Member

Um eine Klasse und deren Eigenschaften und Methoden nutzen zu können, müssen Sie aber nicht immer ein Objekt aus der Klasse ableiten. Es gibt Klassen, die statisch sind, und solche, die einzelne statische Member haben.

Als Member oder Elemente der Klasse werden Eigenschaften, Methoden und Ereignisse von Klassen bezeichnet. Statische Member sind solche Eigenschaften und Methoden, die direkt auf die Klasse und nicht auf eine Instanz der Klasse angewendet werden können. Zum Beispiel verfügt die `String`-Klasse über einige statische Member, bspw. die Methode `Concat`. Statische Methoden wenden Sie direkt auf die Klasse an. Dazu setzen Sie den Namen der Klasse in eckigen Klammern vor das Element und trennen es durch zwei Doppelpunkte vom Klassennamen. Mit der folgenden Anweisung können Sie bspw. die in Klammern angegebenen Texte und Zahlen zu einer Gesamtzeichenkette »text1-2« verbinden:

```
[String]::Concat ("text", 1, "-", 2)
```

2.2 Unterschiede zwischen PowerShell und WSH

Wenn Sie bereits WSH-Kenntnisse haben und möglichst schnell umsteigen möchten, sind vor allem die Unterschiede und Gemeinsamkeiten zwischen PowerShell und WSH wichtig. Davon ausgehend können Sie nach und nach Ihre vorhandenen WSH-Skripte vollständig oder in Teilen auf die PowerShell umstellen.

2.2.1 Groß- und Kleinschreibung

Die Groß- und Kleinschreibung bei Befehlen (CmdLets, Parameternamen, Methoden und Eigenschaften) wird in der PowerShell, genau wie beim WSH (unter Verwendung von VBScript) nicht berücksichtigt. Ob Sie also ein CmdLet mit `Write-Output "test"` oder `write-OUTPUT "test"` aufrufen, spielt keine Rolle.

In Zeichenketten wird die Groß- und Kleinschreibung, bspw. beim Suchen nach Teilzeichenfolgen oder beim Vergleichen, unter Umständen doch berücksichtigt. Bei den Vergleichsoperatoren kennt die PowerShell Vergleichsoperatoren, die

Groß- und Kleinschreibung berücksichtigen, und solche, bei denen sie keine Rolle spielt. Es kommt hier also darauf an, welche Vergleichsoperatoren Sie verwenden.

2.2.2 Leerzeichen

Leerzeichen waren im WSH kein Problem. Ein Leerzeichen zu viel wurde einfach ignoriert. Das ist in der PowerShell etwas anders. Vor einer Klammer, egal ob es eine runde oder eine eckige ist, darf keinesfalls ein Leerzeichen stehen. Übergeben Sie bspw. einen Parameter an eine Methode und geben vor der runden öffnenden Klammer ein Leerzeichen an, erhalten Sie eine Fehlermeldung.

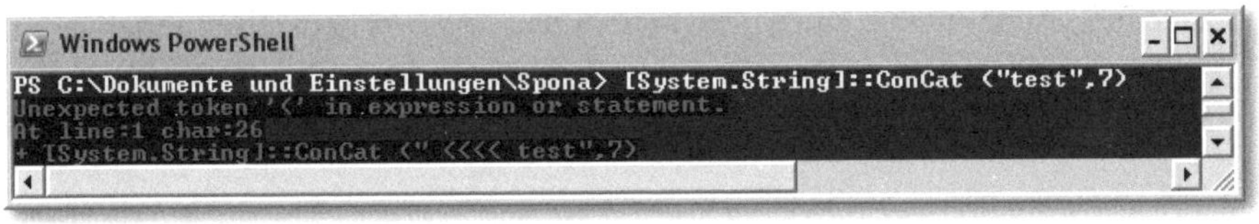

Abbildung 2.2 Fehlermeldung durch überflüssiges Leerzeichen vor einer öffnenden Klammer

Aber von jeder Regel gibt es natürlich Ausnahmen. Das gilt auch für diese. Nutzen Sie runde Klammern bspw. dazu, um in einem mathematischen Ausdruck die vorrangige Berechnung von Teilausdrücken zu bestimmen, spielt es keine Rolle, ob vor oder nach den Klammern ein Leerzeichen steht. Folgende Ausdrücke sind also beide korrekt:

```
1-(7+8)
1 - (7 + 8)
```

Diese Unterschiede ergeben sich daraus, dass die PowerShell in zwei verschiedenen Modi arbeitet, um die Befehle zu interpretieren. Im Ausdrucksmodus, der innerhalb von runden Klammern, in mathematischen Ausdrücken und in Vergleichsausdrücken verwendet wird, spielen Leerzeichen keine Rolle, sehr wohl aber im Befehlsmodus, der in allen übrigen Fällen verwendet wird.

Leerzeichen dienen allerdings dazu, Parameternamen und ihre Werte beim Aufruf von CmdLets voneinander zu trennen. Daher dürfen Leerzeichen nicht in den Parameterwerten vorkommen. Sollte das doch der Fall sein, müssen Sie die Zeichenkette in Anführungszeichen oder Hochkommata einfassen.

2.2.3 Typisierung und Variablendeklarationen

Genauso wie im WSH müssen Sie in der PowerShell Variablen nicht deklarieren, bevor Sie sie verwenden. Wenn Sie sie jedoch deklarieren, bspw. bei der ersten

Wertzuweisung, haben Sie die Möglichkeit, auch deren Datentyp zu bestimmen, indem Sie den Klassennamen des entsprechenden .NET-Typs in eckigen Klammern davor setzen. Möchten Sie bspw. eine Variable $Zahl des Typs System.Int32 definieren und ihr den Wert 1 als Anfangswert zuweisen, können Sie dazu folgende Anweisung verwenden:

```
[System.Int32]$Zahl=1
```

Das bedeutet dann aber auch, dass die Variable nur Werte des entsprechenden Typs aufnehmen kann und bspw. die Zuweisung einer Zeichenkette, die nicht in eine Zahl konvertiert werden kann, zu einer Fehlermeldung führt.

Untypisierte Variablen können hingegen alle möglichen Werte aufnehmen. Sie liegen dann vor, wenn Sie einer Variablen den ersten Wert zuweisen, ohne einen Typ voranzustellen, bspw. $Zahl2=7. Gleiches gilt auch für Parameter von Funktionen. Auch für diese können Sie einen Typ festlegen, müssen das aber nicht tun.

2.2.4 Parameterübergabe und Funktionsaufrufe

Beim Aufruf von Befehlen in der PowerShell gibt es wesentliche Unterschiede gegenüber dem WSH (mit VBScript). Dort konnten Sie alle Befehle mit Rückgabewert, wie Methoden und Funktionen, wahlweise mit oder ohne Klammern aufrufen, abhängig davon, ob Sie den Rückgabewert benötigen oder nicht. In der PowerShell ist das ganz anders.

Hier wird ein Rückgabewert immer zurückgegeben. Weisen Sie ihn nicht einer Variablen zu oder verwenden Sie ihn in einem Ausdruck, wird der Rückgabewert in den aktuellen Ausgabestrom geschrieben. Das ist in der Regel (aber nicht immer) die Ausgabe an der Kommandozeile. Es gibt also keine Möglichkeit, auf den Rückgabewert zu verzichten.

Unabhängig von dem Rückgabewert unterscheidet die PowerShell beim Aufruf von Befehlen und bei der Übergabe von Parametern, um was für einen Befehl es sich handelt.

- Bei CmdLets werden mehrere Parameter einfach durch Leerzeichen getrennt und gegebenenfalls durch den Parameternamen eingeleitet. Parameternamen werden immer mit einem Bindestrich eingeleitet, Parameterwerte dürfen, wenn es sich um Zeichenketten handelt, in Anführungszeichen oder Hochkommata eingeschlossen werden. Beispiele:

```
Write-Output "Test" 1
New-Object -ComObject "InternetExplorer.Application"
```

Auch bei CmdLets dürfen Sie runde Klammern verwenden. Die bewirken dann aber nur (wie in einem mathematischen Ausdruck), dass der Teil innerhalb der Klammern vorrangig ausgewertet wird und dass für den Inhalt der Klammern in den Ausdrucksmodus umgeschaltet wird. Das heißt dann aber auch, dass der Inhalt der Klammern ein gültiger Ausdruck sein muss. Die Anweisung `Write-Output ("Test" 1)` ist damit fehlerhaft, weil `"Test" 1` kein gültiger Ausdruck ist. Die Anweisung `Write-Output "Test" 1` gibt nämlich nacheinander einmal den Wert `"Test"` und danach die 1 an der Kommandozeile aus. Sie bildet aus den beiden Werten keine Gesamtzeichenkette. Daher sind die Klammern in dieser Form unzulässig. Wenn Sie hier Klammern setzen möchten, dann müssen Sie die beiden Werte durch den Verkettungsoperator verbinden:

```
Write-Output ("Test" + 1)
```

Dann wird jedoch nicht nacheinander `"Test"` und 1 ausgegeben, sondern eine zusammengesetzte Zeichenkette `"Test1"`.

Mehr zum Ausdrucks- und Befehlmodus finden Sie etwas weiter unten im Abschnitt 2.2.9, *Parsen von Skriptcode*.

> [!] Da ein Klammerpaar immer einen gültigen Ausdruck enthalten muss, ist ein leeres Klammerpaar in keinem Fall erlaubt!

- Funktionen, die Sie selbst im Skript definiert haben, werden bezüglich Parameterübergabe und Aufruf wie CmdLets behandelt. Das heißt, auch hier sind Klammern nur erlaubt, um die übergebenen Werte als Ausdruck zusammenzufassen. Haben Sie bspw. eine Funktion `Test` wie folgt erstellt:

```
function Test([System.String]$Text)
{
    return $Text + "Hallo Welt!"
}
```

können Sie diese aufrufen, indem Sie `Test "Ausgabe: "` angeben. Die Funktion gibt dann an der Kommandozeile den Text `"Ausgabe: Hallo Welt!"` aus.

- Methoden funktionieren dagegen ganz anders. Hier müssen Sie Klammern zwingend angeben, auch wenn Sie keinen Parameter an die Methode übergeben. Falls Sie die Klammern vergessen, gibt die Methode nicht den entsprechenden Wert zurück, sondern die PowerShell gibt Informationen über die Methode selbst zurück. Beispielsweise gibt es für `String`-Objekte (wie normale Zeichenketten) eine Methode `ToUpper`, die den Inhalt der Zeichenkette in Großbuchstaben konvertiert und zurückgibt. Enthält eine Variable bspw. eine Zeichenkette, stellt sie ein `String`-Objekt dar, und Sie können die

Methode `ToUpper` aufrufen, indem Sie sie – eingeleitet durch einen Punkt – hinter dem Variablennamen nennen:

```
$strText="hallo welt!"
$strText.ToUpper
```

Der oben stehende Aufruf ohne Klammern führt aber keinesfalls zur Ausgabe der Zeichenkette in Großbuchsstaben, sondern zur Ausgabe von Informationen über die Methode.

```
MemberType        : Method
OverloadDefinitions : {System.String ToUpper(), System.String ToUpper(CultureInfo culture)}
TypeNameOfValue   : System.Management.Automation.PSMethod
Value             : System.String ToUpper(), System.String ToUpper(CultureInfo culture)
Name              : ToUpper
IsInstance        : True
```

Abbildung 2.3 Ausgabe der Member-Info

Korrekt rufen Sie Methoden auf, indem Sie die Parameterliste in runde Klammern einfassen – auch dann, wenn Sie keine Parmeter übergeben:

```
$strText="hallo welt!"
$strText.ToUpper()
```

Möchten Sie mehr als einen Parameter an eine Methode übergeben, trennen Sie die einzelnen Parameterwerte durch Kommata. Folgender Aufruft gibt das erste Zeichen aus der Zeichenkette in der Variablen `strText` zurück:

```
$strText.SubString(0,1)
```

2.2.5 Skriptblöcke

Anders als VBScript kennt die PowerShell neben Funktionen keine Prozeduren. Allerdings gibt es hier Codefragmente, die Sie in einer Variablen speichern und über diese auch aufrufen und ausführen können. Diese Codefragmente haben daher keinen Namen. Sie werden einer Variablen einfach zugewiesen.

Codefragmente sind einfache Codeblöcke ohne Namen und Parameter. Alle Codeblöcke werden in der PowerShell in geschweifte Klammern eingefasst. Die geschweiften Klammern ersetzen damit in der PowerShell die Schlüsselwörter `Begin` und `End` von VBScript. Aus einer `if`-Anweisung

```
If A>0 Then
...
End If
```

in VBScript wird in der PowerShell:

```
if ($A -gt 0)
{
...
}
```

Wenn Sie ein Codefragment in einer Variablen speichern und ausführen möchten, sieht das wie folgt aus. Die erste Anweisung definiert das Codefragment und speichert es. Die zweite nutzt den Call-Operator &, um den Code in der Variablen auszuführen:

```
$code={echo "Hallo Welt!"}
&$code
```

2.2.6 Gültigkeitsbereiche

Generell gilt auch in der PowerShell, dass Variablen und Deklarationen da gültig sind, wo sie definiert sind. Eine Variable, die Sie auf Skriptebene definiert haben, ist auch dort gültig. Allerdings können Sie darauf innerhalb von Funktionen zugreifen.Beispielsweise addiert die Funktion Addieren den als Parameter übermittelten Wert zu dem Wert der Variablen Erg und gibt die Summe zurück:

```
function Addieren([System.Int32]$Zahl)
{
   return ($Erg+$Zahl)
}
```

Die Variable Erg wird dann vor dem Aufruf der Funktion initialisiert:

```
$Erg=1
Addieren(17)
```

Würden Sie innerhalb der Funktion jedoch ebenfalls eine Variable Erg definieren, können Sie wahlweise auf die Variable innerhalb der Funktion und auf die Variable auf Skriptebene zugreifen. Dazu setzen Sie zwischen das Zeichen $ und den Variablennamen einen Kennzeichner für den Gültigkeitsbereich. Mit $script:Erg innerhalb der Funktion greifen Sie also auf die Variable Erg auf Skriptebene und nicht auf die in der Funktion definierte Variable Erg zu.

```
function Addieren([System.Int32]$Zahl)
{
  $Erg=2
  return ($script:Erg+$Zahl)
}
```

2.2.7 Ein- und Ausgaben, Benutzeroberflächen

Während der WSH und VBScript eine ganze Menge Möglichkeiten bieten, mit dem Anwender auf unterschiedliche Weise zu kommunizieren, ist dies mit der PowerShell allein nur eingeschränkt möglich. Es gibt zwar eine Menge CmdLets, die Ausgaben erzeugen. Diese können jedoch nur an der Kommandozeile oder in Dateien ausgegeben werden. Eine grafische Ausgabe in Form eines Dialogs ist nicht möglich.

Für Eingabedialoge und grafische Ausgaben benötigen Sie in der PowerShell zwingend das .NET-Framework und dort den Namensraum `System.Windows.Forms`.

Damit haben Sie jedoch auch die Möglichkeit, komplexe Benutzeroberflächen zu erstellen. Sie sind nicht auf die eingeschränkten Möglichkeiten von Ein- und Ausgabedialogen und HTA-Dateien angewiesen, sondern können sogar komplexe Datenbankanwendungen mit Hilfe von datengebundenen Steuerelementen und Ereignissen erstellen.

Mehr dazu, wie Sie sich eigene Funktionen als Ersatz für die `MsgBox`- und `InputBox`-Funktion von VBScript schreiben können, erfahren Sie in Kapitel 4, *Kommunikation mit dem Anwender*.

2.2.8 Fehlerbehandlung

Die Fehlerbehandlung funktioniert in der PowerShell ganz anders als in VBScript. Ob sie tatsächlich besser ist, müssen Sie selbst entscheiden. Zwar haben Sie die Möglichkeit, mit Hilfe von Codefragmenten auch komplexe Fehlerbehandlungsroutinen beim Auftreten eines Fehlers auszuführen, dennoch ist die Fehlerbehandlung keinesfalls so komfortabel wie in den .NET-Programmiersprachen.

Anders als im WSH können Sie zwar auch Debuggerinformationen in Skripte einbinden und verwerten. Für die Standardfehlerbehandlung bringt das aber nicht allzu viel.

2.2.9 Parsen von Skriptcode

Auch beim Parsen des Skriptcodes gibt es einige relevante Unterschiede gegenüber dem WSH und anderen Skript- und Programmiersprachen. Die PowerShell verfügt über zwei verschiedene Parse-Modi: den Befehlsmodus und den Ausdrucksmodus.

Im Ausdrucksmodus verhält sich die PowerShell wie die meisten anderen Programmiersprachen. Dabei werden Zahlen als Zahlen interpretiert und von Zeichenketten dadurch unterschieden, dass Zeichenketten in Anführungszeichen eingefasst werden müssen. Der Ausdrucksmodus wird für Ausdrücke angewandt, also bspw. für mathematische Ausdrücke 2+7 oder Zeichenkettenverkettungen wie "#" + $lngNr.

Im Befehlsmodus müssen Zeichenketten nicht in Anführungszeichen eingefasst werden. Alles wird hier als Zeichenkette behandelt, außer es handelt sich um Variablen oder etwas, das in Klammern steht. Der Befehlsmodus wird auf Pipelines und den Aufruf von CmdLets angewendet. Aus diesem Grund sind folgende Anweisungen gleichwertig:

```
Get-Command "*"
Get-Command *
```

Möchten Sie jedoch innerhalb des Befehlsmodus einen Ausdruck auswerten, bspw. um das Ergebnis einer mathematischen Berechnung auszugeben, müssen Sie dafür sorgen, dass in den Ausdrucksmodus umgeschaltet wird. Möchten Sie also bspw. mit dem CmdLet Write-Host das Ergebnis einer Berechnung ausgeben und diesem auch noch eine Zeichenkette voranstellen, dürfen Sie diese Anweisung nicht verwenden:

```
Write-Host Ergebnis: + 1+7
```

In diesem Fall würde nämlich Ergebnis: + 1+7 ausgegeben werden und nicht wie gewünscht Ergebnis: 8. Um das gewünschte Ergebnis zu erhalten, müssen Sie dafür sorgen, dass zunächst der mathematische Ausdruck 1+7 berechnet wird. Dazu fassen Sie ihn in runde Klammern ein. Dann müssen Sie noch die Zeichenkettenverknüpfung als solche festlegen und fassen dazu den ganzen Ausdruck in Klammern ein:

```
Write-Host ("Ergebnis: " + (1+7))
```

Der Befehlsmodus wird immer dann verwendet, wenn die Anweisung mit einem CmdLet beginnt. Ist dies nicht der Fall, wie bspw. bei der Anweisung

```
1+7 | Get-Member
```

bestimmt das erste Element der Anweisung den Parse-Modus.

> Die oben stehende Anweisung berechnet den mathematischen Ausdruck und gibt ihn über die Pipeline an das CmdLet Get-Member weiter, das alle Methoden und Eigenschaften des Ergebnisobjekts ausgibt.

[«]

Ist das erste Element der Anweisung eine Zahl, eine Variable oder eine Zeichenkette, die in Anführungszeichen eingefasst ist, wird der Ausdrucksmodus verwendet. Beginnt die Zeile hingegen mit einem Buchstaben, einem &, einem Punkt oder einem a, wird der Befehlsmodus verwendet.

> [!] Beginnt die Zeile mit einem Punkt, wird nicht in jedem Fall der Befehlsmodus verwendet, sondern nur dann, wenn nach dem Punkt ein Zeichen folgt, das keine Zahl ist. Die Angabe .1 würde nämlich als 0,1 interpretiert und stellt damit eine Zahl dar. Eine Zeile, die mit . "meineDatei.ps1" beginnt, würde im Befehlsmodus geparst werden.

2.3 Umstieg mit System

Wenn Sie fertige WSH-Skripte auf die PowerShell portieren möchten, ist das relativ einfach. Es funktioniert im Prinzip immer nach dem gleichen Schema. Allerdings sollten Sie vorab darüber nachdenken, ob und in welchen Umfang Sie alle Teile des Skriptes portieren möchten.

2.3.1 Einschränkungen der PowerShell

Wenn Sie vorhandene Skripte portieren möchten, sollten Sie dabei bedenken, dass es einige wenige Aufgaben gibt, die mit der PowerShell allein noch nicht gelöst werden können. Zum Teil liegt das an noch vorhandenen Fehlern der PowerShell. Es gibt aber auch Aufgaben, die mit dem WSH einfach schneller und weniger aufwendig bewältigt werden können.

Es ist auch gar nicht notwendig, komplett auf den WSH zu verzichten. Selbst wenn der WSH auf einem System nicht aktiviert ist und daher VBS- und WSH-Dateien nicht ausgeführt werden, stehen die Objektbibliotheken des WSH zur Verfügung und können daher genutzt werden.

> [»] Den Informationen von Microsoft in diversen Support-Foren zur PowerShell ist zu entnehmen, dass Microsoft nicht beabsichtigt, die WSH-Bibliotheken für die Nutzung zu sperren oder gar nicht mehr mit Windows auszuliefern, sodass sich Entwickler darauf verlassen können, dass diese Bibliotheken auch bei deaktiviertem WSH noch die nächsten fünf bis zehn Jahre verfügbar sein werden.

Sie sind somit nicht darauf angewiesen, sofort alle WSH-Skripte zu portieren. Sie können auch

- vorhandene WSH-Skripte aus der PowerShell aufrufen und
- das `WSHShell`-Objekt sowie das `FileSystemObject`-Objekt und andere WSH-Objekte in PowerShell-Skripten nutzen.

[!] Der Aufruf von ganzen WSH-Skripten aus einem PowerShell-Skript setzt natürlich voraus, dass der WSH nicht deaktiviert ist. Nur dann können ganze Skripten aufgerufen werden. Ist der WSH deaktiviert, müssen Sie das Skript zumindest in Teilen auf die PowerShell portieren.

2.3.2 WSH-Skripte portieren

An einem kleinen Beispiel soll an dieser Stelle gezeigt werden, wie Sie ein WSH-Skript auf die PowerShell portieren.

Der WSH-Code

Als Ausgangspunkt soll folgendes Skript dienen, das Informationen über das System ermittelt. Im ersten Schritt der Portierung soll es nur so umgestaltet werden, dass es syntaktisch korrekt ist und in der PowerShell ausgeführt werden kann.

Im nächsten Schritt wird dann eine komplette Portierung erfolgen, bei der auf das `WSHShell`-Objekt verzichtet wird.

```
'Skriptname: systeminfo.vbs
'Autor: Helma Spona
'Datum: 03.07.2003
'Beschreibung: Systeminfos ermitteln
'--------- Variablen ------------
Dim objShell
Dim intErg
Dim strAusgabe
Dim objWSHEnv
'--------- Anweisungen -----------
Set objShell= _
   Wscript.CreateObject("WScript.Shell")
On Error Resume Next
Set objWSHEnv=objShell.Environment
strAusgabe= "Anzahl Prozessoren: " & _
   objWSHEnv.Item("NUMBER_OF_PROCESSORS") & _
   vbCrLf & "Prozessor-Typ: " & _
   objWSHEnv.Item("PROCESSOR_ARCHITECTURE") & _
   vbCrLf & "Betriebssystem: " & _
   objWSHEnv.Item("OS") & vbCrLf & _
   "Windows-Verzeichnis: "
```

```
If  objWSHEnv.Item("OS")="Windows_NT" Then
   strAusgabe=strAusgabe & _
      objShell.Environment("PROCESS").Item("SYSTEMROOT")
Else
   strAusgabe=strAusgabe & _
      objWSHEnv.Item("WINDIR")
End If
WScript.Echo strAusgabe
Set objShell=Nothing
```

Schritt 1: Syntax anpassen

Im ersten Schritt sollten Sie damit beginnen, die unterschiedliche Syntax anzupassen. Das heißt:

- Ersetzen Sie ' durch #, um die Kommentare korrekt umzuwandeln.
- Ersetzen Sie den Verknüpfungsoperator & durch +.
- Ersetzen Sie den Unterstrich _ durch `, das Zeilenfortsetzungszeichen der PowerShell.
- Löschen Sie das Schlüsselwort Set ersatzlos aus dem Code.
- Löschen Sie das Schlüsselwort Dim aus dem Code, und stellen Sie allen Variablennamen das Zeichen $ voran. Weisen Sie den Variablen statt der Deklaration mit Dim einfach einen Anfangswert zu.
- Setzen Sie vor die On Error Resume Next-Anweisung ein #, um daraus einen Kommentar zu machen.

```
#Skriptname: portSystinfo01.ps1
#Autor: Helma Spona
#Auflage: 1
#Verzeichnis: /Bsp/K02
#Beschreibung: 1. Variante des portierten
# WSH-Skriptes
#Anmerkungen: Basiert auf dem Skript
# systeminfo.vbs

#--------- Variablen ------------
$objShell=""
$intErg=0
$strAusgabe=""
$objWSHEnv=""
#-------- Anweisungen -----------
$objShell= `
   Wscript.CreateObject("WScript.Shell")
```

```
#On Error Resume Next
$objWSHEnv=$objShell.Environment
$strAusgabe= "Anzahl Prozessoren: " + `
   $objWSHEnv.Item("NUMBER_OF_PROCESSORS") + `
   vbCrLf + "Prozessor-Typ: " + `
   $objWSHEnv.Item("PROCESSOR_ARCHITECTURE") + `
   vbCrLf + "Betriebssystem: " + `
   $objWSHEnv.Item("OS") + vbCrLf + `
   "Windows-Verzeichnis: "
If  $objWSHEnv.Item("OS")="Windows_NT" Then
   $strAusgabe=$strAusgabe + `
      $objShell.Environment("PROCESS").Item("SYSTEMROOT")
Else
   $strAusgabe=$strAusgabe + `
      $objWSHEnv.Item("WINDIR")
End If
WScript.Echo $strAusgabe
$objShell=Nothing
```

Da die PowerShell die VBScript-Konstanten Nothing und VbCrlf nicht kennt, müssen Sie diese natürlich ebenfalls noch ersetzen. Statt Nothing schreiben Sie $null, und anstelle von VbCrlf verwenden Sie die Escape-Zeichenfolge "`n".

```
$strAusgabe= "Anzahl Prozessoren: " + `
   $objWSHEnv.Item("NUMBER_OF_PROCESSORS") + `
   "`n" + "Prozessor-Typ: " + `
   $objWSHEnv.Item("PROCESSOR_ARCHITECTURE") + `
   "`n" + "Betriebssystem: " + `
   $objWSHEnv.Item("OS") + "`n" + `
   "Windows-Verzeichnis: "
...
End If
WScript.Echo $strAusgabe
$objShell=$null
```

Nun müssen Sie noch die if-Verzweigung anpassen:

- Löschen Sie dazu die Schlüsselwörter Then und End If.
- Fassen Sie die Bedingung in runde Klammern und in ein weiteres Klammerpaar den Ausdruck $objWSHEnv.Item("OS") ein.
- Ersetzen Sie den Vergleichsoperator = durch -eq.
- Fassen Sie den Inhalt des If- und Else-Zweigs in geschweifte Klammern ein:

```
...
If (($objWSHEnv.Item("OS")) -eq "Windows_NT")
```

```
{
    $strAusgabe=$strAusgabe + `
        $objShell.Environment("PROCESS").Item("SYSTEMROOT")
}
Else
{
    $strAusgabe=$strAusgabe + `
        $objWSHEnv.Item("WINDIR")
}
...
```

Auch das `WScript`-Objekt und dessen `Echo`-Methode gibt es in der PowerShell nicht. Allerdings kennt die PowerShell einen Alias `Echo`, der für das CmdLet `Write-Output` steht, das eine Ausgabe in den aktuellen Ausgabestrom erzeugt. Sie müssen also nur das `WScript.` löschen:

```
Echo $strAusgabe
```

Schritt 2: Objekte erzeugen

Nun müssen Sie noch das `WSHShell`-Objekt erzeugen, das bisher über die `CreateObject`-Methode des `WScript`-Objekts erzeugt wurde. In der PowerShell müssen Sie dazu das CmdLet `New-Object` mit dem Parameter `-ComObject` aufrufen:

```
$objShell= `
    New-Object -ComObject "WScript.Shell"
```

In vielen Fällen ist die Portierung damit abgeschlossen. Wenn Sie das Skript aber nun ausführen, werden Sie eine Fehlermeldung erhalten, dass es die Methode `Item` nicht gibt.

In diesem Fall liegt das daran, dass `Environment` eine parametrisierte Eigenschaft ist, die Sie in der PowerShell nicht so aufrufen können wie im WSH. Dort gibt die Eigenschaft ohne Angabe eines Parameters den Bereich `System` der Umgebungsvariablen zurück. Zur Nutzung der Eigenschaft in der PowerShell müssen Sie den Parameter explizit angeben. Daher müssen Sie hinter der Eigenschaft noch `("SYSTEM")` ergänzen.

```
...
$objWSHEnv=$objShell.Environment("SYSTEM")
$strAusgabe= "Anzahl Prozessoren: " + `
    $objWSHEnv.Item("NUMBER_OF_PROCESSORS") + `
    "`n" + "Prozessor-Typ: " + `
    $objWSHEnv.Item("PROCESSOR_ARCHITECTURE") + `
    "`n" + "Betriebssystem: " + `
```

```
$objWSHEnv.Item("OS") + "`n" + `
"Windows-Verzeichnis: "
```
...

Führen Sie das Skript nun aus, erscheint die korrekte Ausgabe an der Eingabeaufforderung der PowerShell.

Abbildung 2.4 Die erzeugte Ausgabe

Parametrisierte Eigenschaften kommen in vielen Objektmodellen vor. Einige bieten eine Alternative an, wie bspw. Excel bei der `Value`-Eigenschaft einer Zelle. Wenn aber die Zuweisung oder das Abrufen von Werten über solche Eigenschaften nicht funktioniert, müssen Sie zunächst einmal feststellen, dass es sich um eine solche Eigenschaft handelt. Dazu können Sie das CmdLet `Get-Member` aufrufen. Im Beispiel müssen Sie die Variable `objShell` an das CmdLet übergeben, damit Sie alle Elemente des `WSHShell`-Objektes aufgelistet bekommen:

```
...
$objShell= `
    New-Object -ComObject "WScript.Shell"

#On Error Resume Next
$objShell | Get-Member
...
```

Das Skript gibt dann eine Liste mit allen Membern des `WSHShell`-Objektes aus. Dieser Liste können Sie nicht nur die notwendigen Parameter und deren Typen für die entsprechenden Methoden entnehmen, sondern auch, ob es sich um eine normale Eigenschaft (`Property`) oder eine parametrisierte Eigenschaft (`ParameterizedProperty`) handelt.

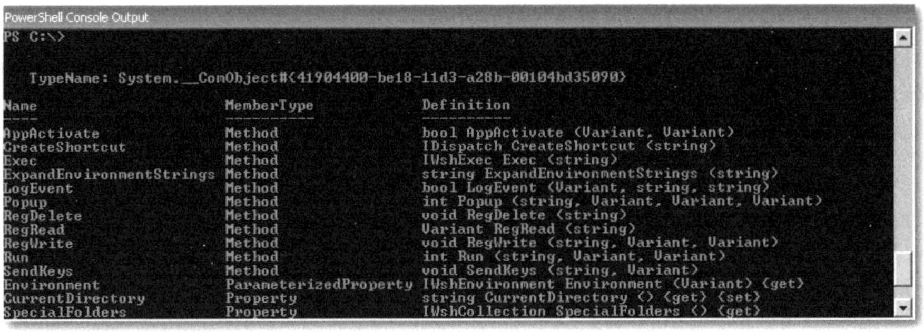

Abbildung 2.5 Ausgabe der Member-Liste

Schritt 3: Komplette Portierung ohne WSHShell-Objekt

Möchten Sie komplett auf das `WSHShell`-Objekt verzichten, können Sie die entsprechenden Informationen natürlich auch mit der PowerShell ermitteln. Dann müssen Sie nun aber die Portierung des Codes fortsetzen.

Ohne das `WSHShell`-Objekt können Sie Umgebungsvariablen jedoch nur mit Hilfe von WMI ermitteln. (Details zu WMI erfahren Sie in Kapitel 6, *Zugreifen auf das Windows-System*.)

Ohne das `WSHShell`-Objekt bleibt vom vorhandenen Code kaum noch etwas übrig. Zunächst können Sie alle Variablen löschen, ausgenommen die Variable `strAusgabe`. Zusätzlich müssen Sie eine Variable `strComputer` definieren, die den Wert "." bekommt. Dieser Wert gibt in der WMI-Abfrage an, dass die Daten des lokalen Rechners abgefragt werden. Außerdem benötigen Sie noch zwei zunächst leere Variablen `ColItems` und `objItem`.

```
#Skriptname: portSystinfo02.ps1
#Autor: Helma Spona
#Auflage: 1
#Verzeichnis: /Bsp/K02
#Beschreibung: 2. Variante des portierten
# WSH-Skriptes
#Anmerkungen: basiert auf dem Skript
# systeminfo.vbs

#--------- Variablen -----------
$colItems
$objItem
$strAusgabe=""
$strComputer = "."
#-------- Anweisungen -----------
...
```

Danach rufen Sie als Erstes das CmdLet `Get-WmiObject` auf. Es ruft ein WMI-Objekt ab, das eine Auflistung aller ermittelten Daten enthält. In diesem Fall benötigen Sie die Klasse `"Win32_Environment"`, die alle Umgebungsvariablen abruft.

```
...
$colItems = get-wmiobject `
   -class "Win32_Environment" `
   -namespace "root\CIMV2" `
   -computername $strComputer
...
```

Diese Auflistung können Sie nun in einer foreach-Schleife durchlaufen. Wie in VBScript auch können Sie diese Schleife nutzen, um Auflistungen und Arrays zu durchlaufen.

In jedem Schleifendurchlauf wird der Variablen objItem das aktuelle Element der Auflistung zugewiesen. Innerhalb der Schleife prüfen Sie bei jedem Schleifendurchlauf, ob die Name-Eigenschaft des aktuellen Elements einer der gesuchten Umgebungsvariablen entspricht. Falls ja, wird der einleitende Text und der Wert der Variablen an die Variable strAusgabe angehängt.

> Die Namen der Umgebungsvariablen entsprechen denen, die Sie auch beim WSH-Shell-Objekt verwenden. Allerdings geben nicht alle auch exakt die gleichen Werte zurück. Unterschiede gibt es bspw. bei der Variablen SYSTEMROOT. Während sie beim WSHShell-Objekt den genauen Pfad zum Windows-Verzeichnis zurückgibt, enthält der Wert, den Sie über die WMI-Abfrage erhalten, nur einen Platzhalter %SystemRoot%.

[«]

Das Windows-Verzeichnis müssen Sie also auf anderem Wege ermitteln. Dazu können Sie die statische Eigenschaft SystemDirectory der .NET-Klasse System.Environment abrufen, indem Sie [System.Environment]::SystemDirectory angeben.

Allerdings gibt diese Klasse das System32-Verzeichnis zurück. Sie müssen daraus dann noch das übergeordnete Verzeichnis ermitteln. Das können Sie mit Hilfe des CmdLets Split-Path machen. Der Ausdruck (Split-Path ([System.Environment]::SystemDirectory) -parent) gibt damit das Windows-Verzeichnis zurück.

```
...
foreach ($objItem in $colItems) {
    if ($objItem.Name -eq "NUMBER_OF_PROCESSORS")
    {
       $strAusgabe += "`n" + "Anzahl Prozessoren: " + `
          $objItem.VariableValue
    }
    if ($objItem.Name -eq "PROCESSOR_ARCHITECTURE")
    {
       $strAusgabe += "`n" + "Prozessor-Typ: " + `
          $objItem.VariableValue
    }
    if ($objItem.Name -eq "OS")
    {
       $strAusgabe += "`n" + "Betriebssystem: " + `
          $objItem.VariableValue
```

```
        }
}
$strAusgabe += "`n" + "Systemverzeichnis: " + `
    (Split-Path ([System.Environment]::SystemDirectory) `
    -parent)
echo $strAusgabe
```

Wenn Sie das Skript nun ausführen, werden die gleichen Informationen ausgegeben wie in der ersten Variante. Auch die Zeilenzahl ist gleich geblieben. Dennoch werden Sie im Vergleich feststellen, dass das erste Skript, das das WSHShell-Objekt nutzt, deutlich schneller ausgeführt wird als das Skript mit der WMI-Abfrage.

[+] WMI-Abfragen dauern verhältnismäßig lange. Wenn ein Problem nur mit WMI oder dem WSH zu lösen ist, sollten Sie daher immer dem WSH den Vorzug geben.

Die PowerShell ist nicht nur eine Shell, mit der Sie Kommandos definieren und von Windows ausführen lassen können. Mit .NET bringt sie ein komplexes Objektmodell mit, das weit über das hinausgeht, was die Shells von Mac OS X und Unix bieten.

3 Sprachgrundlagen

3.1 Grundlegende Syntax

Die PowerShell verfügt über drei wesentliche grundlegende Sprachkomponenten:

- Commandlets, kurz CmdLets genannt
- Objekte
- Pipelines

Die wichtigsten sind die Objekte, ermöglichen sie doch die Nutzung des .NET-Frameworks und externer Komponenten. Wichtig ist in jedem Fall, dass Sie alle drei Komponenten kennen, nur so können Sie effektiv mit der PowerShell arbeiten.

3.2 PowerShell-CmdLets

CmdLets sind die kleinste Befehlseinheit, die die PowerShell unterstützt. Sie sind damit mit den DOS-Befehlen, wie Delete, Dir etc., vergleichbar. Um die Ausführung von CmdLets zu steuern, akzeptieren diese Parameter. Parameter werden durch einen Bindestrich nach dem CmdLet-Namen angegeben. Nach dem Parameternamen folgen ein Leerzeichen und dann der Wert. Die Syntax lautet also:

```
CmdLet -Parameter Wert
```

Wenn Sie ein CmdLet aufrufen möchten, müssen Sie also zunächst einmal den passenden Parameter finden. Jedes CmdLet verfügt dazu über den Parameter ?, über den Sie nicht nur eine Beschreibung des CmdLets inklusive Beispielen ausgeben lassen können, sondern eben auch alle verfügbaren Parameter.

3 | Sprachgrundlagen

Möchten Sie das testen, gehen Sie dazu wie folgt vor:

- Starten Sie die PowerShellIDE.
- Geben Sie in das Fenster **PowerShell Interactive** die folgende Anweisung ein: `get-date -?`
- Drücken Sie danach ⏎, damit die Anweisung ausgeführt wird. Das Ergebnis erscheint im Fenster **PowerShell Console Output**.

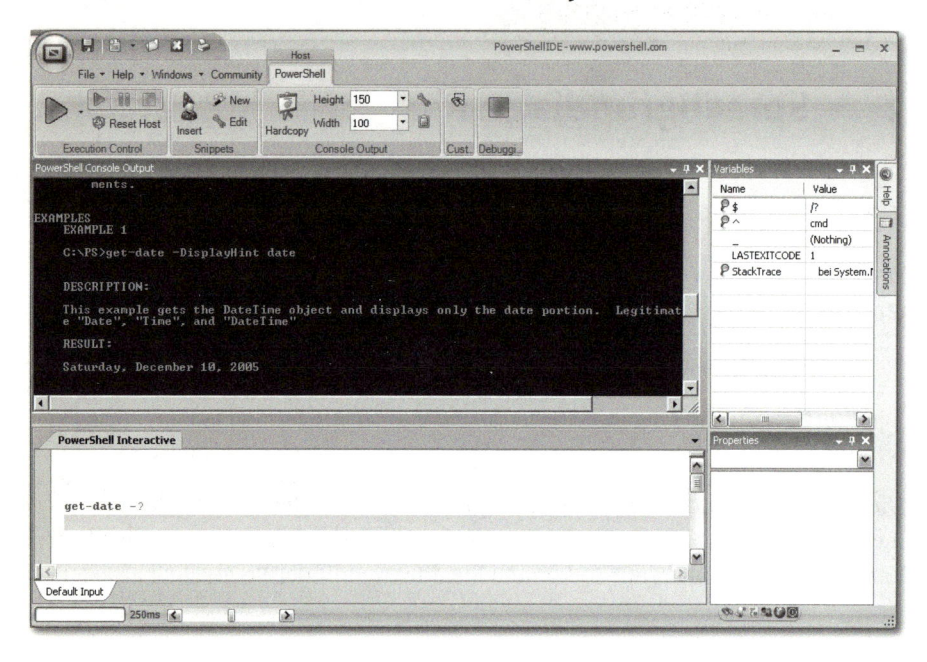

Abbildung 3.1 Ausgabe der Informationen zum CmdLet get-date

[»] Alternativ können Sie auch das CmdLet `Get-Help` verwenden. Als Parameter übergeben Sie `-Name` und den Namen des CmdLets, zu dem Sie Hilfe benötigen.
`Get-Help -Name "Get-Date"`

[»] Wenn Sie Zeichenketten als Parameterwerte angeben, sollten Sie diese in Anführungszeichen einfassen. Absolut notwendig ist das in jedem Fall, wenn der Text Leerzeichen enthält. Alternativ zu Anführungszeichen können Sie auch Hochkommata verwenden. Die Anweisungen
`Get-Help -Name "Get-Date"`
`Get-Help -Name 'Get-Date'`
sind somit gleichwertig.

Wenn Sie keine Parameter angeben, gibt das CmdLet Get-Date das aktuelle Datum aus. Dieses muss also nicht zwingend mit Parameter aufgerufen werden muss. Sie können das aktuelle Datum einfach mit

Get-Date ⏎

ausgeben lassen.

```
PS C:\> Get-Date
Sonntag, 6. August 2006 20:11:25
```

Abbildung 3.2 Das Ergebnis des CmdLets

Über die Parameter können Sie nun steuern, in welcher Form das Datum ausgegeben werden soll. Aber auch, welches Datum zurückgegeben werden soll, können Sie über die Parameter festlegen, da das CmdLet ein DateTime-Objekt zurückgibt, dessen Wert Sie über die Parameter steuern können.

Wenn Sie das CmdLet bspw. mit den Parametern Month, Year und Day aufrufen und diesen die Werte 5, 2006 und 1 übergeben, dann gibt das CmdLet das Datum 1. Mai 2006 aus.

Get-Date -Month 5 -Year 2006 -Day 1

Als Zeitwert, der immer Bestandteil des DateTime-Objekts ist, wird dann die aktuelle Uhrzeit verwendet. Aber auch diese können Sie über die Parameter -Second und -Minute ändern.

Wenn Sie die Formatierung des Datums ändern möchten, können Sie dazu den Parameter -uFormat verwenden. Mit dem folgenden Aufruf wird das Datum in der Form TT.MM.YYYY ausgegeben, also mit zweistelliger Tages- und Monatsangabe und vierstelliger Jahreszahl:

Get-Date -uFormat "%d.%m.%Y"

Selbstverständlich können Sie den Parameter uFormat auch mit den anderen Parametern kombinieren. **[«]**

```
PS C:\> get-date -uFormat "%d.%m.%Y"
06.08.2006
```

Abbildung 3.3 Ergebnis des Parameters -uFormat

3 | Sprachgrundlagen

[»] Bei den CmdLets spielt die Groß- und Kleinschreibung der CmdLet-Namen und Parameter keine Rolle, bei den Parameterwerten aber teilweise schon. Das ist von der Art des Wertes und dem Parameter abhängig. Nachfolgend werden CmdLets mit großem Anfangsbuchstaben geschrieben. Enthalten sie einen Bindestrich, wird auch der Buchstabe nach dem Bindestrich großgeschrieben. Bei den Parametern richtet sich die Schreibweise im Zweifelsfall nach den Angaben, die der Parameter -? ausgibt.

[+] Sie müssen nicht immer die Hilfe zu den Parametern mit dem Parameter -? ausgeben lassen, wenn Sie nur nicht wissen, wie die Parameter heißen. Wenn Sie die PowerShellIDE als Editor nutzen, erhalten Sie nach Eingabe des CmdLet-Namens eine Auflistung der Parameter. Genauso erhalten Sie eine Auflistung aller verfügbaren CmdLets, wenn Sie mit der Eingabe beginnen.

```
PowerShell Interactive
get-date -?
get-date -Month 5 -Year 2006 -Day 1
get-date -uFormat "%d.%m.%Y"
Get-Help -Name "Get-Date"

Get-Help -Name "Get-Process"
Get-Date
Get-Process |
              -Debug
              -ErrorAction
              -ErrorVariable
              -Id
              -InputObject
              -Name
              -OutBuffer
              -OutVariable
              -Verbose
Default Input
```

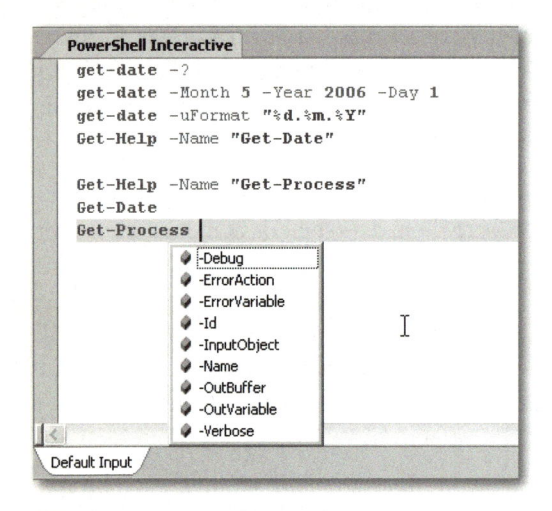

Abbildung 3.4 Parameterliste für das CmdLet Get-Process

[+] Sie müssen nicht für jeden Parameter den Parameternamen angeben. Parameter haben eine bestimmte Reihenfolge. Wenn Sie also die passenden Werte in der richtigen Reihenfolge angeben, können die Parameternamen entfallen.

Anstelle von

`Get-Command` -Name '*' -CommandType 'CmdLet'

können Sie auch die Kurzform

`Get-Command` '*' -CommandType 'CmdLet'

verwenden. Den Parameternamen -Name können Sie deshalb weglassen, weil er der erste Parameter des CmdLets ist und Sie ihn an erster Stelle nach dem CmdLet-Namen angegeben haben.

Damit entsprechen solche Parameter den Default-Methoden und Default-Eigenschaften im WSH und VBScript.

3.2.1 CmdLets auflisten

Genauso wie es den Parameter `-?` gibt, um Informationen zu einem CmdLet zu ermitteln, kennt die PowerShell auch ein CmdLet, mit dem Sie alle Befehle auflisten können, die die PowerShell ausführen kann: das CmdLet `Get-Command`.

Als Befehl wird nachfolgend jedes Programm, Skript, CmdLet oder eine Anweisung bezeichnet, das bzw. die von der PowerShell ausgeführt werden kann.

`Get-Command` verfügt über einen Parameter `Name`, über den Sie den Namen des oder der CmdLets bestimmen können, den bzw. die Sie zurückgeben möchten. Geben Sie einen exakten Namen als Parameterwert an, gibt das CmdLet den Namen des Befehls nebst Typ und Pfadangabe aus, wenn er existiert. Ansonsten wird eine Fehlermeldung ausgegeben.

Sinnvoll ist der Einsatz des `Name`-Parameters aber eigentlich nur bei Verwendung von Platzhaltern. Das Zeichen * können Sie als Platzhalter für beliebige Zeichen einsetzen. Mit dem Aufruf

`Get-Command -Name '*'`

können Sie alle verfügbaren Befehle auflisten. Die Liste umfasst dann aber auch ausführbare Programme, Funktionen und Skripten, und sie ist sehr lang. Besser ist daher, Sie schränken die Liste ein, indem Sie entweder den `Type`-Parameter nutzen, um den Befehlstyp anzugeben, oder Sie schränken den Namen ein, indem Sie vor oder nach dem Platzhalter weitere Bestandteile des Namens angeben. Mit

`Get-Command -Name "Set-*"`

können Sie bspw. alle Befehle auflisten, deren Namen mit `Set` beginnen.

Alternativ oder auch gleichzeitig können Sie die Befehle auch nach Typ einschränken, indem Sie zusätzlich den `CommandType`-Parameter angeben. Dazu stehen die folgenden Werte für den Parameter zur Verfügung:

- `Alias` – gibt alle Befehle aus, die einen Aliasnamen für einen anderen Befehl darstellen.
- `Function` – gibt alle Funktionen aus.
- `Filter` – listet alle Filter auf.
- `CmdLet` – gibt die Liste aller CmdLets aus.

- `ExternalScript` – listet alle externen Skripte auf.
- `Application` – zeigt alle Anwendungen.
- `Script` – listet alle Skripte auf.
- `All` – listet alle Befehle auf.

Wenn Sie beispielsweise

`Get-Command` `-Name * -CommandType Alias`

eingeben, erhalten Sie eine Liste aller Aliasnamen.

Alternativ können Sie auch eine kommaseparierte Liste verschiedener Typen angeben. Mit der Anweisung

`Get-Command` `-Name "C*" -CommandType "Alias,CmdLet"`

listen Sie bspw. alle CmdLets und Aliasnamen auf, die mit »C« beginnen.

> [»] In der RC1-Version der PowerShell hieß der Parameter noch `Type`. Sollten Sie also noch die RC1 verwenden, müssen Sie `CommandType` durch `Type` ersetzen. Der `Type`-Parameter funktioniert aber auch noch in der RC2-Version.

3.2.2 Pipelines nutzen

Pipelines sind eines der wichtigsten Konzepte der PowerShell. Sie sind, neben den Objekten, ein wichtiger Unterschied zu den gängigen Unix-Shells, bei denen Ein- und Ausgaben textbasiert erfolgen. In der PowerShell ist das anders. Sie ist vollständig objektorientiert. Alle CmdLets geben Objekte zurück, die wie in anderen objektorientierten Programmier- und Skriptsprachen über Eigenschaften und Methoden verfügen. Diese Objekte oder einzelne Eigenschaften können Sie über Pipelines an andere CmdLets weiterreichen.

Pipelines sind, wie der Name schon vermuten lässt, ein Konstrukt in der Shell-Programmierung, mithilfe dessen Daten von einem CmdLet zu einem anderen transportiert werden können. Der Rückgabewert von `CmdLet1` ist gleichzeitig der Eingangswert von `CmdLet2`. Dieses gibt wieder einen Wert zurück, der als Eingangswert von `CmdLet3` dient. Eine solche Pipeline könnte dann wie folgt aussehen:

`CmdLet1 | CmdLet2 | CmdLet3`

Das Zeichen | ist dabei das Pipe-Zeichen, das Rückgabewerte als Eingangswert in das nächste CmdLet transportiert.

Das folgende kleine Beispiel soll die Verwendung von Pipelines in der Praxis zeigen. Das CmdLet `Get-Process` liefert eine Liste aller aktuellen Prozesse. Geben Sie also

`Get-Process` ⏎

ein, wird die Liste ausgegeben. Das liegt daran, dass es kein weiteres CmdLet am Ende der Pipeline gibt, das den Rückgabewert aufnimmt. Das können Sie aber ganz schnell ändern. Geben Sie nach dem CmdLet ein Pipe-Zeichen ein und danach ein neues CmdLet, das den Rückgabewert verarbeitet.

Das kann jedes CmdLet sein, das als Eingangswert ein Listenobjekt verarbeiten kann. Dazu gehören auch WHERE-Abfragen. Mit ihrer Hilfe können Sie, ähnlich wie in SQL-Abfragen einer Datenbank, bestimmte Datensätze aus der gelieferten Liste ermitteln. Mit der folgenden Anweisung können Sie bspw. alle Prozesse auflisten, die in der Company-Eigenschaft eine Zeichenkette »Microsoft« enthalten. Vor und nach dem Wort »Microsoft« können dabei beliebig viele Zeichen stehen.

`Get-Process | WHERE {$_.Company -like "*Microsoft*" }`

Der Befehl im Detail

Was passiert hier genau? Zunächst wird das CmdLet `Get-Process` aufgerufen. Es liefert ein Listenobjekt mit allen laufenden Prozessen. Dieses wird dann über das Pipe-Symbol | an die nächste Anweisung übergeben. Hier ist dies eine WHERE-Filter-Bedingung. Nach dem Schlüsselwort WHERE folgt in geschweiften Klammern der Filterausdruck. In diesem Fall ist das also `$_.Company -like "*Microsoft*"`. Mit der Systemvariablen `$_` können Sie innerhalb der Pipe auf das aktuelle Objekt zugreifen – in diesem Fall also auf die Liste mit den Prozessen, die vom ersten CmdLet geliefert wurde. Da jedes Objekt der Liste über eine Company-Eigenschaft verfügt, können Sie diese abrufen. Sie gibt den Hersteller des Prozesses an. Eigenschaften und Methoden werden von den Objekten, auf die sie sich beziehen, durch einen Punkt getrennt. Mit `$_.Company` rufen Sie also die Company-Eigenschaft des Prozesses ab. `-like` ist der Vergleichsoperator, der analog zum LIKE-Operator von SQL funktioniert und einen Zeichenkettenvergleich liefert, wobei der Vergleichsausdruck, hier »*Microsoft*«, auch Platzhalter enthalten kann. Das Zeichen »*« steht dabei für ein oder mehrere beliebige Zeichen.

Nach der WHERE-Bedingung folgt nun keine weitere Anweisung, daher wird das Ergebnis wieder ausgegeben. Das muss aber nicht so sein. Sie können die Pipeline durchaus noch erweitern. Hängen Sie bspw. das CmdLet `Sort-Object` an und übergeben die Namen der Eigenschaften, nach denen sortiert werden soll, können Sie mit folgender Anweisung die Liste nach der Spalte »Handles« und dann nach »ProcessName« sortieren.

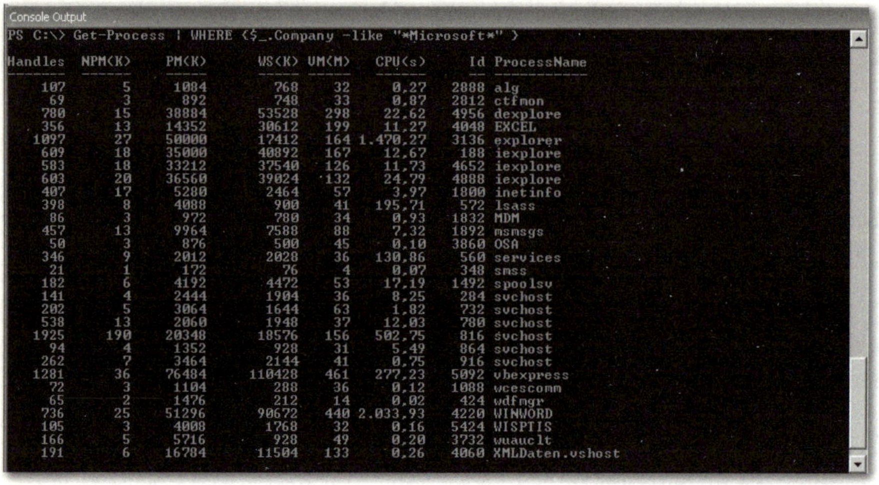

Abbildung 3.5 Ausgabe der Pipe

[!] Bitte achten Sie darauf, die Anweisung in einer Zeile einzugeben, auch wenn sie hier aufgrund der begrenzten Zeilenlänge im Buch mehrzeilig abgedruckt wird.

```
Get-Process | WHERE {$_.Company -like "*Microsoft*" } |
Sort-Object "Handles", "ProcessName"
```

Und auch damit ist natürlich noch nicht das Ende der Fahnenstange erreicht. Sie können weitere CmdLets anfügen. Gefällt Ihnen zum Beispiel die Reihenfolge der Spalten nicht oder möchten Sie andere Informationen als die standardmäßig angezeigten ermitteln, können Sie bspw. noch eine SELECT-Anweisung anhängen.

SELECT-Anweisungen definieren, welche Daten ausgewählt werden sollen. Das heißt, anders als Filterbedingungen mit WHERE, die die Datenmenge beschränken, legen SELECT-Anweisungen die Struktur der Daten fest.

Möchten Sie die Spalten »Id«, »ProcessName« und die bisher nicht sichtbare Spalte »Company« anzeigen lassen, übergeben Sie die Ausgabe des CmdLets Sort-Object an die SELECT-Anweisung:

```
SELECT "Id", "ProcessName", "Company"
```

Die gesamte Anweisung lautet daraufhin wie folgt:

```
Get-Process | WHERE {$_.Company -like "*Microsoft*" } | `
Sort-Object "Handles", "ProcessName" | SELECT "Id", `
"ProcessName", "Company"
```

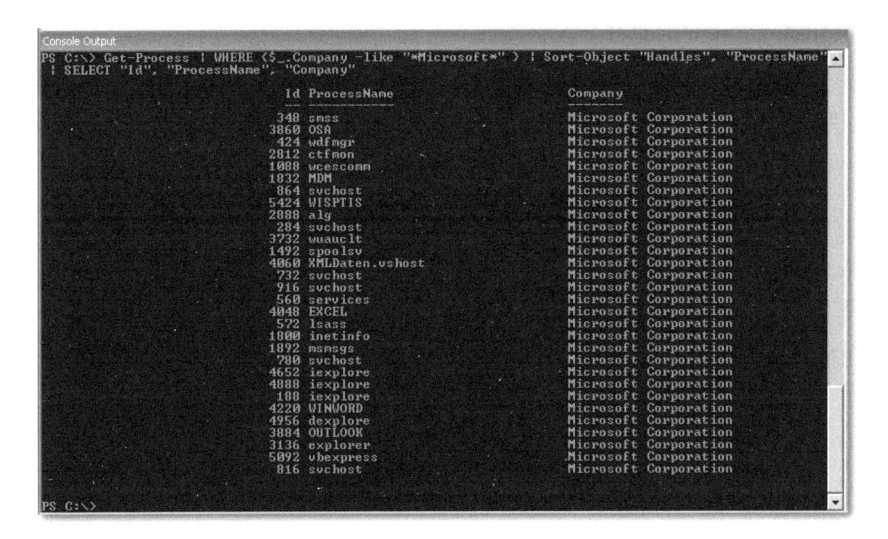

Abbildung 3.6 Das Ergebnis der Anweisung

Sie sehen, das Prinzip der Pipelines ist nicht sehr schwer zu verstehen und ermöglicht es, mit minimalem Aufwand auch größere Befehlsketten zu erstellen. Dennoch reichen Pipelines allein oft nicht aus, sodass die PowerShell auch die Möglichkeit bietet, eigene Variablen und Funktionen zu erstellen, Objekte zu erstellen und Schleifen zu formulieren.

3.2.3 Wichtige CmdLets im Überblick

Wenn Sie mit der PowerShell programmieren möchten, ist es wichtig, dass Sie wissen, welche CmdLets es gibt und über welche Parameter sie verfügen, welche Eigenschaften und Methoden die Rückgabewerte haben etc.

> Die im Buch erläuterten und verwendeten CmdLets finden Sie mit Beschreibung und wichtigen Parametern im Anhang. [«]

Weiter vorne wurde schon erläutert, wie Sie Informationen zu den Parametern und den verfügbaren CmdLets ermitteln. Hier soll dies noch einmal im Überblick dargestellt werden.

Verfügbare CmdLets ermitteln

Wenn Sie alle CmdLets ermitteln möchten, die die PowerShell zur Verfügung stellt, verwenden Sie dazu das CmdLet Get-Command mit den Parametern -Name und -CommandType:

```
Get-Command -Name '*' -CommandType 'CmdLet'
```

Informationen und Parameter ermitteln

Wenn Sie den Namen des CmdLets erst einmal kennen, können Sie mit dem Parameter -? die Hilfe zum CmdLet aufrufen.

`Get-Command -?`

ruft bspw. die Hilfe zum CmdLet Get-Command auf.

Alternativ können Sie aber auch das CmdLet Get-Help verwenden. Ihm übergeben Sie den Namen des CmdLets als Parameter -Name:

`Get-Help -Name 'Get-Command'`

[+] Sie können das CmdLet Get-Command auch verwenden, um Informationen zu anderen Befehlen als CmdLets zu ermitteln. Geben Sie als Parameter bspw. den Namen einer ausführbaren Datei an, werden der Name und der Pfad der Datei, ggf. auch die Versionsnummer etc., angezeigt. Welche Informationen angezeigt werden, richtet sich nach dem Dateityp. Sie können sowohl EXE-Dateien als auch WHS-Skript-Dateien, Batch-Dateien, aber auch PS-Funktionen und PS-Skripte angeben. Benötigen Sie bspw. Infos zum Ping-Befehl von Windows, geben Sie Folgendes an:

`Get-Command -Name 'ping.exe'`

```
PS C:\> Get-Command -Name 'ping.exe'
CommandType     Name            Definition
Application     ping.exe        C:\WINDOWS\system32\ping.exe
```

Abbildung 3.7 Ausgabe der Informationen zum ping-Befehl

Mit obigem Aufruf wird die Standardliste ausgegeben, die nicht alle Informationen enthält. Daher ist die Info etwas dürftig. Mehr Informationen erhalten Sie, indem Sie eine Pipeline nutzen und den Rückgabewert an das CmdLet Format-List übergeben. Diese erzeugt eine formatierte Ausgabe des Objektes und gibt alle Information untereinander aus.

`Get-Command -Name 'ping.exe' | Format-List -Property '*'`

Informationen zu allgemeinen Themen

Sie können mit dem Get-Help-CmdLet auch Informationen zu allgemeinen Themen rund um die PowerShell ermitteln. Dazu gibt es die Möglichkeit, statt eines CmdLet-Namens auch einen Themenbereich anzugeben.

Möchten Sie mehr über den Umgang mit Objekten erfahren, geben Sie bspw.

`Get-Help -Name 'about_object'`

```
PS C:\> Get-Command -Name 'ping.exe' | Format-List -Property '*'

FileVersionInfo : File:             C:\WINDOWS\system32\ping.exe
                  InternalName:     ping.exe
                  OriginalFilename: ping.exe
                  FileVersion:      5.1.2600.2180 (xpsp_sp2_rtm.040803-2158)
                  FileDescription:  TCP/IP-Befehl Ping
                  Product:          Betriebssystem Microsoft« Windows«
                  ProductVersion:   5.1.2600.2180
                  Debug:            False
                  Patched:          False
                  PreRelease:       False
                  PrivateBuild:     False
                  SpecialBuild:     False
                  Language:         Deutsch (Deutschland)
Path              : C:\WINDOWS\system32\ping.exe
Extension         : .exe
Definition        : C:\WINDOWS\system32\ping.exe
Name              : ping.exe
CommandType       : Application
```

Abbildung 3.8 Nun werden detailliertere Infos ausgegeben

an. Analog dazu erhalten Sie mit

`Get-Help -Name 'about_method'`

Informationen zum Aufruf von Methoden. Das System dahinter ist ganz einfach. Sie geben anstelle des CmdLet-Namens die Zeichenfolge »about_«, gefolgt von der Bezeichnung des Themas, an.

[+] Anstelle des CmdLets Get-Help können Sie auch den Alias help verwenden. Mit
`help 'about_method'`
erhalten Sie also den gleichen Hilfe-Text. Wichtig ist dabei aber, dass Sie den Parameternamen nicht angeben, sondern das Hilfethema direkt nach help angeben.

Dennoch gibt es einen Unterschied zwischen dem Alias help und dem CmdLet Get-Help. Während Get-Help immer den kompletten Hilfetext ausgibt, erzeugt help bei Bedarf eine mehrseitige Ausgabe.

Drücken Sie nun

- [Leer], um die nächste Seite anzuzeigen,
- [↵] zur Ausgabe der nächsten Zeile oder
- [Q], um abzubrechen.

[+] Sehr lange Hilfetexte werden standardmäßig gekürzt gezeigt. Wenn Sie den kompletten Hilfetext sehen wollen, geben Sie den Parameter detailed an. Einen Wert benötigt er nicht. Mit `Get-Help 'Get-Member' -detailed` würden Sie also die vollständige Hilfe zum CmdLet Get-Member aufrufen.

Hilfetexte verstehen

Es nützt natürlich nichts, wenn Sie zwar die Hilfetexte anzeigen können, aber insbesondere die Informationen zu einzelnen Parametern sowie die Syntaxbeschreibung des CmdLets nicht verstehen. Daher sollen diese nachfolgend am Beispiel des CmdLets `List-Format` erläutert werden.

Wenn Sie mit `help 'Format-List'` die Hilfe zum CmdLet `Format-List` aufrufen, beginnt die Ausgabe wie folgt. Zunächst werden unter den Überschriften NAME, SYNOPSIS und DETAILED DESCRIPTION der Name des CmdLets, eine Kurzinfo und eine ausführliche Beschreibung ausgegeben. Sie sind mit grundlegenden Englischkenntnissen leicht zu verstehen.

Unterhalb der Beschreibung werden außerdem die Standardparameter ausgegeben, die von dem entsprechenden Befehl unterstützt werden. In diesem Fall sind es die Parameter

- `-Debug`,
- `-ErrorAction`,
- `-ErrorVariable`,
- `-OutBuffer`,
- `-OutVariable` und
- `-Verbose`.

```
NAME
    Format-List

SYNOPSIS
    Formats objects as a list of their properties displayed
    vertically.

DETAILED DESCRIPTION
    The format-list CmdLet takes input from the pipeline and
    outputs a list of all specified properties of each piped
    object. You can specify which properties you wish
    displayed with the -Property parameter. When used with
    the out CmdLets, format-list will wrap lines instead of
    truncating them.

    This command also supports the ubiquitous parameters:
    -Debug (-db), -ErrorAction (-ea), -ErrorVariable (-ev)
```

```
-OutBuffer (-ob), -OutVariable (-ov), and -Verbose (-b).
To learn more see help about_ubiquitous_parameters.
```
...

Im Abschnitt USAGE folgt der vorerst wichtigste Teil. Er definiert die Verwendung, sprich die Syntax des CmdLets. Für die Syntaxbeschreibung wird eine einheitliche Symbolik verwendet. Zunächst einmal gilt:

- Parameter, die optional sind, also nicht angegeben werden müssen, werden in eckige Klammern eingefasst.
- Auch Parameterlisten, die im Ganzen optional sind, werden in eckige Klammern eingefasst.
- Parameterlisten sind aber auch dann optional, wenn alle Parameter optional sind.

In diesem Fall sind alle Parameter optional, sodass auch die ganze Parameterliste optional ist. Das heißt, Sie können das CmdLet Format-List auch ohne Parameter aufrufen. Die Klammern um die einzelnen Parameter sagen Ihnen ebenfalls, dass die einzelnen Parameter optional sind.

Gibt es wie hier einen Standard-Parameter, also einen Parameter, dessen Namen Sie nicht angeben müssen, erkennen Sie das ebenfalls an der Parameterliste. Dazu müssen Sie die Definitionen der einzelnen Parameter betrachten. Es wird immer zuerst der Parametername genannt, in spitzen Klammern danach steht der Datentyp, den der Wert haben muss. Die Angabe [-View <System.String>] besagt, dass es einen optionalen Parameter -View gibt, der den Datentyp System.String hat. Das wiederum bedeutet, dass Sie eine Zeichenkette übergeben müssen. In diesem Fall stehen Parametername und Datentyp in einer eckigen Klammer. Das heißt, entweder geben Sie Parametername und Wert an oder beides nicht.

Bei dem Standardparameter des CmdLets ist das anders. Hier ist der Parametername noch mal separat in eckige Klammern eingefasst:

```
[[-Property] <System.Object[]>]
```

Das bedeutet also, dass Sie den Parameternamen auch dann weglassen können, wenn Sie den Wert angeben. Zulässig wären in diesem Fall also folgende Angaben:

```
Get-Command | Format-List '*'
Get-Command | Format-List -Property '*'
Get-Command | Format-List
```

3 | Sprachgrundlagen

Auch in den Datentypen können eckige Klammern vorkommen, wie hier bspw. in der Datentypangabe für den ersten Parameter `<System.Object[]>`. Diese Klammern haben aber nichts damit zu tun, ob Parameter oder Wert optional sind. Sie definieren ein Array. Das heißt, der Parameter `-Property` kann ein Array aus Objekten aufnehmen. In der Regel ist das eine kommaseparierte Liste möglicher Werte. Möchten Sie bspw. nur die Eigenschaften `Name` und `Command-Typ` des CmdLets auflisten, geben Sie diese Spaltennamen einfach als Liste an.

```
Get-Command | Format-List -Property 'Name','CommandType'
```

> [»] Welche Werte Sie den einzelnen Parametern übergeben können, hängt vom Datentyp ab. Die wichtigsten Datentypen sind im Anhang beschrieben.

```
...
USAGE
    Format-List [[-Property] <System.Object[]>]
    [-View <System.String>] [-Group By <System.Object>] [-
    Force <System.Management.Automation.SwitchParameter>]
    [-InputObject <System.Management.Automation.PSObject>] [-
    Expand <System.String>] [-DisplayError
    System.Management.Automation.SwitchParameter>]
    [-ShowError System.Management.Automation.
        SwitchParameter>]
    [-Verbose [<System.Boolean>]] [-Debug
        [<System.Boolean>]]
    [-ErrorAction <ActionPreference>] [-ErrorVariable
    <System.String>] [-OutVariable <System.String>]
    [-OutBuffer <System.Int32>]
```

Nach der allgemeinen Beschreibung des Befehls folgen die Erläuterungen zu den einzelnen Parametern und Rückgabewerten. Sie finden dort bspw. für den Parameter `-Property` folgende Angabe:

```
...
PARAMETERS
    -Property <System.Object[]>
        The properties being listed in the output.
        Parameter required?           false
        Parameter position?           1
        Parameter type                System.Object[]
        Default value
        Accept multiple values?       true
        Accepts pipeline input?       false
        Accepts wildcard characters?  False
...
```

Unter der Deklaration `-Property <System.Object[]>` des Parameters folgt die Beschreibung. Darunter werden weitere Eigenschaften angegeben. Eine Beschreibung finden Sie in der folgenden Tabelle.

Eigenschaft	Mögliche Werte	Beschreibung
Parameter required	`False`, `True`	Gibt an, ob der Parameter erforderlich ist (`True`) oder optional (`False`).
Parameter position	`Zahl` oder `named`	Legt die Position des Parameterwertes in der Parameterliste fest, wenn der Parametername nicht angegeben wird. Bei Parametern, deren Wert nur mit Angabe des Parameters angegeben werden kann, hat die Eigenschaft den Wert `named`.
Parameter type	Datentyp-Bezeichnung	Bestimmt den Datentyp des Parameters.
Default value	Wert passend zum Datentyp oder kein Wert	Gibt den Standardwert an, den der Parameter hat, wenn Sie keinen Wert angeben.
Accept multiple values	`True` oder `False`	Gibt an, ob der Parameter mehrere Werte akzeptiert (`True`) oder nicht (`False`).
Accepts pipeline input	`False` oder `True`	Gibt an, ob der Parameter Eingabeobjekte aus einer Pipeline akzeptiert.
Accepts wildcard characters	`False` oder `True`	Gibt an, ob der Parameter Platzhalterzeichen akzeptiert.

Tabelle 3.1 Informationen über Parameter

Informationen zu Objekten ermitteln

Wie Sie bereits im Abschnitt zu den Pipelines gelernt haben, geben fast alle CmdLets und Befehle in der PowerShell ein Objekt zurück oder erwarten eines als Eingangsdaten. Daher ist es für eine effiziente Programmierung mit der PowerShell auch wichtig, Informationen über ein Objekt zu ermitteln. Sie können dazu das CmdLet `Get-Member` verwenden.

> Als Member werden alle Elemente eines Objektes bezeichnet, also Eigenschaften, Methoden, Ereignisse und Daten.

Das CmdLet muss sich auf der rechten Seite eines Pipe-Zeichens befinden, weil es als Eingangswert das Objekt erwartet, dessen Member angezeigt werden sollen. Wenn Sie keine Parameter angeben, werden alle Member des Objekts aufgelistet. Mit der Anweisung

```
Get-Date | Get-Member
```

können Sie bspw. alle Member des Objekts `System.DateTime` auflisten, das vom CmdLet `Get-Date` zurückgegeben wird.

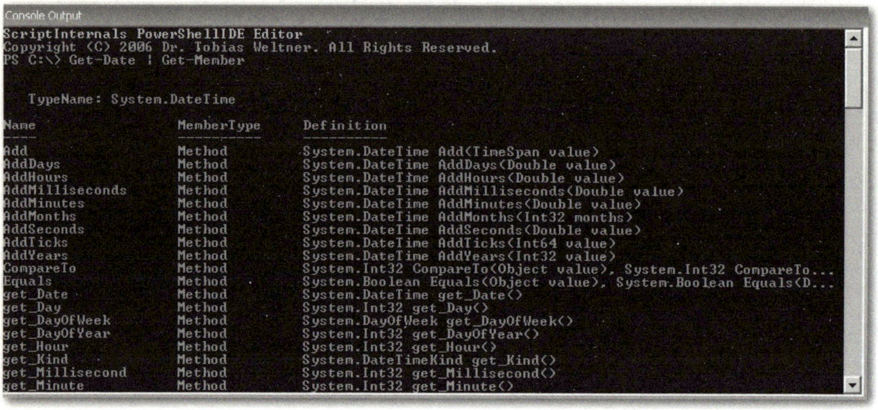

```
Console Output
ScriptInternals PowerShellIDE Editor
Copyright (C) 2006 Dr. Tobias Weltner. All Rights Reserved.
PS C:\> Get-Date | Get-Member

   TypeName: System.DateTime

Name               MemberType     Definition
----               ----------     ----------
Add                Method         System.DateTime Add(TimeSpan value)
AddDays            Method         System.DateTime AddDays(Double value)
AddHours           Method         System.DateTime AddHours(Double value)
AddMilliseconds    Method         System.DateTime AddMilliseconds(Double value)
AddMinutes         Method         System.DateTime AddMinutes(Double value)
AddMonths          Method         System.DateTime AddMonths(Int32 months)
AddSeconds         Method         System.DateTime AddSeconds(Double value)
AddTicks           Method         System.DateTime AddTicks(Int64 value)
AddYears           Method         System.DateTime AddYears(Int32 value)
CompareTo          Method         System.Int32 CompareTo(Object value), System.Int32 CompareTo...
Equals             Method         System.Boolean Equals(Object value), System.Boolean Equals(D...
get_Date           Method         System.DateTime get_Date()
get_Day            Method         System.Int32 get_Day()
get_DayOfWeek      Method         System.DayOfWeek get_DayOfWeek()
get_DayOfYear      Method         System.Int32 get_DayOfYear()
get_Hour           Method         System.Int32 get_Hour()
get_Kind           Method         System.DateTimeKind get_Kind()
get_Millisecond    Method         System.Int32 get_Millisecond()
get_Minute         Method         System.Int32 get_Minute()
```

Abbildung 3.9 Ausgabe der Get-Member-Anweisung

Oberhalb der eigentlichen Liste wird das Objekt zurückgeben, sodass Sie auch auf diesem Weg ermitteln können, was für ein Objekt das CmdLet zurückgibt.

Darunter folgt dann eine Liste der vorhandenen Member. Neben dem Namen wird auch der Member-Typ angegeben. Er gibt Auskunft darüber, wie Sie den Member benutzen. Zusätzlich gibt der Member-Typ auch an, wie der entsprechende Member definiert wurde. Die folgende Tabelle erläutert die verschiedenen Typen in aller Kürze. Sie werden diese jedoch noch an Beispielen kennenlernen.

Member-Typ	Beschreibung
`AliasProperty`	Ein Aliasname für einen anderen Member
`CodeMethod`	Eine Methode, die einen Verweis auf eine andere Methode darstellt
`CodeProperty`	Eine Eigenschaft, die einen Verweis auf eine Methode darstellt
`Method`	Eine normale Methode des Objekts
`NoteProperty`	Eine Eigenschaft, die durch ein Name-Wert-Paar definiert ist
`ParameterizedProperty`	Eine parametrisierte Eigenschaft. Dabei handelt es sich um Eigenschaften, an die Sie Parameter übergeben können.
`Property`	Eine normale Eigenschaft des Objekts
`PropertySet`	Eine Menge von Eigenschaften gleichen Typs
`ScriptMethod`	Eine Methode, die mit einer Skriptsprache erstellt wurde
`ScriptProperty`	Eine Eigenschaft, die mit einer Skriptsprache erzeugt wurde

Tabelle 3.2 Mögliche Membertypen

Natürlich hat auch das CmdLet `Get-Member` Parameter. Sie können bspw. mit dem Parameter `-Name` die Ausgabe auf Member mit bestimmten Namen beschränken und können dabei auch Platzhalter verwenden. Mit der folgenden Anweisung würden Sie alle Member ausgeben, die mit dem Buchstaben »a« beginnen:

```
Get-Date | Get-Member -Name 'a*'
```

Sie können aber auch die Liste nach Member-Typ einschränken, indem Sie einen Member-Typ aus der obigen Tabelle an den Parameter `MemberType` übergeben:

```
Get-Date | Get-Member -MemberType 'Properties'
```

Neben den Member-Typen in der obigen Tabelle können Sie noch folgende Werte angeben:

- `All` – listet alle Member auf.
- `Methods` – listet alle möglichen Methoden-Typen auf.
- `Properties` – listet alle möglichen Eigenschaften-Typen auf.

3.3 Datenprovider nutzen

Neben Pipelines, Skripten, Variablen und CmdLets sind nicht zuletzt die fest implementierten Datenprovider der PowerShell erforderlich, um auf die Daten von Windows zuzugreifen. Diese Datenprovider, kurz Provider genannt, stellen verschiedene Daten zur Verfügung.

Es gibt bspw. Provider zum Zugriff auf das Dateisystem, sowie solche für Registry und Zertifikate. Genauso können Sie aber auch einen entsprechenden Provider nutzen, um auf alle Variablen des Systems zuzugreifen. Dazu stellen die Provider für den Zugriff auf die Daten sogenannte Laufwerke (Drives) zur Verfügung. Über die Laufwerke haben Sie Zugriff auf die Daten.

> Dabei handelt es sich keinesfalls um wirkliche Laufwerke, die mit den Festplatten- oder CD-Laufwerken des Systems vergleichbar wären. Wenn überhaupt sind sie mit virtuellen Laufwerken zu vergleichen, die lediglich einen Namen zur Verfügung stellen, über den auf bestimmte Bereiche des Hauptspeichers und die darin enthalten Daten zugegriffen werden kann.

> Um alle verfügbaren Provider zu ermitteln, können Sie das CmdLet `Get-PSProvider` aufrufen.

Die folgende Tabelle enthält die definierten Provider und deren Laufwerke. Für jedes Laufwerk gibt es eine Variable, über die Sie auf den Provider zugreifen können. Möchten Sie bspw. die Umgebungsvariable PATH abrufen, können Sie dazu wahlweise das CmdLet Get-Content oder die Variable verwenden. Wenn Sie das CmdLet nutzen, geben Sie dazu Folgendes ein:

`Get-Content Env:Path`

Nach dem CmdLet folgt für den Default-Parameter die Angabe des Laufwerks und des gewünschten Wertes. In diesem Fall ist dies die Umgebungsvariable, die abgerufen werden soll.

Falls Sie die Variablen nutzen möchten, funktioniert die Ausgabe des gleichen Wertes mit:

`$Env:Path`

Mit Hilfe der Provider und deren Methoden können Sie bspw. Verzeichnisse und Dateien verwalten oder Registry-Einträge manipulieren.

Name	Laufwerk
Alias	Alias
Environment	Env
FileSystem	C, F, G, D...
Function	Function
Registry	HKLM, HKCU
Variable	Variable
Certificate	cert

Tabelle 3.3 Provider und Laufwerke

Mit dem CmdLet Get-PSDrive können Sie alle Laufwerke ermitteln, die definiert sind.

[»] Verfügt ein Laufwerk über eine reale Entsprechung, wie bspw. ein Festplatten- oder CD-Laufwerk, finden Sie diese in der Spalte Root.

3.4 Skripte erstellen

Möchten Sie Anweisungen nicht nur einmalig erstellen und ausführen, sondern auch zu späteren Zeitpunkten, muss es natürlich eine Möglichkeit geben, diese Befehle auch in einer Art Skript zu speichern, wie das auch beim Windows Script Host (WSH) möglich war. Diese Möglichkeit bietet natürlich auch die Power-Shell.

Abbildung 3.10 Ausgabe der PowerShell-Provider-Laufwerke

3.4.1 Dateinamen

Skriptdateien für die PowerShell werden, wie die meisten anderen Windows-Dateien auch, an ihrer Dateinamenserweiterung erkannt. Sie müssen die Endung ».ps1« haben, sind ansonsten aber normale Textdateien, die Sie mit jedem Editor, aber natürlich auch mit der PowerShellIDE erstellen können.

Möchten Sie die PowerShellIDE nutzen, wählen Sie dazu aus dem Menü **File • New Script** aus. Das Skript wird dann als Registerkarte im unteren Bereich der Entwicklungsumgebung angezeigt. Mit dem **Speichern**-Symbol oberhalb der Symbolleiste können Sie es dann als Skriptdatei speichern.

3.4.2 Aufbau von Skripten

Im einfachsten Fall besteht ein Skript aus dem Aufruf eines einzelnen CmdLets. Das macht aber wenig Sinn. In aller Regel besteht ein Skript daher aus mehreren CmdLets sowie aus Konstrukten zur Programmablaufsteuerung. Alle Anweisungen werden der Reihe nach ausgeführt. Die Reihenfolge der Ausführung wird durch die Reihenfolge der Anweisungen im Skript bestimmt. Jede Anweisung muss dabei in einer Zeile stehen, wobei Sie natürlich auch Pipelines einsetzen können. Eine Pipeline gilt dann als eine Anweisung und muss in einer Zeile stehen. Folgendes Beispiel soll den grundsätzlichen Aufbau von Skripten darstellen. Geben Sie die beiden Anweisungen in ein Skript ein, und speichern Sie es ab. Mit dem ersten CmdLet erzeugen Sie eine Textausgabe. Anschließend wird das CmdLet `Get-Command` ausgeführt, das alle Befehle auflistet.

Beide Anweisungen werden in der Reihenfolge ausgeführt, in der sie angegeben werden. Das erkennen Sie an der Ausgabe. Die Ausgabe des Textes erfolgt zuerst, danach folgt die Liste mit den Befehlen.

```
Write-Output 'Liste aller CmdLets:'
Get-Command
```

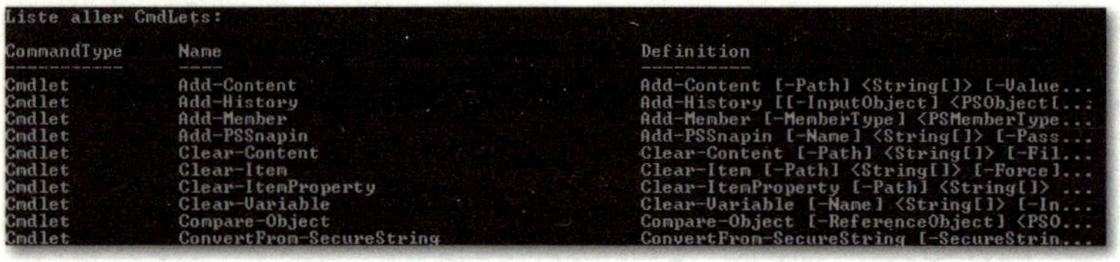

Abbildung 3.11 Ausgabe des Skriptes

[»] Sie finden das Skript als Datei **Skriptaufbau.ps1** im Verzeichnis **Bsp\K03** auf der Webseite dieses Buches. Generell sind alle Skripte nach Kapiteln geordnet in Unterverzeichnissen zu finden.

3.4.3 Skripte ausführen

Möchten Sie Skripte ausführen, reicht es aus, wenn Sie den Namen des Skriptes eingeben und ausführen. Die Dateinamenserweiterung und den Pfad müssen Sie nicht zwingend mit angeben.

Wenn Sie die Dateinamenserweiterung weglassen, sucht die PowerShell im angegebenen Verzeichnis nach allen ausführbaren Dateien mit dem angegebenen Namen und führt die erste gefundene aus.

Wenn Sie die Verzeichnisangabe vor dem Dateinamen weglassen, sucht die PowerShell die Datei in den Systemverzeichnissen. Das sind der Reihe nach die Verzeichnisse, die Sie über die Anweisung `$env:Path` ermitteln können.

Möchten Sie ein Skript ausführen, das außerhalb dieser Verzeichnisse gespeichert ist, müssen Sie dessen Pfad mit angeben. Der Aufruf mit Pfadangabe könnte dann wie folgt lauten, wenn sich das Skript **Skriptaufbau.ps1** im Verzeichnis **E:\GAL_PowerShell\bsp\K03** befindet.

```
E:\GAL_PowerShell\bsp\K03\Skriptaufbau.ps1
```

[!] Sollten Sie die Meldung

```
The file ... cannot be loaded. The execution of scripts is disabled on
this system. Please see "Get-Help about_signing" for more details
```

erhalten, liegt das daran, dass die PowerShell noch die Standardsicherheitseinstellungen verwendet. In diesem Zustand werden Skripte aus Sicherheitsgründen nicht ausgeführt. Sie müssen dann die Sicherheitseinstellungen ändern. Führen Sie dazu das CmdLet

Set-ExecutionPolicy RemoteSigned

aus. Es setzt die Sicherheitseinstellungen herab. Beachten Sie aber, dass diese Einstellung zwar zum Testen und Üben durchaus praktikabel ist, auf Rechnern mit sensiblen Daten und hohen Sicherheitsanforderungen aber ein Sicherheitsrisiko darstellt.

Mehr zum Thema Sicherheit und den alternativen Einstellungen finden Sie in Kapitel 1. [«]

Wenn Sie die PowerShellIDE verwenden, können Sie Ihr Skript natürlich auch über die **Ausführen**-Schaltfläche der Symbolleiste starten. Aktivieren Sie dazu die Registerkarte des Skriptes, das Sie ausführen möchten, und klicken Sie dann auf die grüne Pfeilschaltfläche der Symbolleiste. [+]

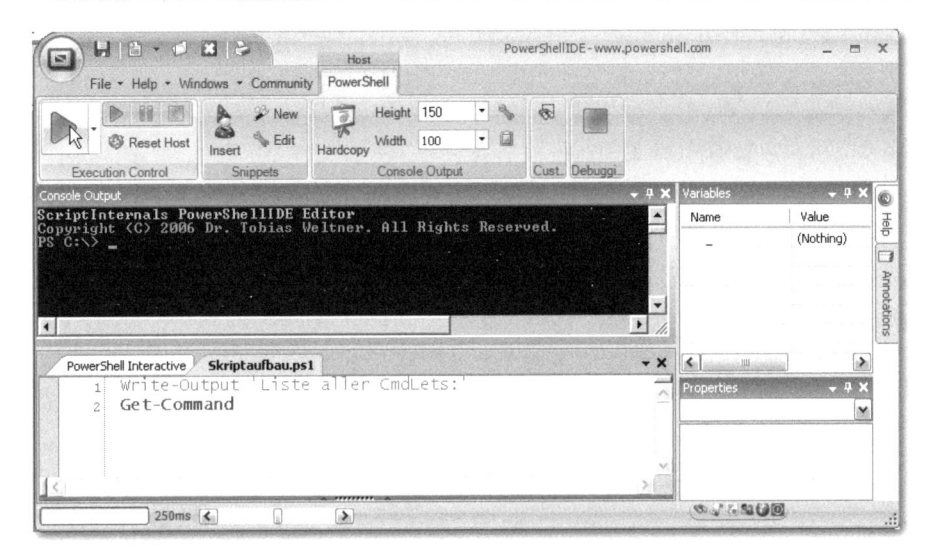

Abbildung 3.12 Ausführen des Skriptes über die PowerShellIDE

3.4.4 Kommentare

Skripte können natürlich nicht nur Befehle enthalten, sondern auch Kommentare. Sie sollten Skripte daher ausreichend kommentieren, um auch später noch problemlos nachvollziehen zu können, was das Skript macht.

Kommentieren können Sie Ihren Code mithilfe von Kommentaren oder Zeichenketten. Als Kommentarzeilen werden alle Zeilen erkannt, die mit einem # beginnen. Danach folgt der Text des Kommentars. Im folgenden Listing enthält also die zweite Zeile einen Kommentar:

```
Write-Output 'Liste aller CmdLets:'
#Ausgeben der Liste aller CmdLets
Get-Command
```

Es gibt jedoch die Möglichkeit, dass Sie auch normale Zeichenketten in das Skript einfügen. Diese werden dann nicht als CmdLet angesehen und verursachen also auch keine Fehlermeldungen. Wirkliche Kommentare sind sie allerdings nicht. Sie werden nämlich als Parameter des CmdLets Write-Output behandelt und als

Text ausgegeben. Folgende Zeilen sind damit gleichwertig, da Zeichenketten sowohl in Anführungszeichen als auch in Hochkommata eingefasst werden können:

```
Write-Output 'Liste aller CmdLets:'
"Liste aller CmdLets:"
'Liste aller CmdLets:'
```

Sie führen daher zu drei gleichen Ausgaben, wenn das Skript ausgeführt wird.

Abbildung 3.13 Ausgaben der drei Codezeilen

Wirkliche Kommentare werden hingegen nicht dargestellt. Sie sollten daher in aller Regel zum Kommentieren von Skripten immer wirkliche Kommentare verwenden, zumal sie sich optimal zum Gliedern der Skripte eignen. Die PowerShell-IDE zeigt Kommentare in fetter und grüner Schrift an, sodass Sie sie schnell vom übrigen Code unterscheiden können.

Abbildung 3.14 Darstellung der Kommentare in der PowerShellIDE

[+] Sie sollten sich für alle Skripte als Vorlage eine Skriptdatei erstellen, die bereits Kommentare für die Beschreibung des Skriptes enthält. Diese müssen Sie dann nur noch mit entsprechenden Inhalten füllen. Für die Beispieldateien wird die folgende Vorlage verwendet. Sie können daran erkennen, in welchem Verzeichnis Sie die Datei finden und welche zusätzlichen Dateien bzw. Systemvoraussetzungen benötigt werden.

```
#Skriptname: leer.ps1
#Autor: Helma Spona
#Auflage: 1
#Verzeichnis: /Bsp
#Beschreibung: Leere Vorlage für Skripten
#Anmerkungen: keine

#Benötigte Variablen
```

```
#Skriptblöcke und Funktionen

#Skriptinhalt
```

Kommentare müssen aber nicht zwingend am Anfang der Zeile beginnen. Sie können auch am Ende einer Zeile ein Kommentarzeichen # mit einem Kommentartext einfügen. Auch die folgende Zeile wäre damit gültig:

```
Get-Command  #Ausgeben der Liste aller CmdLets
```

Skripte können jedoch nicht nur aus CmdLets und Kommentaren bestehen. Sie können darin auch Funktionen, Codeblöcke und Rückgabewerte definieren, und natürlich können Sie einem Skript auch Parameter übergeben, wenn Sie es aufrufen. Diesen wesentlichen Elementen widmen sich die weiteren Abschnitte.

3.4.5 Variablen verwenden

Vielleicht fragen Sie sich schon, wie Sie komplexere Skripte nur mit Objekten, Pipelines und CmdLets erstellen sollen. Ein komplexes Skript müsste dann aus einer endlosen Pipeline bestehen, und das würde auch voraussetzen, dass jedes CmdLet nur über einen Eingabe- und Rückgabewert verfügt. Das ist natürlich nicht der Fall. Sie können selbstverständlich auch Werte in Variablen zwischenspeichern und diese zu späteren Zeitpunkten im Skript verwenden.

Variablen stellen benannte Platzhalter für Werte dar, die Sie einmal definieren und beliebig oft im Verlauf des Skriptes ändern und verwenden können.

Variablen werden wie in PHP mit dem Zeichen $ eingeleitet, und die Zuweisung des Wertes erfolgt mit dem Operator =. Wenn Sie bspw. in einer Variablen heute das aktuelle Datum zuweisen möchten, verwenden Sie dazu die Anweisung $heute = Get-Date. Das CmdLet Get-Date ermittelt das aktuelle Datum und gibt es zurück. Dieser Rückgabewert wird dann der Variablen heute zugewiesen.

Möchten Sie den Variablenwert später verwenden, können Sie die Variable einfach als Parameter an ein CmdLet übergeben oder so verwenden, wie Sie den Wert verwendet hätten. Folgendes Listing zeigt dies. Zunächst wird der Variable das aktuelle Datum zugewiesen und dann das Datum mit dem CmdLet Write-Output ausgegeben.

```
#Skriptname: Variablen.ps1
#Autor: Helma Spona
#Auflage: 1
#Verzeichnis: /Bsp/K03
#Beschreibung: Demonstriert die Verwendung von Variablen
#Anmerkungen: keine
```

```
#Benoetigte Variablen
$heute = Get-Date    #aktuelles Datum

#Skriptblöcke und Funktionen

#Skriptinhalt
```
Write-Output $heute

Natürlich können Sie die Variable dann auch als Eingangswert in einer Pipeline verwenden: Mit folgender Ergänzung des Skriptes wird zuerst das aktuelle Datum ausgegeben und danach die Eigenschaften des System.DateTime-Objekts.

```
...

#Skriptinhalt
```
Write-Output $heute
$heute | **Get-Member** -MemberType "Properties"
```
...
```

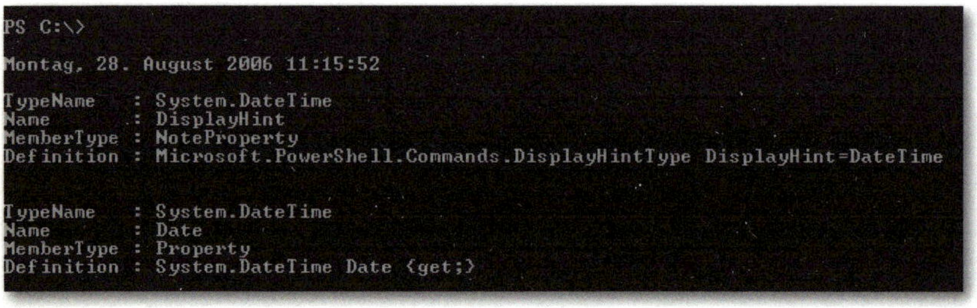

```
PS C:\>
Montag, 28. August 2006 11:15:52

TypeName   : System.DateTime
Name       : DisplayHint
MemberType : NoteProperty
Definition : Microsoft.PowerShell.Commands.DisplayHintType DisplayHint=DateTime

TypeName   : System.DateTime
Name       : Date
MemberType : Property
Definition : System.DateTime Date {get;}
```

Abbildung 3.15 Die Ausgabe des Skriptes

Sie können mit dem Write-Output-CmdLet aber nicht nur Werte von Variablen ausgeben, sondern auch den Variablenwert mit einer Zeichenkette kombinieren. Dazu können Sie die auszugebende Variable einfach innerhalb einer Zeichenkette angeben. Mit der folgenden Anweisung wird dem Wert der Variablen heute der Text "Aktuelles Datum" **vorangestellt:**

Write-Output "Aktuelles Datum: $heute"

[!] Das funktioniert so nur dann, wenn Sie die Zeichenkette in Anführungszeichen einfassen. Verwenden Sie Hochkommatas, wird die Variable als Bestandteil des Textes ausgegeben. Dieses Verhalten der PowerShell ist damit mit der echo-Anweisung von PHP vergleichbar.

Die Anweisungen

Write-Output "Aktuelles Datum: $heute"
Write-Output 'Aktuelles Datum: $heute'

sind daher nicht gleichwertig. Sie erkennen das an der Ausgabe in der folgenden Abbildung. Die erste Anweisung erzeugt die Ausgabe Aktuelles Datum: 28.08.2006 11:50:36, die zweite die nächste Zeile mit der Ausgabe Aktuelles Datum: $heute.

Auch die direkte Verwendung des CmdLets innerhalb der Zeichenkette funktioniert nicht. Wenn Sie Write-Output "Aktuelles Datum: Get-Date" verwenden, wird die Zeichenkette Aktuelles Datum: Get-Date ausgegeben.

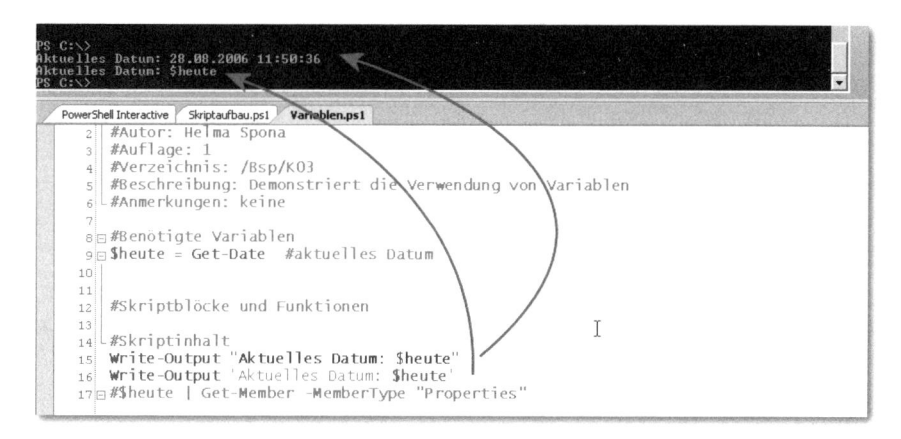

Abbildung 3.16 Die erzeugten Ausgaben

Möchten Sie die Zeichenkette in Anführungszeichen einfassen oder bspw. direkt die Rückgabewerte von CmdLets, Funktionen etc. verwenden, müssen Sie die Zeichenkette dazu mit entsprechenden Methoden der Klasse String zusammensetzen.

Mehr dazu erfahren Sie in Abschnitt 3.4.9, *Handling von Zeichenketten*, weiter unten. [«]

Anstelle des CmdLets Write-Output können Sie aber auch einfach nur eine Zeichenkette angeben. Die beiden folgenden Anweisungen sind damit gleichwertig: [+]

```
#Skriptinhalt
Write-Output "Aktuelles Datum: $heute"
"Aktuelles Datum: $heute"
```

Nachfolgend wird jedoch immer die ausführliche Version mit Nennung des CmdLets verwendet, da dies den Code einfacher verständlich macht. [«]

In der Regel werden Sie in Variablen den Rückgabewert von CmdLets oder Funktionen speichern. Das sind in der Regel Objekte. Im Beispiel speichert die Variable ein `System.DateTime`-Objekt. Sie können einer Variablen jedoch auch Zahlen und Zeichenketten zuweisen.

Zeichenketten fassen Sie dabei in Anführungszeichen oder Hochkommata ein, Zahlen geben Sie bei Kommazahlen mit Dezimalpunkt ein. Folgender Code demonstriert dies: Der Variablen `zahl` wird der Wert 1,4 zugewiesen, und den beiden Variablen `zeichenkette1` und `zeichenkette2` wird je eine Zeichenkette zugewiesen. Im ersten Fall wird die Zeichenkette in Anführungszeichen und im zweiten Fall in Hochkommata eingefasst.

[!] Die PowerShell erlaubt Zeilenumbrüche auch innerhalb von Anweisungen. Das gilt zumindest dann, wenn aus dem Kontext erkennbar ist, dass die Anweisung noch nicht beendet ist. Daher dürfen Sie nach dem Zuweisungsoperator = auch einen Zeilenumbruch in den Code einfügen.

```
...
#Benötigte Variablen
$heute = Get-Date  #aktuelles Datum
$zahl=1.4
$zeichenkette1=
    "Zeichenketten werden in Anfuehrungszeichen eingefasst!"
$zeichenkette2=
    'Zeichenketten werden in Anfuehrungszeichen eingefasst!'

#Skriptinhalt
Write-Output "Aktuelles Datum: $heute"
"Aktuelles Datum: $heute"
Write-Output 'Aktuelles Datum: $heute' #Führt nicht zur gewünschten Ausgabe
Write-Output "Zahl: $zahl"
Write-Output "Zeichenkette: $zeichenkette1"
Write-Output "Zeichenkette: $zeichenkette2"
...
```

```
PS C:\>
Aktuelles Datum: 28.08.2006 13:24:13
Aktuelles Datum: 28.08.2006 13:24:13
Aktuelles Datum: $heute
Zahl: 1,4
Zeichenkette: Zeichenketten werden in Anfuehrungszeichen eingefasst!
Zeichenkette: Zeichenketten werden in Anfuehrungszeichen eingefasst!
PS C:\>
```

Abbildung 3.17 Die erzeugte Ausgabe für die drei Variablen

[»] Zahlen und Datumswerte werden bei der Ausgabe immer den jeweiligen Ländereinstellungen entsprechend ausgegeben. Daher wird hier die Variable `zahl` mit 1,4 und nicht als 1.4 ausgegeben.

Innerhalb von Zeichenketten können Sie auch Zeilenumbrüche einfügen. Diese werden dann jedoch Bestandteil der Zeichenkette. Wenn Sie bspw. die Variable zeichenkette1 wie folgt definieren,

```
$zeichenkette1="Zeichenketten werden
in Anfuehrungszeichen
eingefasst!"
```

führt das auch zu einer dreizeiligen Ausgabe.

Abbildung 3.18 Ausgabe der Variablen mit Zeilenumbrüchen

In diesem Fall werden allerdings auch Leerzeichen, die Sie zum Einrücken der Zeilen verwenden, Bestandteil der Zeichenkette.

Variablennamen

Variablennamen dürfen nur Buchstaben und Zahlen enthalten. Nicht zulässig sind daher Sonderzeichen wie Punkt, Komma, Semikolon, Leerzeichen, Bindestriche, Zeilenumbruchzeichen, runde, eckige und geschweifte Klammern oder Größer- und Kleiner-Zeichen. Die unten gezeigten Anweisungen führen daher zu Fehlermeldungen.

Darüber hinaus sind Namen von CmdLets, Schlüsselwörter und Namen von Systemvariablen nicht als Variablennamen zulässig. Die Schlüsselwörter finden Sie im Anhang. Mehr zu Systemvariablen folgt im Abschnitt *Systemvariablen* weiter unten.

Der Name (s1d&) ist unzulässig, weil er ein & enthält. Selbst wenn Sie dieses Zeichen entfernen, wird der Name wegen der runden Klammern als unzulässig eingestuft. Im zweiten Fall ist der Schrägstrich das Problem, und der dritte Name ist wegen des Bindestriches unzulässig. Der vierte Name ist ebenfalls wegen der runden Klammern kein gültiger Variablenname.

```
#fehlerhafte Variablennamen
$(s1d&)="test"
$/2k3=1
$24-4="17"
$(2d)="test"
```

Zulässig sind hingegen die folgenden Variablen. Im Gegensatz zu vielen anderen Programmiersprachen akzeptiert die PowerShell nämlich auch Variablennamen, die ausschließlich aus Ziffern bestehen oder mit einer Ziffer beginnen.

```
$123="17"
$Test_2="test"
```

> **[+]** Es gibt Situationen, in denen dennoch Variablennamen mit diesen ungültigen Zeichen sinnvoll sind. In diesem Fall umgeben Sie einfach den Variablennamen mit geschweiften Klammern. Folgende Anweisung definiert damit eine Variable /2k3 mit dem Wert 27. Die Klammern können Sie auch verwenden, wenn Sie Variablen definieren möchten, die einem Schlüsselwort oder CmdLet entsprechen.

```
${/2k3}=27
```

Systemvariablen

Neben benutzerdefinierten Variablen gibt es auch Variablen, die automatisch vom System erzeugt werden und daher generell zur Verfügung stehen. Diese Variablen werden nachfolgend noch an zahlreichen Beispielen vorgestellt, sodass hier eine kurze Auflistung der wichtigsten Variablen genügen soll.

Variable	Beschreibung
$^	Enthält das erste Element des vorherigen Befehls. Haben Sie bspw. vorher an der Kommandozeile Get-Date -Day 1 ausgeführt, enthält die Variable den Wert "Get-Date".
$$	Enthält das letzte Element des vorherigen Befehls. Haben Sie bspw. vorher an der Kommandozeile Get-Date -Day 1 ausgeführt, enthält die Variable den Wert 1.
$_	Das aktuelle Objekt der Pipeline
$?	Enthält den Fehler- und Erfolgsstatus des letzten Befehls.
$Args	Ermöglicht den Zugriff auf die Parameter einer Funktion.
$Error	Enthält den zuletzt aufgetretenen Fehler.
$foreach	Ermöglicht den Zugriff auf die Laufvariable in einer foreach-Schleife.
$HOME	Enthält das Benutzerverzeichnis des Benutzers.
$Input	Ermöglicht den Zugriff auf das Eingangsobjekt in einer Funktion oder einem Codeblock innerhalb einer Pipeline.
$Match	Eine Hash-Tabelle mit den Ergebnissen des match-Operators
$MyInvocation	Enthält Informationen über das augenblicklich ausgeführte Skript oder CmdLet.
$PSHome	Das Verzeichnis, in dem die PowerShell installiert ist
$Host	Informationen zur aktuellen Laufzeitumgebung der PowerShell
$true	Der boolesche Wert True
$false	Der boolesche Wert False
$null	Der Wert Null

Variable	Beschreibung
$OFS	Das Feldtrennzeichen, das verwendet wird, wenn ein Array in einen String konvertiert wird. Standardmäßig hat die Variable ein Leerzeichen als Wert.
$ShellID	Die ID der Shell. Anhand dieses Wertes werden bspw. die Ausführungsregeln für Skripte geprüft.
$StackTrace	Enthält detaillierte Fehlerinformationen zum Debuggen der Skripte.

Darüber hinaus gibt es noch einige Systemvariablen der PowerShell, über die Sie deren Verhalten beeinflussen können, indem Sie ihren Wert setzen.

Variable	Erlaubte Werte, Datentyp	Beschreibung
$DebugPreference	Command Policy	Legt die Aktion fest, die ausgeführt werden soll, wenn Debug-Daten geschrieben werden.
$ErrorActionPreference	Command Policy	Bestimmt die Aktion, die ausgeführt werden soll, wenn Fehlerinformationen geschrieben werden.
$MaximumAliasCount	Int	Bestimmt die maximale Anzahl von Aliasnamen.
$MaximumDriveCount	Int	Legt die maximale Anzahl von Providerlaufwerken fest.
$MaximumErrorCount	Int	Definiert die maximale Anzahl Fehler, die in der Variablen Error gespeichert werden.
$MaximumFunctionCount	Int	Legt die maximale Anzahl benutzerdefinierter Funktionen fest.
$MaximumVariableCount	Int	Definiert die maximale Anzahl Variablen.
$MaximumHistoryCount	Int	Die maximale Anzahl Einträge in der Kommando-Historie.
$ShouldProcessPreference	Command Policy	Die Aktion, die ausgeführt werden soll, wenn die Funktion ShouldProcess innerhalb eines CmdLets aufgerufen wird
$ProcessReturnPreference	bool	Der Rückgabewert der ShouldProcess-Funktion
$ProgressPreference	Command Policy	Aktion, die ausgeführt wird, wenn mit dem CmdLet Write-Progress oder der Funtion WriteProgress Daten geschrieben werden
$VerbosePreference	Command Policy	Aktion, die ausgeführt werden soll, wenn Daten mit Write-Verbose oder Write-Verbose geschrieben werden

3.4.6 Operatoren

Selbstverständlich können Sie Variablen nicht nur Zeichenketten zuweisen, sondern auch Zahlen, Berechnungsergebnisse und alle anderen Objekte. Interessant sind vor allem Berechnungen. Möchten Sie einer Variablen einen Ausdruck zuweisen, wird dieser erst zur Laufzeit berechnet. Das kommt bspw. infrage, wenn Berechnungen abhängig von Skriptparametern ausgeführt werden sollen oder der Benutzer Eingaben macht, die für Berechnungen verwendet werden sollen.

[»] Ausdrücke bestehen immer aus einfachen Werten (wie Zeichenketten und Zahlen oder Eigenschaftswerten, Rückgabewerten von CmdLets etc.), die Sie dann mit anderen einfachen Werten und Operatoren kombinieren. Die Operatoren bestimmen dann, was mit den Operanden geschieht.

[»] Operatoren dienen dazu, in Ausdrücken festzulegen, welche Aktion mit den Werten links und rechts vom Operator ausgeführt werden soll. Diese Werte werden analog zur Mathematik als Operanden bezeichnet. Operatoren stehen für verschiedene Bereiche zur Verfügung. Sie dienen zum Vergleichen von Werten genauso wie für mathematische Operationen und Wertzuweisungen. Für Zeichenketten stehen außerdem noch spezielle Operatoren zur Verfügung.

Die wichtigsten Operatoren sind im Zusammenhang mit Variablen und Ausdrücken die mathematischen Operatoren sowie Verknüpfungsoperatoren. Letztere dienen dazu, zwei Ausdrücke als Zeichenketten miteinander zu verknüpfen.

[»] Die Vergleichsoperatoren kommen vorwiegend in der Programmablaufsteuerung zum Einsatz, weil sie für Verzweigungen und Schleifen verwendet werden. Diese werden daher auch etwas weiter unten in Abschnitt 3.6, *Programmablaufsteuerung*, beschrieben.

Verknüpfungsoperatoren

Wie auch in vielen anderen Programmiersprachen dient das Zeichen + gleichzeitig als Operator für Verknüpfungen und Additionen. Gerade hierbei ist es daher wichtig, dass Sie darauf achten, Werte, die als Zeichenketten behandelt werden sollen, auch in Anführungszeichen einzufassen. Folgendes Beispiel zeigt dies. Es definiert zunächst vier Variablen und weist ihnen verschiedene Ausdrücke zu. Diese werden dann ausgegeben.

Im ersten Ausdruck wird eine Verkettung durchgeführt, weil beide Operanden Zeichenketten sind. Zwar enthalten sie Zahlen – könnten also addiert werden –, aber durch die Einfassung in Anführungszeichen werden sie als Zeichenketten behandelt. Die Variable ausgabe1 enthält also anschließend den Wert "12".

Der zweite Ausdruck stellt eine Addition dar, da beide Operanden numerisch sind. Das Ergebnis in der Variablen `ausgabe2` ist also 3. Beim dritten Ausdruck wird ebenso eine Addition durchgeführt. Der Grund liegt in der Vorgehensweise, in der die PowerShell den Code interpretiert. Sie prüft bei einem solchen Ausdruck zunächst, ob es sich beim ersten Operanden um eine Zeichenkette oder einen numerischen Wert handelt. Ist es wie hier ein numerischer Wert und kann der zweite ebenfalls in einen numerischen Wert konvertiert werden, erfolgt eine Addition. Die Konvertierung des zweiten Wertes erfolgt dazu automatisch.

Beim vierten und letzten Ausdruck wird diese Prüfung ebenso durchgeführt. Hier ist aber der erste Operand eine Zeichenkette, sodass eine Verkettung durchgeführt wird. Die Variable `ausgabe4` enthält also den Wert »21«.

```
#Skriptname: plusOperator.ps1
#Autor: Helma Spona
#Auflage: 1
#Verzeichnis: /Bsp/K03
#Beschreibung: Demonstriert die Verwendung von '+'
#    mit Zahlen und Zeichenketten
#Anmerkungen: keine

#Benoetigte Variablen
$ausgabe1="1"+"2"
$ausgabe2=1+2
$ausgabe3=2+"1"
$ausgabe4="2"+1
#Skriptbloecke und Funktionen

#Skriptinhalt
Write-Output "Verkettung: $ausgabe1"
Write-Output "Addition: $ausgabe2"
Write-Output "Addition: $ausgabe3"
Write-Output "Verkettung: $ausgabe4"
```

[!] Sie können den Plus-Operator zur Verkettung von Zeichenketten zwar bei Zuweisungen an Variablen uneingeschränkt anwenden, nicht jedoch zwingend, wenn Sie Werte als Parameter an CmdLets übergeben. Ein gutes Beispiel dafür ist das CmdLet `Write-Output`. Sie können ihm mehrere Werte nacheinander übergeben. Diese werden dann alle nacheinander ausgegeben, und zwar in separaten Zeilen. Da die einzelnen Werte nur durch Leerzeichen getrennt werden und je nach Parsemodus der PowerShell auch Zeichenfolgen als Zeichenketten interpretiert werden, die nicht in Anführungszeichen eingefasst werden, würde die Anweisung

Write-Output "Verkettung: " + $ausgabe1

als

```
Write-Output "Verkettung: " "+" $ausgabe1
```
interpretiert.

Das heißt, das Pluszeichen wird hier nicht als Verkettungsoperator, sondern als Zeichenfolge interpretiert und erzeugt damit folgende Ausgabe:

```
Verkettung:
+
12
```

Abbildung 3.19 Unerwünschte mehrzeilige Ausgabe

Wenn Sie möchten, dass alle die Ausgaben in einer Zeile erfolgen und das Plus-Zeichen als Verkettungsoperator verwendet wird, müssen Sie den gesamten auszugebenden Ausdruck in Klammern einfassen. Dadurch wird der Ausdrucksmodus zum Parsen des Ausdrucks verwendet.

```
Write-Output ("Verkettung: " + $ausgabe4)
```

[»] Mehr dazu, wie die PowerShell Anweisungen interpretiert und welche Modi es gibt, wurde bereits in Kapitel 2, *PowerShell für Ein- und Umsteiger*, erläutert.

Mathematische Operatoren

Außer dem Additionsoperator funktionieren die anderen mathematischen Operatoren wie in vielen anderen höheren Programmiersprachen.

Operator	Definition
+	Addition
-	Subtraktion
*	Multiplikation
/	Division
%	Modulo (Rest einer ganzzahligen Division)

Generell gilt bei den mathematischen Operatoren, dass diese zwei numerische Ausdrücke als Operanden erwarten. Dies können entweder einzelne Werte sein oder auch wiederum Ausdrücke. Folgendes Beispiel zeigt die Verwendung der mathematischen Operatoren.

Nacheinander werden alle fünf Operatoren verwendet. Als Operanden dienen die Zahlen 17,4 und 2. Das Ergebnis wird der Variablen erg zugewiesen. Der auszugebende Text wird zunächst in der Variablen ausgabe gespeichert, die dann an das CmdLet Write-Output übergeben wird.

```
#Skriptname: Operatoren.ps1
#Autor: Helma Spona
#Auflage: 1
#Verzeichnis: /Bsp/K03
#Beschreibung: Beispiele zu mathematischen
#   Operatoren und Zuweisungsoperatoren
#Anmerkungen: keine

#Benoetigte Variablen
$zahl1=17.4
$zahl2=2
$erg=0
#Skriptbloecke und Funktionen

#Skriptinhalt
$erg=$zahl1 + $zahl2
$ausgabe="Addition: " + $zahl1 +  " + " +
   $zahl2 + " = " + $erg
Write-Output $ausgabe
$erg=$zahl1 - $zahl2
$ausgabe="Subtraktion: " + $zahl1 +  " - " +
   $zahl2 + " = " + $erg
Write-Output $ausgabe
$erg=$zahl1 * $zahl2
$ausgabe="Multiplikation: " + $zahl1 +  " * " +
   $zahl2 + " = " + $erg
Write-Output $ausgabe
$erg=$zahl1 / $zahl2
$ausgabe="Division: " + $zahl1 +  " / " +
   $zahl2 + " = " + $erg
Write-Output $ausgabe
$erg=$zahl1% $zahl2
$ausgabe="Modulo: " + $zahl1 +  " % " +
   $zahl2 + " = " + $erg
Write-Output $ausgabe
```

Wenn Sie Zeilenumbrüche innerhalb einer Anweisung einfügen möchten, ist es wichtig, dass diese so erfolgen, dass die Shell erkennen kann, dass die Anweisung fortgesetzt wird. Würde in der Anweisung

```
$ausgabe = "Modulo: " + $zahl1 +  " % " +
   $zahl2 + " = " + $erg
```

der Zeilenumbruch vor dem Plus-Zeichen erfolgen, würde die zweite Zeile mit einem ungültigen Zeichen beginnen und die erste Zeile gültig beendet werden, da der Ausdruck $ausgabe = "Modulo: " + $zahl1 + " % " für sich genommen gültig ist, auch wenn er hier wenig Sinn macht.

> Aufgrund dieser Konstellation erkennt die Shell nicht mehr, dass beide Zeilen eine Anweisung bilden. Bei dem hier verwendeten Zeilenumbruch erwartet die Shell beim Interpretieren der Anweisung jedoch den Operator rechts vom Plus-Zeichen und geht daher davon aus, dass die zweite Zeile dazugehört.

Die normalen Grundrechenarten bedürfen sicherlich keiner weiteren Erläuterung. Der Modulo hingegen ist in der Mathematik eher unbekannt. Er berechnet den Rest einer ganzzahligen Division. Im Beispiel bedeutet das Folgendes:

17,4 lässt sich nicht durch 2 teilen. Der Modulo gibt daher einen Wert ungleich 0 zurück, nämlich genau den Rest der ganzzahligen Division. Der Wert 2 passt in 17,4 genau 8-mal hinein. 8 * 2 ergibt 16. Die Differenz zwischen 17,4 und 16 ist das Ergebnis des Modulo-Operators, also 1,4.

[+] Der Modulo wird häufig eingesetzt, wenn es darum geht, festzustellen, ob eine Zahl gerade oder ungerade ist. Für einen geraden Wert in `zahl1` hat der Ausdruck `$zahl1 % 2` den Wert 0, bei einem ungeraden Wert hat er einen Wert ungleich 0.

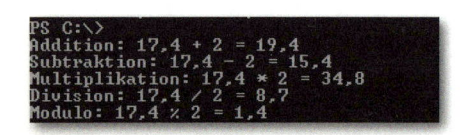

```
PS C:\>
Addition: 17,4 + 2 = 19,4
Subtraktion: 17,4 - 2 = 15,4
Multiplikation: 17,4 * 2 = 34,8
Division: 17,4 / 2 = 8,7
Modulo: 17,4 % 2 = 1,4
```

Abbildung 3.20 Ausgabe des Skriptes

Zuweisungsoperatoren

Zuweisungsoperatoren dienen dazu, einer Variablen oder einem Parameter eines CmdLets, einer Funktion oder eines Skriptes einen Wert zuzuweisen. Der Standard-Zuweisungsoperator der PowerShell ist das Gleichheitszeichen.

Es gibt allerdings, ähnlich wie in den .NET-Sprachen und C++, auch weitere Zuweisungsoperatoren, die nicht nur einer Variablen einen neuen Wert zuweisen, sondern auch den vorhandenen Wert verändern können: sogenannte Inkrement- und Dekrement-Operatoren.

[!] Für alle Zuweisungsoperatoren gilt, dass der Wert links vom Operator eine Variable, eine Eigenschaft oder ein Parameter sein muss, der nicht schreibgeschützt ist.

Operator	Beschreibung
=	Einfache Zuweisung
+=	Addiert den Wert rechts vom Operator zu dem Wert auf der linken Seite.
-=	Subtrahiert den Wert rechts vom Operator von dem Wert links vom Operator.

Operator	Beschreibung
*=	Multipliziert den Wert rechts vom Operator mit dem links vom Operator und weist das Ergebnis dem Wert links vom Operator zu.
/=	Dividert den Wert links vom Operator durch den Wert rechts davon und weist das Ergebnis dem linken Operanden zu.
%=	Berechnet den Modulo der beiden Operanden und weist das Ergebnis dem linken Operanden zu.

Die erweiterten Zuweisungsoperatoren werden in der Regel verwendet, um eine Variable herauf- oder herunterzuzählen, bspw. in Schleifen oder für rekursive Berechnungen. Das folgende Beispiel zeigt eine einfache Verwendung der Operatoren. Vor jeder Verwendung des Zuweisungsoperators wird die Variable wert1 wieder auf den Anfangswert in der Variablen anfangswert gesetzt. Danach wird die Zuweisung ausgeführt und dann das Ergebnis ausgegeben.

```
#Skriptname: Zuweisungsoperatoren.ps1
#Autor: Helma Spona
#Auflage: 1
#Verzeichnis: /Bsp/K03
#Beschreibung: Demonstriert die Verwendung
#    von Zuweisungsoperatoren
#Anmerkungen: keine

#Benoetigte Variablen
$anfangswert=100
$wert1=$anfangswert
$wert2=2
$ausgabe=""

#Skriptbloecke und Funktionen

#Skriptinhalt
$wert1 += $wert2
$ausgabe="Ergebnis " + $anfangswert +
   " += " + $wert2 + " = " + $wert1
Write-Output $ausgabe

$wert1=$anfangswert
$wert1 -= $wert2
$ausgabe="Ergebnis " + $anfangswert +
   " -= " + $wert2 + " = " + $wert1
Write-Output $ausgabe

$wert1=$anfangswert
$wert1 *= $wert2
```

```
$ausgabe="Ergebnis " + $anfangswert +
    " *= " + $wert2 + " = " + $wert1
Write-Output $ausgabe

$wert1=$anfangswert
$wert1 /= $wert2
$ausgabe="Ergebnis " + $anfangswert +
    " /= " + $wert2 + " = " + $wert1
Write-Output $ausgabe

$wert1=$anfangswert
$wert1%= $wert2
$ausgabe="Ergebnis " + $anfangswert +
    " %= " + $wert2 + " = " + $wert1
Write-Output $ausgabe
```

```
PS C:\>
Ergebnis 100 += 2 = 102
Ergebnis 100 -= 2 = 98
Ergebnis 100 *= 2 = 200
Ergebnis 100 /= 2 = 50
Ergebnis 100 %= 2 = 0
```

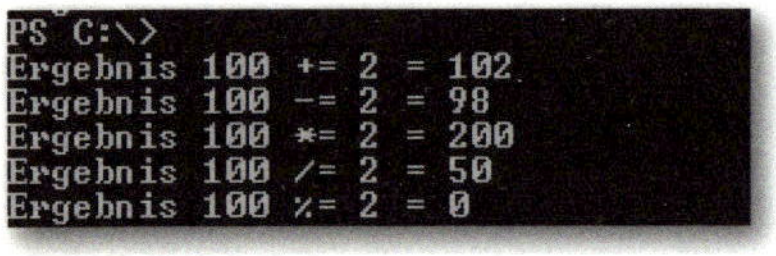

Abbildung 3.21 Die erzeugte Ausgabe

[+] Sie können den Zuweisungsoperator *= und den mathematischen Operator * nicht nur für Zahlen verwenden, sondern Sie können – anders als in vielen anderen Programmiersprachen – auch eine Multiplikation von Zeichenketten erreichen. Folgende Codezeichen führen dazu, dass in der Variablen Text1 und Text2 je eine Zeichenkette aus 10 Bindestrichen steht. Die Anweisungen

```
$Text1 = $Text1 * 10
$Text2 *= 10
```

sind daher gleichwertig.

...
```
#Zeichenketten multiplizieren
$Text1="-"
$Text2 = $Text1
$Text1 = $Text1 * 10
$Text2 *= 10
Write-Output $Text1
Write-Output $Text2
```

Operatorvorrang

Links und rechts von Operatoren müssen nicht zwingend einfache Werte oder Variablen stehen. Es können dort auch wiederum eigene Ausdrücke stehen. In diesem Fall müssen Sie den Operatorvorrang beachten.

Der Operatorvorrang bestimmt, welche Operatoren in welcher Reihenfolge ausgeführt werden. Damit legt er ganz entscheidend fest, welchen Wert der Gesamtausdruck hat.

```
#Skriptname: Operatorvorrang.ps1
#Autor: Helma Spona
#Auflage: 1
#Verzeichnis: /Bsp/K03
#Beschreibung: Zeigt den Operatorvorrang
#      bzw. die Klammersetzung
#Anmerkungen: keine

#Benoetigte Variablen
$erg1=0
$erg2=0
$erg3=0
$wert1=10
$wert2=4
#Skriptbloecke und Funktionen

#Skriptinhalt
$erg1=$wert1 + 2 * $wert2
$erg2=($wert1 + 2) * $wert2
$erg3=$wert1+2
$erg3*=$wert2
$ausgabe="Ohne Klammersetzung : " + $erg1
Write-Output $ausgabe
$ausgabe="Mit Klammersetzung : " + $erg2
Write-Output $ausgabe
$ausgabe="In zwei Schritten : " + $erg3
Write-Output $ausgabe
```

Normalerweise gilt in der PowerShell wie in der Mathematik, dass Punkt- vor Strichrechnung geht. Das bedeutet also für das Beispiel, dass der Ausdruck `$wert1 + 2 * $wert2` wie folgt ausgewertet wird:

Zunächst wird die Multiplikation durchgeführt und daher der Teilausdruck `2 * $wert2` berechnet. Das Ergebnis ist 8, da die Variable den Wert 4 hat.

Dieses wird dann zum Wert der Variablen `wert1` addiert. Das Ergebnis ist also 18, da `wert1` den Wert 10 hat.

Möchten Sie aber eigentlich zunächst das Ergebnis des Teilausdrucks `$wert1 +2` berechnen und dieses dann mit `wert2` multiplizieren, gibt es dafür zwei Lösungen:

- Sie führen die Berechnung in mehreren Schritten aus.
- Sie setzen Klammern.

Wenn Sie die Berechnung in mehreren Schritten vornehmen möchten, berechnen Sie einfach zuerst den ersten Teilausdruck und weisen das Ergebnis der Variablen erg3 zu. Danach können Sie bspw. mit einem erweiterten Zuweisungsoperator (hier *=) die nächste Berechnung hinzufügen.

Wenn Sie Klammern setzen, werden diese wie in der Mathematik von innen nach außen ausgewertet. Innerhalb der Klammern gilt weiter Punkt-vor-Strichrechnung. Für die gewünschte Reihenfolge der Berechnung fassen Sie die Addition in Klammern ein. Dadurch wird sie zuerst berechnet und danach erst die Multiplikation.

```
PS C:\>
Ohne Klammersetzung : 18
Mit Klammersetzung : 48
In zwei Schritten : 48
```

Abbildung 3.22 Das Ergebnis des Skriptes

[+] Neben der Regel »Punkt- geht vor Strichrechnung« gibt es noch weitere komplexe Regeln, die bestimmen, in welcher Reihenfolge die Ausdrücke ausgewertet werden. Außerdem spielt dabei auch der Parse-Modus der Shell eine Rolle. Sie sollten daher der Einfachheit halber Klammern setzen. Damit gehen Sie Problemen und Fehlerquellen von vornherein aus dem Weg.

3.4.7 Inkrement und Dekrement

Neben den Zuweisungsoperatoren += und -=, die Sie verwenden können, um den Wert einer Variablen um einen frei bestimmbaren Wert zu erhöhen oder zu reduzieren, kennt die PowerShell auch Dekrement- und Inkrement-Operatoren, nämlich ++ und --. Sie erhöhen bzw. reduzieren den Wert der Variablen immer exakt um den Wert 1.

Hat zahl1 den Wert 2, führt die Ausführung von $zahl1++ dazu, dass die Variable anschließend den Wert 3 hat; bei $zahl1-- hätte sie danach den Wert 1.

3.4.8 Der Umgang mit Objekten

Objekte sind die Basis der PowerShell. Dadurch unterscheidet sie sich ganz erheblich von der DOS-Kommandozeile und den Unix-Shells. Daher gibt es natürlich auch für den Umgang mit Objekten einige Besonderheiten, wie bspw. spezielle Operatoren zum Zugriff auf die Eigenschaften und Methoden der Objekte.

Um diese zu verstehen, ist es allerdings erforderlich, etwas tiefer in die OOP einzusteigen.

> OOP ist die Abkürzung für objektorientierte Programmierung und bezeichnet eine Programmierweise, die seit jetzt fast 20 Jahren die gebräuchlichste ist und von allen aktuellen, modernen Programmiersprachen unterstützt wird. Dabei werden Objekte erzeugt und deren Methoden und Eigenschaften aufgerufen. Die OOP dient vornehmlich dazu, die Wartungsfreundlichkeit des Codes zu erhöhen, indem Code wiederverwertbar wird.
>
> Die Objekte selbst kapseln die Daten der Anwendung und stellen die Methoden und Eigenschaften über ihre öffentliche Schnittstelle zur Verfügung. Während die Eigenschaften dazu dienen, Daten des Objektes zur Verfügung zu stellen und ggf. zu verändern, dienen Methoden in der Regel dazu, Nachrichten zwischen verschiedenen Objekten auszutauschen.

Um ein Objekt zu erzeugen, benötigen Sie eine Klasse. Klassen können Sie sich als eine Vorlage für Objekte vorstellen, aus der gleichartige, aber nicht identische Objekte erzeugt werden. Identisch sind die Objekte deshalb nicht, weil sie zwar die gleiche öffentliche Schnittstelle haben (das heißt, über die gleichen Eigenschaften und Methoden verfügen), aber die Eigenschaften nicht die gleichen Werte haben müssen.

Jedes Objekt, das Sie aus einer Klasse erzeugen, ist eine Instanz der Klasse. Der Vorgang der Objekterzeugung wird auch als Instanziierung bezeichnet. Allerdings gibt es sogenannte statische Klassen. Diese Klassen können Sie verwenden, ohne daraus ein Objekt erzeugen zu müssen. Member dieser statischen Klassen werden auch als statische Member bezeichnet.

> Für den Aufruf von Methoden und Eigenschaften ist es wichtig zu wissen, ob diese statisch sind oder nicht. Bei statischen Membern werden diese durch den Operator :: vom Klassennamen getrennt, bei normalen Membern eines Objektes trennt man diese durch einen Punkt.

Folgendes Beispiel soll die Handhabung von statischen und normalen Membern zeigen. Die Klasse `DateTime` ist ein gutes Beispiel dafür. Sie gehört zu den Klassen, die Sie instanziieren können, aber nicht müssen. Wenn Sie das CmdLet `Get-Date` ohne Parameter aufrufen, gibt dieses ein `System.DataTime`-Objekt zurück, das das aktuelle Datum repräsentiert. Das Skript speichert diesen Wert in der Variablen `heute`. Anschließend wird die Methode `AddDays` des Objekts aufgerufen. Sie addiert die angegebene Anzahl Tage zum Datum und gibt das neue Datum zurück. Hier wird 1 Tag addiert und das Ergebnis der Variablen `morgen` zugewiesen.

3 | Sprachgrundlagen

[!] Wenn Sie Parameter an eine Methode übergeben und die Methode einen Wert zurückgeben soll, müsse Sie die Parameterliste in runde Klammern einfassen.

Auch die Variable morgen speichert nun ein DataTime-Objekt, dessen get_DayOfWeek-Methode im Anschluss aufrufen wird. Die Methode liefert den Wochentag, auf den das Datum fällt. Mit der ToString-Methode der gelieferten Konstanten wird das Ergebnis in eine Zeichenkette zurückgegeben und kann so an das CmdLet Write-Output als Parameter übergeben werden:

```
#Skriptname: objekte.ps1
#Autor: Helma Spona
#Auflage: 1
#Verzeichnis: /Bsp/K03
#Beschreibung: Umgang mit Objekten und Klassen
#Anmerkungen: keine

#Skriptinhalt
$heute=Get-Date
$morgen=$heute.AddDays(1)
Write-Output $morgen
Write-Output $morgen.get_DayOfWeek().ToString()
...
```

Das gleiche Ergebnis können Sie auch mit statischen Membern der DateTime-Klasse erreichen, wie die weiteren Zeilen des Skriptes zeigen. Da es bei statischen Membern kein Objekt gibt, sondern Sie direkt auf die Klasse zugreifen, müssen Sie den Klassennamen in eckige Klammern setzen. Danach folgt der Operator :: und dann die Methode oder Eigenschaft. Mit der Anweisung

```
$heute=[DateTime]::Now
```

rufen Sie also die Now-Eigenschaft der Klasse auf. Sie gibt ebenfalls das aktuelle Datum als DateTime-Objekt zurück.

[»] Die Variable heute enthält danach also eine Instanz der Klasse, ein DateTime-Objekt. Sie könnten daher auch hier mit der Anweisung

```
$morgen=$heute.AddDays(1)
```

das nächste Datum berechnen. Alternativ können Sie aber auch die AddDays-Methode direkt auf die statische Eigenschaft Now anwenden. Beachten Sie hierbei jedoch wieder, dass die Now-Eigenschaft eine Instanz der Klasse DateTime zurückgibt. Das heißt, auch wenn Sie den Operator :: vor der Now-Eigenschaft angeben, müssen Sie den Punkt vor der AddDays-Methode angeben.

```
...
$heute=[DateTime]::Now
```

```
$morgen=[DateTime]::Now.AddDays(1)
Write-Output $morgen
Write-Output $morgen.get_DayOfWeek().ToString()
```

Sie können aber nicht nur CmdLets aufrufen, die eine Instanz einer Klasse zurückgeben, sondern auch explizit neue Objekte aus Klassen erstellen. Dazu verwenden Sie das CmdLet New-Object. Beispiele dazu folgenden im Laufe dieses Kapitels und der nächsten Kapitel.

3.4.9 Handling von Zeichenketten

Zeichenketten sind wesentlicher Bestandteil vieler Skripte. Sie benötigen sie für die Ausgabe von Ergebnissen genauso wie bei der Verarbeitung von Benutzereingaben und Skriptparametern.

Zeichenketten sind Instanzen der Klasse System.String und stellen standardmäßig bereits eine Reihe von Methoden und Eigenschaften zur Verfügung. Diese können Sie nicht nur aufrufen, wenn Sie eine Zeichenkette in einer Variablen gespeichert haben und nach der Variablen dann einen Punkt und den Membernamen eingeben. Sie können auch einen String direkt vor dem Punkt verwenden. Folgendes Beispiel zeigt dies.

Es definiert zunächst eine Variable text und weist ihr die Zeichenkette "Zeichenkette" zu. Weiter unten wird dann für die Variable die ToUpper-Methode aufgerufen. Sie wandelt den Inhalt der Variablen in Großbuchstaben um. Der Rückgabewert der Methode wird dann direkt an das CmdLet Write-Output übergeben.

```
Write-Output $text1.ToUpper()
```

Die folgende Zeile wandelt die Zeichenketten ebenfalls in Großbuchstaben um. Allerdings wird hier die Methode nicht auf eine Variable mit einem String-Objekt angewendet, sondern direkt auf die Zeichenkette. Wichtig ist dabei, dass Sie die Zeichenkette in Anführungszeichen einfassen. Sie können das Ergebnis der ToUpper-Methode auch nicht direkt an das CmdLet Write-Output übergeben. Entweder müssen Sie den Rückgabewert in einer Variablen speichern und diese dann an das CmdLet übergeben, oder Sie fassen den gesamten Ausdruck in runde Klammern ein.

```
Write-Output ("Zeichenkette".ToUpper())
```

Das komplette Skript lautet dann:

```
#Skriptname: strings.ps1
#Autor: Helma Spona
```

```
#Auflage: 1
#Verzeichnis: /Bsp/K03
#Beschreibung: Verwendung von Zeichenketten und der String-Klasse
#Anmerkungen: keine

#Benoetigte Variablen
$text1="Zeichenkette"

#Skriptbloecke und Funktionen

#Skriptinhalt
Write-Output $text1.ToUpper()
Write-Output ("Zeichenkette".ToUpper())
```

```
PS C:\>
ZEICHENKETTE
ZEICHENKETTE
PS C:\>
```

Abbildung 3.23 Die Ausgabe des Skriptes

[+] Analog zur `ToUpper`-Methode können Sie die `ToLower`-Methode nutzen, um Zeichenketten in Kleinbuchstaben umzuwandeln.

Statische Member nutzen

Alle Zeichenketten sind Instanzen der Klasse `String`. Sie müssen aber nicht erst eine Zeichenkette erzeugen, um die Member der Klasse nutzen zu können. Auch die `String`-Klasse ist eine statische Klasse, die Sie auch ohne Instanziierung nutzen können. Sehr nützlich ist das bspw., wenn Sie schnell mal Zeichenketten bearbeiten möchten, ohne dazu jedes Mal eine Variable erzeugen zu müssen oder auf die Einschränkungen der direkten Nutzung einer Zeichenkette Rücksicht nehmen zu müssen.

Die folgenden zwei Anweisungen sind gleichwertig und speichern in der Variablen `text2` den Text `"Zeichenkette1"`.

```
$text2=[String]::Concat($text1,$zahl1)
$text2=$text1 + $zahl1
```

In der ersten Anweisung wird dazu die `Concat`-Methode verwendet, im zweiten Fall der Plus-Operator. Die `Concat`-Methode dient dazu, zwei oder mehr Teilzeichenfolgen zu einer Zeichenfolge zu verketten. Die einzelnen Teilzeichenketten können jedoch auch Variablen sein, die Zahlen oder Datumswerte enthalten. Sie werden dann bei Bedarf konvertiert.

Der Unterschied zwischen beiden Anweisungen liegt im Detail. Der Plus-Operator würde eine Addition durchführen, wenn die beiden Variablen numerische Werte enthalten würden; die `Concat`-Methode führt immer eine Verkettung von Zeichenketten durch.

[+] Sie sollten daher immer die `Concat`-Methode verwenden, wenn Sie den Inhalt der Variablen nicht kennen, weil es sich um Benutzereingaben handelt oder Sie die Werte aus Textdateien oder Datenbanken ausgelesen haben.

Das gesamte Skript zum Testen der Anweisungen lautet:

```
#Skriptname: strings.ps1
#Autor: Helma Spona
#Auflage: 1
#Verzeichnis: /Bsp/K03
#Beschreibung: Verwendung von Zeichenketten und der String-Klasse
#Anmerkungen: keine

#Benoetigte Variablen
$text1="Zeichenkette"
$zahl1=1
$text2=""
#Skriptbloecke und Funktionen

#Skriptinhalt
Write-Output $text1.ToUpper()
Write-Output ("Zeichenkette".ToUpper())

#Statische Member im Vergleich zu nichtstatischen
$text2=[String]::Concat($text1,$zahl1)
Write-Output $text2
$text2=$text1 + $zahl1.toString()
Write-Output $text2
```

[«] Nun könnten Sie natürlich auf den Gedanken kommen, die `Concat`-Methode auch auf eine vorhandene Zeichenkette anzuwenden, zum Beispiel so:

```
$text2=$text1.Concat($text1,$zahl1)
```

Das führt jedoch zu Laufzeitfehlern, weil die `Concat`-Methode ausschließlich statisch ist. Sie können sie daher nicht auf eine Instanz der Klasse `String` anwenden.

Teilzeichenfolgen ermitteln

Die `String`-Klasse stellt außerdem eine Methode `Substring` zur Verfügung, über die Sie auch Teilzeichenfolgen aus einer Zeichenfolge ermitteln können. Die

Methode erwartet zwei Parameter. Der erste gibt die Nummer des ersten Zeichens an, bei dem die Teilzeichenfolge beginnen soll.

> [»] Der Index des ersten Zeichens ist 0. Geben Sie also 1 an, wird das zweite Zeichen als Anfang definiert.

Mit dem zweiten Parameter bestimmen Sie, wie lang die zurückzugebende Zeichenkette sein soll. Mit dem folgenden Codeausschnitt wird die Zeichenfolge "ei" ausgegeben, wenn die Variable text2 den Wert »Zeichenkette1« enthält. Die zurückgegebene Teilzeichenfolge beginnt beim zweiten Zeichen und ist zwei Zeichen lang.

```
#Teilzeichenfolgen ausschneiden
Write-Output $text2.Substring(1,2)
```

Zeichen entfernen

Sie können aber nicht nur eine Teilzeichenfolge aus einer Zeichenkette zurückgeben, sondern auch Zeichen an einer bestimmten Stelle aus der Zeichenkette entfernen. Dazu gibt es die Remove-Methode. Sie erwartet die gleichen Parameter wie die Substring-Methode. Der erste Parameter definiert die Position, an der die auszuschneidende Zeichenfolge beginnt, der zweite legt deren Länge fest. Die folgende Anweisung würde exakt die gleichen Zeichen aus der Zeichenkette ausschneiden, die das vorherige Beispiel mit der Substring-Methode nur zurückgegeben hat.

```
Write-Output $text2.Remove(1,2)
```

Folgender Codeausschnitt zeigt den Zusammenhang zwischen beiden Methoden. Die Variable text2 bekommt zunächst den Text "Zeichenkette1" zugewiesen. Dieser wird dann zur Kontrolle ausgegeben. Anschließend gibt die Substring-Methode das zweite und dritte Zeichen zurück. Die Remove-Methode schneidet die gleichen Zeichen dann aus der Zeichenkette aus, sodass die letzte Anweisung zur Ausgabe von Zchenkette1 führt.

```
...
$text2="Zeichenkette1"
Write-Output $text2
#Teilzeichenfolgen ausschneiden
Write-Output $text2.SubString(1,2)
#Zeichen entfernen
Write-Output $text2.Remove(1,2)
...
```

```
Zeichenkette1
ei
Zchenkette1
```

Abbildung 3.24 Die Ausgabe des Skriptes

Ersetzen von Zeichen

Mit Hilfe der `Concat`-Methode sowie der Methoden `Substring`, `Insert` oder `Remove` können Sie aber auch Teile einer Zeichenkette durch andere Zeichen ersetzen. Dazu gibt es mehrere mögliche Alternativen. Das folgende Skript zeigt einige Möglichkeiten, um aus der Zeichenkette `"Suchen und Ersetzen in Zeichenketten"` das `"und"` auszuschneiden und durch `"&"` zu ersetzen.

Im einfachsten Fall schneiden Sie dazu den Text vor dem `"und"` und nach dem `"und"` aus und setzen ihn wieder mithilfe des Plus-Operators zusammen. Dabei fügen Sie zwischen beiden Teilzeichenfolgen einfach ein `"&"` ein. Das funktioniert dann im folgenden Skript mit der Anweisung:

`$Erg=$ZK.Substring(0,7) + "&" + $ZK.Substring(10)`

Sie sehen hier auch die zweite Alternative, die `Substring`-Methode aufzurufen. Geben Sie nur einen Parameter an, wird die Teilzeichenfolge von der angegebenen Position bis zum Ende der Zeichenkette zurückgegeben. Hier wird also das 11. Zeichen bis zum Ende der Zeichenkette in der Variablen `ZK` ermittelt. [+]

```
#Skriptname: SuchenErsetzen.ps1
#Autor: Helma Spona
#Auflage: 1
#Verzeichnis: /Bsp/K03
#Beschreibung: Zeigt Moeglichkeiten, um Teilzeichenfolgen
#   in Zeichenketten zu ersetzen
#Anmerkungen: keine

#Benoetigte Variablen
$ZK="Suchen und Ersetzen in Zeichenketten"
$Erg=""
#Skriptbloecke und Funktionen

#Skriptinhalt
$Erg=$ZK.Substring(0,7) + "&" + $ZK.Substring(10)
Write-Output $Erg
```

Es gibt aber Alternativen. Sie können bspw. auch die `Concat`-Methode aufrufen, um aus den drei Zeichenketten wieder eine zu machen. Dann würde der Aufruf folgendermaßen lauten:

```
$Erg=[String]::Concat($ZK.Substring(0,7),
    "&",$ZK.Substring(10))
```

Die dritte Alternative besteht darin, ebenfalls die `Concat`-Methode zu verwenden. Damit werden dann jedoch nur der Anfang und das Ende zusammengeführt, und danach wird die `Insert`-Methode aufgerufen, um an der entsprechenden Position das Zeichen "&" einzufügen.

```
$Erg=[String]::Concat($ZK.Substring(0,7),$ZK.Substring(10))
$Erg=$Erg.Insert(7,"&")
```

[»] Da die statische Methode `Concat` eine Zeichenkette und damit eine Instanz der Klasse `String` zurückgibt, können Sie natürlich auch direkt auf den Rückgabewert der Methode die `Insert`-Methode anwenden. In einer Anweisung würde das dann wie folgt aussehen:

```
$Erg=[String]::Concat($ZK.Substring(0,7),
    $ZK.Substring(10)).Insert(7,"&")
```

[»] Sie können den Zeilenumbruch natürlich weglassen. Hier ist er nur erforderlich, weil die ganze Anweisung im Druck nicht in einer Zeile Platz hat.

Aber es gibt noch eine vierte Alternative. Sie entfernen erst mit der `Remove`-Methode die nicht benötigten Zeichen und fügen dann das zu ersetzende Zeichen mit der `Insert`-Methode ein.

```
$Erg=$ZK.Remove(7,3)
$Erg=$Erg.Insert(7,"&")
```

Alle Alternativen führen zu folgender Ausgabe:

```
Suchen & Ersetzen in Zeichenketten
```

Suchen und Ersetzen in Zeichenketten

Möchten Sie keine Zeichen an einer bestimmten Stelle in der Zeichenkette ersetzen, sondern alle Vorkommen einer Zeichenfolge durch eine andere ersetzen, können Sie dazu auch die `Replace`-Methode verwenden. Die `Replace`-Methode erwartet zwei Parameter. Der erste gibt die zu ersetzende Zeichenfolge an, der zweite die Zeichenfolge, durch die Sie das Original ersetzen möchten. Die folgenden zwei Anweisungen geben die ursprüngliche Zeichenfolge aus. Der Aufruf der `Replace`-Methode sorgt dann dafür, dass die Ersetzung wie in den vorherigen Beispielen durchgeführt und die neue Zeichenfolge ausgegeben wird.

```
Write-Output ("Vorher: " + $ZK)
Write-Output ("Nachher: " + $ZK.Replace("und", "&"))
```

```
Vorher: Suchen und Ersetzen in Zeichenketten
Nachher: Suchen & Ersetzen in Zeichenketten
PS C:\>
```

Abbildung 3.25 Ausgabe der Zeichenfolge vor und nach dem Aufruf der Replace-Methode

Prüfen, ob eine Zeichenkette enthalten ist

Sie können vor einem solchen Suchen-Ersetzen-Vorgang natürlich auch prüfen, ob in der Zeichenfolge in bestimmtes Zeichen oder eine Teilzeichenfolge vorkommt. Dazu verwenden Sie die Contains-Methode. Ihr übergeben Sie einfach die zu suchende Zeichenkette, und sie gibt einen booleschen Wert zurück, der angibt, ob die Zeichenkette vorhanden ist (True) oder nicht (False).

Am Ende des Skriptes mit den Suchen-Ersetzen-Vorgängen führt die folgende Anweisung zur Ausgabe von True, weil in der Zeichenfolge das Zeichen "&" enthalten ist.

```
Write-Output $Erg.Contains("&")
```

Boolesche Werte sind Werte des Typs System.Boolean und können zwei Zustände haben: True (Wahr) und False (Falsch). Sie entsprechen damit den möglichen Werten eines Bits, 1 und 0. Sie werden vor allem als Ergebnis von Vergleichen und booleschen Ausdrücken verwendet, die als Schleifeneintrittsbedingungen oder in Verzweigungen verwendet werden.

Leerzeichen abschneiden

Möchten Sie vor oder nach einer Zeichenkette vorhandene Leerzeichen abschneiden, gibt es dafür drei Methoden:

- Trim – schneidet führende und nachfolgende Leerzeichen ab.
- TrimStart – schneidet führende Leerzeichen ab.
- TrimEnd – schneidet nachfolgende Leerzeichen ab.

Alle drei Methoden rufen Sie ohne Parameter auf, und sie geben die geänderte Zeichenkette zurück. Das folgende Beispiel zeigt ihre Verwendung.

Damit Sie erkennen können, dass abschließende Leerzeichen entfernt wurden und im Original vorhanden waren, wird vor und nach dem eigentlichen Text noch ein »*« ausgegeben.

```
#Skriptname: Trim.ps1
#Autor: Helma Spona
#Auflage: 1
#Verzeichnis: /Bsp/K03
```

```
#Beschreibung: Zeigt den Umgang mit Leerzeichen
#Anmerkungen: keine

#Benoetigte Variablen
$Text= "    Dieser Text enthaelt fuehrende " +
   "und abschliessende Leerzeichen!        "

#Skriptinhalt
Write-Output ("*" + $Text + "*")
Write-Output ("*" + $Text.Trim() + "*")
Write-Output ("*" + $Text.TrimStart() + "*")
Write-Output ("*" + $Text.TrimEnd() + "*")
```

```
PS C:\>
*    Dieser Text enthaelt fuehrende und abschliessende Leerzeichen!        *
*Dieser Text enthaelt fuehrende und abschliessende Leerzeichen!*
*Dieser Text enthaelt fuehrende und abschliessende Leerzeichen!        *
*    Dieser Text enthaelt fuehrende und abschliessende Leerzeichen!*
```

Abbildung 3.26 Die erzeugte Ausgabe

Zeichenfolgenvergleiche mit Suchmustern

Mit Hilfe der PowerShell können Sie nicht nur nach bestimmten Zeichenfolgen innerhalb von Zeichenketten suchen, sondern Ihnen steht auch eine Mustererkennung mithilfe von regulären Ausdrücken zur Verfügung. Dazu gibt es zwei spezielle Vergleichsoperatoren für Zeichenketten: -like und -match.

-like verwendet für den Vergleich eine Zeichenfolge mit oder ohne Platzhalter. Dabei stehen die Platzhalter ? und * zur Verfügung. Das Zeichen * ist dabei Stellvertreter für beliebig viele Zeichen, und das Zeichen ? ist ein Platzhalter für ein beliebiges Zeichen.

Wenn Sie bspw. testen möchten, ob eine Zeichenfolge mit beliebigen Zeichen beginnt, in der Mitte die Zeichenfolge "-3" hat und danach noch exakt ein Zeichen folgt, können Sie dazu folgenden Vergleich verwenden:

```
$Text1 -like "*-3?"
```

Für die Variable Text1 mit dem Wert "M17-39" in folgendem Skript würde dieser Ausdruck den Wert True haben, weil das Muster dem Wert entspricht.

Für die Variable Text2 im Skript ist das nicht der Fall, weil hier vor dem Bindestrich kein Zeichen steht, sondern die Zeichenkette mit einem Bindestrich anfängt.

```
#Skriptname: regAusdruecke.ps1
#Autor: Helma Spona
#Auflage: 1
```

```
#Verzeichnis: /Bsp/K03
#Beschreibung: Zeichenfolgenvergleiche mit like und match
#Anmerkungen: keine

#Benoetigte Variablen
$Text1 = "M17-39"
$Text2 = "-3293"

#Skriptbloecke und Funktionen

#Skriptinhalt
$Text1 -like "*-3?"
$Text2 -like "*-3?"
```

Der Operator -match führt ebenfalls Mustervergleiche mit Platzhaltern aus, nutzt dabei jedoch reguläre Ausdrücke. Mit deren Hilfe können Sie viel komplexere Suchmuster gestalten, weil Sie exakt bestimmen können, wie viele Zeichen nacheinander folgen müssen und welche Zeichen an dieser Stelle erlaubt sind. Das heißt, Sie können nicht nur den Platzhalter ? verwenden, um zu bestimmen, dass dort ein beliebiges Zeichen stehen muss, sondern Sie können sogar festlegen, dass an einer bestimmten Stelle nur die Buchstaben »M« und »P« oder die Ziffern 0 – 9 zulässig sind.

Zum Formulieren des Vergleichsmusters stehen verschiedene Symbole zur Verfügung. Die folgende Tabelle zeigt diese.

Format	Beschreibung
Ein beliebiger Wert	Der Wert muss exakt an dieser Stelle in der Zeichenkette eingehalten werden. Muss die Zeichenkette bspw. zwingend mit dem Buchstaben »M« beginnen, geben Sie am Anfang der Zeichenfolge »M« ein.
.	Platzhalter für ein einzelnes beliebiges Zeichen. Er entspricht damit dem Platzhalter ? des -like-Operators.
[Wert1,Wert2,...]	Das Zeichen an dieser Stelle der Zeichenfolge muss mindestens einem der aufgeführten Werte entsprechen. Möchten Sie bespielsweise festlegen, dass an einer Stelle eine 3 oder eine 9 als Ziffer stehen muss, aber auch 39 bzw. 93 erlaubt sind, geben Sie [3,9] an.
[von-bis]	Definiert einen Zeichen- oder Ziffernbereich, der an dieser Stelle erlaubt ist. Geben Sie bspw. [0-9]an, wenn nur Ziffern erlaubt sein sollen, oder [A-C], wenn nur die Buchstaben »A«, »B«und »C« an dieser Stelle erlaubt sind. Sollen zwei oder mehr Zeichen aus diesem Bereich vorkommen, müssen Sie die Bereichsdefinition entsprechend oft wiederholen.

Format	Beschreibung
[^]	Das Zeichen darf ein beliebiges Zeichen sein, außer dem in den Klammern angegebenen. Darf das Zeichen bspw. keine Ziffer sein, geben Sie [^0-9]an.
^	Das Zeichen, das nach ^ steht, muss das erste Zeichen der Zeichenkette sein. Geben Sie bspw. ^X an, wenn die Zeichenkette mit einem "X" beginnen soll, oder geben Sie ^[A-Z] an, wenn die Zeichenfolge mit einem beliebigen Buchstaben beginnen soll.
$	Legt fest, dass die Zeichenfolge mit dem nach $ angegebenen Zeichen enden muss. Geben Sie bspw. "^X$Y" an, wenn die Zeichenkette mit einem "X" beginnen und mit einem "Y" enden muss.
*	Platzhalter für kein, ein oder beliebig viele der vorangestellten Zeichen. Können bspw. beliebig viele Ziffern vorkommen, geben Sie [0-9]* an.
?	Platzhalter für exakt ein Vorkommen des vorangestellten Zeichens.
\	Wird einem Escape-Zeichen vorangestellt. Möchten Sie bspw. prüfen, ob eine Zeichenfolge einen Tabulator enthält, geben Sie ".`t." an. Falls Sie aber prüfen möchten, ob die Zeichenkette die Zeichenfolge "`t" enthält, müssen Sie entsprechend -match ".\`t." angeben.

[»] Escape-Zeichen sind besondere Zeichen in einer Programmiersprache, die in .NET und der PowerShell durch das Zeichen ` eingeleitet werden. So steht bspw. das Zeichen `t für ein ⇥.

Das folgende Beispiel soll die Anwendung des -match-Operators zeigen. Der hier verwendete Vergleichsausdruck "M[0-9]*-[3,9]" definiert, dass der Mustervergleich erfolgreich ist, wenn die Zeichenkette mit einem »M« beginnt. Danach können beliebig viele Ziffern folgen. Irgendwann muss ein Bindestrich enthalten sein, nach dem dann entweder eine »3«, eine »9« oder beliebig viele Kombinationen aus diesen Ziffern folgen. Die Ergebnisse der Vergleiche mit -like und -match werden einfach ausgegeben.

```
#Skriptname: regAusdruecke.ps1
#Autor: Helma Spona
#Auflage: 1
#Verzeichnis: /Bsp/K03
#Beschreibung: Zeichenfolgenvergleiche mit like und match
#Anmerkungen: keine

#Benoetigte Variablen
$Text1 = "M17-39"
$Text2 = "-3293"
```

```
#Skriptbloecke und Funktionen

#Skriptinhalt
$Text1 -like "*-3?"
$Text2 -like "*-3?"

$Text1 -match "M[0-9]*-[3,9]"
```

Sowohl -like als auch -match berücksichtigen keine Groß- und Kleinschreibung. [«]
Wenn Sie diese berücksichtigen möchten, können Sie analog die Operatoren -clike
und -cmatch verwenden.

3.5 Funktionen und Codeblöcke

Nachdem Sie nun über die wichtigsten grundlegenden Anweisungen informiert sind, kommen wir nun zum nächsten interessanten Teil der PowerShell, der Formulierung von Funktionen und Codeblöcken, auch Code-Fragmente genannt. Beides ermöglicht es Ihnen, bestimmte Abfolgen von Anweisungen unter einem Namen zusammenzufassen und später aufzurufen.

3.5.1 Funktionen

Funktionen sind Ihnen vielleicht schon aus anderen Programmiersprachen bekannt. Sie dienen im Allgemeinen dazu, Codeblöcke unter einem Namen zu speichern und diese zu jeder Zeit mithilfe ihres Namens ausführen zu können. Dadurch reduzieren Sie die Anzahl Codezeilen, die Fehlerzahl und den Aufwand für die Codeerfassung.

Sie können Funktionen direkt an der Kommandozeile der PowerShell definieren oder aber innerhalb eines Skriptes. Definieren Sie sie in einem Skript, kann die Funktion auch nur innerhalb des Skriptes aufgerufen werden. Wenn Sie sie an der Kommandozeile definieren, wird sie den Funktionen der PowerShell hinzugefügt und kann von jedem Skript und direkt an der Kommandozeile aufgerufen werden.

Nachfolgend wird ausschließlich auf die Definition von Funktionen innerhalb von [«]
Skripten eingegangen, weil dies in der Praxis die gängigere Variante sein wird.

Eingeleitet wird die Funktion mit dem Schlüsselwort function. Danach folgt der Name der Funktion. Der eigentliche Inhalt der Funktion steht innerhalb eines geschweiften Klammerpaares. Eine einfache Funktionsdefinition lautet also:

3 | Sprachgrundlagen

```
function morgen
{
   $heute=Get-Date
   Write-Output ($heute.AddDays(1))
}
```

Diese Funktion hat den Namen morgen und gibt das Datum des nächsten Tages aus. Aufrufen können Sie diese Funktion einfach, indem Sie morgen im Code angeben:

```
#Skriptname: funktionen.ps1
#Autor: Helma Spona
#Auflage: 1
#Verzeichnis: /Bsp/K03
#Beschreibung: Definieren und aufrufen von Funktionen
#Anmerkungen: keine

#Benoetigte Variablen

#Skriptbloecke und Funktionen
function morgen
{
   $heute=Get-Date
   Write-Output ($heute.AddDays(1))
}
#Skriptinhalt
morgen
```

[»] Wichtig ist allerdings, dass Sie immer erst in einem Skript die Funktion definieren müssen, bevor Sie sie aufrufen. Die Funktionsdefinition muss also im Code vor dem Aufruf stehen.

Rückgabewert festlegen

So hat die Funktion allerdings noch wenig Sinn, weil das Datum des nächsten Tages immer ausgegeben wird. Benötigen Sie es aber für weitere Berechnungen oder bspw. als Eingangswert, sollten Sie statt der Ausgabe des Datums das Datum aus der Funktion zurückgeben.

Dazu fügen Sie in die Funktion die return-Anweisung ein:

```
...
#Skriptbloecke und Funktionen
function morgen
{
   $heute=Get-Date
```

```
    return $heute.AddDays(1)
}
```

```
#Skriptinhalt
$datMorgen=morgen
```

Das Ergebnis der Funktion können Sie dann bspw. in einer Variablen speichern und weiterverwenden.

Allerdings ist die `return`-Anweisung nicht die einzige Möglichkeit, den Rückgabewert der Funktion festzulegen. Alles das, was Sie in den Ausgabestrom schreiben, ist der Rückgabewert der Funktion. Geeignet ist also auch das CmdLet `Write-Output`, das im Gegensatz zum CmdLet `Write-Host` die Ausgabe zunächst in den Ausgabestrom schreibt. Dieser wird dann auf einen Rutsch auf dem Bildschirm anzeigt. Folgendes Beispiel zeigt dies. Es definiert eine Funktion `morgen2`, die den gleichen Rückgabewert über das CmdLet `Write-Output` in den Ausgabestrom schreibt.

```
function morgen2
{
    $heute=Get-Date
    Write-Output $heute.AddDays(1)
}
```

Sie können die Funktion dann wie folgt aufrufen und erhalten dann auch die Ausgabe des morgigen Datums, wie im ersten Fall auch.

```
$morgen=morgen2
Write-Host ("Morgen: " + $morgen)
```

Auf diese Weise können Sie auch mehrere Werte aus einer Funktion zurückgeben. Die Funktion gibt dann ein Array zurück, auf dessen einzelne Felder Sie zugreifen können.

Ein Array können Sie sich als virtuelle Tabelle vorstellen, in der Daten in Zeilen und Spalten verwaltet werden. Um auf einzelne Werte zuzugreifen, geben Sie Zeilen- und Spaltenindex an. Der einfachste Fall eines Arrays, ist ein eindimensionales Array, das Sie sich als eine mehrspaltige Tabelle mit nur einer Zeile vorstellen können. Die folgende Funktion gibt auf diese Weise drei Werte, 1, 2 und 3, als Array zurück.

Spaltenindex	0	1	2
Wert	1	2	3

Abbildung 3.27 Aufbau des zurückgegebenen Arrays

3 | Sprachgrundlagen

```
function mehrereWerte
{
  Write-Output 1
  Write-Output 2
  return 3
}
```

[!] Ganz wichtig ist hier die Reihenfolge der Anweisungen. Da die `return`-Anweisung nicht nur den Rückgabewert festlegt, sondern auch dafür sorgt, dass die Funktion verlassen wird, werden alle Anweisungen nach `return` nicht mehr ausgeführt. Würden Sie die Reihenfolge der Anweisungen wie folgt ändern, würde die Funktion nur zwei Werte, nämlich 1 und 3, zurückgeben, weil die Anweisung `Write-Output 2` gar nicht ausgeführt würde.

```
function mehrereWerte
{
  Write-Output 1
  return 3
  Write-Output 2
}
```

Wenn Sie die Funktion aufrufen und ihr den Rückgabewert einer Variablen zuweisen, können Sie über den Spaltenindex auf die einzelnen Werte zugreifen. Der Spaltenindex beginnt bei 0 für die erste Spalte und wird in eckige Klammern hinter den Variablennamen gesetzt. Falls Sie einen Index angeben, der nicht existiert, erfolgt einfach keine Ausgabe. Eine Fehlermeldung erscheint nicht.

```
$arrWerte=mehrereWerte
echo $arrWerte[0]
echo $arrWerte[1]
echo $arrWerte[2]
```

[+] Sinnvoll einsetzen lässt sich die Möglichkeit, mehrere Werte zurückzugeben, bspw. für die Fehlersuche. Sie können bspw. mehrere Werte innerhalb einer Funktion in den Ausgabestrom schreiben und auf diese Weise im Nachhinein den Ablauf des Codes innerhalb der Funktion nachvollziehen. Aber auch Parameter, die an eine Funktion übergeben werden, können Sie auf diese Weise mit zurückgeben, wenn Sie sie auch außerhalb der Funktion, bspw. für eine Ausgabe, benötigen. Ein Beispiel dazu folgt etwas weiter unten.

[»] Gleichzeitig bedeutet das aber auch, dass Sie innerhalb einer Funktion darauf achten müssen, Ausgaben, die bspw. zur Kontrolle in der Testphase des Codes dienen, nicht mit dem CmdLet `Write-Output` zu machen, sondern `Write-Host` zu verwenden, da Sie sonst unbeabsichtigt ein Array als Rückgabewert definieren.

Gleiches gilt übrigens auch für Funktions- und Methodenaufrufe. Wenn Sie innerhalb einer Funktion eine andere Funktion oder Methode aufrufen oder einen Ausdruck berechnen lassen und das Ergebnis nicht einer Variablen zuweisen oder als Parameter an eine Funktion, Methode oder ein CmdLet übergeben, wird dieser Wert automatisch ebenfalls in den Ausgabestrom geschrieben. Im folgenden Fall gibt die Funktion also zunächst den Rückgabewert der Funktion morgen zurück und im zweiten Array-Feld das Datum von übermorgen, das mit der return-Anweisung zurückgegeben wird.

```
function test
{
   morgen
   $heute=Get-Date
   return $heute.AddDays(2)
}
```

Der Aufruf mit

```
$arrTest=test
echo $arrTest[0]
echo $arrTest[1]
```

führt damit zu folgender Ausgabe:

```
Donnerstag, 26. Oktober 2006 11:01:00
Freitag, 27. Oktober 2006 11:01:00
```

Abbildung 3.28 Die erzeugte Ausgabe

Da die PowerShell Arrays und Objektlisten automatisch untereinander ausgibt, wenn Sie sie an die echo-Anweisung oder das CmdLet Write-Output übergeben, können Sie die gleiche Ausgabe auch mit

```
echo $arrTest
```

erreichen.

Parameter definieren

Sehr sinnvoll ist eine solche Funktion natürlich nicht. Besser wäre es, Sie könnten einen oder mehrere Werte an die Funktion übergeben, die dann zur Berechnung verwendet werden. Sie könnten auf diese Weise bspw. ein Datum und die Anzahl Tage, die addiert werden sollen, an die Funktion übergeben und die Funktion daher ganz einfach zur Berechnung beliebiger Daten verwenden.

3 | Sprachgrundlagen

Es gibt generell zwei Möglichkeiten, Parameter für eine Funktion zu definieren: Sie geben die Parameterliste in Klammern hinter dem Funktionsnamen an, oder Sie definieren sie innerhalb der Funktion mit dem Schlüsselwort Param.

In beiden Fällen fassen Sie die Parameterliste in runde Klammern ein. Danach folgt der Datentyp des Parameters und dann dessen Name einschließlich des $-Zeichens vor dem Namen. Mehrere Parameter nacheinander werden durch Kommata getrennt. Möchten Sie zwei Parameter definieren, wobei der erste ein Datum speichert und der zweite eine Zahl, könnte die Parameterliste daher wie folgt aussehen:

```
([DateTime]$datum, [Int]$tage)
```

Den Datentyp geben Sie dabei an, indem Sie den Klassennamen in eckigen Klammern nennen. Hier hat also der erste Parameter den Namen datum und den Datentyp DateTime, und der zweite hat den Namen tage und den Datentyp System.Int32.

[»] Int ist ein Aliasname für den Datentyp System.Int32 und dient dazu, die Eingabe zu verkürzen. Genauso gibt es weitere Datentypen, für die Aliasnamen definiert sind. Die Aliasnamen können Sie dann anstelle des Datentyps verwenden. Alternativ können Sie aber auch die Datentypen vollständig angeben. In diesem Fall müsste die Deklaration der Parameterliste wie folgt lauten:
```
([System.DateTime]$datum, [System.Int32]$tage)
```

[»] Der Datentyp System.Int32 erlaubt ganze Zahlen für den Parameter. Sie können dem Parameter also keine Dezimalzahlen, Text etc. übergeben. Eine Übersicht über die wichtigsten Datentypen und deren Wertebereich finden Sie im Anhang.

Im folgenden Listing sehen Sie die beiden Möglichkeiten, die Parameter zu definieren. Beide sind gleichwertig. Da aber die Möglichkeit mit dem Schlüsselwort Param doch für alle mit Vorkenntnissen in anderen Programmiersprachen eher gewöhnungsbedürftig ist, wird nachfolgend die erste Variante genutzt.

[»] Der Zeilenumbruch nach dem Funktionsnamen und vor der Parameterliste ist nicht zwingend erforderlich, aber erlaubt. Sie können die Funktion ebenso mit
```
function datumaddieren ([DateTime]$datum, [int]$tage)
{
    $erg=$datum.AddDays($tage)
    return $erg
}
```
definieren.

```
function datumaddieren
([DateTime]$datum, [int]$tage)
{
    $erg=$datum.AddDays($tage)
    return $erg
}

function datumaddieren2
{
    Param ([DateTime]$datum, [int]$tage)
    $erg=$datum.AddDays($tage)
    return $erg
}
```

Genauso, wie Sie für Parameter Datentypen festlegen können, die bestimmen, welche Art von Daten im Parameter gespeichert werden können, können Sie das auch bei der erstmaligen Verwendung von Variablen im Code tun.

Wenn Sie bspw. festlegen möchten, dass die Variable erg den Datentyp System.DateTime hat, können Sie den Datentyp wie bei den Parametern vor dem Variablennamen angeben, wenn Sie der Variablen den ersten Wert zuweisen.

```
function datumaddieren3 ([DateTime]$datum, [System.Int32] $tage)
{
    [System.DateTime]$erg=$datum.AddDays($tage)
    return $erg
}
```

Das ist vor allem dann nützlich, wenn Sie längere Skripte schreiben und die Variable im Verlauf des Skriptes mehrfach benötigen. Haben Sie deren Datentyp nämlich festgelegt, erhalten Sie Fehlermeldungen, wenn Sie versuchen sollten, der Variablen im Verlauf des Skriptes Werte zuzuweisen, die dem Datentyp nicht entsprechen.

Innerhalb der Funktion können Sie die definierten Parameter dann wie Variablen verwenden. Sie können also auch die AddDays-Methode aufrufen, um die angegebene Zahl Tage dazuzuaddieren.

Parameter an die Funktion übergeben

Beim Aufruf der Funktion müssen Sie nun natürlich die Parameter in der korrekten Reihenfolge angeben. Die folgenden Listingzeilen zeigen den Aufruf. Dazu wird zunächst eine Variable heute deklariert und ihr das heutige Datum zugewiesen. Diese Variable wird dann als erster Parameter, die Anzahl der Tage als zweiter angegeben.

```
[System.DateTime]$heute=Get-Date
Write-Output (datumaddieren2 $heute 1)
Write-Output (datumaddieren $heute 1 )
```

3 | Sprachgrundlagen

> Anders als beim Deklarieren der Parameter werden deren Werte bei der Übergabe nicht durch Kommata, sondern durch Leerzeichen getrennt. Im Unterschied zu vielen anderen Programmiersprachen fassen Sie die Parameter auch nicht in Klammern ein – auch dann nicht, wenn Sie den Rückgabewert der Funktion nicht an ein CmdLet übergeben, sondern wie im folgenden Listing in einer Variablen speichern:

```
...
#Skriptinhalt
$datMorgen=morgen
[System.DateTime]$heute=Get-Date
[System.DateTime]$morgen=datumaddieren2 $heute 1
Write-Output ($morgen)
$morgen=datumaddieren $heute 1
Write-Output ($morgen)
...
```

Parameterwerte zurückgeben

Bei bestimmten Funktionen ist es interessant, auch die übergebenen Parameter zurückgeben zu können. Wenn Sie bspw. eine Funktion zur Addition zweier Zahlen erstellen, ist es für die Ausgabe des Ergebnisses interessant, auch die Parameterwerte zu kennen. Dazu müssen Sie diese nur zusätzlich aus der Funktion zurückgeben:

```
function addieren2([System.Double]$dblZahl1,
    [System.Double]$dblZahl2)
{
    Write-Output $dblZahl1
    Write-Output $dblZahl2
    return $dblZahl1+$dblzahl2
}
```

Wenn Sie die Funktion dann aufrufen und den Rückgabewert in einer Variablen speichern, können Sie die komplette Addition und nicht nur das Ergebnis ausgeben. Die Werte werden als Array aus der Funktion zurückgegeben, sodass Sie über den Index der einzelnen Werte darauf zugreifen können. Die Reihenfolge im Array wird durch die Reihenfolge der Rückgabe definiert. Was Sie also zuerst in den Ausgabestrom schreiben, steht auch zuerst im Array.

```
$arrSumme=addieren2 5 4
echo ("Die Addition von " + $arrSumme[0]  + `
    " und " + $arrSumme[1] + " ergibt: " + `
    $arrSumme[2])
```

Das Zeichen » `« ist das Zeilenfortsetzungszeichen der PowerShell und entspricht [!]
damit dem Zeichen » _« in VBA/VBScript. Es zeigt dem Compiler der PowerShell an,
dass die Anweisung in der nächsten Zeile fortgesetzt wird. Es ist an vielen Stellen
zulässig, aber nicht innerhalb von Zeichenketten, die in Hochkommata oder Anführungszeichen eingefasst sind. Sie erzeugen das Zeichen mit ⇧ + `, Leer . Bitte
achten Sie darauf, dass vor dem Zeichen ein Leerzeichen stehen muss.

Optionale Parameter

Wie andere Programmiersprachen kennt auch die PowerShell optionale Parameter. Optionale Parameter sind solche Parameter einer Funktion, die Sie angeben können, aber nicht angeben müssen.

Damit ein Parameter optional ist, müssen Sie einen Standardwert dafür definieren, indem Sie den gewünschten Wert in der Parameterliste angeben. Standardwerte sind die Werte, die die Parameter bekommen, wenn Sie sie nicht explizit angeben. Als Standardwert kommen jedoch nicht alle Werte infrage. Sie können bspw. Methoden und Eigenschaften statischer Klassen verwenden. Möchten Sie CmdLets als Standardwert angeben, müssen Sie das CmdLet ggf. mit Parametern in runde Klammern einfassen. Die Funktion datumaddieren3 legt den Parameter datum als optionalen Parameter fest. Als Standardwert wird das aktuelle Datum angegeben, das hier von der Eigenschaft Now der DateTime-Klasse zurückgegeben wird.

```
function datumaddieren3
([DateTime]$datum = [DateTime]::Now, [System.Int32] $tage)
{
    [System.DateTime]$erg=$datum.AddDays($tage)
    return $erg
}
```

Natürlich können Sie auch mehrere optionale Parameter definieren. Das zeigt die Funktion datumaddieren3a. Sie definiert neben dem optionalen Parameter datum, dem hier das CmdLet Get-Date als Standardwert zugewiesen wird, auch den zweiten Parameter als optional und legt dafür den Standardwert 1 fest.

```
function datumaddieren3a
([DateTime]$datum = (Get-Date), [System.Int32]$tage = 1)
{
    [System.DateTime]$erg=$datum.AddDays($tage)
    return $erg
}
```

Wenn Sie die Funktionen nun aufrufen, können Sie die optionalen Parameter einfach weglassen und den Rest angeben. Für die Funktion `datumaddieren3` könnte der Aufruf also wie folgt lauten:

```
$morgen=datumaddieren3 1
```

Der Aufruf wird korrekt ausgeführt, und ein Ergebnis wird ausgegeben. Zwar müssen optionale Parameter nicht zwingend am Ende der Parameterliste stehen, aber die PowerShell ordnet die übergebenen Werte den Parametern in der Reihenfolge zu, in der Sie sie angeben.

[»] Lassen Sie wie bei der Funktion `datumaddieren3` den ersten von zwei Parametern weg und hat der zweite einen Wert, der in den ersten konvertiert werden kann, ordnet die PowerShell den angegebenen Parameterwert dem optionalen Parameter zu, was in diesem Fall dazu führt, dass der Aufruf ein ungültiges Datum, nämlich den 1. Januar 0001, zurückgibt.

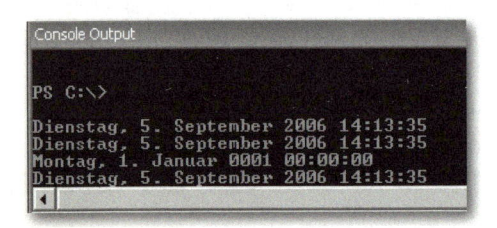

Abbildung 3.29 Ausgabe des falschen Ergebnisses, verursacht durch fehlerhafte Parameterzuordnung

[+] Aus diesem Grund sollten Sie optionale Parameter nur am Ende der Parameterliste verwenden. Für eine korrekte Zuordnung der Parameter sollten Sie daher auch die Parameterliste der Funktion `datumaddieren3` umstellen. Danach wird die übermittelte Zahl 1 korrekt dem Parameter `tage` zugeordnet und der nicht angegebene Parameter `datum` als fehlend erkannt.

```
function datumaddieren3
([System.Int32] $tage, [DateTime]$datum = [DateTime]::Now)
{
    [System.DateTime]$erg=$datum.AddDays($tage)
    return $erg
}
```

Anweisungsblöcke innerhalb von Funktionen

Normalerweise ist es so – das kennen Sie vielleicht auch von anderen Programmier- und Skriptsprachen –, dass alle Anweisungen innerhalb einer Funktion in der Reihenfolge ausgeführt werden, in der sie definiert sind. Das ist zwar auch in der PowerShell so, allerdings gibt es hier auch die Möglichkeit, bestimmte Codeblöcke innerhalb der Funktion zu definieren und darüber zu bestimmen, wann welche Anweisungen ausgeführt werden.

Die PowerShell stellt dazu die drei Schlüsselwörter `begin`, `end` und `process` zur Verfügung. Nach den Schlüsselwörtern geben Sie in geschweiften Klammern die Codezeilen an, die den entsprechenden Blöcken zugeordnet werden sollen.

- Der `begin`-Block wird immer am Anfang der Funktion ausgeführt. Er muss dazu aber keinesfalls am Anfang stehen. Sie können den Block bspw. nutzen, um Variablen zu initialisieren.
- Der `end`-Block wird ausgeführt, wenn alle anderen Codeblöcke abgearbeitet sind. Er kann bspw. die `return`-Anweisung enthalten.
- Der `process`-Block wird nach dem `begin`- und vor dem `end`-Block ausgeführt, und zwar für jeden Eingangswert der Pipeline. Übergeben Sie per Pipeline also drei Werte an die Funktion, wird der Block dreimal ausgeführt, und zwar für jeden Wert einmal. Auf den aktuellen Wert der Pipeline können Sie innerhalb des Blocks mit der Systemvariable `$_` zugreifen.

Eine Funktion, die alle drei Blöcke enthält, hat damit folgenden Aufbau, wobei Sie die Reihenfolge der Blöcke variieren können:

```
function Funktionsname (Parameterliste)
{
   begin
   {
      ...
   }
   process
   {
      ...
   }
   end
   {
      ...
   }
}
```

[!] Sie können auch einzelne Blöcke weglassen. Allerdings gilt dabei folgende Regel: Gibt es einen der drei Blöcke, darf es keinen Code geben, der außerhalb eines Blockes steht. Ob Sie den ganzen Code der Funktion in einen `begin`-Block einfassen oder alle drei Blöcke verwenden, spielt keine Rolle. Der Grund für diese Beschränkung besteht darin, dass die PowerShell beim Ausführen der Funktionen den Code, der außerhalb von Blöcken steht, in einen `end`-Block einfasst.

Folgendes Beispiel soll die Verwendung der Blöcke zeigen. Es stellt eine Funktion `addieren` dar, die mehrere Werte über die Pipeline erwartet, zu dem als `anfangswert` übermittelten Parameter addiert und zurückgibt. Dazu müssen Sie die Funktion wie folgt definieren:

```
function addieren ([System.Double]$anfangswert=0)
{
  begin
  {
      [System.double]$erg=$anfangswert
  }

  process
  {
      $erg +=$_
  }

  end
  {
      return $erg
  }
}
```

Im `begin`-Block definieren Sie die Variable `erg` und weisen ihr den Parameter `anfangswert` zu. Der `process`-Block definiert den Teil des Codes, der für jeden Eingangswert ausgeführt werden soll. Hier besteht er aus der Addition des aktuellen Eingangswertes in der Variablen `$_` zum Wert der Variablen `erg`. Im `end`-Block ist dann nur noch die `return`-Anweisung notwendig.

Wenn Sie die Funktion nun in einer Pipeline wie

```
1,3 | addieren 0
```

mit zwei Eingangswerten aufrufen, passiert Folgendes:

Zunächst wird die Variable `erg` auf den Anfangswert 0 gesetzt, weil als Erstes der `begin`-Block ausgeführt wird. Anschließend wird der `process`-Block ausgeführt, zuerst für den Wert 1, danach für den zweiten Wert 3.

Beim ersten Mal wird also zum Anfangswert 0 der Wert 1 addiert. Die Variable `erg` hat danach also den Wert 1. Nun wird der `process`-Block das zweite Mal ausgeführt und somit zum aktuellen Wert der Variablen 3 addiert, sodass sie zum Schluss den Wert 4 hat.

Da damit alle Eingangswerte abgearbeitet sind, wird zum Schluss der `end`-Block ausgeführt und der Wert 4 mit der `return`-Anweisung zurückgegeben.

Um die Abarbeitung der Blöcke besser zu verstehen, sollten Sie innerhalb der Blöcke testhalber entsprechende Texte ausgeben. Wenn Sie dann die Funktion aufrufen, können Sie damit die Reihenfolge der Abarbeitung problemlos nachvollziehen.

```
function addieren ([System.Double]$anfangswert=0)
{
  begin
  {
     [System.double]$erg=$anfangswert
       Write-Output "Startwert: $anfangswert"
  }
  process
  {
     $erg +=$_
     Write-Output "Bearbeite $_ ..."
  }
  end
  {
     Write-Output "Rueckgabewert $erg"
     return $erg
  }
}
```

Diese erweiterte Funktion liefert dann beim Aufruf mit

```
1,3,9,7.4 | addieren 0
```

folgende Ausgabe:

```
Startwert: 0
Bearbeite 1 ...
Bearbeite 3 ...
Bearbeite 9 ...
Bearbeite 7,4 ...
Rueckgabewert 20,4
```

Abbildung 3.30 Ausgabe der Funktion beim Aufruf mit vier Eingabewerten

Anstelle des `process`-Blockes könnten Sie auch eine Schleife verwenden. Wie das geht, wird etwas weiter unten in Abschnitt 3.6, *Programmablaufsteuerung*, beschrieben.

3.5.2 Skriptblöcke

Neben Funktionen gibt es in der PowerShell-Programmierung eine weitere Möglichkeit, häufig benötigte Codefragmente zu speichern und wiederzuverwenden, nämlich Codeblöcke, die auch Skriptblöcke oder Codefragmente genannt werden. Im Unterschied zu Funktionen haben Skriptblöcke jedoch keinen Namen, sondern werden stattdessen einer Variablen zugewiesen und über den `Call`-Operator ausgeführt. Das hört sich jetzt zwar kompliziert an, ist aber eigentlich ganz einfach.

Den Code eines Skriptblockes fassen Sie in geschweifte Klammern ein und weisen diesen Inhalt direkt einer Variablen, hier `meinblock`, zu. Im folgenden Beispiel gibt der Skriptblock einfach die Zeichenfolge `"Hallo Welt!"` aus. Möchten Sie den Skriptblock dann aufrufen, geschieht das ganz ähnlich wie bei einer Funktion, mit dem Unterschied, dass Sie den `Call`-Operator & vor die Variable setzen. Die Anweisung `&$meinblock` führt also den Skriptblock aus, der in der Variablen `meinblock` gespeichert ist.

```
#Skriptname: codebloecke.ps1
#Autor: Helma Spona
#Auflage: 1
#Verzeichnis: /Bsp/K03
#Beschreibung: Definieren und aufrufen von codebloecken
#Anmerkungen: keine
#Benoetigte Variablen
$meinblock=""
#Skriptbloecke und Funktionen
$meinblock={Write-Output "Hallo Welt!"}
#Skriptinhalt
&$meinblock
```

Mehrere Anweisungen

Natürlich können Sie in einem Skriptblock mehr als nur eine Anweisung verwenden. Sie können die Anweisungen dazu einfach nacheinander angeben und durch Semikolons trennen.

```
$meinblock={Write-Output "Hallo Welt!"; Write-Output "Hallo Welt!"}
```

Die vorstehende Anweisung würde den Text `"Hallo Welt!"` zweimal nacheinander ausgeben.

Mehrzeilige Skriptblöcke

Komplexere Skripte können Sie natürlich auch als Skriptblock speichern. Dazu ist die Aneinanderreihung von Befehlen allerdings sehr unübersichtlich. Sie können aber auch mehrzeilige Skriptblöcke erstellen.

Dazu geben Sie nach dem Gleichheitszeichen der Zuweisung die öffnende geschweifte Klammer ein. Danach folgt ein Zeilenumbruch. Die einzelnen Anweisungen geben Sie dann untereinander ein und schließen den Skriptblock am Ende mit einer geschweiften schließenden Klammer ab.

```
#Skriptname: codebloecke.ps1
#Autor: Helma Spona
#Auflage: 1
#Verzeichnis: /Bsp/K03
#Beschreibung: Definieren und aufrufen von codebloecken
#Anmerkungen: keine
#Benoetigte Variablen
$meinblock=""
$meinblock2=""
#Skriptbloecke und Funktionen
$meinblock={Write-Output "Hallo Welt!";Write-Output "Hallo Welt!"}
$meinblock2={
    $erg=1+2
    return $erg
}
#Skriptinhalt
&$meinblock
&$meinblock2
```

Parameter für Skriptblöcke definieren

Natürlich können Sie auch für Skriptblöcke Rückgabewerte und Parameter definieren. Im Prinzip funktioniert dies wie bei Funktionen auch, nur sind Sie hier gezwungen, die Parameterliste innerhalb der geschweiften Klammern und mithilfe des Schlüsselwortes Param zu definieren, weil eine Parameterliste außerhalb der geschweiften Klammern nicht zulässig ist. Mit der folgenden Ergänzung des Codes können Sie einen Skriptblock erstellen, der zwei Zahlen addiert und zurückgibt:

```
$meinblock2={
    Param([System.Int32]$Wert1,[System.Int32]$Wert2)
    $erg=$Wert1+$Wert2
    return $erg
}
```

Wenn Sie den Skriptblock aufrufen, geben Sie dazu einfach wie bei den Funktionen die Parameter durch Leerzeichen getrennt an.

```
&$meinblock2 4 5
```

Natürlich dürfen Skriptblöcke auch begin-, end- und process-Blöcke enthalten. Sie verhalten sich hierbei wie Funktionen.

3.5.3 Rückgabewerte und Parameter für Skripte

Nicht nur Funktionen und Skriptblöcke können Rückgabewerte und Parameter haben, sondern auch ein Skript.

Einen Rückgabewert definieren

Den Rückgabewert von Skripten definieren Sie, wie in Funktionen auch, über die `return`-Anweisung:

```
#Skriptname: Skriptparameter.ps1
#Autor: Helma Spona
#Auflage: 1
#Verzeichnis: /Bsp/K03
#Beschreibung: Gibt einen Wert zurück,
#    der sich aus den übergebenen Parametern berechnet
#Anmerkungen: Wird aufgerufen aus skriptaufrufen.ps1

#Benoetigte Variablen
$Wert=1
#Skriptbloecke und Funktionen

#Skriptinhalt

#Rueckgabewert festlegen
return $Wert
```

Das Skript aufrufen

Ein solches Skript können Sie jetzt bspw. innerhalb einer Pipeline an der Kommandozeile oder auch in einem anderen Skript aufrufen. Innerhalb eines Skriptes setzen Sie einfach vor der Variablen, die den Namen und Pfad des Skripts enthält, wieder den `Call`-Operator `&`.

```
#Skriptname: Skriptaufrufen.ps1
#Autor: Helma Spona
#Auflage: 1
#Verzeichnis: /Bsp/K03
#Beschreibung: Ruft das Skript Skriptparameter.ps1 auf
#Anmerkungen: Benoetigt das Skript Skriptparameter.ps1

#Benoetigte Variablen
$pfad="G:\GAL_PowerShell\bsp\K03\Skriptparameter.ps1"

#Skriptbloecke und Funktionen
```

```
#Skriptinhalt
Write-Output (&$pfad)
```

Damit wird das Skript aufgerufen und der Rückgabewert ausgegeben.

Achten Sie vor dem Test darauf, dass Sie den Pfad zum Skript Skriptparameter.ps1 anpassen.

[«]

Parameter definieren und übergeben

Wenn Sie an ein Skript Parameter übergeben möchten, müssen Sie diese zuvor auch mithilfe des Param-Schlüsselwortes definieren. Die Parameterliste ist dabei genauso aufgebaut wie bei Funktionen und Skriptblöcken. Durch Ergänzung der Parameterliste können Sie den Rückgabewert auch auf die Summe der Parameter festlegen, indem Sie die Skriptparameter wieder wie normale Variablen verwenden.

```
#Skriptname: Skriptparameter.ps1
#Autor: Helma Spona
#Auflage: 1
#Verzeichnis: /Bsp/K03
#Beschreibung: Gibt einen Wert zurueck,
#   der sich aus den uebergebenen Parametern berechnet
#Anmerkungen: Wird aufgerufen aus skriptaufrufen.ps1

#Benoetigte Variablen
Param([System.Int32]$param1,[System.Int32]$param2 )
$Wert=1
#Skriptbloecke und Funktionen

#Skriptinhalt
$Wert=$param1+$param2

#Rueckgabewert festlegen
return $Wert
```

Wenn Sie das Skript nun aufrufen möchten, geben Sie die Parameter wie bei CmdLets an, indem Sie dem Parameternamen einen Bindestrich voranstellen und den Wert des Parameters durch ein Leerzeichen von diesem trennen.

```
Write-Output (&$pfad -Param1 2 -Param2 4)
```

Alternativ können Sie die Parameternamen aber auch weglassen und die Werte einfach in der korrekten Reihenfolge nacheinander angeben:

```
Write-Output (&$pfad 2 4)
```

3 | Sprachgrundlagen

[+] Wenn Sie Skripte aus anderen Skripten aufrufen möchten, ist es in der Regel sinnvoll, keinen festen Pfad anzugeben, sondern den Pfad des aufgerufenen Skriptes relativ zum Pfad der ausgeführten Skriptdatei zu berechnen. Dazu müssen Sie zunächst herausfinden, in welchem Verzeichnis sich das Skript befindet. Diese Daten erhalten Sie über die Systemvariable `$myInvocation`. Sie gibt Informationen über das aktuelle Skript zurück. Mit dessen Methode `Get_MyCommand` können Sie ein Objekt zurückgeben, das Informationen über das Skript enthält. Dessen Eigenschaft `Definition` liefert den Namen und Pfad der ausgeführten Skript-Datei. Sie speichern daher zunächst den Eigenschaftswert in einer Variablen `pfad` und ermitteln dann daraus das übergeordnete Verzeichnis. Dazu können Sie das CmdLet `Split-Path` verwenden. Es gibt einen bestimmten Bestandteil der Pfadangabe zurück – welchen es zurückgibt, bestimmen Sie durch die angegebenen Parameter. Mit dem Parameter `-parent` wird das übergeordnete Verzeichnis zurückgegeben. Im nächsten Schritt müssen Sie an das so ermittelte Verzeichnis noch den Namen des auszuführenden Skriptes anhängen. Den Namen können Sie mit dem `Join-Path`-CmdLet anhängen. Der Unterschied zu einer normalen Zeichenkettenverkettung besteht darin, dass notwendige Pfadtrennzeichen zwischen den einzelnen Bestandteilen ergänzt werden.

```
$pfad=$myInvocation.get_MyCommand().Definition
$pfad=Split-Path $pfad -parent
$pfad=Join-Path $pfad "Skriptparameter.ps1"
```

Nach diesen drei Anweisungen enthält die Variable `pfad` den gültigen Pfad zum aufzurufenden Skript, wenn sich das aufrufende und das aufgerufene Skript im gleichen Verzeichnis befinden.

[»] Sie können das Skript nicht direkt aus der PowerShell-IDE starten, weil die PowerShell-IDE das auszuführende Skript immer in ein temporäres Verzeichnis kopiert, in dem sich das aufgerufene Skript nicht befindet. Um den Code zu testen, müssen Sie das Skript **Skriptaufrufen.ps1** direkt in der PowerShell ausführen, indem Sie dort den vollständigen Skriptnamen

```
G:\GAL_PowerShell\bsp\K03\Skriptaufrufen.ps1
```

angeben und ⏎ drücken. Den Pfad müssen Sie natürlich entsprechend anpassen.

3.5.4 Gültigkeitsbereiche

Natürlich haben auch Variablen, Funktionen und Objekte innerhalb eines PowerShell-Skriptes einen Gültigkeitsbereich. Der ist wichtig, damit Sie verstehen, warum welche Werte in Systemvariablen vorhanden sind und welche Variablen Sie wann nutzen können.

Der Gültigkeitsbereich einer Variablen definiert den Bereich innerhalb der PowerShell, in dem die Variable gültig ist und ihren Wert behält. Nur innerhalb des Gültigkeitsbereichs können Sie die Variable verwenden.

Die Standard-Einstellung

Allgemein gilt in der der PowerShell, dass eine Variable in dem Bereich gültig ist, in dem sie definiert ist. Das heißt ganz konkret: Wenn Sie eine Variable in einem Skript definieren, ist sie auch nur in diesem Skript gültig. An der Kommandozeile der PowerShell können Sie diese Variable dann nicht verwenden. Ist eine Variable (bspw. eine Systemvariable) im globalen Gültigkeitsbereich der PowerShell definiert, können Sie sie in allen Skripten und an der Kommandozeile verwenden. Analog gilt dies auch für Funktionen und Skriptblöcke.

Die erste Instanz der PowerShell stellt den globalen Gültigkeitsbereich dar. Jede Funktion, die Sie aufrufen, oder jedes Skript, das Sie starten, erzeugt dann einen eigenen lokalen Gültigkeitsbereich innerhalb des globalen Gültigkeitsbereichs der Shell. Im lokalen Gültigkeitsbereich können Sie auf die Variablen und Funktionen des übergeordneten Gültigkeitsbereichs zugreifen. Die Werte der Variablen können Sie jedoch nicht dauerhaft ändern. Bei Systemvariablen ist es so, dass diese zwar innerhalb des Gültigkeitsbereichs immer verfügbar sind, jedoch nicht immer den gleichen Wert haben. Folgendes Beispiel soll dies zeigen.

Über die Systemvariable MyInvocation haben Sie Zugriff auf Informationen über das aktuelle Skript. Mit der Methode Get_MyCommand können Sie ein System.Management.Automation.CommandInfo-Objekt zurückgeben, und mit dessen Eigenschaft Definition können Sie den Pfad und Namen des Skriptes ermitteln, in dem die Eigenschaft abgerufen wird. Allerdings funktioniert das nur, wenn Sie auf Skriptebene auf die Variable MyInvocation zugreifen. Die Definition-Eigenschaft gibt nämlich nicht zwingend den Pfad und Namen des Skriptes zurück, sondern eigentlich den kompletten Kontext, innerhalb dessen die Definition-Eigenschaft verwendet wird. Die gleiche Anweisung innerhalb einer Funktion liefert einen ganz anderen Inhalt, nämlich den Inhalt der Funktion, innerhalb der sie verwendet wird. Gleiches gilt für die Name-Eigenschaft des System.Management.Automation.CommandInfo-Objekts. Auf Skriptebene liefert sie den Dateinamen des Skriptes, innerhalb einer Funktion den Namen der Funktion. Sie können das testen, indem Sie folgendes Skript erstellen. Es gibt den Namen des Skriptes aus und ruft außerdem die enthaltene Funktion MeinInv auf, die mit der gleichen Anweisung den Funktionsnamen ausgibt.

```
#Skriptname: GueltigkeitsbereichAufruf.ps1
#Autor: Helma Spona
#Auflage: 1
#Verzeichnis: /Bsp/K03
#Beschreibung: Ruft das Skript Gueltigkeitsbereich.ps1 auf
#Anmerkungen: Benoetigt das Skript Gueltigkeitsbereich.ps1
#   Ein direkter Aufruf aus der PowerShellIDE ist nicht
```

```
#   moeglich.

#Benoetigte Variablen
#Skriptbloecke und Funktionen
function MeinInv
{
    $temp="FUNKTIONSNAME: " +
        $MyInvocation.get_MyCommand().Name
    Write-Output $temp
}

#Skriptinhalt
$temp="SKRIPTNAME: " +
    $MyInvocation.get_MyCommand().Name
Write-Output $temp
MeinInv
```

Rufen Sie das Skript auf, erzeugt es die folgende Ausgabe:

```
PS C:\>
SKRIPTNAME: temp.ps1
FUNKTIONSNAME: MeinInv
```

Abbildung 3.31 Ausgabe des Skriptes in der PowerShellIDE

[»] Die Ausgabe des Skriptnamens **temp.ps1** ist korrekt, wenn Sie das Skript aus der PowerShellIDE heraus starten, weil diese eine temporäre Kopie des Skriptes ausführt. Wenn es direkt aus der PowerShell gestartet wird, sollte der korrekte Name des Skriptes erscheinen.

Die Tatsache, dass sich Objektinhalte abhängig vom Gültigkeitsbereich ändern können, macht es in diesem Fall schwierig, bspw. eine Funktion zu erstellen, die den Namen und/oder den Pfad des Skriptes zurückgibt. Aber es geht dennoch, wenn Sie einfach die Gültigkeitsbereiche mit einbeziehen.

Sie können dazu einfach die Systemvariable MyInvocation als optionalen Parameter an die Funktion übergeben. Dann können Sie innerhalb des Skriptes auf die gewünschte Instanz des System.Management.Automation.InvocationInfo-Objekts zugreifen.

Dazu müssen Sie dem Skript die Funktionen MeinPfad und MeinName hinzufügen. Die Funktion MeinPfad gibt den Pfad zum Skript zurück, eventuell ergänzt um einen Dateinamen, der als Parameter Skript an die Funktion übergeben werden kann. Die Funktion MeinName gibt nur den Namen des Skriptes zurück.

```
...
#Skriptbloecke und Funktionen
function MeinPfad ([System.String]$Skript="",
   [System.Management.Automation.InvocationInfo]$MyInv=
   $myInvocation)
{
   $temp=$MyInv.get_MyCommand().Definition
   $temp=Split-Path $temp -parent
   $temp=Join-Path $temp $Skript
   return $temp
}

function MeinInv
{
   $temp="FUNKTIONSNAME: " +
      $MyInvocation.get_MyCommand().Name
   Write-Output $temp
}

function MeinName
   ([System.Management.Automation.InvocationInfo]$MyInv=
   $myInvocation)
{
   $temp=""
   $temp=$myInv.get_MyCommand().Name
   return $temp
}
...
```

Wenn Sie nun im gleichen Skript zwei Variablen name und pfad deklarieren und diesen die Rückgabewerte der Funktionen zuweisen, können Sie bspw. mit deren Hilfe ein weiteres Skript aufrufen und in diesem auch auf die Variablen zugreifen. Der Aufruf der Funktionen und des Skriptes **Gueltigkeitsbereich.ps1** sieht dann wie folgt aus:

```
#Skriptinhalt
$name=MeinName
$pfad=MeinPfad "Gueltigkeitsbereich.ps1"
&$pfad
```

Die Variable pfad enthält am Ende den vollständigen Pfad und Namen des aufzurufenden Skriptes. Sie brauchen daher nur noch den Call-Operator vor die Variable zu setzen, um das Skript zu starten.

3 | Sprachgrundlagen

> **[+]** Alternativ können Sie auch den `Call`-Operator direkt vor den Ausdruck setzen, der die Funktion `Pfad` aufruft. Dann müssen Sie den Ausdruck jedoch in Klammern einfassen:
>
> ```
> &(MeinPfad "Gueltigkeitsbereich.ps1")
> ```
>
> In diesem Fall hat dieser Aufruf jedoch den Nachteil, dass die Variable `pfad` dann leer ist und ihr Wert im aufgerufenen Skript nicht ausgegeben werden kann bzw. dass nicht erkennbar ist, dass der Wert verfügbar ist.

Nun benötigen Sie natürlich noch das Skript, das ausgeführt werden soll. Hier können Sie einfach die beiden Variablen `name` und `pfad` des aufrufenden Skriptes ausgeben. Sie haben Zugriff darauf, weil das aufgerufene Skript innerhalb des lokalen Gültigkeitsbereichs des aufrufenden Skriptes ausgeführt wird.

```
#Skriptname: Gueltigkeitsbereich.ps1
#Autor: Helma Spona
#Auflage: 1
#Verzeichnis: /Bsp/K03
#Beschreibung: Zeigt die Nutzung von Funktionen im
#    uebergeordneten Gueltigkeitsbereich sowie die
#    Verwendung von Variablen in verschiedenen
#    Gueltigkeitsbereichen
#Anmerkungen: Wird aufgerufen von GueltigkeitsbereichAufruf.ps1
#Skriptinhalt
Write-Output ("Mein Verzeichnis und Name: " + $pfad)
Write-Output ("Name des aufrufenden Skriptes: " + $name)
```

Wenn Sie das Skript **GueltigkeitsbereichAufruf.ps1** nun direkt in der PowerShell aufrufen, erhalten Sie folgende Ausgabe des aufgerufenen Skriptes:

```
Mein Verzeichnis und Name: G:\GAL_PowerShell\bsp\K03\
Gueltigkeitsbereich.ps1
Name des aufrufenden Skriptes: GueltigkeitsbereichAufruf.ps1
```

Sie sehen daran, dass es kein Problem ist, Variablen eines Skriptes in anderen Skripten zu verwenden, sofern die Skripte, die die Variablen nutzen möchten, von dem Skript aus gestartet werden, in dem die Variablen definiert sind.

> **[»]** Andersherum funktioniert das nicht. Das liegt aber nicht am Gültigkeitsbereich. Das Problem ist, dass Sie vom aufrufenden Skript aus unabhängig vom Gültigkeitsbereich nur dann auf die Variablen des aufgerufenen Skriptes zugreifen könnten, wärend dieses ausgeführt wird. Das heißt, Sie müssen es erst aufrufen und könnten dann dessen Variablen nutzen. Alle Anweisungen, die nach dem Skriptaufruf folgen, werden aber erst dann ausgeführt, wenn das aufgerufene Skript beendet ist.

Sie können im aufgerufenen Skript auch keine Funktionen des aufrufenden Skriptes aufrufen. Aber das ist kein Problem. Dafür kennt die PowerShell schließlich Skriptblöcke. Sie werden in einer Variablen gespeichert, und auf die Variable haben Sie im untergeordneten lokalen Gültigkeitsbereich Zugriff.

Sie müssen also das aufrufende Skript nur um zwei Skriptblöcke ergänzen, die wiederum die Funktionen aufrufen. Wichtig ist dabei, dass Sie auch für die Skriptblöcke die gleiche Parameterliste definieren, weil dann ja beim Aufruf die Parameter an den Skriptblock übergeben und von dort an die Funktion weitergegeben werden müssen.

```
$fktMeinName={
   param([System.Management.Automation.InvocationInfo]
   $MyInv=$myInvocation)
return (MeinName $MyInv)
}
$fktMeinPfad={
   param([System.String]$Skript="",
   [System.Management.Automation.InvocationInfo]$MyInv=
   $myInvocation)
return (MeinPfad $Skript $MyInv)
}
```

Planen Sie die Funktionen von vorherein dafür ein, von anderen Skripten aufgerufen zu werden, können Sie sich natürlich auch die Funktionen sparen und direkt Skriptblöcke erzeugen. [«]

Im aufgerufenen Skript können Sie nun die Skriptblöcke aufrufen. Vorausgesetzt, die Variable pfad enthält den Namen und Pfad der aufgerufenen Skriptdatei, sind damit folgende Aufrufe gleichwertig:

```
Write-Output ("Mein Verzeichnis und Name: " + $pfad)
Write-Output ("Mein Verzeichnis und Name: " +
   (&$fktMeinPfad (&$fktMeinName)))
```

Allerdings hat der zweite Aufruf den Vorteil, dass Sie mithilfe der Parameter den Rückgabewert auch im aufrufenden Skript beeinflussen können. Bei Nutzung der Variablen sind Sie auf das angewiesen, was die Variablen an Werten bereits im aufrufenden Skript zugewiesen bekommen hat.

Wenn Sie im aufrufenden Skript den Codeblock ohne Parameter aufrufen, wird zwar der definierte Standardwert für die Parameter übermittelt, aber dieser wird aus Sicht des aufrufenden Skripts berechnet, weil dieses den Code ausführt. Das heißt, als System.Management.Automation.InvocationInfo-Objekt wird nicht das Objekt des aufrufenden, sondern das des aufgerufenen Skripts übermittelt. [!]

3 | Sprachgrundlagen

> Das bedeutet also, &$fktMeinName gibt im aufgerufenen Skript den Namen des aufrufenden Skriptes zurück, im aufrufenden Skript jedoch den Namen des aufgerufenen Skriptes.

[+] Achten Sie außerdem darauf, dass Sie alle Aufrufe der Skript-Blöcke in Klammern setzen, wenn Sie das Ergebnis in einem Ausdruck verwenden. So erzwingen Sie, dass die Codeblöcke zuerst ausgeführt werden und dass erst dann der Gesamtausdruck ausgewertet wird. Solche Aufrufe könnten bspw. folgendermaßen lauten:

```
Write-Output ("Aufrufen der Skriptbloecke aus" +
   " dem aufrufenden Skript ...")
Write-Output ("Name des aufrufenden Skriptes: " +
   (&$fktMeinName))
```

Beschränkungen

Sie können allerdings den Wert einer Variablen aus dem übergeordneten Gültigkeitsbereich nicht verändern. Versuchen Sie bspw., im Skript **Gueltigkeitsbereich.ps1** den Wert der Variablen pfad zu ändern, gelingt dies zwar, zurück im aufrufenden Skript hat die Variable jedoch wieder den alten Wert.

Versuchen Sie dazu einfach Folgendes. Ergänzen Sie das Skript **Gueltigkeitsbereich.ps1** am Ende um folgende Anweisungen:

```
$pfad="test"
Write-Output ("Wert im Skript " +
   (&$fktMeinName) + ":" + $pfad)
```

Die Anweisungen setzen die Variable auf den Wert »test« und geben den Wert dann mit vorangestelltem Skriptnamen aus. Das aufrufende Skript ergänzen Sie dann wie folgt:

```
...
#Skriptinhalt
$name=MeinName
$pfad=MeinPfad "Gueltigkeitsbereich.ps1"
Write-Output ("Wert im Skript " + (&$fktMeinName) +
   " vor dem Aufruf:" + $pfad)
&$pfad
Write-Output ("Wert im Skript " + (&$fktMeinName) +
   " nach dem Aufruf:" + $pfad)
```

Sie erhalten dann folgende Ausgabe:

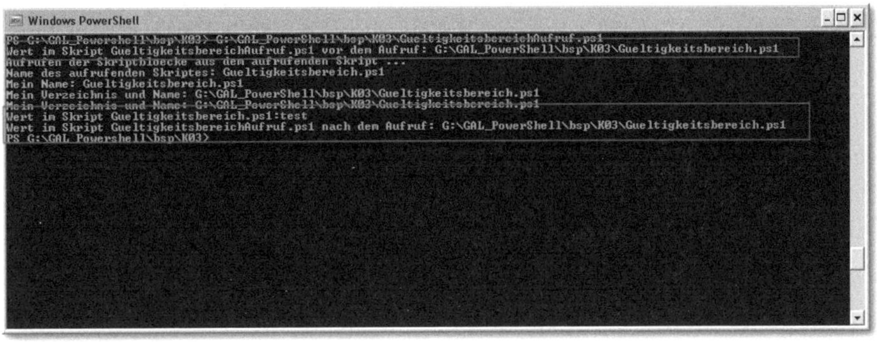

Abbildung 3.32 Ausgabe des Variablenwertes vor, nach und während der Ausführung des aufgerufenen Skriptes

Der Grund für dieses Verhalten liegt darin, dass im untergeordneten Gültigkeitsbereich des aufgerufenen Skriptes die Variable aus dem übergeordneten Gültigkeitsbereich nur so lange existiert, bis Sie der Variablen einen neuen Wert zuweisen. In diesem Moment wird im lokalen Gültigkeitsbereich des aufgerufenen Skriptes eine neue Variable des gleichen Namens erzeugt. Es existieren nun also eine Variable path im übergeordneten und eine Variable path im lokalen Gültigkeitsbereich des aufgerufenen Skriptes. Letztere wird verworfen, sobald das aufgerufene Skript beendet wird. Das aufrufende Skript arbeitet dann mit seiner Variablen mit dem Originalwert weiter. Das Problem dabei ist, nach einer Wertzuweisung innerhalb des untergeordneten Gültigkeitsbereichs nicht mehr auf die Variable des übergeordneten Gültigkeitsbereichs zugreifen können.

Den Gültigkeitsbereich spezifizieren

Es gibt allerdings auch für dieses Problem eine Lösung. Sie können auf Variablen in anderen Gültigkeitsbereichen zugreifen, indem Sie der Variablen die ID des Gültigkeitsbereichs voranstellen. Dazu stellt die PowerShell die folgenden IDs zur Verfügung:

- local – spezifiziert den lokalen Gültigkeitsbereich. Dies ist Standard. Sie müssen den Bezeichner also nicht angeben, außer es gibt tatsächlich zwei Variablen des gleichen Namens im lokalen und einem anderen Gültigkeitsbereich.
- global – gibt den globalen Gültigkeitsbereich an, der beim Start der PowerShell von dieser erzeugt wird und der alle Systemvariablen beinhaltet.
- private – stellt einen privaten Gültigkeitsbereich dar. Privat ist er, weil die untergeordneten Gültigkeitsbereiche nicht auf so erzeugten und deklarierten Variablen zugreifen können.

▶ script – definiert den Gültigkeitsbereich auf Skriptebene, der alle Variablen eines Skriptes umfasst, die Sie außerhalb einer Funktion definieren. Jede Funktion und jeder Skriptblock bildet nämlich wiederum einen eigenen untergeordneten Gültigkeitsbereich.

Generell gilt beim Zugriff auf andere Gültigkeitsbereiche immer, dass Sie nur vom untergeordneten auf den übergeordneten Gültigkeitsbereich, nicht aber auf gleichrangige oder untergeordnete Bereiche Zugriff haben. Dies zeigt die folgende Abbildung.

Globaler Gültigkeitsbereich "global" erzeugt durch die PowerShell.

Skript 1: GueltigkeitsbereichAufruf.ps1
Gültigkeitsbereich "script" enthält alle auf Skriptebene deklarierten Variablen und Funktionen
$pfad
$name

Funktion MeinPfad: Lokaler Gültigkeitsbereich "local"
Enthält alle Variablen der Funktion

Aufgerufenes Skript: Gueltigkeitsbereich.ps1
Gültigkeitsbereich "script" enthält alle auf Skriptebene deklarierten Variablen und Funktionen

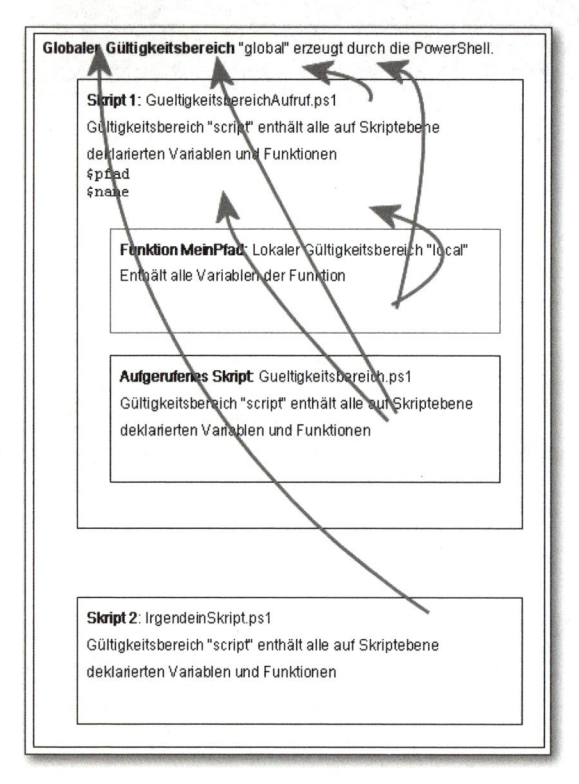

Skript 2: IrgendeinSkript.ps1
Gültigkeitsbereich "script" enthält alle auf Skriptebene deklarierten Variablen und Funktionen

Abbildung 3.33 Zugriffsmöglichkeiten auf die einzelnen Gültigkeitsbereiche

Sie können mithilfe der IDs genau festlegen, auf welche Variablen Sie zugreifen möchten, auch wenn diese den gleichen Namen haben. Folgendes Beispiel verdeutlicht dies.

Es definiert eine Variable temp auf Skriptebene sowie eine Funktion. Innerhalb der Funktion wird ebenfalls eine Variable temp definiert. Beide Variablen haben unterschiedliche Werte. Innerhalb der Funktion werden dann beide Variablen ausgegeben.

```
#Skriptname: Gueltigkeitsbereich2.ps1
#Autor: Helma Spona
#Auflage: 1
#Verzeichnis: /Bsp/K03
#Beschreibung: Zeigt den Einsatz der IDs fuer Gueltigkeitsbereich
#Anmerkungen: keine

#Benoetigte Variablen
$temp="Skriptebene"
#Skriptbloecke und Funktionen
function test
{
   $temp="Funktion"
   Write-Output ("Lokale Variable: " + ($local:temp))
   Write-Output ("Variable auf Skriptebene: " +
       ($script:temp))
}
#Skriptinhalt
test
```

```
PS C:\>
Lokale Variable: Funktion
Variable auf Skriptebene: Skriptebene
```

Abbildung 3.34 Die erzeugte Ausgabe der beiden Variablen

3.5.5 Skripte als Bibliotheken einbinden

Wenn Sie im Laufe der Zeit einige Skripte erstellt haben, werden Sie merken, dass Sie immer wieder die gleichen Aufgaben lösen müssen. Daher wird Ihnen recht schnell der Gedanke kommen, dass man diese Funktionen in separate Skriptdateien packen kann und diese dann in vielen verschiedenen Skripten nutzen kann. Das funktioniert tatsächlich.

Sie benötigen dazu eine Datei, die alle benötigten Funktionen beinhaltet. Die könnte bspw. wie folgt aussehen:

```
#Skriptname: wichtigeFunktionen.ps1
#Autor: Helma Spona
#Auflage: 1
#Verzeichnis: /Bsp
#Beschreibung: Wichtige Funktionen
#Anmerkungen: keine

#Benoetigte Variablen
```

```
#Skriptbloecke und Funktionen

function getPfad(
    [System.Management.Automation.InvocationInfo]$myInv=
    $myInvocation)
{
    #Gibt den Pfad des aktuellen Skriptes zurueck.
    $pfad=""
    $pfad=$myInv.get_MyCommand().Definition
    $pfad=Split-Path $pfad -parent
    return $pfad
}

function getScriptName(
    [System.Management.Automation.InvocationInfo]$myInv=
    $myInvocation)
{
    #Gibt den Namen des aktuellen Skriptes zurueck.
    $name=""
    $name=$myInv.myCommand.name

    return $name
}

$geladen={return $true}

#Skriptinhalt
```

Dieses Skript speichern Sie dann in einem Verzeichnis, auf das alle Skripte Zugriff haben. Das muss nicht das gleiche Verzeichnis sein, in dem die anderen Skripten liegen, weil Sie ohnehin den Pfad angeben müssen, in dem die Datei gesucht werden soll.

In allen Skripten, in denen Sie nun die Funktionen dieser Datei aufrufen möchten, müssen Sie am Anfang des Skriptes die Datei laden. Dazu stellen Sie dem Dateinamen einen Punkt und ein Leerzeichen voran.

Möchten Sie die Skriptdatei *G:\Temp\wichtigefunktionen.ps1* laden, müssen Sie somit

. " G:\Temp\wichtigefunktionen.ps1"

angeben.

Sie können auch den Pfad zur Datei berechnen und in einer Variablen verwenden. Mit dem folgenden Code wird die Datei `wichtigefunktionen.ps1` bspw. im übergeordneten Verzeichnis der Skriptdatei gesucht:

```
#Skriptname: leer.ps1
#Autor: Helma Spona
#Auflage: 1
#Verzeichnis: /Bsp/
#Beschreibung: Leere Vorlage fuer Skripten
#Anmerkungen: keine
#Laden der Bibliotheksdateien

#Laden der Hilfsfunktionen
$bibpfad= Split-Path (Split-Path
    ($myInvocation.get_MyCommand().Definition
    ) -parent)  -parent
. ($bibpfad + "\wichtigefunktionen.ps1")
```

Wichtig ist auf jeden Fall, dass Sie die Anweisung zum Laden der Datei auf Skriptebene platzieren. Sie darf nicht in einer Verzweigung oder einer Schleife stehen oder aber in einem `Trap`-Block zur Fehlerbehandlung stehen.

[!]

Nachdem Sie die Datei geladen haben, können Sie die dort definierten Funktionen aufrufen, als wenn sie direkt in der Skriptdatei definiert wären, in der Sie die Datei laden:

```
echo (getScriptName)
```

3.6 Programmablaufsteuerung

Neben Variablen, Funktionen und Skriptblöcken sind Konstrukte zur Programmablaufsteuerung ein weiteres wichtiges Element einer modernen Programmier- oder Skriptsprache. Auch in der PowerShell gibt es daher Sprachkonstrukte, mit denen Sie Schleifen oder Verzweigungen definieren können.

Generell gibt es zwei wichtige große Bereiche bei der Programmablaufsteuerung: **Schleifen** und **Verzweigungen**.

Schleifen dienen dazu, Code wiederholt auszuführen. Man unterscheidet dabei **abweisende** und **nichtabweisende Schleifen**, je nachdem, ob es eine Bedingung zum Verlassen der Schleife (Austrittsbedingung) oder zum Betreten der Schleife (Eintrittsbedingung) gibt. Schleifen mit Eintrittsbedingung sind abweisende, solche mit Austrittsbedingung nichtabweisende Schleifen.

Verzweigungen dienen dazu, Code abhängig von einer Bedingung auszuführen. Dabei werden **einfache Verzweigungen** von **Mehrfachverzweigungen** unterschieden. Bei Mehrfachverzweigungen werden zwei oder mehr Bedingungen definiert und wird jeder Bedingung ein Code-Abschnitt zugewiesen.

3.6.1 Boolesche Ausdrücke und Vergleichsoperatoren

Sowohl für Verzweigungen wie auch für Schleifen sind boolesche Ausdrücke notwendig. Ein boolescher Ausdruck kann einen booleschen Wert haben, also True oder False. Sie müssen den Ausdruck also so formulieren, dass er einen booleschen Wert zurückgibt. Die einfachste Form eines solchen Ausdrucks sind die Systemvariablen true und false.

Wenn Sie komplexere Ausdrücke zusammensetzen möchten, benötigen Sie dazu Vergleichsoperatoren. Die PowerShell kennt eine ganze Reihe solcher Operatoren, die allerdings stark von denen in anderen Skript- und Programmiersprachen abweichen. Zudem gibt es eine Gruppe von Operatoren, die Groß- und Kleinschreibung ignorieren, und solche, die Groß- und Kleinschreibung berücksichtigen.

[+] Die Benennung der Operatoren ist auf den ersten Blick etwas merkwürdig. Sie wird aber klarer, wenn Sie verstehen, wie die Namen sich zusammensetzen. Der Operator -ge ist bspw. die Abkürzung für »**g**reater oder **e**qual« (größer oder gleich), ne steht für »**n**ot **e**qual« (nicht gleich), und -lt steht bspw. für »**l**ower **t**han« (kleiner als).

Operator	Groß- und Kleinschreibung wird berücksichtigt	Beschreibung
-lt		kleiner als
-gt		größer als
-le		kleiner oder gleich
-ge		größer oder gleich
-eq		gleich
-ne		nicht gleich
-contains		Prüft, ob das gesuchte Element in einer Gruppe von Elementen vorhanden ist.
-notcontains		Prüft, ob das gesuchte Element nicht in einer Gruppe von Elementen vorhanden ist.
-like		Prüft, ob der Wert einem Suchmuster mit Platzhalterzeichen entspricht.
-notlike		Prüft, ob der Wert nicht einem Suchmuster mit Platzhalterzeichen entspricht.

Operator	Groß- und Klein-schreibung wird berücksichtigt	Beschreibung
-match		Prüft, ob der Wert einem Suchmuster mit regulären Ausdrücken entspricht.
-notmatch		Prüft, ob der Wert nicht einem Suchmuster mit regulären Ausdrücken entspricht.
-clt	ja	kleiner als
-cle	ja	größer als
-cgt	ja	kleiner oder gleich
-cge	ja	größer oder gleich
-ceq	ja	gleich
-cne	ja	nicht gleich
-clike	ja	Prüft, ob das gesuchte Element in einer Gruppe von Elementen vorhanden ist.
-cnotlike	ja	Prüft, ob das gesuchte Element nicht in einer Gruppe von Elementen vorhanden ist.
-ccontains	ja	Prüft, ob der Wert einem Suchmuster mit Platzhalterzeichen entspricht.
-cnotcontains	ja	Prüft, ob der Wert nicht einem Suchmuster mit Platzhalterzeichen entspricht.
-cmatch	ja	Prüft, ob der Wert einem Suchmuster mit regulären Ausdrücken entspricht.
-cnotmatch	ja	Prüft, ob der Wert nicht einem Suchmuster mit regulären Ausdrücken entspricht.

Mit Hilfe dieser Vergleichsoperatoren können Sie nun boolesche Ausdrücke formulieren. Einige Beispiele zeigt das folgende Skript. Der erste Ausdruck (1 -lt 2) prüft, ob 1 kleiner als 2 ist. Das Ergebnis ist true (wahr). Der Ausdruck (1 -ge 2) prüft, ob 1 größer oder gleich 2 ist, das Ergebnis ist also false (falsch). Danach wird ein Zeichenfolgenvergleich ausgeführt. Mit dem Ausdruck ("Meier" -like "m*er") wird geprüft, ob die Zeichenfolge "Meier" dem Muster "m*er" entspricht. Dieses Muster definiert, dass die Zeichenfolge mit einem "m" beginnt und mit "er" endet.

Da der Operator -like keine Groß- und Kleinschreibung berücksichtigt, ist der Ausdruck true. Anders sieht es bei dem folgenden Vergleich mit dem Operator -clike aus. Da hier Groß- und Kleinschreibung berücksichtigt wird, ist der Ausdruck false.

```
#Skriptname: vergleichsoperatoren.ps1
#Autor: Helma Spona
```

```
#Auflage: 1
#Verzeichnis: /Bsp/K03
#Beschreibung: Zeigt einige Vergleichsausdruecke
#Skriptinhalt
Write-Output ("1<2: " + (1 -lt 2))
Write-Output ("1>=10: " + (1 -ge 2))
Write-Output ("Meier -like M*er: " +
    ("Meier" -like "m*er"))
Write-Output ("Meier -clike M*er: " +
    ("Meier" -clike "m*er"))
```

```
Console Output
1<2: True
1>=10: False
Meier -like M*er: True
Meier -clike M*er: False
PS C:\>
```

Abbildung 3.35 Ausgabe des Skriptes

[»] Natürlich können Sie auch mit den Operatoren -lt, -gt etc. Zeichenfolgenvergleiche durchführen. In diesem Fall wird die alphabetische Anordnung der Zeichen berücksichtigt. »abc« ist also kleiner als »abx«. Der Ausdruck ("abc" -lt "abx") ist damit wahr.

Logische Operatoren

Mit Hilfe von logischen Operatoren können Sie einzelne Ausdrücke zu einem Gesamtausdruck verknüpfen. Der Gesamtausdruck hat dann auch wieder einen booleschen Wert. Dabei fassen Sie die einzelnen Teilausdrücke in Klammern ein und den Gesamtausdruck ebenso.

Operator	Syntax	Beschreibung
-not	-not *Ausdruck*	Der Gesamtausdruck ist true, wenn der Ausdruck false ist.
-and	*Ausdruck1* -and *Ausdruck2*	Der Gesamtausdruck ist wahr, wenn beide Teilausdrücke wahr sind.
-or	*Ausdruck1* -or *Ausdruck2*	Der Gesamtausdruck ist wahr, wenn mindestens einer der Teilausdrücke wahr ist. Es dürfen auch beide Teilausdrücke wahr sein.
!	!*Ausdruck*	Der Gesamtausdruck ist true, wenn der Ausdruck false ist.

Folgendes Beispiel soll die Verknüpfung von Ausdrücken zu einem Gesamtausdruck zeigen. Es definiert zunächst eine Variable zahl, die den Wert 10 erhält. Außerdem werden zwei Variablen bool1 und bool2 erstellt, denen später die Werte der beiden Teilausdrücke zugewiesen werden.

Anschließend werden zunächst beide Teilausdrücke berechnet und mit einem einleitenden Text ausgegeben. Der erste Ausdruck ist wahr, wenn die Zahl gerade ist. Das ist der Fall, wenn der Modulo der Zahl durch 2 den Wert 0 hat. Dies repräsentiert der Ausdruck (($zahl % 2) -eq 0), der wiederum aus zwei Teilausdrücken besteht. Der erste Teilausdruck $zahl % 2 ist ein arithmetischer Ausdruck und liefert den Rest der ganzzahligen Division. Der Wert des Teilausdrucks wird nun mit dem Vergleichsoperator -eq mit dem Wert 0 verglichen. Der Gesamtausdruck ist ein boolescher Ausdruck, der wahr ist, wenn die Zahl gerade ist.

Der zweite Aufruf des CmdLets Write-Output gibt den Wert des zweiten Ausdrucks aus. Dieser ist wahr, wenn die Zahl kleiner oder gleich 10 ist.

Beide Teilausdrücke werden dann noch den Variablen bool1 und bool2 zugewiesen. Die letzten beiden Anweisungen sind dann gleichwertig. Sie verknüpfen die beiden Teilausdrücke mit dem logischen Operator -and (und) und geben das Ergebnis aus. In der ersten Anweisung werden dazu die kompletten Teilausdrücke verwendet, in der zweiten nur die Variablen mit den Werten der Teilausdrücke. Im Ergebnis sind beide Anweisungen jedoch gleichwertig.

```
#Skriptname: logischeOperatoren.ps1
#Autor: Helma Spona
#Auflage: 1
#Verzeichnis: /Bsp/K03
#Beschreibung: Zeigt die Verwendung logischer Operatoren
#Anmerkungen: keine

#Benoetigte Variablen
$zahl1=10
$bool1=false
$bool2=false

#Skriptbloecke und Funktionen

#Skriptinhalt
Write-Output ("Zahl " + $zahl1 + " gerade: " +
   (($zahl % 2) -eq 0))
Write-Output ("Zahl " + $zahl1 +
   " kleiner oder gleich 10: " + ($zahl1 -le 10))
$bool1=(($zahl % 2) -eq 0)
$bool2=($zahl1 -le 10)
Write-Output ("Gesamtergebnis: " +
   (($zahl1 -le 10) -and (($zahl % 2) -eq 0)))
Write-Output ("Gesamtergebnis: " + ($bool1 -and $bool2))
```

Abbildung 3.36 Die erzeugte Ausgabe

3.6.2 Verzweigungen

Die PowerShell kennt zwei Typen von Verzweigungen, Einfach- und Mehrfachverzweigungen. Mehrfach-Verzweigungen können Sie mit `switch` oder `if` realisieren, Einfachverzweigungen werden mit `if` realisiert.

If-Verzweigungen

Eine `if`-Verzweigung führt die angegebenen Anweisungen aus, wenn der boolesche Ausdruck den Wert `true` hat. Die Syntax lautet:

```
if (boolescher Ausdruck)
{
    Anweisungen
}
```

Eine einfache `if`-Verzweigung könnte bspw. so aussehen:

```
#Skriptname: verzweigungen.ps1
#Autor: Helma Spona
#Auflage: 1
#Verzeichnis: /Bsp/K03
#Beschreibung: Demonstriert die Nutzung von Verzweigungen

#Skriptinhalt
if (1 -lt 2)
{
    Write-Output "1 ist kleiner als 2"
}
```

Das Skript prüft, ob der boolesche Ausdruck `1 -lt 2` (1 < 2) wahr ist. Falls das der Fall ist, wird die Ausgabe mit dem CmdLet `Write-Output` erzeugt. Für den Fall, dass der Ausdruck nicht wahr ist, fährt das Skript mit der Anweisung fort, die der schließenden geschweiften Klammer der `if`-Verzweigung folgt.

Natürlich ist der hier verwendete Ausdruck nicht sonderlich sinnvoll, weil er immer wahr ist. Sinnvolle boolesche Ausdrücke für Verzweigungen sollten mindestens eine Variable bzw. einen variablen Wert enthalten. Sinnvoll wäre bspw. eine Verzweigung, die den Code nur dann ausführt, wenn aktuell ein bestimmter

Wochentag ist. In diesem Fall müssen Sie vorab den Wochentag ermitteln und können dann abhängig davon den Code ausführen. Sie ermitteln dazu mit dem CmdLet `Get-Date` das aktuelle Datum und können dann mit der `get_DayOfWeek`-Methode des `DateTime`-Objekts den aktuellen Wochentag zurückgeben. Den müssen Sie dann im Vergleichsausdruck nur noch mit dem erwarteten Wert vergleichen. Im Beispiel wird der Code innerhalb der Schleife ausgeführt, wenn Mittwoch ist.

```
#Skriptname: verzweigungen.ps1
#Autor: Helma Spona
#Auflage: 1
#Verzeichnis: /Bsp/K03
#Beschreibung: Demonstriert die Nutzung von Verzweigungen
#Anmerkungen: keine

#Benoetigte Variablen
$heute=Get-Date
#Skriptbloecke und Funktionen
#Skriptinhalt
if (1 -lt 2)
{
   Write-Output "1 ist kleiner als 2"
}
if ($heute.get_DayOfWeek() -eq "Wednesday")
{
   Write-Output "Heute ist Mittwoch, Code ausfuehren ..."
}
```

Alternativen mit else

Nicht immer ist es sinnvoll, nur dann Code auszuführen, wenn eine Bedingung erfüllt ist. Sie könnten alternativen Code auch in einer zweiten Verzweigung mit einem gegensätzlichen Ausdruck unterbringen, wie dies das folgende Listing zeigt:

```
if ($heute.get_DayOfWeek() -eq "Wednesday")
{
   Write-Output "Heute ist Mittwoch, Code ausfuehren ..."

}
if ($heute.get_DayOfWeek() -ne "Wednesday")
{
   Write-Output "Heute ist NICHT Mittwoch!"

}
```

Allerdings hat das den Nachteil, dass zwei Bedingungen geprüft werden müssen. Bei einfachen Ausdrücken wie hier ist das kein Problem, verwenden Sie jedoch komplexere Ausdrücke, kann das dazu führen, dass der Code verhältnismäßig langsam ist

Sie sollten daher in solchen Fällen besser einen else-Zweig hinzufügen. Dessen Inhalt wird ausgeführt, wenn der boolesche Ausdruck nicht wahr ist. Die Syntax der if-else-Verzweigung lautet:

```
if (boolescher Ausdruck)
{
    Anweisungen
}
else
{
    Anweisungen
}
```

Für das Beispiel sieht das dann so aus:

```
if ($heute.get_DayOfWeek() -eq "Wednesday")
{
    Write-Output "Heute ist Mittwoch, Code ausfuehren ..."
}
else
{
    Write-Output "Heute ist NICHT Mittwoch!"
}
```

Mehrfachverzweigungen mit if

Sie können mit if auch Mehrfachverzweigungen definieren. Diese unterscheiden sich von einfachen if-Verzweigungen dadurch, dass sie mehr als nur eine Bedingung definieren können. Zuerst wird dann der erste boolesche Ausdruck geprüft. Nur wenn dieser den Wert false hat, wird der nächste geprüft. Das wird so lange fortgeführt, bis

- ▶ entweder ein Ausdruck gefunden wurde, der den Wert true hat und dessen Codeblock ausgeführt wurde
- ▶ oder alle Ausdrücke ausgewertet und ein eventuell vorhandener else-Zweig abgearbeitet wurde.

Die einzelnen Ausdrücke können ganz unabhängig voneinander sein. Sie müssen nur jeweils für sich einen booleschen Ausdruck liefern. Die Syntax dieser Verzweigung lautet, wobei es beliebig viele elseif-Zweige geben kann:

```
if (boolescher Ausdruck)
{
   Anweisungen
}
elseif (boolescher Ausdruck)
{
   Anweisungen
}
else
{
   Anweisungen
}
```

Auf diese Weise können Sie auch auf komplexe Situationen reagieren, ohne dazu mehrere Verzweigungen ineinander verschachteln zu müssen. Das folgende Beispiel zeigt dies.

Es ermittelt zunächst mithilfe des CmdLets `Get-Service` einen bestimmen Dienst, der auf dem Rechner vermutet wird. Dieser wird der Variablen `Dienst` zugewiesen. Über die Eigenschaft `Status` können Sie dann in einer Mehrfachverzweigung den Status des Dienstes ermitteln. Im Ausdruck des `if`-Zweiges wird zunächst geprüft, ob der Status den Wert »running« hat und ob gleichzeitig die Eigenschaft `CanStop` den Wert `true` hat. Diese Eigenschaft gibt an, ob der Dienst beendet werden kann.

Sind beide durch den logischen Operator `-and` verknüpften Teilausdrücke wahr, wird der Code des `if`-Blockes ausgeführt und der Dienst mit dem CmdLet `Stop-Service` beendet.

Ist der Ausdruck im `if`-Zweig nicht wahr, wird der nächste Ausdruck geprüft. Dieser ist wahr, wenn die `CanStop`-Eigenschaft `false` liefert und der Dienst den Status »running« hat. In diesem Fall wird eine Meldung ausgegeben, dass der Dienst nicht beendet werden kann.

Falls auch dieser Ausdruck nicht wahr ist, wird wieder der nächste geprüft. Er ist wahr, wenn der Status des Dienstes »stopped« ist. In diesem Fall wird versucht, den Dienst mit dem CmdLet `Start-Service` zu starten. Sollte aber auch dieser Ausdruck nicht wahr sein, wird zu guter Letzt der `else`-Zweig ausgeführt.

```
#Skriptname: Mehrfachverzweigungen.ps1
#Autor: Helma Spona
#Auflage: 1
#Verzeichnis: /Bsp/K03
#Beschreibung: Demonstriert die Nutzung von Mehrfachverzweigungen
#Anmerkungen: keine
```

```
#Benoetigte Variablen
$Dienst=Get-Service -DisplayName 'Warndienst'
#Skriptbloecke und Funktionen

#Skriptinhalt
Write-Output ($Dienst.Status)
if (($Dienst.CanStop -eq $true) -and
($Dienst.Status -eq "running"))
{
   Write-Output "Dienst stoppen..."
   $Dienst | Stop-Service
}
elseif (($Dienst.CanStop -eq $false) -and
 ($Dienst.Status -eq "running"))
{
    Write-Output "Dienst kann nicht gestoppt werden ..."
}
elseif ($Dienst.Status -eq "stopped")
{
   Write-Output "Dienst starten ..."
   $Dienst | Start-Service
}
else
{
   Write-Output "Dienst nicht installiert!"
}
```

[!] Der else-Zweig wird immer nur dann ausgeführt, wenn keiner der elseif-Ausdrücke wahr ist. Sobald der erste wahre Ausdruck gefunden wurde, werden alle folgenden nicht mehr geprüft.

Mehrfachverzweigungen mit switch

Alternativ zur if-Verzweigung können Sie für Mehrfachverzweigungen auch das Schlüsselwort switch verwenden. Die Syntax für diese Verzweigung lautet:

```
switch (Ausdruck) {
    Vergleichswert1 {Anweisungen}
    Vergleichswert2 {Anweisungen}
    Vergleichswert3 {Anweisungen}
    Vergleichswert4 {Anweisungen}
    default{Alternative Anweisungen}
```

Der Ausdruck kann ein boolescher Ausdruck oder jeder andere Ausdruck oder Wert sein. Wichtig ist nur, dass die Vergleichswerte dem Typ des Ausdrucks entsprechen. Ist der Ausdruck eine Zeichenkette, sollten die Vergleichsausdrücke auch Zeichenketten sein. Die Anzahl Vergleichsausdrücke ist nicht beschränkt.

Folgendes Beispiel zeigt dies. Es definiert eine Variable eingabe, die einen Buchstaben enthält. Je nachdem, welcher das ist, soll nun innerhalb der switch-Anweisung das Skript abgebrochen oder fortgesetzt werden.

> Sie können zu jeder Zeit ein Skript mit dem Schlüsselwort Exit beenden. Nach Ausführung dieser Anweisung werden keine weiteren Anweisungen des Skriptes mehr ausgeführt.

Das Skript geht nun wie folgt vor: Es vergleicht den Wert der Variablen eingabe mit den Vergleichswerten innerhalb der switch-Anweisung. Der Codeblock des Vergleichswerts, der dem Variablenwert entspricht, wird ausgeführt. Dies ist in diesem Fall der Codeblock {Write-Output "Skript wird abgebrochen";Exit}. Er sorgt zunächst für die Ausgabe eines Textes mit dem CmdLet Write-Output. Anschließend wird die Exit-Anweisung ausgeführt und damit das Skript beendet. Das führt dann natürlich auch dazu, dass die switch-Anweisung abgebrochen wird.

```
#Skriptname: switchVerzweigung.ps1
#Autor: Helma Spona
#Auflage: 1
#Verzeichnis: /Bsp/K03
#Beschreibung: Leere Vorlage fuer Skripten
#Anmerkungen: keine

#Benoetigte Variablen
$eingabe="n"
#Skriptbloecke und Funktionen

#Skriptinhalt
switch ($eingabe)
{
   "j" { Write-Output "Skript wird fortgefuehrt"}
   "J" { Write-Output "Skript wird fortgefuehrt"}
   "n" { Write-Output "Skript wird abgebrochen";Exit}
   "N" { Write-Output "Skript wird abgebrochen";Exit}
}
Write-Output "Die Anweisung nach der Verzweigung wird ausgefuehrt1"
```

> Normalerweise ist es so, dass beim Vergleich des Ausdrucks mit den Vergleichswerten standardmäßig keine Groß- und Kleinschreibung beachtet wird. Daher treffen die beiden Vergleichswerte »n« und »N« zu, wenn der Ausdruck den Wert »n« hat.

> Das müsste dann eigentlich dazu führen, dass die Meldung zweimal ausgegeben wird. Das ist hier jedoch nicht so, weil durch die `Exit`-Anweisung die Skriptausführung beendet wird.

Sie sollten das aber ruhig mal testen, indem Sie der Variablen `eingabe` den Wert »j« zuweisen. Sie werden dann sehen, dass die Ausgabe zweimal erfolgt und danach die Anweisung nach Abschluss der Verzweigung ausgeführt wird.

Abbildung 3.37 Ausgabe beim Wert »j« für die Variable

Es gibt nun zwei Möglichkeiten, dieses kleine Problem zu beseitigen. Sie können über Parameter der `switch`-Anweisung festlegen, dass Groß- und Kleinschreibung berücksichtigt wird. Dazu ergänzen Sie das Attribut `-casesensitive` vor dem Ausdruck:

```
...
switch -casesensitive ($eingabe)
{
   "j" { Write-Output "Skript wird fortgefuehrt"}
   "J" { Write-Output "Skript wird fortgefuehrt"}
   "n" { Write-Output "Skript wird abgebrochen";Exit}
   "N" { Write-Output "Skript wird abgebrochen";Exit}
}
...
```

Nun wird beim Vergleich Groß- und Kleinschreibung berücksichtigt und nur ein Zweig ausgeführt. Das ist bei wirklichen Benutzereingaben aber nicht sehr sinnvoll, weil Sie dadurch den Benutzer zu akkuraten Eingaben zwingen, die in der Regel gar nicht nötig sind.

Stattdessen können Sie auch innerhalb jedes Zweigs, der nicht ohnehin mit `Exit` verlassen wird, die `Break`-Anweisung einfügen. Dieses Schlüsselwort bewirkt, dass die Verzweigung verlassen wird und mit der nächsten Anweisung danach fortgefahren wird.

```
...
switch ($eingabe)
{
   "j" { Write-Output "Skript wird fortgefuehrt";Break}
```

```
    "J" { Write-Output "Skript wird fortgefuehrt";Break}
    "n" { Write-Output "Skript wird abgebrochen";Exit}
    "N" { Write-Output "Skript wird abgebrochen";Exit}
}
...
```

Möchten Sie nicht die ganze `switch`-Anweisung verlassen, sondern nur den gerade ausgeführten Zweig, können Sie das mit der Anweisung `Continue` erreichen. Bei Ausführen der `Continue`-Anweisung wird der nächste Vergleichsausdruck in der Verzweigung geprüft und ggf. mit dessen Codeblock fortgefahren. Sinnvoll ist dies aber in aller Regel nur, wenn Sie innerhalb der `switch`-Zweige wiederum Verzweigungen verwenden, die abhängig von einer Bedingung unterschiedlich fortfahren.

[+]

Selbstverständlich sind Sie nicht darauf beschränkt, alle Anweisungen für einen Zweig nacheinander aufzuführen. Sie können sie auch mehrzeilig untereinander anordnen, damit der Code übersichtlicher wird. Daher ist auch folgende Formatierung des Codes zulässig:

```
switch ($eingabe)
{
   "j" {
         Write-Output "Skript wird fortgefuehrt"
         Break
      }
   "J" {
         Write-Output "Skript wird fortgefuehrt"
         Break
      }
   "n" {
         Write-Output "Skript wird abgebrochen"
         Exit
      }
   "N" {
         Write-Output "Skript wird abgebrochen"
         Exit
      }
}
```

Bei der jetzigen Version des Skriptes würde nichts passieren, wenn die Variable weder den Wert »j« noch »n« hat. Möchten Sie in dem Fall, dass kein Vergleichswert zutrifft, dass dennoch Code ausgeführt wird, also bspw. eine Fehlermeldung oder ein Hinweis ausgegeben wird, können Sie dazu am Ende einen optionalen `default`-Zweig ergänzen.

```
switch ($eingabe)
{
   "j" {
         Write-Output "Skript wird fortgefuehrt"
         Break
      }
   "J" {
         Write-Output "Skript wird fortgefuehrt"
         Break
      }
   "n" {
         Write-Output "Skript wird abgebrochen"
         Exit
      }
   "N" {
         Write-Output "Skript wird abgebrochen"
         Exit
      }
   default
      {
         Write-Output "Ungueltige Eingabe"
      }
}
```

> [»] Das war keinesfalls alles, was die switch-Anweisung kann. Es gibt auch besondere Möglichkeiten, Vergleichswerte zu definieren und noch weitere Parameter anzugeben, die festlegen, wie der Vergleich erfolgen soll. Dies wird hier aus Platzgründen nicht näher beschrieben.

3.6.3 Schleifen

Schleifen dienen dazu, Code abhängig von Bedingungen mehrfach auszuführen. Wie andere Programmiersprachen auch kennt die PowerShell dazu mehrere verschiedene Schleifen:

- while
- do-until
- do-while
- foreach
- for

Die einfachste dieser Schleifen ist die while-Schleife. Sie soll daher auch als Einstieg dienen.

Die abweisende while-Schleife

While-Schleifen sind abweisende Schleifen. Das heißt, die Bedingung, die festlegt, ob die Schleife ausgeführt wird, wird am Anfang der Schleife definiert. Als Bedingung wird ein boolescher Ausdruck verwendet. Hat dieser den Wert false, wird der Inhalt der Schleife nicht ausgeführt, ist er true, wird der Schleifeninhalt ausgeführt und danach erneut der Ausdruck geprüft.

> Damit eine solche Schleife irgendwann beendet wird, müssen Sie daher dafür sorgen, dass innerhalb der Schleife, im Schleifenrumpf, eine Anweisung steht, die dafür sorgt, dass die Eintrittsbedingung nicht mehr erfüllt ist. [!]

Wird die Schleife irgendwann nicht mehr betreten, fährt das Skript mit der Anweisung nach der Schleife fort. Die Syntax der while-Schleife lautet:

```
while (Eintrittsbedingung){ Anweisungen }
```

Folgendes Beispiel soll den Einsatz der while-Schleife zeigen: Die Zahlen von 1 bis 10 werden addiert. Wenn die Variable I den Wert 10 überschritten hat, wird die Schleife verlassen. Nach der Schleife wird das Ergebnis ausgegeben. Den Anfangswert der Variablen I sowie den der Variablen summe sollten Sie dazu bereits vor der Schleife festlegen. Der Ausdruck ($I -le 10) prüft, ob die Variable I kleiner oder gleich 10 ist. Falls ja, wird der Inhalt der Schleife ausgeführt, der in den geschweiften Klammern steht.

Zuerst wird dort zum Wert von summe der Wert von I addiert und dann die Variable I mit dem Inkrement-Operator ++ um 1 erhöht. Wird die Schleife mit dem Anfangswert von I betreten bedeutet das, dass zum Wert 0 von summe 1 addiert wird und dann I auf 2 erhöht wird. Danach wird erneut die Schleifenbedingung geprüft. Sie ist wieder erfüllt, und daher wird die Schleife erneut ausgeführt. Das wiederholt sich, bis I auf den Wert 11 erhöht wurde. Dann ist die Schleifenbedingung nicht mehr erfüllt und die Schleife wird nicht mehr ausgeführt. Stattdessen wird das CmdLet Write-Output im Anschluss ausgeführt.

```
#Skriptname: whileschleife.ps1
#Autor: Helma Spona
#Auflage: 1
#Verzeichnis: /Bsp/K03
#Beschreibung: Zeigt die Verwendung der while-Schleife
#Anmerkungen: keine

#Benoetigte Variablen
$I=1
$summe=0
```

```
#Skriptbloecke und Funktionen

#Skriptinhalt
while ($I -le 10)
{
    $summe+=$I
    $I++
}
Write-Output("Das Ergebnis lautet: " + $summe)
```

[+] Sollten Sie vergessen, innerhalb der Schleife dafür zu sorgen, dass die Schleife irgendwann nicht mehr betreten wird, erzeugen Sie damit eine Endlosschleife. Endlosschleifen sind Schleifen, die beabsichtigt oder unbeabsichtigt endlos ausgeführt, also niemals verlassen, werden. Wenn Sie zum Ausführen des Skriptes die PowerShellIDE nutzen, erkennen Sie das daran, dass die Skriptausführung nicht beendet wird und dadurch der **Abbrechen**-Button sichtbar ist. Klicken Sie darauf, wenn Sie Skriptausführung abbrechen möchten.

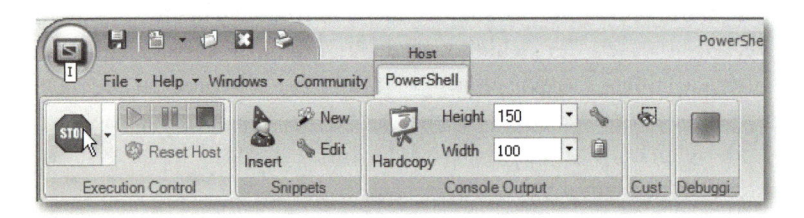

Abbildung 3.38 Abbrechen einer Endlosschleife in der PowerShellIDE

Die nicht abweisenden do-Schleifen

Alle do-Schleifen der PowerShell sind nichtabweisende Schleifen. Dieser Schleifentyp prüft nach der Ausführung des Schleifenrumpfes, ob eine Austrittsbedingung erfüllt ist. Diese kann wahlweise mit dem Schlüsselwort while oder until definiert werden. Im Gegensatz zu abweisenden Schleifen wird der Inhalt der Schleife also mindestens einmal ausgeführt und danach die Austrittsbedingung geprüft. Die Syntax der do-Schleife lautet also:

do { *Anweisungen* } while|until (*boolescher Ausdruck*)

Bei einer do-while-Schleife wird der Schleifeninhalt so lange ausgeführt, wie der boolesche Ausdruck den Wert true hat, und bei der do-until-Schleife wird der Schleifenrumpf so lange ausgeführt, bis der boolesche Ausdruck den Wert true bekommen hat.

Mit beiden Schleifen können Sie die gleichen Probleme lösen, es kommt nur auf die Formulierung des booleschen Ausdrucks an. Das können Sie an dem folgenden Beispiel nachvollziehen. Auch hier wird wieder die Summe der Zahlen von

1 bis 10 berechnet. Bei der ersten Schleife handelt es sich um eine `do-while`-Schleife. Hier können Sie daher den gleichen booleschen Ausdruck verwenden wie bei der `while`-Schleife, also (`$I -le 10`).

Bei der `do-until`-Schleife müssen Sie den Ausdruck hingegen anders formulieren. Der boolesche Ausdruck muss, bis zu dem Zeitpunkt, an dem die Schleife verlassen werden soll, den Wert `false` haben also wenn I größer als 10 ist. Daher ist hier der Ausdruck (`$I -gt 10`) verwendet worden. Er ist dann wahr, wenn I größer als 10 ist. In diesem Fall wird die Schleife verlassen.

```
#Skriptname: doSchleifen.ps1
#Autor: Helma Spona
#Auflage: 1
#Verzeichnis: /Bsp/K03
#Beschreibung: Zeigt die Verwendung der do-Schleifen
#Anmerkungen: keine

#Benoetigte Variablen
$I=1
$summe=0
#Skriptbloecke und Funktionen

#Skriptinhalt
do
{
   $summe+=$I
   $I++
} while ($I -le 10)
Write-Output("Das Ergebnis lautet: " + $summe)
$I=1
$summe=0
do
{
   $summe+=$I
   $I++
} until ($I -gt 10)
Write-Output("Das Ergebnis lautet: " + $summe)
```

Zählschleifen mit foreach und for

Zählschleifen durchlaufen mithilfe einer Variable einen Wertebereich, ein Array oder eine Auflistung. Der Unterschied zu den anderen Schleifen besteht darin, dass Sie nicht selbst dafür sorgen müssen, dass die Schleifenvariable ihren Wert so ändert, dass der Endwert erreicht wird. Das macht die Schleife von sich aus, sofern Sie sie korrekt deklariert haben.

Zählschleifen können Sie mit den Schlüsselwörtern `foreach` und `for` definieren. Mit der `for`-Schleife können Sie eine Zählvariable von einem Anfangswert zu einem Endwert zählen und für jeden Wert der Variable den Schleifendurchlauf einmal ausführen. Diese Schleife können Sie daher hervorragend einsetzen, wenn Sie schon zur Entwurfszeit wissen (oder dies zur Laufzeit berechnen können), wie oft die Schleife ausgeführt werden soll.

Die `foreach`-Schleife dient vornehmlich dazu, Arrays und Auflistungen von Objekten zu durchlaufen. Sie können sie bspw. einsetzen, wenn Sie alle Objekte, die von einem CmdLet zurückgegeben werden, auf gleiche Weise abarbeiten möchten. Für beides folgt nun ein Beispiel.

Bei Arrays handelt es sich um eine virtuelle Datenstruktur, die Sie sich wie eine Tabelle aus Spalten und Zeilen vorstellen können. Eindimensionale Arrays bestehen dann aus einer Zeile mit beliebig vielen Spalten. Zweidimensionale Arrays bestehen aus mehreren Zeilen und Spalten. Die einfachste Form von Arrays sind daher eindimensionale.

Diese eindimensionalen Arrays können Sie problemlos mit der `foreach`-Schleife durchlaufen und mit einer einfachen Variablenzuweisung erstellen. Möchten Sie mit der `foreach`-Schleife ebenfalls die Zahlen 1 bis 10 durchlaufen und summieren, müssen Sie daher zunächst ein Array erstellen, das die Werte 1 bis 10 enthält. Sie können dazu einfach eine kommaseparierte Liste mit Werten einer entsprechenden Variablen zuweisen.

```
$arr=1,2,3,4,5,6,7,8,9,10
```

Bei sehr vielen Werten wäre das natürlich sehr aufwendig und fehleranfällig. Sie können daher in diesem Fall, weil es sich um numerische ganzzahlige Werte ohne Lücke handelt, auch folgende Definition verwenden:

```
$arr=1..10
```

Auch in diesem Fall werden alle ganzen Zahlen von 1 bis 10 (einschließlich) in das Array geschrieben.

Haben Sie das Array erstellt (oder aus einer Funktion oder einem CmdLet zurückgegeben), können Sie es mit der `foreach`-Schleife durchlaufen. Deren Syntax lautet:

```
foreach (Variable in Array|Auflistung)
{
    Anweisungen
}
```

Die Variable ermöglicht Ihnen den Zugriff auf das aktuell bearbeitete Objekt des Arrays oder der Auflistung innerhalb der Schleife, da sie bei jedem Schleifendurchlauf den nächsten Wert automatisch zugewiesen bekommt. Für unser Beispiel bedeutet dies, dass die Variable wert zunächst den Wert 1 aus dem Array zugewiesen bekommt. Dieser wird dann zu summe addiert. Damit ist die Schleife einmal abgearbeitet. Ihr wird nun der nächste Wert aus dem Array, also 2, zugewiesen, und auch damit werden die Anweisungen im Schleifenrumpf abgearbeitet. Das wiederholt sich, bis das Array komplett durchlaufen worden ist.

```
#Skriptname: foreach.ps1
#Autor: Helma Spona
#Auflage: 1
#Verzeichnis: /Bsp/K03
#Beschreibung: Zeigt die Verwendung der foreach-Schleife
#Anmerkungen: keine

#Benoetigte Variablen
$arr=1,2,3,4,5,6,7,8,9,10
$wert=0
$summe=0
#Skriptbloecke und Funktionen

#Skriptinhalt
foreach ($wert in $arr)
{
    $summe+=$wert

}
Write-Output ("Das Ergebnis ist: " + $summe)
```

Anstatt ein Array zu verwenden, können Sie auch Listenobjekte oder Aufzählungen durchlaufen, wie sie von vielen CmdLets zurückgegeben werden. Dies zeigt das folgende Beispiel, das mit dem CmdLet Get-Command alle PowerShell-Befehle und ausführbaren Dateien zurückgibt. Das Ergebnis wird dann in einer foreach-Schleife durchlaufen und innerhalb der Schleife wird die Name-Eigenschaft jedes Objekts zurückgegeben, das in der Auflistung enthalten ist.

```
#Skriptname: foreach.ps1
#Autor: Helma Spona
#Auflage: 1
#Verzeichnis: /Bsp/K03
#Beschreibung: Zeigt die Verwendung der foreach-Schleife
#Anmerkungen: keine

#Benoetigte Variablen
```

```
...
$wert=0
$summe=0
#Skriptbloecke und Funktionen

#Skriptinhalt
...
foreach ($wert in get-command)
{
    Write-Output $wert.Name
}
```

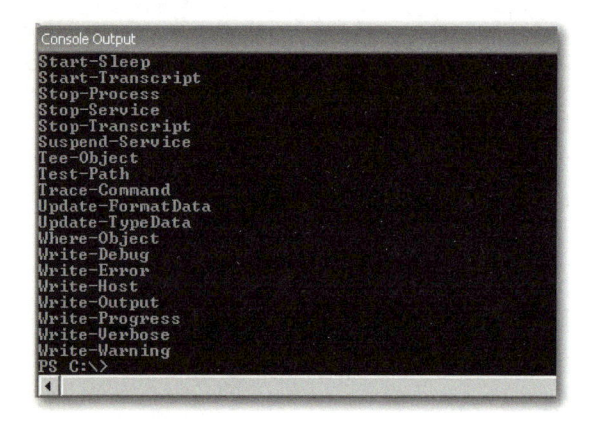

Abbildung 3.39 Die Ausgabe der Befehlsnamen innerhalb der foreach-Schleife

Die `for`-Schleife ist hingegen eine reine Zählschleife. Das bedeutet, es wird kein Array oder eine Auflistung durchlaufen, sondern Sie setzen einen Anfangs- und Endwert für den Schleifendurchlauf. Die Syntax der Schleife lautet:

for (*Initialisierung*; *boolescher Ausdruck*; *Abschluss*)

{

   Anweisungen

}

Die Initialisierung kann dabei aus einer oder mehreren Anweisungen bestehen, die durch Kommata getrennt werden. Diese Anweisungen werden ausgeführt, bevor die Schleife zum ersten Mal ausgeführt wird. Im Normalfall wird dieser Teil der Schleife genutzt, um die Schleifenvariable zu initialisieren.

Der boolesche Ausdruck bestimmt, wann die Schleife abgebrochen wird. Dieser Ausdruck wird vor jedem Schleifendurchlauf geprüft. Hat er den Wert `True`, wird der Inhalt der Schleife ausgeführt. Sie müssen also dafür Sorge tragen, dass der Ausdruck den Wert `false` bekommt, um die Schleife abzubrechen.

Der `Abschluss` wird nach jedem Schleifendurchlauf ausgeführt. Er enthält in aller Regel Anweisungen, die dafür sorgen, dass der Ausdruck irgendwann den Wert `false` hat.

Eine »normale« `for`-Schleife, die als Zählschleife verwendet wird, sieht bspw. wie im folgenden Listing aus. Sie zählt die Variable `I` von 1 bis 10 und addiert die Zahlen.

```
#Skriptname: forSchleife.ps1
#Autor: Helma Spona
#Auflage: 1
#Verzeichnis: /Bsp/K03
#Beschreibung: Zeigt die Verwendung der for-Schleife
#Anmerkungen: keine

#Benoetigte Variablen
$I=0
$summe=0
#Skriptbloecke und Funktionen

#Skriptinhalt
for ($I=1;$I -le 10;$I++)
{
    $summe+=$I
}
Write-Output ("Das Ergebnis lautet: " + $summe)
```

Alle drei Teile können auch entfallen. Fehlt jedoch der boolesche Ausdruck, wird die Schleife nicht mehr beendet. Fehlt der Ausdruck `Abschluss`, müssen Sie natürlich auf andere Weise sicherstellen, dass die Schleife irgendwann verlassen wird. Das könnte bspw. wie folgt aussehen – indem Sie die Variable `I` innerhalb der Schleife erhöhen:

```
for ($I=1;$I -le 10;)
{
    $summe+=$I
    $I++
}
```

Auch die Initialisierung kann natürlich entfallen, wenn Sie den Anfangswert der Variablen vor der Schleife festlegen:

```
$I=1
for (;$I -le 10;)
{
    $summe+=$I
```

```
    $I++
}
```

Damit kennen Sie nun die wichtigsten Schleifen und können sich um die Fehlerbehandlung und das Debugging innerhalb von Skripten kümmern.

3.7 Fehlerbehandlung und Debugging

Fehler in Skripten führen in aller Regel dazu, dass das Skript nicht beendet oder gar nicht erst ausgeführt werden kann. Abhängig davon, wann ein Fehler auftritt, spricht man von Laufzeit- und Syntaxfehlern. Syntaxfehler sind solche Fehler, die durch falsche Parameter und Befehle, also fehlerhafte Syntax der Anweisungen, hervorgerufen werden.

3.7.1 Syntaxfehler suchen und beheben

Syntaxfehler lassen sich ohne Weiteres durch Ausführung des Codes finden, weil die PowerShell den Syntaxfehler beim Ausführen anzeigt und auch Zeilen- und Spaltennummer angegeben werden. Das können Sie bspw. an folgendem Beispiel testen. Es enthält zwei Syntaxfehler. Der erste besteht darin, dass das Dollarzeichen vor dem Variablennamen Wert fehlt, daher wird die PowerShell versuchen, Wert als Name einer Funktion oder eines CmdLets auszuwerten. Da es so ein CmdLet nicht gibt, wird eine Fehlermeldung ausgegeben.

```
#Skriptname: fehlersuche01.ps1
#Autor: Helma Spona
#Auflage: 1
#Verzeichnis: /Bsp/K03
#Beschreibung: Zeigt die Suche von Syntaxfehlern
#Anmerkungen: Das Skript kann nicht fehlerfrei
#    ausgefuehrt werden, da mit Absicht Syntaxfehler
#    eingebaut wurden.

#Benoetigte Variablen
Wert=17

#Skriptbloecke und Funktionen

#Skriptinhalt
Write-Output ("Wert des Ausdrucks: " + ($Wert>20))
```

Abbildung 3.40 Ausgabe der Fehlermeldung für den ersten Fehler

Aus der Fehlermeldung können Sie in jedem Fall schließen, dass der Fehler in Zeile 11 bei Zeichen 8 aufgetreten ist. Zusätzlich wird außerdem noch ein Teil des fehlerhaften Codes angezeigt.

Der zweite Fehler ist in der letzten Zeile enthalten. Hier wurde das in vielen Programmiersprachen übliche Zeichen > als Größer-als-Operator verwendet. Dieser Syntaxfehler wird erst dann angezeigt, wenn Sie den ersten behoben haben.

Daran sehen Sie, dass Syntaxfehler das kleinere Problem sind. Sie werden im Prinzip immer gefunden, wenn Sie Ihren Code ausreichend testen. Damit ist gemeint, dass Sie in Fällen, in denen Ihre Skripte Verzweigungen enthalten, dafür sorgen müssen, dass Sie alle möglichen Zweige testen. Das liegt daran, dass die Syntax einer Anweisung erst getestet wird, bevor sie ausgeführt wird. Nicht ausgeführte Anweisungen werden also auch keinem Syntaxcheck unterzogen.

3.7.2 Laufzeitfehler behandeln

Laufzeitfehler zu finden ist schon etwas komplizierter. Sie können erst erkannt werden, wenn die Anweisung ausgeführt wird. Denkbar sind Fehler bei denen Sie bspw. Zeichenketten in Berechnungen verwenden, für die numerische Werte notwendig sind. Oder Sie weisen Parametern von Funktionen Werte zu, die nicht in den Datentyp das Parameters konvertiert werden können.

Vor allem, wenn diese Werte von Eingaben des Benutzers abhängig sind oder aus CmdLets zurückgegeben werden, können Sie das vorab, zur Entwurfszeit des Skriptes, nicht immer voraussehen. Ein solcher Laufzeitfehler tritt bspw. auf, wenn Sie versuchen, eine Zahl durch 0 zu teilen, weil die Division durch 0 mathematisch nicht definiert ist. Der folgende Code verursacht also einen Laufzeitfehler:

```
#Skriptname: Fehlerbehandlung.ps1
#Autor: Helma Spona
#Auflage: 1
#Verzeichnis: /Bsp/K03
#Beschreibung: Zeigt die Behandlung von Laufzeitfehlern
#Anmerkungen: keine
```

```
#Benoetigte Variablen

$Wert=17
$Erg=$Wert/0
```

```
Es wurde versucht, durch 0 (null) zu teilen.
At C:\DOKUME~1\Spona\LOKALE~1\Temp\temp.ps1:11 char:13
+ $Eerg=$Wert/0 <<<<
PS C:\>
```

Abbildung 3.41 Ausgabe des Laufzeitfehlers

Solche Fehler, Ausnahmen genannt, sollten also behandelt werden, damit das Skript nicht wegen Laufzeitfehlern beendet wird, sondern nach Behandlung des Fehlers fortgesetzt werden kann. Dazu können Sie das trap-Statement verwenden.

[»] Das trap-Statement fasst die Anweisungen, die möglicherweise Laufzeitfehler verursachen können, zu einem eigenen Codeblock zusammen, innerhalb dessen Sie auf aufgetretene Fehler reagieren können. Es ist vergleichbar mit dem try-catch-Block von Visual Basic .NET.

Die Syntax des trap-Statements lautet wie folgt:

```
trap [Typ der Ausnahme] {
   Anweisungen
   return [argument]|break|continue
}
```

Den Ausnahmetyp müssen Sie nicht festlegen. Allerdings müssen Sie festlegen, wie mit den Fehlern umgegangen werden soll, indem Sie eine der folgenden Anweisungen am Ende des trap-Blocks einfügen:

- return
- break
- continue

Das Schlüsselwort continue bewirkt, dass der Code einfach mit der Codezeile fortfährt, die nach der Zeile folgt, die die Ausnahme ausgelöst hat. break legt hingegen fest, dass der trap-Block verlassen wird und weiterer Code innerhalb des trap-Blocks nicht mehr ausgeführt wird. Mit return können Sie einen Rückgabewert für den aufgetretenen Fehler definieren.

[»] Geben Sie alle drei Schlüsselwörter nicht an, wird return $_ als Standard angenommen.

Eine einfache Fehlerbehandlung könnte bspw. wie folgt aussehen. Hier wird jegliche Fehlerausgabe unterdrückt, sodass das Skript trotz des Fehlers problemlos ausgeführt werden kann.

```
#Skriptname: Fehlerbehandlung.ps1
#Autor: Helma Spona
#Auflage: 1
#Verzeichnis: /Bsp/K03
#Beschreibung: Zeigt die Behandlung von Laufzeitfehlern
#Anmerkungen: keine

#Benoetigte Variablen
$Wert=17
$Erg=0

#Skriptbloecke und Funktionen

#Skriptinhalt
#Fehler, Division durch 0, uebergehen
trap
{
   continue
}
$Erg=($Wert/0)
echo $Erg
Write-Output "Anweisung nach dem Laufzeitfehler"
```

Die trap-Anweisung wirkt sich immer auf alle Anweisungen aus, die nach ihr folgen, bis Sie mit einer weiteren trap-Anweisung das Verhalten bei einem Fehler neu festlegen. [«]

Die Anweisung trap{continue} ist damit gleichbedeutend mit der On-Error-Resume-Next-Anweisung, und trap{} ist gleichbedeutend mit On Error Goto 0. [«]

3.7.3 Logische Fehler im Code finden

Viel schwieriger ist es aber, logische Fehler im Code zu finden. Das sind Fehler, die nicht zu einem Laufzeitfehler führen, dafür aber zum falschen Ergebnis. Ursache können Tippfehler in Variablennamen sein oder eine falsche Verschachtelung von Schleifen und Verzweigungen. Solche Fehler können Sie finden, indem Sie Ihren Code debuggen.

Das können Sie mithilfe entsprechender CmdLets und Befehle an der Kommandozeile machen. Viel komfortabler ist es aber, wenn Sie dazu die PowerShellIDE einsetzen, wie dies nachfolgend gezeigt wird.

Sie können dazu Haltepunkte im Code setzen. Das bewirkt, dass bei Erreichen der Haltpunkte die Ausführung des Skriptes angehalten wird. Werte von Variablen können Sie dann im Fenster **Variables** des Editors einsehen.

Haltepunkte sollten Sie an den Stellen im Code setzen, an denen Sie den Anfang des Fehlers erwarten. Um den Haltepunkt zu setzen, gehen Sie folgendermaßen vor:

1. Öffnen Sie das Skript, das Sie debuggen möchten, im Editor.
2. Setzen Sie den Cursor in die Zeile, in der Sie einen Haltepunkt setzen möchten.
3. Klicken Sie auf die Schaltfläche **Toggle Breakpoint**. Die Zeile wird nun rot unterlegt. Das kennzeichnet den Haltepunkt.

Sie können nun das Skript ausführen. Es stoppt automatisch am Haltepunkt. Wenn Sie es dann fortsetzen, stoppt es am nächsten Haltepunkt. Gibt es keinen Haltepunkt, wird das Skript bis zum Ende ausgeführt.

Möchten Sie bspw. wissen, welche Werte eine Schleifenvariable innerhalb der Schleife annimmt, sollten Sie daher einen Haltepunkt innerhalb der Schleife setzen.

Abbildung 3.42 Haltepunkt innerhalb der Schleife

Starten Sie nun das Skript. Sie werden sehen, dass es am Haltepunkt stoppt. Sie befinden sich dann im Debug-Modus, was Sie am eingeblendeten Debug-Fenster erkennen. Im Fenster **Variables** sehen Sie jetzt die Werte aller Variablen.

Um das Skript fortzusetzen, klicken Sie anschließend einfach auf den **Pause**-Button. Das Skript wird dann bis zum nächsten Haltepunkt fortgesetzt.

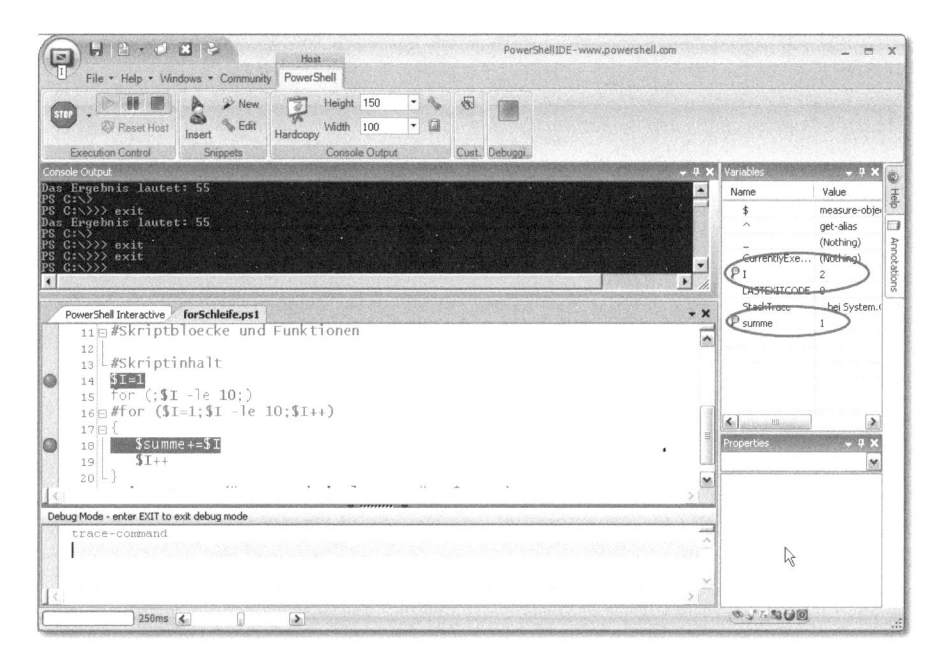

Abbildung 3.43 Die Variablenwerte werden bei unterbrochenem Skript angezeigt.

Abbildung 3.44 Das Skript fortsetzen

Möchten Sie die Skriptausführung abbrechen, können Sie natürlich auch auf den **Stop**-Button klicken.

Wenn Sie nicht nur Befehle im Batch-Verfahren ausführen möchten, sondern Eingaben des Benutzers berücksichtigen möchten, müssen Sie mit dem Benutzer kommunizieren, indem Sie ihn Eingaben machen lassen und über Programmfortschritte informieren. Nicht nur im wahren Leben, sondern auch in der Programmierung gilt nämlich »Kommunikation ist alles«.

4 Kommunikation mit dem Anwender

Anders als im WSH können Sie aber nicht nur die integrierten Befehle zur Benutzerkommunikation nutzen, sondern auch die .NET-Objekte. Daher ist das .NET-Framework ein wesentlicher Aspekt, wenn es um die Gestaltung von Benutzeroberflächen geht.

4.1 Meldungen ausgeben und Werte einlesen

Meldungen haben Sie schon in den ersten Skripten immer wieder ausgegeben. Dazu gibt es das CmdLet `Write-Output`. Aber das, was Sie bisher dazu wissen, ist natürlich bei Weitem nicht alles. Nachfolgend soll daher auf die Details des CmdLets eingegangen werden. Darüber hinaus stellt die PowerShell aber auch zahlreiche weitere CmdLets zur Verfügung, mit denen Ein- und Ausgaben realisiert werden können.

4.1.1 Einfache Ausgaben mit Write-Output

Möchten Sie das CmdLet `Write-Output` für Ausgaben nutzen, sieht die einfachste Anweisung wie folgt aus:

`Write-Output $text`

In diesem Fall wird der Inhalt der Variablen `text` ausgegeben.

Sie können aber die erzeugte Ausgabe auch an ein anderes CmdLet übergeben und so bspw. die Ausgabe nicht an der Kommandozeile erfolgen lassen, sondern bspw. in eine Datei schreiben.

4 | Kommunikation mit dem Anwender

In diesem Fall übergeben Sie die Ausgabe einfach an das CmdLet `Out-File`. Mit dessen Parameter `-filepath` können Sie Name und Pfad der Zieldatei festlegen. Das folgende Skript gibt die Zeichenfolge "test" in die Textdatei **test.txt** aus.

```
#Skriptname: writeoutput.ps1
#Autor: Helma Spona
#Auflage: 1
#Verzeichnis: /Bsp/K04
#Beschreibung: Zeigt die Moeglichkeiten des CmdLets Write-Output
#Anmerkungen: keine

#Benoetigte Variablen
$text="Dies ist der auszugebende Text!"
$ausgabe=""
#Skriptbloecke und Funktionen

#Skriptinhalt
#einfache Ausgabe
Write-Output $text
#Ausgabe in eine Datei
Write-Output "test" |
    Out-File -filepath "G:\GAL_PowerShell\Bsp\K04\test.txt"
```

[!] Ist die Datei noch nicht vorhanden, wird sie erstellt. Wenn das angegebene Verzeichnis allerdings nicht vorhanden ist, kommt es zu einen Laufzeitfehler. Damit das Skript fehlerfrei läuft, müssen Sie also die Pfadangabe anpassen. Alternativ können Sie das Skript jedoch ergänzen und die Ausgabedatei im Skriptverzeichnis erzeugen. Dazu erstellen Sie sich eine Funktion, die das Verzeichnis des Skriptes zurückgibt. Diese Funktion rufen Sie dann auf, um ein gültiges Verzeichnis für die Ausgabe zu ermitteln.

[»] Wie Sie das Verzeichnis des aktuell ausgeführten Skriptes mit Hilfe des `System.Management.Automation.InvocationInfo`-Objekts ermitteln, wurde bereits in Abschnitt 3.5.3, *Rückgabewerte und Parameter für Skripte*, beschrieben. Das folgende Listing beinhaltet einfach nur eine Funktion `getPfad`, die den Pfad ermittelt und zurückgibt.

Die Funktion rufen Sie einfach auf und weisen ihr den Rückgabewert der Variablen `ausgabepfad` zu. Diese können Sie dann zusammen mit dem gewünschten Namen der Textdatei an den Parameter `-filepath` übergeben.

```
#Skriptname: writeoutput.ps1
#Autor: Helma Spona
#Auflage: 1
#Verzeichnis: /Bsp/K04
#Beschreibung: Zeigt die Moeglichkeiten des CmdLets Write-Output
```

```
#Anmerkungen: keine

#Benoetigte Variablen
$text="Dies ist der auszugebende Text!"
$ausgabepfad=""
#Skriptbloecke und Funktionen
function getPfad(
    [System.Management.Automation.InvocationInfo]$myInv=
    $myInvocation)
{
    $pfad=""
    $pfad=$myInv.get_MyCommand().Definition
    $pfad=Split-Path $pfad -parent
    return $pfad
}
#Skriptinhalt
#einfache Ausgabe
Write-Output $text
#Ausgabe in eine Datei
$ausgabepfad=getPfad
Write-Output "test" |
    Out-File -filepath ($ausgabepfad + "\test.txt")
```

Ist die Datei schon vorhanden, wird sie überschrieben. Mehrere Ausgaben nacheinander in die gleiche Datei überschreiben daher immer alle vorhergehenden. Allerdings lässt sich auch das natürlich vermeiden, indem Sie den Parameter -append angeben. Der Parameter hat keinen Wert. Allein seine Existenz bewirkt, dass neue Ausgaben an das Ende der Datei angehängt werden. [!]

```
Write-Output "test" |
    Out-File -filepath ($ausgabepfad + "\test.txt") -append
```

Statt des CmdLets Write-Output können Sie auch den kürzeren Alias echo verwenden. Folgende Anweisung ist also ebenso korrekt: [+]

```
echo "test" |
    Out-File -filepath ($ausgabepfad + "\test.txt") -append
```

4.1.2 Ausgaben mit Write-Host

Mehr Möglichkeiten insbesondere für die formatierte Ausgabe bietet das CmdLet Write-Host. Damit können Sie nicht nur einfachen Text ausgeben, sondern auch Vorder- und Hintergrundfarbe bestimmen.

4 | Kommunikation mit dem Anwender

[!] Im Unterschied zu `Write-Output`, das die Ausgaben in den aktuellen Ausgabestrom schreibt, der nicht zwingend an der PowerShell-Kommandozeile ausgegeben werden muss, gibt `Write-Host` den Text immer an der Eingabeaufforderung aus. Wenn Sie in einer Funktion bspw. Ausgaben zur Kontrolle des Programmablaufs machen möchten, die nicht zum Rückgabewert der Funktion hinzugefügt werden sollen, verwenden Sie immer `Write-Host` anstelle von `Write-Output` oder `echo`.

Eine einfache Ausgabe erzeugen Sie aber auch hier, indem Sie den auszugebenden Text als unbenannten Parameter an das CmdLet übergeben:

```
Write-Host $text
```

[»] Die Ausgabe erfolgt nun standardmäßig wie die mit `Write-Output` erzeugten Ausgaben. Lediglich wenn Sie das Skript aus der PowerShellIDE starten, wird es mit weißer Schrift auf schwarzem Hintergrund ausgegeben, während die Ausgaben mit `Write-Output` in hellgrauer Schrift erfolgen.

Mit Hilfe der Parameter `foregroundColor` und `backgroundColor` können Sie die Schriftfarbe und Hintergrundfarbe definieren. Dazu geben Sie als Parameterwert eine gültige `system.consolecolor`-Konstante an.

Konstante	Farbe
Black	Schwarz
DarkBlue	Dunkelblau
DarkGreen	Dunkelgrün
DarkCyan	Dunkeltürkis
DarkRed	Dunkelrot
DarkMagenta	Violett
DarkYellow	Gold
Gray	Grau
DarkGray	Anthrazit
Blue	Blau
Green	Hellgrün
Cyan	Türkis
Red	Rot
Magenta	Pink
Yellow	Gelb
White	Weiß

Die Standardfarbe für die Schrift ist Weiß, für den Hintergrund Schwarz.

```
#Skriptname: writehost.ps1
#Autor: Helma Spona
#Auflage: 1
#Verzeichnis: /Bsp/K04
#Beschreibung: Zeigt die Moeglichkeiten des CmdLets write-host
#Anmerkungen: keine

#Benoetigte Variablen
$text="Dies ist der auszugebende Text!"
#Skriptinhalt
#einfache Ausgabe
Write-Host $text
#Ausgabe in blauer Schrift auf weissem Hintergrund
Write-Host $text -foregroundColor blue -backgroundColor white
Write-Host $text -foregroundColor green
```

Mit der vorstehenden Ergänzung wird die erste Ausgabe in weißer Schrift, die zweite mit blauer Schrift auf weißem Hintergrund und die dritte mit grüner Schrift auf schwarzem Hintergrund erzeugt.

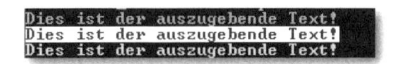

Abbildung 4.1 Die erzeugten Ausgaben

[!] Wenn Sie das Skript direkt aus der PowerShellIDE ausführen, wird die Hintergrundfarbe nicht berücksichtigt.

Normalerweise werden alle Ausgaben, die Sie mit Write-Output oder Write-Host machen, untereinander in verschiedene Zeilen geschrieben. Das ist nicht immer günstig. Möchten Sie bspw. für längere Aktionen eine Art Fortschrittsanzeige ausgeben, wie sie unter DOS bspw. mit Punkten realisiert wurde, sollen die Ausgaben natürlich nebeneinander erscheinen.

Dazu können Sie den Parameter -NoNewLine verwenden. Geben Sie ihn an, erfolgt nach der Ausgabe kein Zeilenumbruch, sodass die nächste Ausgabe direkt dahinter in der gleichen Zeile erfolgt. Das folgende Skript zeigt dies und erzeugt auf diese Weise 1000 Punkte, die nacheinander ausgegeben werden.

[+] Wenn Sie sicherstellen möchten, dass die Ausgaben unter den Punkten wieder in einer neuen Zeile stehen, können Sie das CmdLet Write-Host auch ohne Parameter aufrufen. Dann wird nur ein Zeilenumbruch ausgegeben.

```
#Skriptname: writehost.ps1
#Autor: Helma Spona
```

4 | Kommunikation mit dem Anwender

```
#Auflage: 1
#Verzeichnis: /Bsp/K04
#Beschreibung: Zeigt die Moeglichkeiten des CmdLets write-host
#Anmerkungen: keine

#Benoetigte Variablen
...
$I=0
#Skriptinhalt
...
#Einfache Fortschrittsanzeige
for ($I=1;$I -lt 1000;$I++)
{
   Write-Host "." -NoNewLine -foregroundColor red
}
Write-Host
```

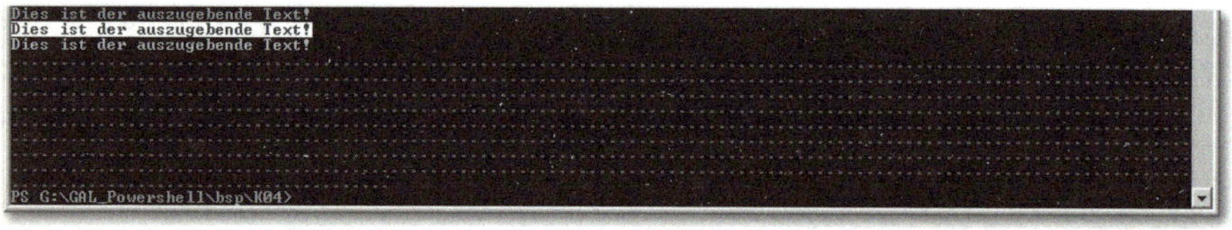

Abbildung 4.2 Die erzeugte Ausgabe der Schleife

4.1.3 Warnungen und Fehler ausgeben

Zwar können Sie mit Hilfe des CmdLets `Write-Host` auch formatierte Ausgaben machen und so Fehlermeldungen und Warnungen hervorheben. Aber das ist nicht unbedingt erforderlich. Sie können genauso gut spezielle CmdLets verwenden, die Warnungen und Fehlermeldungen ausgeben.

Für Warnungen gibt es das CmdLet `Write-Warning` und für Fehlermeldungen das CmdLet `Write-Error`. Der Warnung wird das Wort »WARNING:« vorangestellt, mit der Fehlermeldung werden auch der Skriptname und die Zeile ausgegeben, in der Sie das CmdLet aufgerufen haben.

```
Write-Warning "Dies ist eine Warnung!"
Write-Error "Das ist eine Fehlermeldung!"
```

[»] Falls Sie das Skript außerhalb der PowerShellIDE direkt in der PowerShell ausführen, werden Warnungen gelb formatiert. Innerhalb der PowerShellIDE werden Warnungen grau und Fehlermeldungen rot ausgegeben.

```
PS G:\GAL_Powershell\bsp\K04> G:\GAL_PowerShell\bsp\K04\warnungen.ps1
WARNING: Dies ist eine Warnung!
G:\GAL_PowerShell\bsp\K04\warnungen.ps1 : Das ist eine Fehlermeldung!
At line:1 char:39
+ G:\GAL_PowerShell\bsp\K04\warnungen.ps1 <<<<
```

Abbildung 4.3 Die erzeugte Warnung und Fehlermeldung

4.1.4 Doppelte Ausgaben mit Tee-Object

Alle bisher gezeigten CmdLets geben die Ausgaben immer nur an ein Ziel aus: entweder an das nächste CmdLet in der Pipeline oder an der Kommandozeile. Möchten Sie eine Ausgabe aber bspw. sowohl an der Kommandozeile als auch in eine Datei ausgeben, wären dazu zwei Aufrufe erforderlich, wie dies das folgende Skript zeigt. Es gibt den auszugebenden Text in der Variablen text einmal in eine Datei aus und danach an der Kommandozeile als sichtbare Ausgabe.

```
#Skriptname: Teeobject.ps1
#Autor: Helma Spona
#Auflage: 1
#Verzeichnis: /Bsp/K04
#Beschreibung: Zeigt die doppelte Ausgabe mit Tee-Object
#Anmerkungen: keine

#Benoetigte Variablen
$text="Dies ist der auszugebende Text!"
$ausgabepfad=""
#Skriptbloecke und Funktionen
function getPfad(
    [System.Management.Automation.InvocationInfo]$myInv=
    $myInvocation)
{
    $pfad=""
    $pfad=$myInv.get_MyCommand().Definition
    $pfad=Split-Path $pfad -parent
    return $pfad
}
#Skriptinhalt

#Ausgabe in eine Datei
$ausgabepfad=getPfad
Write-Output $text |
    Out-File -filepath ($ausgabepfad + "\test.txt")  -append
Write-Output $text
```

Mit Hilfe des CmdLets Tee-Object können Sie den gleichen Wert an zwei Stellen ausgeben. Geben Sie nur ein Ziel an, ist das zweite immer die Ausgabe an der

Kommandozeile. Die beiden vorstehenden Write-Output-Aufrufe könnten Sie also durch folgenden Aufruf ersetzen:

```
$text | Tee-Object -FilePath ($ausgabepfad + "\test.txt")
```

Die Variable text wird über die Pipeline an das CmdLet übergeben. Über den Parameter -FilePath geben Sie den Namen und Pfad der Zieldatei für die Ausgabe an, wenn Sie die Ausgabe in eine Datei schreiben möchten.

Wenn Sie keine Pipeline verwenden möchten, können Sie das Eingabeobjekt, also den auszugebenden Inhalt, auch über den Parameter -inputObject angeben.

```
Tee-Object  -FilePath ($ausgabepfad + "\test.txt") -inputObject
$text
```

Alternativ können Sie die Ausgabe auch in eine Variable ausgeben. Dazu geben Sie den Namen der Variablen als Parameter -variable an. Über den Parameter -variable können Sie eine Variable erzeugen, in der die Ausgabe gespeichert wird. Dies zeigt die folgende Anweisung, die die Ausgabe einmal in die Variable meineVariable und zum anderen an der Kommandozeile ausgibt. Die Variable können Sie anschließend wie jede normale Variable weiterverwenden. Dass der Wert tatsächlich in der Variablen gelandet ist, zeigt die zweite Ausgabe mit der echo-Anweisung:

```
Tee-Object  -inputObject $text -Variable "meineVariable"
echo ("Ausgabe der Variablen: "  + $meineVariable)
```

[»] Anders, als die Hilfe zum CmdLet vermuten lässt, lässt sich die Augabe an der Kommandozeile aber nicht komplett unterdrücken, indem Sie zwei Ausgabeziele angeben. Sie können immer nur ein Ausgabeziel angeben, das zweite ist automatisch die Kommandozeile.

4.1.5 Benutzereingaben anfordern

In vielen bisher gezeigten Beispielen wurden Berechnungen mit konstanten Werten ausgeführt. Das ist in der Praxis in der Regel natürlich nicht sinnvoll. Mit Hilfe von Eingabeaufforderungen können Sie jedoch dem Benutzer ermöglichen, individuelle Werte zu bestimmen, mit denen die Berechnungen durchgeführt werden können. Auch Pfadangaben oder sonstige Parameter für Skriptaufrufe, die Sie benötigen, um Skripte zur Laufzeit konfigurieren zu können, lassen sich auf diese Weise vom Benutzer eingeben.

Das CmdLet, das Sie dazu benötigen, ist Read-Host. Es liest eine Benutzereingabe vom Prompt der Kommandozeile ein und ermöglicht auch die Ausgabe in eine Variable.

4.1 Meldungen ausgeben und Werte einlesen

Der einfachste Aufruf könnte bspw. wie folgt lauten, indem Sie über den Parameter `-prompt` den Text für die Eingabeaufforderung bestimmen. Das CmdLet gibt dann den Wert zurück und gibt ihn aus, wenn Sie ihn nicht an eine Pipeline oder eine Variable weitergeben.

`Read-Host` -Prompt "Bitte geben Sie eine Zahl ein!"

Wenn Sie die Anweisung ausführen, wird die folgende Eingabeaufforderung ausgegeben:

Abbildung 4.4 Erzeugen der Eingabeaufforderung und Ausgeben der Eingabe

Wenn Sie das Skript bzw. die Anweisung in der PowerShellIDE ausführen, wird die Eingabeaufforderung als Eingabedialog angezeigt. Das liegt aber nicht am CmdLet, sondern eben an der Entwicklungsumgebung. Das CmdLet selbst erzeugt nur eine textbasierte Eingabeaufforderung an der Kommandozeile.

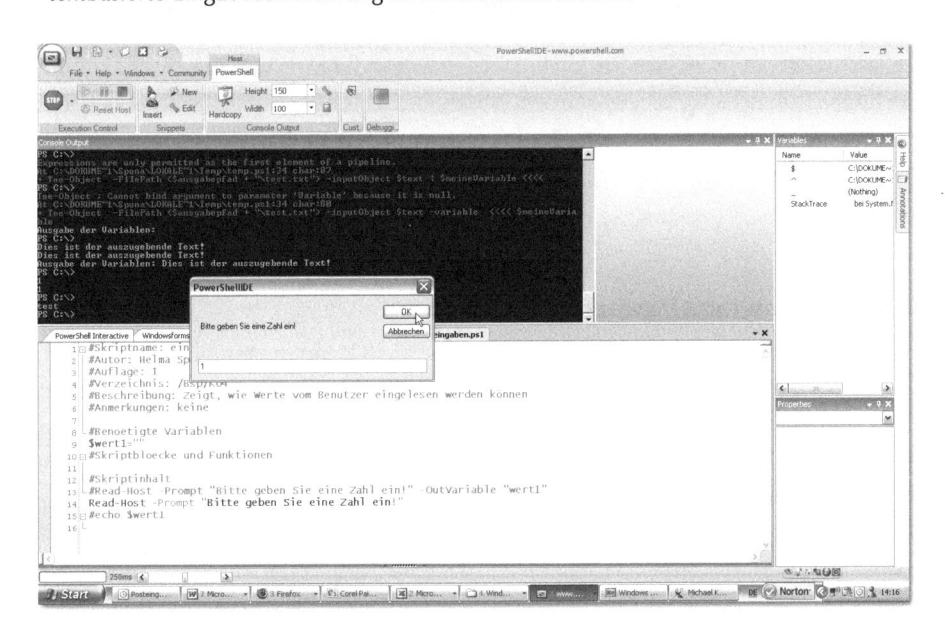

Abbildung 4.5 Die erzeugte Ausgabe der PowerShellIDE

Allerdings ist das natürlich nicht optimal. In Regel werden Sie Werte einlesen, um diese zu speichern und für weitere Berechnungen zu verwenden. Dazu können Sie optional den Parameter `-OutVariable` angeben. Als Wert legen Sie den Namen der Variablen fest, in dem die Eingabe gespeichert werden soll.

4 | **Kommunikation mit dem Anwender**

```
#Skriptname: eingaben.ps1
#Autor: Helma Spona
#Auflage: 1
#Verzeichnis: /Bsp/K04
#Beschreibung: Zeigt, wie Werte vom Benutzer eingelesen werden
koennen
#Anmerkungen: keine
#Benoetigte Variablen
$wert1=""
#Skriptbloecke und Funktionen

#Skriptinhalt
Read-Host -Prompt "Bitte geben Sie eine Zahl ein!"
   -OutVariable "wert1"
echo $wert1
```

> [»] Die Variable müssen Sie vorher nicht zwingend definieren. Sie wird automatisch erzeugt. Allerdings macht es nichts, wenn die Variable schon vorhanden ist.

Trotz des Parameters wird der eingegebene Wert immer noch an der Kommandozeile ausgegeben, weil der Rückgabewert eines CmdLets immer ausgegeben wird, wenn Sie ihn nicht weiterverwenden. Möchten Sie den Aufruf nicht als ersten Teil einer Pipeline nutzen, können Sie daher auch den Parameter -OutputVariable weglassen und den Rückgabewert direkt einer Variablen zuweisen:

```
$wert1=Read-Host -Prompt "Bitte geben Sie eine Zahl ein!"
```

4.1.6 Kennworteingaben realisieren

Mit einem zusätzlichen Parameter können Sie auch Kennworteingaben erzeugen, bei denen die Eingabe verdeckt erfolgt. Dazu geben Sie zusätzlich den Parameter -AsSecureString an. Das CmdLet gibt dann eine Eingabeaufforderung aus und wandelt die eingegebenen Zeichen in Sternchen um. Die Eingabe wird auch in diesem Fall gespeichert, allerdings gibt das CmdLet dann ein System.Security.SecureString-Objekt zurück, das Sie so ohne Weiteres nicht ausgeben können.

```
...
#Benoetigte Variablen
$wert1=""
$kw=""
#Skriptbloecke und Funktionen

#Skriptinhalt
```

```
$wert1=Read-Host -Prompt "Bitte geben Sie eine Zahl ein!"
$kw=Read-Host -Prompt
   "Bitte geben Sie Ihr Kennwort ein!" -AsSecureString

echo $wert1
echo "Kennwort $kw"
```

```
Bitte geben Sie eine Zahl ein!: 5
5
Bitte geben Sie Ihr Kennwort ein!: ***
Kennwort System.Security.SecureString
```

Abbildung 4.6 Ausgaben des Skriptes – Die Kennworteingabe erfolgt verdeckt.

Wenn Sie das Skript direkt aus der PowerShellIDE ausführen, wird der Parameter -AsSecureString nicht berücksichtigt. Es erscheint stattdessen der normale Eingabedialog und die Ausgabe wird der Variablen kw zugewiesen und als normale Zeichenkette ausgegeben.

Die Eingabe wird hier als SecureString-Objekt in verschlüsselter Form zurückgegeben, sodass Sie nicht direkt darauf zugreifen können. Wenn Sie bspw. prüfen möchten, ob das Kennwort einem vorgegebenen Kennwort entspricht, gibt es dazu im Prinzip nur eine praxistaugliche Möglichkeit. Sie konvertieren das Vergleichskennwort ebenfalls in eine verschlüsselte Zeichenkette und vergleichen die Eingabe damit. Um aus einer normalen Zeichenfolge eine verschlüsselte Zeichenkette zu erzeugen, gibt es das CmdLet ConvertTo-SecureString. Es akzeptiert ohne den Parameter -AsPlainText aber nur bereits kodierte Zeichenfolgen, keine normalen Zeichenfolgen. Sie müssen den Parameter dann aber zusätzlich angeben. Der Parameter -Force unterdrückt eine Warnung.

Mit der Funktion verschluesselt können Sie das vorgegebene Kennwort verschlüsseln und es dann mit dem eingegebenen Kennwort vergleichen.

```
#Skriptname: eingaben.ps1
#Autor: Helma Spona
#Auflage: 1
#Verzeichnis: /Bsp/K04
#Beschreibung: Zeigt, wie Werte vom Benutzer eingelesen werden
koennen
#Anmerkungen: keine

#Benoetigte Variablen
$wert1=""
$kw=""
$kwkorrekt=""
#Skriptbloecke und Funktionen
```

4 | Kommunikation mit dem Anwender

```
function verschluesselt([System.String] $strKW)
{
    $strSec=""
    $strSec = ConvertTo-SecureString $strKW
        -AsPlainText -Force
    return $strSec
}

#Skriptinhalt
$wert1=Read-Host -Prompt "Bitte geben Sie eine Zahl ein!"
echo $wert1
$kw=Read-Host -Prompt
    "Bitte geben Sie Ihr Kennwort ein!" -AsSecureString

$kwkorrekt=verschluesselt("test")
if ($kwkorrekt -eq $kw)
{
    echo "Kennwort korrekt!"
}
else
{
    echo "Kennwort falsch!"
}
```

4.2 Auf das .NET-Framework zugreifen

Bisher wurden immer nur alle Ein- und Ausgaben an der Kommandozeile gemacht. Das ist nicht sehr benutzerfreundlich und stellt auch eigentlich keinen wirklichen Fortschritt gegenüber dem WSH dar, der immerhin wenigstens grafische Dialogfelder mit Meldungen erzeugen konnte.

Was die PowerShell selbst mit CmdLets aber nicht ermöglicht, können Sie erreichen, indem Sie das .NET-Framework nutzen. Aber nicht nur dazu taugt es, sondern auch für andere Zwecke.

[»] An dieser Stelle lernen Sie die Basics für den Zugriff auf das .NET-Framework kennen. Im weiteren Verlauf der Kapitel werden dann weitere Einsatzmöglichkeiten an Beispielen gezeigt.

4.2.1 Einfache Meldungen ausgeben

Der wichtigste Namensraum des .NET-Frameworks in Zusammenhang mit der Benutzerkommunikation ist der Namensraum System.Windows.Forms. Er verfügt über untergeordnete Namensräume und Klassen, die es Ihnen ermöglichen, Meldungen und Dialoge auszugeben und zu erzeugen.

Einige dieser Klassen sind statisch, wie die Klasse `System.Windows.Forms.MessageBox`. Deren Methode Show zeigt bspw. ein Dialogfeld mit einer Meldung an. Der einfachste Aufruf könnte daher wie folgt lauten:

```
[System.Windows.Forms.MessageBox]::Show("Hallo Welt!")
```

Diese Anweisung gibt den Text »Hallo Welt« als Meldung aus.

Abbildung 4.7 Die erzeugte Meldung

Sie können damit aber noch mehr machen, indem Sie den Titel, ein Symbol und die anzuzeigenden Buttons bestimmen oder den Rückgabewert verwerten. Zunächst gilt es aber, ein Problem zu lösen.

4.2.2 Notwendige .NET-Bibliotheken laden

Wenn Sie den Code in der PowerShellIDE ausführen, klappt das problemlos. Das Dialogfeld wird sichtbar. Anders ist das allerdings, wenn Sie den gleichen Code direkt in der PowerShell ausführen. Hier erhalten Sie dann eine Fehlermeldung:

```
Cannot find type [System.Windows.Forms.Messagebox]: make sure the
assembly containing this type is loaded.
```

Sie besagt einfach nur, dass die statische Klasse `System.Windows.Forms.Messagebox` nicht bekannt ist. Das wiederum liegt daran, dass diese Klasse nicht zu den .NET-Bibliotheken gehört, die die PowerShell automatisch zur Verfügung stellt. Sie müssen sie manuell laden.

Der Start des Skriptes aus der PowerShellIDE funktioniert nur deshalb, weil die PowerShellIDE intern standardmäßig einige Bibliotheken lädt, die dann schon geladen sind.

Wenn Sie aber sicherstellen möchten, dass das Skript auch außerhalb der PowerShellIDE ausgeführt werden kann, sollten Sie die notwendigen Bibliotheken manuell laden. Das müssen Sie aber nur einmalig am Anfang des Skriptes tun und nicht jedes Mal, bevor Sie auf die Klassen des Namensraums zugreifen. Um den Namensraum `System.Windows.Forms` zu laden, geben Sie vor dessen Verwendung folgende Anweisung ein:

```
[reflection.assembly]::LoadWithPartialName("System.Windows.Forms")
[System.Windows.Forms.MessageBox]::Show("Hallo Welt!")
```

Das Skript wartet dann, bis die Bibliothek geladen ist, und führt erst dann die folgenden Anweisungen aus. Nun wird die Meldung auch beim direkten Ausführen in der PowerShell angezeigt. Lediglich das Laden der Assembly wird bestätigt.

Abbildung 4.8 Das Laden der Assembly wird bestätigt.

[+] Falls Sie möchten, dass das Laden der Assembly nicht ausgegeben wird, können Sie das unterdrücken, indem Sie den Rückgabewert der statischen Methode `LoadWithPartialName` einfach einer beliebigen Variablen zuweisen:

```
$erg=[reflection.assembly]::LoadWithPartialName(
    "System.Windows.Forms")
```

4.2.3 Einen Titel angeben

Wenn Sie möchten, können Sie einen Titel angeben, der dann in der Titelleiste des Dialogs sichtbar wird. Den Titel übergeben Sie als zweiten Parameter an die `Show`-Methode. Sie können dort bspw. den Namen des Skriptes ausgeben, damit der Benutzer weiß, von welchem Programm die Meldung kommt.

Den Namen des Skriptes können Sie über das `System.Management.Automation.commandInfo`-Objekt ermitteln, das von der Eigenschaft `MyCommand` der Systemvariablen `myInvocation` zurückgegeben wird. Diese übergeben Sie dann einfach an die `Show`-Methode. Hier wird jedoch dem Namen des Skriptes noch die Angabe »PowerShell:« vorangestellt.

```
#Skriptname: msgbox.ps1
#Autor: Helma Spona
#Auflage: 1
#Verzeichnis: /Bsp/K04
#Beschreibung: Zeigt die Nutzung von Dialogfeldern
#    zur Anzeige von Meldungen

#Anmerkungen: keine
```

```
#Benoetigte Variablen
$erg=""
$meinName=$myInvocation.myCommand
#Skriptbloecke und Funktionen

#Skriptinhalt
$erg=[reflection.assembly]::LoadWithPartialName(
    "System.Windows.Forms")
[System.Windows.Forms.MessageBox]::Show("Hallo Welt!")
[System.Windows.Forms.MessageBox]::Show("Hallo Welt!",("PowerShell:"
+ $meinName) )
```

Abbildung 4.9 Ausgabe des Titels

Neben dem OK-Button, der standardmäßig angezeigt wird, wenn Sie nicht angeben, welche Schaltflächen sichtbar sein sollen, können Sie exakt bestimmen, welche Schaltflächen angezeigt werden sollen, indem Sie einen dritten Parameter an die Show-Methode übergeben. Als Wert müsse Sie eine MessageBoxButtons-Konstante übergeben. Allerdings müssen Sie deren numerische Entsprechungen verwenden, weil die PowerShell die Verwendung der Konstanten nicht unterstützt.

Angezeigte Buttons	Wert
Abbrechen (engl. **Abort**), **Wiederholen**, OK	2
OK	0
OK, Abbrechen (engl. **Cancel**)	1
Wiederholen, Abbrechen (engl. **Abort**)	5
Ja, Nein	4
Ja, Nein, Abbrechen (engl. **Cancel**)	3

Beachten Sie, dass es in englischen Windows-Versionen zwei verschiedene Abbrechen-Buttons gibt. Die einen heißen dort **Cancel**, die anderen **Abort**. Sie haben auch unterschiedliche Rückgabewerte und Aufschriften. Damit Sie die Konstanten und vor allem Rückgabewerte korrekt zuordnen können, wurden die englischen Aufschriften in Klammern angegeben.

Möchten Sie also den **Ja**- und **Nein**-Button anzeigen lassen, müssen Sie somit den Wert 4 als dritten Parameter übergeben:

4 | Kommunikation mit dem Anwender

```
[System.Windows.Forms.MessageBox]::Show(
    "Hallo Welt!",("PowerShell:" + $meinName), 4)
```

Abbildung 4.10 Anzeige einer Meldung mit Ja- und Nein-Button

> [»] Die Buttons haben mehr als nur eine optische Auswirkung. Sie können den Rückgabewert der Show-Methode ermitteln und so feststellen, auf welchen Button der Benutzer geklickt hat. Auf diese Weise können Sie bspw. vom Benutzer die Beendigung des Skriptes bestätigen lassen, wie dies das folgende Beispiel zeigt.

4.2.4 Rückgabewerte auswerten

Die Show-Methode gibt eine Zeichenkette aus, die angibt, auf welchen Button der Benutzer geklickt hat. Sie können also einfach den Rückgabewert mit einer möglichen Zeichenkette vergleichen, um festzustellen, mit welchem Button der Benutzer den Dialog geschlossen hat.

Der folgende Code zeigt eine Dialogbox an, die den Benutzer fragt, ob das Skript beendet werden soll. Klickt er auf **Ja**, wird das Skript mit Exit beendet.

Abbildung 4.11 Angezeigte Dialogbox mit Ja- und Nein-Button

```
...
if ([System.Windows.Forms.MessageBox]::Show(
    "Moechten Sie das Skript abbrechen?",
    ("PowerShell:" + $meinName), 4) -eq "Yes")
{
    echo "Abbruch durch den Benutzer ..."
    exit
}
else
{
```

```
    #hier folgt weiterer Code
    echo "Skript wird fortgesetzt ..."
}
```
...

Der Vergleich mit der Zeichenfolge (hier `"Yes"`) kann allerdings misslingen, wenn spätere Versionen der PowerShell vielleicht die Ausgaben gemäß der Betriebssystemsprache ausgeben. In deutschen Versionen würden Sie dann die Ausgabe `"JA"` erhalten, was natürlich dann dazu führt, dass der Vergleich nicht mehr gelingt. Sie sollten daher besser die numerischen Entsprechungen des Rückgabewertes verwenden. Welche Rückgabewerte zur Verfügung stehen, können Sie der folgenden Tabelle entnehmen:

Angeklickter Button	Rückgabwerte
Abbrechen (engl. **Abort**)	3
Abbrechen (engl. **Cancel**)	2
OK	1
Ja	6
Nein	7
Wiederholen	4
Ignorieren	5
kein Button	0

Möchten Sie prüfen, ob der Benutzer auf **Ja** geklickt hat, müsste damit der Vergleich wie folgt lauten:

```
if ([System.Windows.Forms.MessageBox]::Show(
    "Moechten Sie das Skript abbrechen?",
    ("PowerShell:" + $meinName), 4) -eq 6)
{ ...
```

4.2.5 Symbole anzeigen

Neben den Buttons können Sie auch Symbole bestimmen, die angezeigt werden sollen. Damit können Sie bspw. eine Fehlermeldung mit dem Fehlersymbol kennzeichnen und Fragen mit einem Fragezeichen versehen.

Die Konstanten für die Symbole geben Sie einfach als vierte Parameter für die `Show`-Methode an. Wenn Sie keinen Titel und oder keine Buttons angeben möchten, geben Sie für die Parameter einfach eine leere Zeichenfolge bzw. den Wert 0 an.

4 | Kommunikation mit dem Anwender

Symbol	Wert
K04_13 Frage	32
K04_14 Fehler/Stopp	16
K04_15 Warnung	48
K04_16 Info	64

Folgendes Beispiel stattet die schon vorhandene Frage mit einem Fragezeichen als Symbol aus und blendet danach Meldungen mit den anderen Symbolen ein:

```
...
if ([System.Windows.Forms.MessageBox]::Show(
    "Moechten Sie das Skript abbrechen?",
    ("PowerShell:" + $meinName), 4,32) -eq 6)
{
    echo "Abbruch durch den Benutzer ..."
    exit
}
else
{
    #hier folgt weiterer Code
    echo "Skript wird fortgesetzt ..."
}
[System.Windows.Forms.MessageBox]::Show("Fehler!","",0,16)
[System.Windows.Forms.MessageBox]::Show("Info!","",0,64)
[System.Windows.Forms.MessageBox]::Show("Warnung!","",0,48)
```

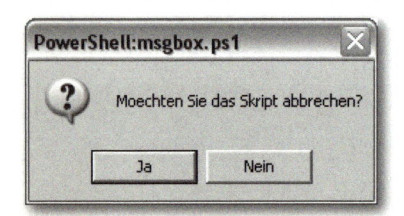

Abbildung 4.12 Die Frage mit dem definierten Symbol

[+] Wenn Sie Meldungen grundsätzlich in Dialogfelder ausgeben möchten, sollten Sie sich für jeden Meldungstyp eine eigene Funktion erstellen und diese in einer externen Skriptdatei ablegen. Wenn Sie diese Skriptdatei dann mit Ihren Skripten verknüpfen, können Sie mit wenig Aufwand die entsprechenden Meldungen erzeugen. Die einzubindende Skriptdatei könnte dazu bspw. wie folgt lauten:

```
#Skriptname: wichtigeFunktionen.ps1
#Autor: Helma Spona
#Auflage: 1
#Verzeichnis: /Bsp
#Beschreibung: Wichtige Funktionen
#Anmerkungen: keine

#Benoetigte Variablen

#Skriptbloecke und funktionen
...
function Warnung([System.String]$strText)
{
    return [System.Windows.Forms.MessageBox]::Show(
        $strText,("PowerShell: Warnung"),0,48)
}

function Fehler([System.String]$strText)
{
    return [System.Windows.Forms.MessageBox]::Show(
        $strText,("PowerShell: Fehler"),0,16)
}

function Fehler([System.String]$strText)
{
    return [System.Windows.Forms.MessageBox]::Show(
        $strText,("PowerShell: Frage"),4,32)
}

#Skriptinhalt
$erg=[reflection.assembly]::LoadWithPartialName(
    "System.Windows.Forms")
```

Wenn Sie am Ende der Datei bereits die System.Windows.Forms-Assembly laden, brauchen Sie sich darum auch nicht mehr kümmern, wenn Sie diese Datei in alle Ihre Skripte einbinden.

In den Skripten, in denen Sie die Funktionen Warnung, Fehler und Frage aufrufen möchten, brauchen Sie dann nur noch die Datei mit den Funktionen einbinden. Details dazu finden Sie in Kapitel 3, *Sprachgrundlagen*.

Fügen Sie dazu einfach in das Skript vor dem Aufruf der Funktionen, am besten am Anfang des Skriptes, folgende Anweisungen ein:

```
#Laden der Hilfsfunktionen
$bibpfad= Split-Path (Split-Path ($myInvocation.get_
```

4 | Kommunikation mit dem Anwender

```
MyCommand().Definition) -parent) -parent
. ($bibpfad + "\wichtigefunktionen.ps1")
```

[!] Sie müssen sicherstellen, dass sich die Datei `wichtigefunktionen.ps1` im übergeordneten Verzeichnis befindet. Möchten Sie das Skript aus der PowerShellIDE ausführen, muss es sich auch in dem Temp-Verzeichnis befinden, in das die PowerShellIDE die Skripte temporär kopiert. Standardmäßig ist dies das Verzeichnis **C:\Dokumente und Einstellungen***Benutzername***Lokale Einstellungen\Temp** des aktuellen Benutzers, wenn Sie Windows auf Laufwerk C installiert haben.

4.2.6 Dateiauswahldialoge anzeigen

Die PowerShell selbst bietet leider ebenfalls keine Möglichkeit, eine Datei mit Hilfe eines Dialogs auszuwählen. Aber auch dazu können Sie das .NET-Framework verwenden. Die Klasse `Windows.Systems.Forms.OpenFileDialog` ist eine Ableitung der Basisklasse `Windows.Systems.Forms.FileDialog`. Sie stellt einen Datei-Öffnen-Dialog zur Verfügung, den Sie über verschiedene Eigenschaften konfigurieren können. Die `ShowDialog`-Methode gibt einen Wert zurück, aus dem Sie erkennen können, wie der Dialog geschlossen wurde. Über die Eigenschaft `FileName` können Sie nach Schließen des Dialogs den ausgewählten Dateinamen ermitteln.

[»] Basisklassen sind Klassen des .NET-Frameworks, die Sie nicht direkt instanziieren können. Sie können sie verwenden, um daraus eigene Klassen zu erzeugen. Von bestimmten Basisklassen stellt das .NET-Framework bereits solche abgeleiteten Klassen zur Verfügung. Ein Beispiel ist eben die Klasse `OpenFileDialog`.

Anders als bei der `MessageBox`-Klasse müssen Sie die Klasse `OpenFileDialog` aber instanziieren, das heißt, Sie müssen ein Objekt daraus erzeugen. Dazu stellt die PowerShell das CmdLet `New-Object` zur Verfügung. Als Parameter übergeben Sie den Namen der Klasse.

Mit

```
$Dlg=New-Object("System.Windows.Forms.OpenFileDialog")
```

erzeugen Sie daher eine Instanz der Klasse `OpenFileDialog` und speichern den Rückgabewert, also das erzeugte Objekt, in der Variablen `Dlg`.

[»] Damit Sie aus der Klasse ein Objekt erzeugen können, müssen Sie die entsprechende Objektbibliothek laden. Hier erledigt das schon die eingebundene Skript-Datei `wichtigefunktionen.ps1`. Möchten Sie die nicht laden, müssen Sie vor Aufruf des CmdLets `New-Object` die folgende Anweisung einfügen:

```
$erg=[reflection.assembly]::LoadWithPartialName(
   "System.Windows.Forms")
```

Haben Sie das Objekt erzeugt und gespeichert, können Sie das Dialogfeld mit `ShowDialog` anzeigen. Die Methode gibt einen Wert zurück, der festlegt, ob der Benutzer den Dialog mit der **Öffnen**- oder **Abbrechen**-Schaltfläche geöffnet hat. Hat der Benutzer auf **Öffnen** geklickt, gibt die Methode 1 zurück. Wenn Sie den ausgewählten Dateinamen ermitteln möchten, sollten Sie daher vorab prüfen, ob der Benutzer überhaupt auf **Öffnen** geklickt hat. Im Beispiel wird der Rückgabewert in der Variablen `Antw` gespeichert und abhängig von ihrem Wert danach der gewählte Dateiname ausgegeben, den Sie über die `FileName`-Eigenschaft ermitteln können.

```
#Skriptname: Dateiauswahl.ps1
#Autor: Helma Spona
#Auflage: 1
#Verzeichnis: /Bsp/K04
#Beschreibung: Zeigt die Verwendung des Dateiauswahl-Dialogs
#Anmerkungen: Benoetigt die Datei "wichtigefunktionen.ps1"
#Laden der Bibliotheksdateien

#Laden der Hilfsfunktionen
$bibpfad= Split-Path (Split-Path ($myInvocation.get_
MyCommand().Definition) -parent)  -parent
#$bibpfad="G:\GAL_powerShell\bsp"
. ($bibpfad + "\wichtigefunktionen.ps1")
#Benoetigte Variablen
$Dlg=""
$Antw=0
#Skriptbloecke und Funktionen

#Skriptinhalt
$Dlg=New-Object("System.Windows.Forms.OpenFileDialog")
$Antw=$Dlg.ShowDialog()
if ($Antw -eq 1)
{
   #Der Benutzer hat den Dialog mit OK geschlossen
   echo ($Dlg.Filename)
}
```

Rufen Sie das Skript auf, erscheint der folgende Dialog. Sie können hier alle möglichen Dateitypen auswählen und auf **Öffnen** klicken. Das Skript gibt dann die ausgewählte Datei mit Pfad aus:

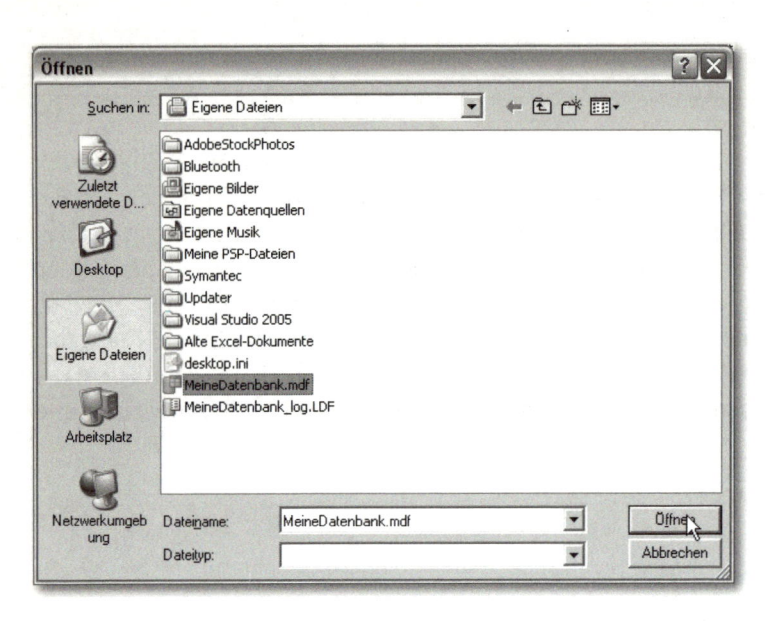

Abbildung 4.13 Der erzeugte Dateiauswahl-Dialog

Natürlich ist es zum einen nicht sonderlich sinnvoll, den Dateinamen nur auszugeben. Besser wäre, Sie erstellen sich eine Funktion, in der Sie den Dialog anzeigen und die den gewählten Dateinamen zurückgibt. Außerdem können Sie über die Eigenschaft `Filter` auch festlegen, welche Dateien der Benutzer auswählen können soll. Dazu definieren Sie einfach den Inhalt der Auswahlliste **Dateityp**.

Dazu müssten Sie das Skript wie folgt ändern. Zunächst deklarieren Sie dazu die Funktion und definieren dazu einen Parameter `strFilter`. Als Standardwert können Sie der Funktion den Filter für alle Dateien zuweisen. Dies ist die Zeichenkette `"Alle Dateien (*.*)|*.*"`. Jeder Dateifilter setzt sich aus zwei Teilen zusammen, die durch das Zeichen »|« getrennt werden. Der erste Teil ist der angezeigte Text, den Sie frei definieren können. Der zweite muss eine Filterbedingung darstellen. In der Regel wird dazu die Dateinamenserweiterung mit vorgestelltem Platzhalter verwendet. Zum Beispiel könnten Sie `*.mdb` angeben, wenn nur MDB-Dateien ausgewählt werden dürfen. Die Angabe `*.*` lässt daher die Auswahl aller Dateitypen zu.

Den Parameterwert weisen Sie dann der `Filter`-Eigenschaft zu, und zwar, nachdem Sie das Objekt erzeugt haben und bevor Sie die `ShowDialog`-Methode aufrufen. Nach Aufruf der Methode geben Sie dann die `FileName`-Eigenschaft aus der Funktion zurück.

```
#Skriptname: Dateiauswahl.ps1
#Autor: Helma Spona
```

```
#Auflage: 1
#Verzeichnis: /Bsp/K04
#Beschreibung: Zeigt die Verwendung des Dateiauswahl-Dialogs
#Anmerkungen: Benoetigt die Datei "wichtigefunktionen.ps1"
#Laden der Bibliotheksdateien

#Laden der Hilfsfunktionen
$bibpfad= Split-Path (Split-Path ($myInvocation.get_
MyCommand().Definition) -parent)  -parent
. ($bibpfad + "\wichtigefunktionen.ps1")

#Benoetigte Variablen
$Datei=""
$Dlg=""
$Antw=0
#Skriptbloecke und Funktionen
function Dateiauswahl([System.String]$strFilter="Alle Dateien
(*.*)|*.*")
{
   $Dlg=New-Object("System.Windows.Forms.OpenFileDialog")
   $Dlg.Filter=$strFilter
   $Antw=$Dlg.ShowDialog()
   if ($Antw -eq 1)
   {
      #Der Benutzer hat den Dialog mit OK geschlossen
      return $Dlg.Filename
   }
}
#Skriptinhalt
$Datei=DateiAuswahl
echo "Die Datei $Datei wurde gewaehlt!"
```

Wenn Sie das Skript nun aufrufen, wird die Funktion aufgerufen und das Dialogfeld wie vorher angezeigt, da auch jetzt alle Dateien ausgewählt werden können. Aber Sie haben nun die Möglichkeit, eine andere Filterbedingung zu definieren und an die Funktion zu übergeben.

Möchten Sie bspw. zwei Einträge in der Liste erzeugen, übergeben Sie einfach eine Filter-Angabe, die zwei Filterausdrücke enthält. Sie werden dann ebenfalls durch ein »|« getrennt.

Soll der Benutzer bspw. Textdateien und PowerShell-Skripte auswählen können, übergeben Sie als Filter-Zeichenfolge "PowerShell-Skripten (*.ps1)|*.ps1| Text Dateien (*.txt)|*.txt" und rufen damit die Funktion wie folgt auf:

4 | Kommunikation mit dem Anwender

```
$Datei=Dateiauswahl "PowerShell-Skripten (*.ps1)|*.ps1|Text-Dateien
(*.txt)|*.txt"
```

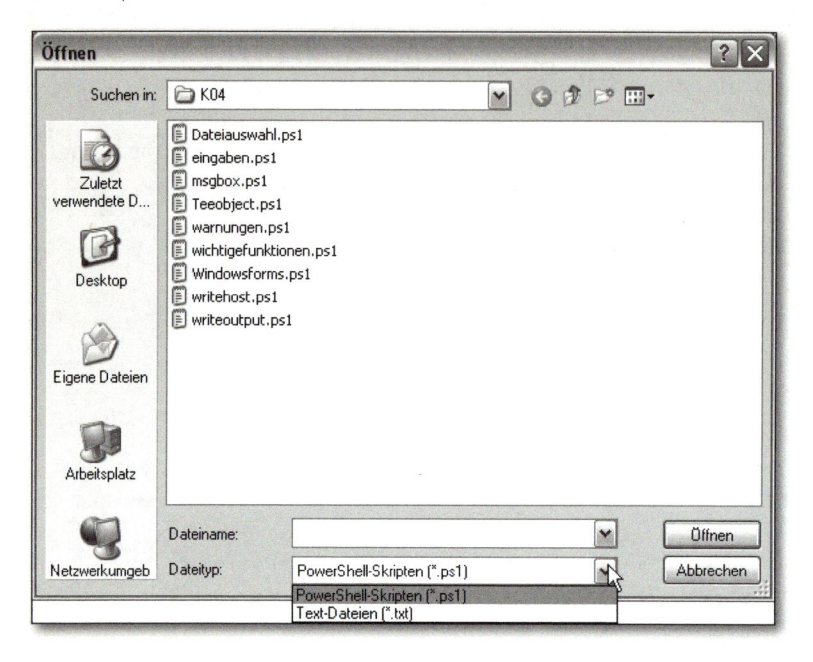

Abbildung 4.14 Die erzeugten Einträge in der Liste Dateityp

Sie können mit der Funktion nicht nur eine Datei auswählen lassen, sondern diese auch später bearbeiten und weiterverwenden. Wenn Sie den Benutzer bspw. eine PowerShell-Datei auswählen lassen, können Sie sie im Anschluss ausführen lassen. Falls der Benutzer wie hier noch die Möglichkeit hat, eine Textdatei auszuwählen, die nicht ausgeführt werden kann, müssen Sie allerdings prüfen, ob es sich um eine PowerShell-Datei handelt, indem Sie aus dem Dateinamen die Dateinamenserweiterung extrahieren. Dazu können Sie sich wieder eine Funktion erstellen, der Sie den Dateinamen übergeben und die die Erweiterung zurückgibt.

```
#Skriptname: Dateiauswahl.ps1
#Autor: Helma Spona
#Auflage: 1
#Verzeichnis: /Bsp/K04
#Beschreibung: Zeigt die Verwendung des Dateiauswahl-Dialogs
#Anmerkungen: Benoetigt die Datei "wichtigefunktionen.ps1"
#Laden der Bibliotheksdateien

#Laden der Hilfsfunktionen
...
```

```
#Skriptbloecke und Funktionen
...
function Dateityp ([System.String]$Dateiname)
{
   $Laenge=$Dateiname.Length
   if ($Laenge -gt 3)
   {
      $Laenge -=3
   }
   return $Dateiname.SubString($laenge,3)
}
#Skriptinhalt
...
```

Die einfachste Möglichkeit, die Dateinamenserweiterung zu ermitteln, besteht darin, die letzten drei Zeichen aus der Zeichenkette auszuschneiden. Dazu ermitteln Sie innerhalb der Funktion die Länge des Dateinamens und ziehen davon 3 ab. Die so berechnete Zahl übergeben Sie als ersten Parameter an die SubString-Methode. Der zweite Parameter gibt die Länge der zu ermittelnde Teilzeichenfolge an.

Problematisch ist diese Methode, wenn die Dateinamenserweiterung mehr oder weniger als drei Zeichen hat, bspw. »JPEG« oder »JS«. Besser ist daher, Sie nutzen für so etwas die passenden CmdLets und Objekte zur Verwaltung des Dateisystems. Mehr dazu erfahren Sie in Kapitel 5, *Arbeiten mit dem Dateisystem*. [«]

Wenn Sie nach Auswahl der Datei den Dateityp ermittelt haben, können Sie das ausgewählte Skript ausführen, indem Sie einfach ein »&« vor die Variable mit dem Dateinamen setzen:

```
...
$Datei=Dateiauswahl "PowerShell-Skripten (*.ps1)|*.ps1|Text-Dateien
(*.txt)|*.txt"
$Typ=Dateityp $Datei
echo "Ermittelter Dateityp: $Typ"
#Versuchen, die Datei auszufuehren
if ($Typ -eq "ps1")
{
   #Die Datei ausfuehren
   echo "Ausfuehren $Datei ...."
   &$Datei
}
...
```

4.3 Benutzeroberflächen gestalten

Neben den Dialogfeldern für Meldungen und die Dateiauswahl stellt das .NET-Framework noch weitere fertige Dialoge (bspw. für die Farbauswahl oder Druckerauswahl) zur Verfügung, die Sie analog nutzen können.

Dennoch werden Sie irgendwann an einen Punkt kommen, an dem einfache Dialoge nicht mehr reichen oder Sie ein Dialogfeld zur Eingabe von Werten erzeugen möchten, das analog zur InputBox-Funktion von VBA, VBScript oder Visual Basic funktioniert. Das alles geht ebenfalls mit Hilfe des .NET-Frameworks, indem Sie die Klasse System.Windows.Forms.Form verwenden.

Mit Hilfe dieser Klasse können Sie nicht nur einfache Dialoge erzeugen, sondern auch komplexe Benutzeroberflächen generieren. Die Grundlagen dazu erfahren Sie in den folgenden Abschnitten.

4.3.1 Einen Dialog erzeugen und anzeigen

Um mit Hilfe der Klasse System.Windows.Forms.Form einen Dialog zu erzeugen und anzuzeigen, müssen Sie zunächst wieder eine Instanz der Klasse erzeugen, indem Sie das CmdLet New-Object verwenden.

Damit erzeugen Sie ein neues Objekt aus der Klasse und weisen es der Variablen Form zu. Über diese Variable können Sie anschließend verschiedene Eigenschaften des Objekts festlegen, um das Aussehen zu beeinflussen.

Mit der Eigenschaft TopMost können Sie bspw. bestimmen, dass der Dialog alle anderen Fenster überdeckt und so auf jeden Fall sichtbar ist. Die Text-Eigenschaft legt den Fenstertitel fest. Um das Dialogfeld anzuzeigen, rufen Sie auch hier wieder die ShowDialog-Methode auf.

```
#Skriptname: NetObjekte.ps1
#Autor: Helma Spona
#Auflage: 1
#Verzeichnis: /Bsp/K03
#Beschreibung: Erzeugen eines Dialogs mit der Klasse
#    System.Windows.Forms.Form
#Anmerkungen: keine

#Benoetigte Variablen
$Form=""
$Erg
#Skriptinhalt
$Erg=[reflection.assembly]::LoadWithPartialName(
    "System.Windows.Forms")
```

```
$Form=New-Object "System.Windows.Forms.Form"
$Form.TopMost = $true
$Form.Text="Meldung"
$Form.ShowDialog()
```

Abbildung 4.15 Der erzeugte Dialog

4.3.2 Steuerelemente einfügen und anordnen

So leer macht das Dialogfeld natürlich noch wenig Sinn. Sie müssen also noch Steuerelemente für das Formular erzeugen. Möchten Sie nur eine Meldung ausgeben, benötigen Sie ein Label-Steuerelement und eine Befehlsschaltfläche zum Schließen des Dialogfelds.

Steuerelemente erstellen Sie generell mit folgenden Schritten:

1. Ableiten des Objekts aus der Klasse des Steuerelements, bspw. `System.Windows.Forms.Label`
2. Festlegen der Steuerelement-Eigenschaften
3. Anfügen des Steuerelements an die `Controls`-Auflistung des Formulars

Folgendes Beispiel zeigt dies. Es fügt dem Formular einen Button und ein Label-Steuerelement hinzu. Label-Steuerelemente dienen zur Anzeige von Text. Sie leiten sie dazu aus der Klasse `System.Windows.Forms.Label` ab. Über die Eigenschaft `Text` legen Sie die Aufschrift für das Label-Feld fest. Mit der `Top`-Eigenschaft definieren Sie die Position des Steuerelements von oben. Diese bezieht sich auf das Fensterinnere, also ab da, wo der Inhalt des Fensters beginnt. Der Dialograhmen und der Fenstertitel gehören also nicht dazu.

Den Button erzeugen Sie aus der Klasse `System.Windows.Forms.Button` und setzen dann ebenfalls mit der `Text`-Eigenschaft seine Aufschrift und positionieren ihn ausreichend tief unterhalb des Label-Feldes, damit er den Text nicht verdeckt.

Damit die beiden erstellten Steuerelemente auch in das Formular eingefügt und damit sichtbar werden, übergeben Sie sie an die Add-Methode der Controls-Auflistung. Damit sind die Steuerelemente eingefügt, und Sie können das Dialogfeld mit der ShowDialog-Methode aufrufen.

```
...
#Skriptinhalt
$Erg=[reflection.assembly]::LoadWithPartialName(
    "System.Windows.Forms")
$form=New-Object "System.Windows.Forms.Form"
$form.TopMost = $true
$form.Text="Meldung"

$label=New-Object "System.Windows.Forms.Label"
$label.Text='Hallo Welt'
$label.Top=10

$button = New-Object "System.Windows.Forms.Button"
$button.Text = "OK"
$button.Top=100

$form.Controls.Add($label)
$form.Controls.Add($button)
$form.ShowDialog()
...
```

Optimieren lässt sich das Ganze noch, indem Sie die Position der Schaltfläche von der Höhe und der Position des Label-Feldes abhängig berechnen und abhängig davon auch die Höhe des Formulars berechnen. Dazu müssten Sie folgende Änderungen am Code vornehmen:

```
$label=New-Object "System.Windows.Forms.Label"
$label.Text='Hallo Welt'
$label.Height=50
$label.Top=10

$button = New-Object "System.Windows.Forms.Button"
$button.Text = "OK"
$button.Add_Click({$form.Dispose()})
$button.Top=$label.top + $label.height + 10

$form.Controls.Add($label)
```

```
$form.Controls.Add($button)

$form.Height=$label.top + $label.height + 10 +
    $button.height + $button.top
$form.ShowDialog()
```

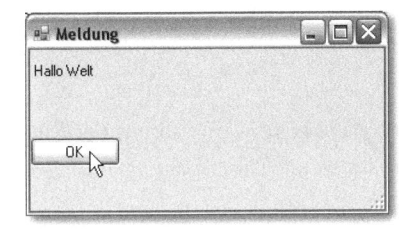

Abbildung 4.16 Das erzeugte Fenster mit der Meldung und dem Button

4.3.3 EventHandler für Buttons erstellen

Allerdings wird das Formular nun noch nicht geschlossen, wenn der Benutzer auf den Button klickt. Um das zu erreichen, müssen Sie dem Formular einen Event-Handler für das `Click`-Ereignis zuweisen.

> Ein EventHandler ist eine spezielle Prozedur, die ausgeführt wird, wenn das zugeordnete Ereignis eintritt. Das `Click`-Ereignis tritt ein, wenn der Benutzer mit der Maus auf den Button klickt.

Anders als in anderen Programmiersprachen müssen Sie dazu in der PowerShell aber keine Prozedur erstellen, sondern Sie übergeben an die Methode `Add_Click` einen Skriptblock, der ausgeführt wird, wenn das Ereignis eintritt. Möchten Sie bspw. die `Dispose`-Methode des Dialogs aufrufen, müssen Sie dazu folgenden Code einfügen:

```
$button.Add_Click({$form.Dispose()})
```

Die `Dispose`-Methode führt dazu, dass das Objekt aus dem Speicher entfernt wird, in diesem Fall also das Formular. Dies ist allerdings eine sehr abrupte Art und Weise, das Formular zu schließen. Besser ist, Sie rufen zuvor die `Close`-Methode auf. Wenn Sie zwei Anweisungen nacheinander angeben möchten, trennen Sie diese mit einem Semikolon:

```
...
$button = New-Object "System.Windows.Forms.Button"
$button.Text = "OK"
$button.Add_Click({$form.Close();$form.Dispose()})
$button.Top=$label.top + $label.height + 10
...
```

Rufen Sie nun das Formular auf, können Sie es auch mit einem Klick auf den Button öffnen.

4.3.4 Eine InputBox-Funktion für Benutzereingaben programmieren

Benutzereingaben können Sie in einer grafischen Dialogbox nur anfordern, indem Sie selbst ein Eingabeformular erzeugen und anzeigen. Dazu nehmen Sie die Klasse System.Windows.Forms.Form zu Hilfe.

Sie müssen dazu eine Form anzeigen, die einen **Abbrechen**- und einen **OK**-Button hat und darüber hinaus über ein Eingabefeld und ein Label-Feld verfügt.

Das Eingabefeld benötigen Sie, damit der Benutzer dort die geforderte Eingabe vornehmen kann. Mit dem Label-Feld können Sie den Text anzeigen, der den Benutzer zur Eingabe auffordert. Über die beiden Schaltflächen kann der Benutzer das Formular schließen und entweder den Wert false oder den eingegebenen Wert zurückgeben.

Optimal ist eine Funktion, die den Eingabedialog anzeigt und den eingegebenen Wert zurückgibt. An die Funktion übergeben Sie drei Werte, den Titel des Dialogs, den Text für das Label-Steuerelement und den Wert, der als Vorschlag im Eingabefeld angezeigt werden soll. Die Deklaration der Funktion muss also wie folgt lauten:

```
function inputbox([System.String]$strPrompt="",
    [System.String]$strTitel="", [System.String]$strWert="")
{
    ...
}
```

Innerhalb der Funktion deklarieren Sie zunächst die benötigten Variablen. form speichert das System.Windows.Forms.Form-Objekt, erg speichert den Rückgabewert der ShowDialog-Methode, und eingabe speichert den Text des Eingabefeldes beim Schließen der Form. Dies ist also der Rückgabewert des Dialogfeldes, nicht jedoch zwingend der Rückgabewert der Funktion.

Als Erstes erzeugen Sie dann das Formular und setzen dessen TopMost-Eigenschaft auf true, damit das Formular im Vordergrund angezeigt wird. Anschließend setzen Sie dessen Text-Eigenschaft auf den Parameter strTitel.

```
#Skriptname: inputbox.ps1
#Autor: Helma Spona
#Auflage: 1
#Verzeichnis: /Bsp/K04
#Beschreibung: Zeigt die Erstellung von Eingabedialogen
```

```
#Anmerkungen: Benoetigt die Datei "wichtigefunktionen.ps1"
#Laden der Bibliotheksdateien

#Laden der Hilfsfunktionen
$bibpfad= Split-Path (Split-Path ($myInvocation.get_
MyCommand().Definition) -parent)  -parent
#$bibpfad="G:\GAL_powerShell\bsp"
. ($bibpfad + "\wichtigefunktionen.ps1")

#Skriptbloecke und Funktionen
function inputbox([System.String]$strPrompt="",
[System.String]$strTitel="", [System.String]$strWert="")
{
   $form=""
   $erg=$false
   $eingabe=""

   $form=New-Object "System.Windows.Forms.Form"
   $form.TopMost = $true
   $form.Text=$strTitel
...
```

Als Nächstes fügen Sie die die benötigten Steuerelemente ein: zuerst das Label-Feld.

> Sie sollten die Steuerelemente immer in der Reihenfolge einfügen, in der die Steuerelemente auch im Formular angezeigt werden sollen, weil Sie dann die Position der Steuerelemente anhand der Positionen und Größen der vorangegangenen Steuerelemente berechnen können. [+]

Die Aufschrift des Label-Steuerelements legen Sie mit dem Parameter strPrompt fest. Damit etwas Abstand zur oberen Innenkante des Fensters vorhanden ist, bekommt die Top-Eigenschaft den Wert 10. Die Breite wird auf die Fensterbreite abzüglich 10 festgelegt, um auch hier einen kleinen Abstand zu schaffen. Wenn Sie dann die Hälfte dieses Abstandes der Left-Eigenschaft zuweisen, steht das Steuerelement mittig innerhalb des Formulars.

```
...
   $label=New-Object "System.Windows.Forms.Label"
   $label.Height=20
   $label.Text=$strPrompt
   $label.Top=10
   $label.Width=$form.width-10
   $label.Left=5
...
```

Das Eingabefeld erzeugen Sie anschließend aus der Klasse `System.Windows.Forms.Textbox`. Der Wert, der im Textfeld angezeigt wird, steht in der `Text`-Eigenschaft. Sie können also den übermittelten Anfangswert der `Text`-Eigenschaft zuweisen und auch später den eingegebenen Wert über die `Text`-Eigenschaft abrufen. Mit `Top` und `Left` legen Sie die Position des Steuerelements fest.

```
...
    #Eingabefeld erzeugen
    $eingabefeld=New-Object "System.Windows.Forms.Textbox"
    $eingabefeld.Height=20
    $eingabefeld.Text=$strWert
    $eingabefeld.Top=$label.top +$label.height+5
    $eingabefeld.Left=$label.Left
...
```

Im Unterschied zum vorherigen Beispiel benötigen Sie nun zwei Schaltflächen, eine **OK**- und eine **Abbrechen**-Schaltfläche. Für jede dieser Schaltflächen erstellen Sie einen EventHandler mit der `Add_Click`-Methode. Allerdings verwenden beide unterschiedlichen Code. Beim Klicken auf **OK** soll der eingegebene Text zurückgegeben werden. Zudem soll auch ermittelt werden können, dass der Benutzer auf **OK** und nicht auf **Abbrechen** geklickt hat.

Das heißt, Sie müssen eigentlich zwei Werte zurückgeben. Das funktioniert, indem Sie die Werte in entsprechenden Variablen speichern. Der EventHandler für den **OK**-Button setzt zunächst die Variable `erg` auf `true` und weist dann der Variablen `eingabe` den Inhalt des Textfeldes zu. Danach wird das Formular geschlossen.

Der Code für den **Abbrechen**-Button setzt die Variable `erg` auf `false`. Anschließend werden alle Steuerelemente mit der `Add`-Methode an die `Controls`-Auflistung angehängt. Anschließend wird noch die Höhe des Formulars berechnet und dann der Dialog mit der `ShowDialog`-Methode angezeigt.

```
...
    #Buttons erstellen
    $bttOK= New-Object "System.Windows.Forms.Button"
    $bttOK.Text = "OK"
    $bttOK.Add_Click({$erg=$true;
        $eingabe=$eingabefeld.Text; $form.Close();
        $form.Dispose()})
    $bttOK.Top=$eingabefeld.top + $eingabefeld.height + 10
    $bttOK.Width=70
    $bttOK.Left=$label.Left
    $bttAbbrechen= New-Object "System.Windows.Forms.Button"
```

```
$bttAbbrechen.Text = "Abbrechen"
$bttAbbrechen.Add_Click({$erg=$false;$eingabe="";
    $form.Close();$form.Dispose();})
$bttAbbrechen.Top=$bttOK.top
$bttAbbrechen.Width=70
$bttAbbrechen.Left=$bttOK.left + $bttOK.width + 10

$form.Controls.Add($label)
$form.Controls.Add($bttOK)
$form.Controls.Add($bttAbbrechen)
$form.Controls.Add($eingabefeld)
$form.Height=$eingabefeld.top + $eingabefeld.height +
    10 + $bttOK.height + $bttOK.top
$temp=$form.ShowDialog()
...
```

Der Code nach Aufruf der `ShowDialog`-Methode wird erst ausgeführt, wenn das Dialogfeld wieder geschlossen wurde. Das heißt, dann haben die beiden Variablen `erg` und `eingabe` ihre Werte, und Sie können diese abrufen und prüfen, um den Rückgabewert der Funktion zu definieren. Sie müssen dazu nur abfragen, ob die Variable `erg` den Wert `true` hat. Falls ja, geben Sie den Wert der Variablen `eingabe` zurück, ansonsten `false`.

```
...
    if ($erg -eq $true)
    {
        return $eingabe
    }
    else
    {
        return $false
    }

}
...
```

Sie können nun die Funktion aufrufen und so eine grafische Eingabeaufforderung anzeigen.

```
...
#Skriptinhalt

$Erg=[reflection.assembly]::LoadWithPartialName(
    "System.Windows.Forms")

echo (inputbox "Bitte Wert eingeben!" "Eingabe notwendig")
```

Abbildung 4.17 Die angezeigte Eingabeaufforderung

4.3.5 Aktives Steuerelement und Tabulatorreihenfolge festlegen

Selbstverständlich können Sie das Dialogfeld auch noch formatieren und bspw. Farben für Aufschriften festlegen oder das aktive Steuerelement bestimmen. Auch EventHandler für andere Ereignisse sind durchaus denkbar. Einige Möglichkeiten sollen abschließend noch gezeigt werden.

Das erste, sehr lästige Problem des Eingabedialogs ist, dass der Benutzer nicht nur den Dialog aktivieren muss, bevor er eine Eingabe vornehmen kann. Er muss dann auch explizit den Cursor in das Eingabefeld setzen. Das können Sie vermeiden, indem Sie für die einzelnen Steuerelemente die Tabulatorreihenfolge setzen.

Die Tabulatorreihenfolge ist die Reihenfolge, in der die Steuerelemente aktiviert werden. Das Steuerelement mit dem Index 0 wird automatisch aktiviert, wenn das Formular angezeigt wird.

Die Tabulatorreihenfolge können Sie festlegen, indem Sie für alle anklickbaren oder aktivierbaren Steuerelemente die TabIndex-Eigenschaft setzen. Damit das Eingabefeld automatisch aktiviert ist, müssen Sie ihm den Wert 0 geben.

```
function inputbox([System.String]$strPrompt="",
   [System.String]$strTitel="", [System.String]$strWert="")
{
   $form=""
   $erg=$false
   $eingabe=""
   $form=New-Object "System.Windows.Forms.Form"
   $form.TopMost = $true
   $form.Text=$strTitel
   $label=New-Object "System.Windows.Forms.Label"
   $label.Height=20
   $label.Text=$strPrompt
   $label.Top=10
   $label.Width=$form.width-10
```

```
$label.Left=5
#Eingabefeld erzeugen
$eingabefeld=New-Object "System.Windows.Forms.Textbox"
$eingabefeld.Height=20
$eingabefeld.Text=$strWert
$eingabefeld.Top=$label.Top +$label.Height+5
$eingabefeld.Left=$label.Left
$eingabefeld.TabIndex=0
#Buttons erstellen
$bttOK= New-Object "System.Windows.Forms.Button"
$bttOK.Text = "OK"
    $bttOK.Add_Click({$erg=$true;
    $eingabe=$eingabefeld.Text; $form.Close();
    $form.Dispose()})
$bttOK.Left=$label.Left
$bttOK.Top=$eingabefeld.top + $eingabefeld.height + 10
$bttOK.Width=70
$bttOK.TabIndex=1
$bttAbbrechen= New-Object "System.Windows.Forms.Button"
$bttAbbrechen.Text = "Abbrechen"
$bttAbbrechen.Add_Click({$erg=$false;$eingabe="";
    $form.Close();$form.Dispose();})
$bttAbbrechen.Top=$bttOK.top
$bttAbbrechen.Width=70
$bttAbbrechen.Left=$bttOK.left + $bttOK.width + 10
$bttAbbrechen.TabIndex=2
$form.Controls.Add($label)
$form.Controls.Add($bttOK)
$form.Controls.Add($bttAbbrechen)
$form.Controls.Add($eingabefeld)
#$eingabefeld.SetFocus
$form.Height=$eingabefeld.top + $eingabefeld.height +
    10 + $bttOK.height + $bttOK.top
$temp=$form.ShowDialog()
if ($erg -eq $true)
{
    return $eingabe
}
else
{
    return $false
}

}
```

4 | Kommunikation mit dem Anwender

Nun muss der Benutzer nur noch den Dialog anklicken, um ihn zu aktivieren, und kann dann mit der Eingabe beginnen, da der Cursor automatisch im Eingabefeld steht. Drückt er danach ⇆, wird erst der OK-Button und beim zweiten ⇆ der **Abbrechen**-Button aktiviert.

4.3.6 Farben ändern

Wenn Sie einem Steuerelement eine Farbe zuweisen möchten, benötigen Sie dazu ein `Color`-Objekt. Jedes `Color`-Objekt stellt eine Farbe dar und stellt Methoden bereit, die eine Konvertierung und Änderung der Farbe ermöglichen.

`Color`-Objekte erzeugen Sie aus der Klasse `System.Drawing.Color`. Da sie nicht Bestandteil des Namensraums `System.Windows.Forms` ist, müssen Sie auch diese Ressource zunächst laden und daher vor dem Aufruf der Funktion `inputbox` die folgende Anweisung einfügen:

```
$Erg=[reflection.assembly]::LoadWithPartialName(
   "System.Drawing")
```

Dann können Sie die statische Methode `FromArgb` nutzen, um eine RGB-Farbe zu erstellen. Ihr übergeben Sie nacheinander den Farbanteil für Rot, Grün und Blau. Für alle drei Farben können Sie Werte von 0 bis 255 einschließlich eingeben. Gleiche Werte für alle drei Parameter stellen einen Grauton dar. Geben Sie für alle Werte 0 an, stellt dies die Farbe Schwarz dar. Geben Sie für alle Farben 255 an, ergibt sich die Farbe Weiß. Die Methode gibt ein `Color`-Objekt zurück, das die entsprechende Farbe repräsentiert.

Wenn Sie das Label-Feld mit roter Schrift versehen möchten, müssen Sie dazu den Code wie folgt ergänzen:

```
function inputbox([System.String]$strPrompt="",
[System.String]$strTitel="", [System.String]$strWert="")
{
    $form=""
    $erg=$false
    $eingabe=""
    $farbe=0
    $farbe=[System.Drawing.Color]::FromArgb(255, 0, 0)
    $form=New-Object "System.Windows.Forms.Form"
    $form.TopMost = $true
    $form.Text=$strTitel

    $label=New-Object "System.Windows.Forms.Label"
    $label.Height=20
    $label.Text=$strPrompt
```

```
$label.Top=10
$label.Width=$form.width-10
$label.Left=5
```
`$label.ForeColor=$farbe`
...

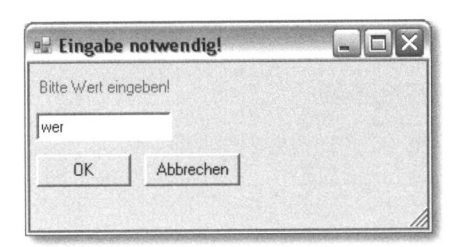

Abbildung 4.18 Das Ergebnis: Die Eingabeaufforderung in roter Schrift

Sie können aber über die `ForeColor`-Eigenschaft nicht nur die Schriftfarbe für ein Steuerelement festlegen, sondern mit der `BackColor`-Eigenschaft auch die Hintergrundfarbe. Die können Sie sowohl für das Formular selbst als auch für die Steuerelemente festlegen und so auch ganz farbenfrohe Dialoge gestalten. Die folgende Änderung am Code bewirkt, dass das Formular eine gelbe Hintergrundfarbe bekommt und die Schaltflächen orange formatiert werden.

Die Farbe Gelb erzeugen Sie, indem Sie den Rot- und Grün-Anteil der Farbe auf 255 setzen. Für die Farbe Orange reduzieren Sie den Grün-Anteil gegenüber Gelb um die Hälfte. [+]

Wenn Sie Probleme haben, die korrekten Farbwerte für die Zielfarbe zu finden, nehmen Sie ein Grafikprogramm wie Photoshop oder Paint Shop Pro zur Hand. Dort können Sie im Farbauswahl-Dialog eine Farbe wählen, und das Programm zeigt die einzelnen Farbanteile an. Diese müssen Sie dann nur noch im Code eintragen.

Der zu ändernde Code sieht wie folgt aus:

```
...
    $bttOK.Left=$label.Left
    $bttOK.Top=$eingabefeld.top + $eingabefeld.height + 10
    $bttOK.Width=70
    $bttOK.TabIndex=1
    $bttAbbrechen= New-Object "System.Windows.Forms.Button"
    $bttAbbrechen.Text = "Abbrechen"
    $bttAbbrechen.Add_Click({$erg=$false;$eingabe="";
        $form.Close();$form.Dispose();})
    $bttAbbrechen.Top=$bttOK.top
    $bttAbbrechen.Width=70
    $bttAbbrechen.Left=$bttOK.left + $bttOK.width + 10
```

```
$bttAbbrechen.TabIndex=2
$farbe=[System.Drawing.Color]::FromArgb(255, 128, 0)
$bttOK.BackColor=$farbe
$bttAbbrechen.BackColor=$farbe
$form.Backcolor=[System.Drawing.Color]::FromArgb(
    255, 255, 0)
```
...

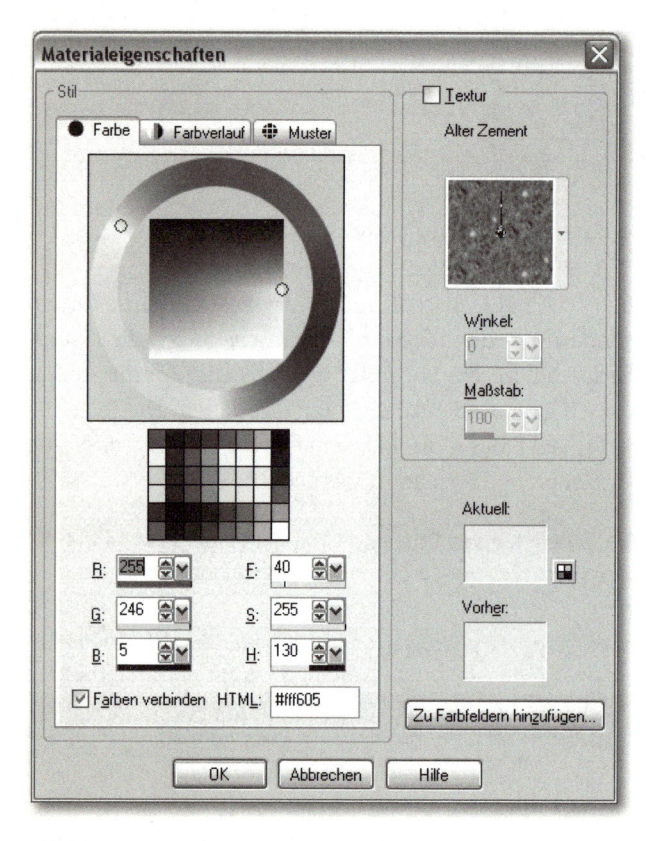

Abbildung 4.19 Ermitteln der Farbanteile für die Zielfarbe, hier mit Paint Shop Pro X

Abbildung 4.20 Das eingefärbte Dialogfeld

4.3.7 EventHandler erstellen

EventHandler sind ein wichtiger Bestandteil von Benutzeroberflächen, weil Sie damit auf Benutzeraktionen reagieren können. Sie können diese aber nicht nur für das `Click`-Ereignis der Buttons erstellen, sondern für viele weitere Ereignisse. In jedem Fall erzeugen Sie den EventHandler mit einer Methode, deren Name sich aus »`Add_`«, gefolgt vom Namen des Ereignisses zusammensetzt.

Möchten Sie bspw. Code definieren, der beim Laden des Formulars ausgeführt wird, erstellen Sie dazu einen EventHandler für das `Load`-Ereignis.

Das `Load`-Ereignis tritt ein, wenn das Formular geladen wird. Das ist nicht dann der Fall, wenn Sie das `System.Windows.Forms.Form`-Objekt erzeugen, sondern dann, wenn Sie dessen `ShowDialog`-Methode aufrufen.

Sie können sich dieses Ereignis bpsw. zunutze machen, um abhängig von den übergebenen Parameterwerten der Funktion zu prüfen, ob es Sinn macht, den **OK**-Button zu aktivieren. Auf diese Weise können Sie die Benutzer zu einer gültigen Eingabe zwingen. Sie müssen dazu nur beim Laden des Formulars prüfen, ob der Wert des Eingabefeldes größer als eine leere Zeichenfolge ist. Falls ja, aktivieren Sie den Button über die `Enabled`-Eigenschaft, oder Sie deaktivieren ihn, indem Sie die Eigenschaft auf `false` setzen.

Um einen solchen EventHandler zu definieren, müssen Sie den Code wie folgt ergänzen. Sie sehen daran schon, dass Sie auch den Code für einen EventHandler mehrzeilig definieren können.

[+] Damit ein Leerzeichen nicht als Eingabe akzeptiert wird, sollten Sie die `Trim`-Methode verwenden, um vor dem Vergleich führende und abschließende Leerzeichen zu entfernen.

```
...
    $form.Height=$eingabefeld.top + $eingabefeld.height + 10
        + $bttOK.height + $bttOK.top
$form.Add_Load({
    if ($eingabefeld.Text.Trim() -gt "")
    {
        $bttOK.Enabled=$true
    }
    else
    {
        $bttOK.Enabled=$false
    }
})
$temp=$form.ShowDialog()
...
```

4 | Kommunikation mit dem Anwender

Der vorstehende Code prüft im Prinzip nur, ob als dritter Parameter ein Wert ungleich einer leeren Zeichenfolge übergeben wurde. Der Button wird nun aber nicht automatisch aktualisiert, wenn der Benutzer Eingaben vornimmt. Dazu benötigen Sie einen zweiten EventHandler für das `TextChanged`-Ereignis des Eingabefeldes. Das Ereignis tritt ein, wenn der Benutzer den Inhalt des Eingabefeldes geändert hat. Für dieses Ereignis erstellen Sie einen EventHandler mit dem gleichen Code:

```
...
    $eingabefeld.Add_TextChanged({
        if ($eingabefeld.Text.Trim() -gt "")
        {
            $bttOK.Enabled=$true
        }
        else
        {
            $bttOK.Enabled=$false
        }
    })
    $temp=$form.ShowDialog()
...
```

Wenn Sie nun die Funktion aufrufen und als dritten Parameter nichts oder eine leere Zeichenfolge angeben, ist der **OK**-Button deaktiviert.

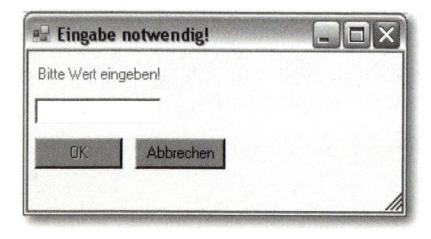

Abbildung 4.21 Bei der Anzeige des Dialogs ist die Schaltfläche deaktiviert.

Wenn Sie nun aber mindestens ein Zeichen eingeben, das kein Leerzeichen ist, wird die Schaltfläche durch den EventHandler für das `TextChanged`-Ereignis automatisch aktiviert und auch wieder deaktiviert, wenn Sie den Inhalt des Textfeldes löschen.

[+] Statt den Button über die `Enabled`-Eigenschaft zu deaktivieren, können Sie ihn über die `Visible`-Eigenschaft auch ein- (`true`) bzw. ausblenden (`false`).

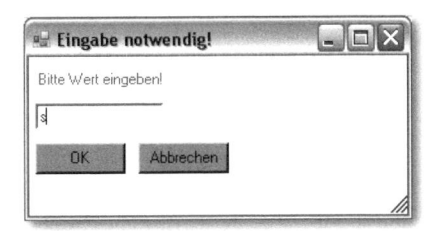

Abbildung 4.22 Nach der ersten Eingabe ist der Button aktiviert.

Es ist natürlich nicht sehr wartungsfreundlich, wenn Sie zwei EventHandler mit dem gleichen Code haben und den Code zweimal eingeben und dann auch zweimal warten müssen. Um das zu vermeiden, können Sie auch den Inhalt der EventHandler vorab als Codeblock definieren und in den EventHandlern nur aufrufen. Im folgenden Listing wird der Codeblock der Variablen pruefen zugewiesen und diese im EventHandler aufgerufen.

```
function inputbox([System.String]$strPrompt="",
[System.String]$strTitel="", [System.String]$strWert="")
{
    $form=""
    $erg=$false
    $eingabe=""
    $farbe=0
    $pruefen={
        if ($eingabefeld.Text.Trim() -gt "")
        {
            $bttOK.Enabled=$true
        }
        else
        {
            $bttOK.Enabled=$false
        }
    }
    $farbe=[System.Drawing.Color]::FromArgb(255, 0, 0)
    $form=New-Object "System.Windows.Forms.Form"
...

    $form.Height=$eingabefeld.top + $eingabefeld.height +
        10 + $bttOK.height + $bttOK.top
    #EventHandler erstellen
    $bttAbbrechen.Add_Click({$erg=$false;$eingabe="";
        $form.Close();$form.Dispose();})
    $bttOK.Add_Click({$erg=$true;
        $eingabe=$eingabefeld.Text; $form.Close();
```

```
        $form.Dispose()})
    $form.Add_Load({&$pruefen})
    $eingabefeld.Add_TextChanged({&$pruefen})
    $temp=$form.ShowDialog()
    #Rueckgabewert pruefen
    if ($erg -eq $true)
    {
        return $eingabe
    }
    else
    {
        return $false
    }

}
```

[+] Wenn Sie die Funktion InputBox auch in das Skript wichtigeFunktionen.ps1 einfügen, können Sie mit ihrer Hilfe ganz einfach in vielen Skripten Eingabeaufforderungen anzeigen.

Das Dateisystem gehört mit zu den wichtigsten Teilen von Windows. Zugriff darauf benötigen Sie nicht nur, wenn Sie Skripte zur Installation von Anwendungen erstellen möchten, sondern auch, wenn Sie Programme starten möchten, deren Position auf der Festplatte Sie nicht kennen. In diesem Kapitel lernen Sie die wichtigsten CmdLets, .NET-Klassen und Befehle rund um das Dateisystem kennen.

5 Arbeiten mit dem Dateisystem

5.1 Dateien und Verzeichnisse manipulieren

Wenn Sie in irgendeiner Form auf Dateien und Verzeichnisse zugreifen möchten, ist es sinnvoll, zunächst zu prüfen, ob es diese schon gibt, um Laufzeitfehler zu vermeiden und entsprechend zu behandeln. Bevor Sie aber mit dem Dateisystem effektiv arbeiten können, ist es wichtig, zunächst die Handhabung von Pfadnamen in der PowerShell zu erläutern.

In der PowerShell gibt es **absolute** und **relative Pfade**. Absolute Pfade müssen immer vollständig angegeben werden, das heißt als korrekte vollständige Netzwerkpfadangabe (wie `\\Server\Freigabe\Ordner\Datei`) oder als absolute lokale Pfadangabe mit Laufwerksbuchstaben (wie `C:\Windows`).

[!] Allerdings kennt die PowerShell nicht nur Pfade für Dateien und Ordner, sondern für alle Elemente von Datenprovidern. Als Pfadname wird immer eine Kombination aus dem Elementnamen, dem Container, in dem er enthalten ist, und gegebenenfalls untergeordneten Containern verwendet.

[«] Groß- und Kleinschreibung in Pfadangaben von Dateien und Verzeichnissen wird nicht berücksichtigt.

5.1.1 Absolute Pfadangaben

Bei Dateien und Verzeichnissen wie (`C:\Test\test.txt`) ist der Dateiname der Name des Elements (hier `test.txt`) und der Container der Ordnername (`Test`). Hinzu kommt hier eine Laufwerksangabe (`C:`) und der Untercontainer sowie der Pfad (hier `Test`). Selbstverständlich kann eine Pfadangabe auch mehrere Untercontainer enthalten. Absolute Pfade, auch vollqualifizierende Pfade genannt, enthalten alle Teile, die notwendig sind, um das Element exakt zu bestimmen. Sie haben folgende Syntax:

`[Provider::]Laufwerk:[\Container[\Untercontainer...]]\Elementname`

Die einzelnen Teile des Pfades werden dabei durch »\« getrennt. Lediglich zwischen Provider und Laufwerksangabe steht ein doppelter Doppelpunkt »::« als Trennzeichen. Aus Kompatibilitätsgründen mit anderen Shells erlaubt die PowerShell auch die Verwendung des Schrägstriches als Trennzeichen. Sie sollten jedoch möglichst den Backslash verwenden. (Details und weitere Informationen zu Providern erhalten Sie auch in Kapitel 6, *Zugreifen auf das Windows-System*.)

[»] Die Laufwerksangabe in Pfaden muss kein wirkliches Laufwerk sein. Seine Bedeutung hängt vom verwendeten Provider ab. Nur wenn Sie auf das Dateisystem zugreifen, entspricht diese Angabe einem Laufwerksbuchstaben.

Nach der Angabe von Container und Untercontainer folgt innerhalb der Pfadangabe der Name des Elements. Sowohl dem Container als auch dem Untercontainer wird das Trennzeichen vorangestellt. Das bedeutet: Wenn Sie nicht den Pfad zu einer Datei, sondern den zu einem Verzeichnis (bspw. `C:\Windows\System`) angeben möchten, müssen Sie keinen abschließenden Backslash angeben. Richtig wäre also die Angabe `C:\Windows\System` und nicht `C:\Windows\System\`.

5.1.2 Relative Pfade

Neben absoluten Pfaden gibt es auch relative Pfade. Diese beziehen sich immer auf das aktuelle Verzeichnis. Zur Definition von relativen Pfadangaben stehen spezielle Zeichen zur Verfügung.

[»] Die Beispiele in der Tabelle gehen davon aus, dass `C:\windows` das aktuelle Verzeichnis ist.

Zeichen	Bedeutung	Beispiel
.	Verweist auf das aktuelle Verzeichnis.	`.\System32` bezeichnet somit das Verzeichnis `C:\Windows\System32`.
..	Bezeichnet das übergeordnete Verzeichnis des aktuellen Verzeichnisses.	`..\System32` bezeichnet somit das Stammverzeichnis `C:\`.
\	Bezeichnet das Wurzelverzeichnis des aktuellen Verzeichnisses.	`\Test` würde `C:\Test` bezeichnen, wenn `C:` das Laufwerk des aktuellen Verzeichnisses ist.
[none]	Die Angabe bezieht sich auf das aktuelle Verzeichnis.	`System32` bezeichnet somit das Verzeichnis `C:\Windows\System32`.

5.1.3 Aktuelles Verzeichnis abrufen und setzen

Wenn Sie relative Verzeichnisse verwenden möchten, sollten Sie wissen bzw. festlegen, welches das aktuelle Verzeichnis ist. Dazu gibt es die CmdLets Set-Location und Get-Location.

Mit Set-Location setzen Sie das aktuelle Verzeichnis, mit Get-Location rufen Sie es ab. Da es für jedes Laufwerk ein eigenes aktuelles Verzeichnis gibt, müssen Sie das Laufwerk als Parameter -PSDrive an das CmdLet Get-Location übergeben. Das ist bei Set-Location nicht notwendig, weil Sie als Parameter eine absolute Pfadangabe übergeben müssen, aus der das Laufwerk ermittelt werden kann.

Das folgende Beispiel zeigt, wie Sie das Verzeichnis des Skriptes als aktuelles Verzeichnis festlegen können. Zur Kontrolle wird das aktuelle Verzeichnis vor und nach der Änderung ausgegeben.

> Das Beispiel verwendet zur Ermittlung des Skriptpfades die Funktion getPfad, die in der Datei **wichtigefunktionen.ps1** gespeichert ist. Die Funktion ermittelt das Verzeichnis des Skriptes und gibt es zurück.

Zunächst gibt das Skript mit Hilfe des CmdLets Get-Location das aktuelle Skriptverzeichnis aus. Danach wird das CmdLet Set-Location aufgerufen und ihm der Rückgabewert der Funktion getPfad als Parameter übergeben. Danach wird erneut das nun neue, aktuelle Verzeichnis ausgegeben.

```
#Skriptname: AktuellesVerzeichnis.ps1
#Autor: Helma Spona
#Auflage: 1
#Verzeichnis: /Bsp/K05
#Beschreibung: Aendert das aktuelle Verzeichnis auf das
#   Skriptverzeichnis
#Anmerkungen: Benoetigt die Datei "wichtigefunktionen.ps1".
#Laden der Bibliotheksdateien

#Laden der Hilfsfunktionen
$bibpfad= Split-Path (Split-Path ($myInvocation.get_
MyCommand().Definition) -parent)  -parent
#Benoetigte Variablen
#Skriptinhalt
echo ("Aktuelles Verzeichnis: " + (Get-Location -PSDrive "C") )
Set-Location (getPfad)
echo ("Aktuelles Verzeichnis: " + (Get-Location -PSDrive "C") )
```

```
Aktuelles Verzeichnis: C:\
Aktuelles Verzeichnis: C:\DOKUME~1\Spona\LOKALE~1\Temp
PS C:\DOKUME~1\Spona\LOKALE~1\Temp>
```

Abbildung 5.1 Ausgabe des Skriptes

5.1.4 Prüfen, ob Dateien und Verzeichnisse existieren

Möchten Sie feststellen, ob es ein Verzeichnis oder eine Datei gibt, können Sie dazu das CmdLet `Test-Path` verwenden. Es erwartet mindestens einen Parameter, den Parameter `-Path`.

> [»] Den Parameternamen können Sie weglassen, wenn sie den zu prüfenden Pfad als ersten Parameterwert angeben.

Möchten Sie bspw. prüfen, ob das Verzeichnis `C:\Test` existiert, rufen Sie das CmdLet bspw. mit `Test-Path "C:\Test"` auf.

Auch mit einer relativen Pfadangabe funktioniert das. Sie können dazu einfach `Test-path "\Test"` angeben. Genauso können Sie auch prüfen, ob eine Datei vorhanden ist:

```
Test-Path "\Test\test.txt"
```

5.1.5 Verzeichnisse erstellen, löschen und umbenennen

Wenn Sie festgestellt haben, dass ein Verzeichnis nicht existiert, ist es natürlich sinnvoll, es zu erzeugen. Ansonsten macht eine solche Prüfung ja wenig Sinn. Um Verzeichnisse zu erstellen, gibt es das CmdLet `New-Item`. Damit können Sie aber nicht nur Verzeichnisse, sondern auch Dateien und abhängig vom verwendeten Provider auch andere Elemente erzeugen.

Das folgende Verzeichnis zeigt die Verwendung des CmdLets. Zunächst wird geprüft, ob es das Verzeichnis `C:\Test` gibt. Falls nicht, wird es mit dem CmdLet `New-Item` erzeugt. Es erwartet neben dem Namen und Pfad des zu erzeugenden Elements auch einen Parameter `-Type`, der bestimmt, welche Art Element erzeugt werden soll. Möchten Sie ein Verzeichnis erstellen, geben Sie `-Type "Directory"` an.

```
#Skriptname: Verzeichnisse.ps1
#Autor: Helma Spona
#Auflage: 1
#Verzeichnis: /Bsp/K05
#Beschreibung: Zeigt den Umgang mit Verzeichnissen
#Benoetigte Variablen
```

```
#Skriptbloecke und Funktionen

#Skriptinhalt
if ((Test-Path "C:\Test") -eq $false)
{
   #Verzeichnis erzeugen
   New-Item "C:\Test" -Type "Directory"
}
```

Wenn Sie eine Meldung ausgeben möchten, dass das Verzeichnis erzeugt wurde, können Sie im Anschluss erneut prüfen, ob es jetzt existiert, und nur dann eine Meldung ausgeben. Damit es nicht zu einer Fehlermeldung kommt, falls das Verzeichnis nicht erstellt werden konnte, ist es außerdem sinnvoll, auftretende Fehler zu behandeln.

> Da Sie das zu erstellende Verzeichnis nun mehrfach benötigen, ist es sinnvoll, es in einer Variablen zu speichern und diese zu verwenden. [+]

Die trap-Anweisung sorgt dafür, dass auftretende Fehler einfach übergangen werden. Das ist hier kein Problem, weil ohnehin im Anschluss geprüft wird, ob die Datei erzeugt wurde.

```
#Skriptname: Verzeichnisse.ps1
#Autor: Helma Spona
#Auflage: 1
#Verzeichnis: /Bsp/K05
#Beschreibung: Zeigt den Umgang mit Verzeichnissen

#Benoetigte Variablen
$Pfad="C:\Test"
#Skriptbloecke und Funktionen

#Skriptinhalt

if ((Test-Path $Pfad) -eq $false)
{
   #Verzeichnis erzeugen
   trap {continue}
   $erg= New-Item $Pfad -Type directory
   if ((Test-Path $Pfad) -eq $true)
   {
      Echo "Das Verzeichnis $Pfad wurde erstellt!"
   }
   else
   {
```

```
      Echo "Das Verzeichnis konnte nicht erstellt werden!"
   }
}
```

Nun kann es natürlich sein, dass das Verzeichnis schon vorhanden ist. Möchten Sie es in diesem Fall löschen, verwenden Sie dazu das CmdLet `Remove-Item` und übergeben diesem einfach den zu löschenden Pfad. Die folgende Änderung im Skript sorgt dafür, dass der Pfad gelöscht wird und diese Löschung im Anschluss geprüft und entsprechend gemeldet wird.

```
...
#Skriptinhalt

if ((Test-Path $Pfad) -eq $false)
{
   #Verzeichnis erzeugen
   trap {continue}
   $erg= New-Item $Pfad -Type directory
   if ((Test-Path $Pfad) -eq $true)
   {
      Echo "Das Verzeichnis $Pfad wurde erstellt!"
   }
   else
   {
      Echo "Das Verzeichnis konnte nicht erstellt werden!"
   }
}
else
{
   $erg= Remove-Item $Pfad
   if ((Test-Path $Pfad) -eq $false)
   {
      Echo "Das Verzeichnis $Pfad wurde geloescht!"
   }
   else
   {
      Echo "Das Verzeichnis konnte nicht geloescht werden!"
   }
}
```

Nun können Sie das gleiche Skript sowohl zum Erstellen als auch zum Löschen des Verzeichnisses verwenden. Wenn Sie möchten, können Sie natürlich vor dem Löschen bzw. Erstellen des Verzeichnisses noch ein Dialogfeld anzeigen und den Benutzer die Aktion bestätigen lassen. Dazu müssen Sie den Code wie folgt ergänzen:

```powershell
...
#Skriptinhalt
$erg=[reflection.assembly]::LoadWithPartialName(
   "System.Windows.Forms")

if ((Test-Path $Pfad) -eq $false)
{
   #Verzeichnis erzeugen
   trap {continue}
   if ([System.Windows.Forms.MessageBox]::Show(
      "Soll das Verzeichnis " + $Pfad + " erstellt werden?",
      ("PowerShell: Frage"),4,32) -eq 6)
   {
      $erg= New-Item $Pfad -Type directory
   }
   if ((Test-Path $Pfad) -eq $true)
   {
      Echo "Das Verzeichnis $Pfad wurde erstellt!"
   }
   else
   {
      Echo "Das Verzeichnis konnte nicht erstellt werden!"
   }
}
else
{
   if ([System.Windows.Forms.MessageBox]::Show(
      "Soll das Verzeichnis " + $Pfad +
      " geloescht werden?",
      ("PowerShell: Frage"),4,32) -eq 6)
   {
      $erg= Remove-Item $Pfad
   }
   if ((Test-Path $Pfad) -eq $false)
   {
      Echo "Das Verzeichnis $Pfad wurde geloescht!"
   }
   else
   {
      Echo "Das Verzeichnis konnte nicht geloescht werden!"
   }
}
```

[!] Ganz wichtig ist dabei, dass Sie die dazu notwendige .NET-Bibliothek laden. Warum das notwendig ist und wie Sie Dialogfelder erstellen und nutzen, wird im Detail in Kapitel 4, *Kommunikation mit dem Anwender*, beschrieben.

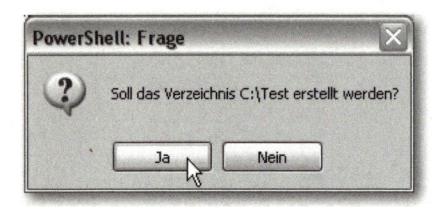

Abbildung 5.2 Die erzeugte Rückfrage

[»] Sie können auch Verzeichnisse löschen, die Dateien und Verzeichnisse beinhalten. In diesem Fall wird der Benutzer automatisch gefragt, und er muss den Löschvorgang bestätigen.

Abbildung 5.3 Gefüllte Verzeichnisse können nicht ohne Rückfrage gelöscht werden.

Wenn Sie die Rückfrage vermeiden möchten, müssen Sie den Parameter -Recurse angeben:

`$erg= Remove-Item $Pfad `**`-Recurse`**

Der Parameter bestimmt, dass alle untergeordneten Verzeichnisse und Dateien ebenfalls rekursiv gelöscht werden.

[»] Rekursiv bedeutet, dass sich das `Remove-Item`-CmdLet für alle untergeordneten Verzeichnisse selbst aufruft und auch diese mit den gleichen Parametern löscht.

Ist ein Verzeichnis vorhanden, können Sie es auch umbenennen. Dazu verwenden Sie das CmdLet `Rename-Item`. Ihm übergeben Sie den absoluten Pfad des umzubenennenden Pfades und als Zweites den neuen Namen.

Möchten Sie das vorhandene Verzeichnis also von `C:\Test` in `C:\Test2` umbenennen, müssen Sie dazu folgende Anweisung verwenden:

`Rename-Item "C:\Test" "Test2"`

Wichtig ist dabei, dass Sie bedenken, wie die PowerShell diesen Befehl auswertet. Sie wechselt zunächst in den übergeordneten Container des umzubenennenden Elements. Dort benennt sie dann »Test« in »Test2« um. Es ist daher ganz wichtig, dass Sie für den zweiten Pfad nur den neuen Namen des Elements angeben, nicht den dazu gehörenden Pfad. Die Anweisung

```
Rename-Item "C:\Test" "C:\Test2"
```

würde daher einen Fehler verursachen.

Möchten Sie das Skript am Ende so ergänzen, dass das Verzeichnis umbenannt wird, wenn es schon vorhanden ist, müssten Sie den Code am Ende wie folgt ergänzen:

```
#Wenn das Verzeichnis vorhanden ist,
#umbenennen in C:\Test2

if ((Test-Path $Pfad) -eq $true)
{
    Rename-Item $Pfad "Test2"
}
```

Sie können damit sogar Verzeichnisse umbenennen, die Dateien enthalten. Sie müssen diese also nicht zuvor leeren oder das gefüllte Verzeichnis verschieben. Ein Verschieben ist nur notwendig, wenn Sie das Verzeichnis bspw. einem über- oder untergeordneten Verzeichnis zuordnen möchten.

Um ein Verzeichnis zu verschieben, verwenden Sie das CmdLet `Move-Item` und verwenden dazu folgende Syntax:

```
Move-Item [-Path] Quelle [-Destination] Ziel
```

Die beiden folgenden Anweisungen sind damit gleichwertig. Sie kopieren das Verzeichnis `C:\Test2` in das Verzeichnis `C:\Test`:

```
Move-Item "C:\Test2" -Destination "C:\Test\Test2"
Move-Item "C:\Test2" "C:\Test\Test2"
```

Sie können auch das zuvor erstelle Skript so ergänzen, dass es vor dem Umbenennen des Verzeichnisses prüft, ob sowohl das Verzeichnis `C:\Test` als auch `C:\Test2` vorhanden ist. Falls das der Fall wird, wird `C:\Test2` nach `C:\Test\Test2` verschoben.

```
...
#Pruefen, ob es das Verzeichnis C:\Test2 und C:\Test gibt.
#Falls ja, C:\Test2 nach C:\Test\Test2 verschieben
if (((Test-Path $Pfad) -eq $true) -and
   ((Test-Path "C:\Test2") -eq $true))
```

```
{
    Move-Item "C:\Test2" -Destination ($Pfad + "\Test2")
}

#Wenn das Verzeichnis vorhanden ist,
#umbenennen in C:\Test2

if ((Test-Path $Pfad) -eq $true)
{
    Rename-Item $Pfad "Test2"
}
...
```

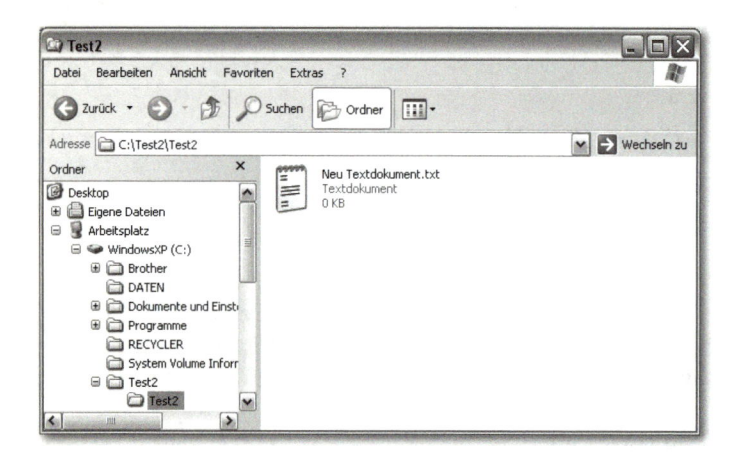

Abbildung 5.4 Das Ergebnis des Skriptes, nachdem das Verzeichnis C:\Test in C:\Test2 umbenannt wurde.

[+] Wenn Sie wie hier aus verschiedenen Teilen Pfadangaben zusammensetzen müssen, können Sie dazu das CmdLet `Join-Path` verwenden. Ihm übergeben Sie zwei Parameter, die als Pfad zusammengefügt werden. Dazu werden die benötigten Pfadtrennzeichen ergänzt und gegebenenfalls doppelte entfernt. Folgende Anweisungen führen daher alle zu der gültigen Pfadangabe `C:\Test\Test2`.

```
Join-Path "C:\Test\" "\Test2"
Join-Path "C:\Test" "\Test2"
Join-Path "C:\Test" "Test2"
```

5.1.6 Dateien umbenennen, erstellen und löschen

Genauso einfach, wie Sie Verzeichnisse manipulieren können, funktioniert das auch mit Dateien. Um Dateien zu erstellen, gibt es jedoch verschiedene Möglichkeiten. So können Sie bspw. Rückgabewerte von CmdLets in Dateien ausgeben.

Ausgaben in Dateien umleiten

Am einfachsten lässt sich eine Datei mit Inhalt erstellen, indem Sie den Rückgabewert eines CmdLets in eine Datei ausgeben. Dazu nutzen Sie das CmdLet `Out-File`. Ihm übergeben Sie als Parameter `-filePath` mit Namen und Pfad der Datei, in die Sie die Ausgabe speichern möchten. Das folgende Skript erzeugt auf diese Weise eine Datei mit dem Namen `cmdLetListe.txt`, in der alle Befehle und CmdLets der PowerShell ausgegeben werden. Der Dateiname wird hier mit dem CmdLet `Join-Path` zusammengesetzt.

Da Dateien nur in Verzeichnissen erstellt werden können, die bereits vorhanden sind, wird vorab geprüft, ob es das Zielverzeichnis schon gibt. Falls ja, wird die Datei erzeugt und mit der Funktion `meldung` in der Datei `wichtigefunktionen.ps1` eine Bestätigung ausgegeben.

Gibt es das Verzeichnis nicht, wird entsprechend eine Fehlermeldung ausgegeben.

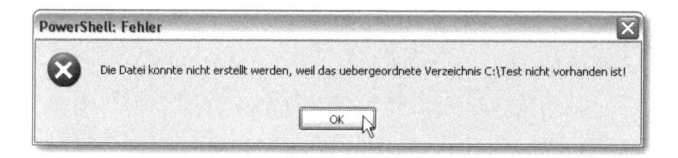

Abbildung 5.5 Ausgabe der Fehlermeldung, wenn das übergeordnete Verzeichnis nicht vorhanden ist.

Damit die Datei `wichtigefunktionen.ps1` gefunden werden kann, wenn Sie das Skript aus der PowerShellIDE ausführen, sollten Sie in der Variablen `bibpfad` den Pfad zur Datei `wichtigefunktionen.ps1` eingeben. Beim direkten Ausführen des Skriptes an der Kommandozeile wird das Skriptverzeichnis automatisch korrekt ermittelt.

```
#Skriptname: Dateien.ps1
#Autor: Helma Spona
#Auflage: 1
#Verzeichnis: /Bsp/K05
#Beschreibung: Zeigt, wie Dateien erstellt werden koennen.
#Anmerkungen: Benoetigt die Datei wichtigefunktionen.ps1
#Laden der Bibliotheksdateien

#Laden der Hilfsfunktionen
$bibpfad= Split-Path (Split-Path ($myInvocation.get_
MyCommand().Definition) -parent)  -parent
. ($bibpfad + "\wichtigefunktionen.ps1")
```

5 | Arbeiten mit dem Dateisystem

```
#Benoetigte Variablen
$Pfad="C:\Test"
$Dateiname=Join-Path $Pfad "cmdLetListe.txt"
#Skriptbloecke und Funktionen

#Skriptinhalt
$erg=[reflection.assembly]::LoadWithPartialName(
   "System.Windows.Forms")

if ((Test-Path $Pfad) -eq $true)
{
   #Verzeichnis vorhanden, Datei kann erstellt werden
   Get-Command "*" | Out-File -FilePath ($Dateiname)
   Meldung "Datei erstellt!"
}
else
{
   Fehler ("Die Datei konnte nicht erstellt werden, " +
      "weil das uebergeordnete Verzeichnis $Pfad " +
      "nicht vorhanden ist!")
}
```

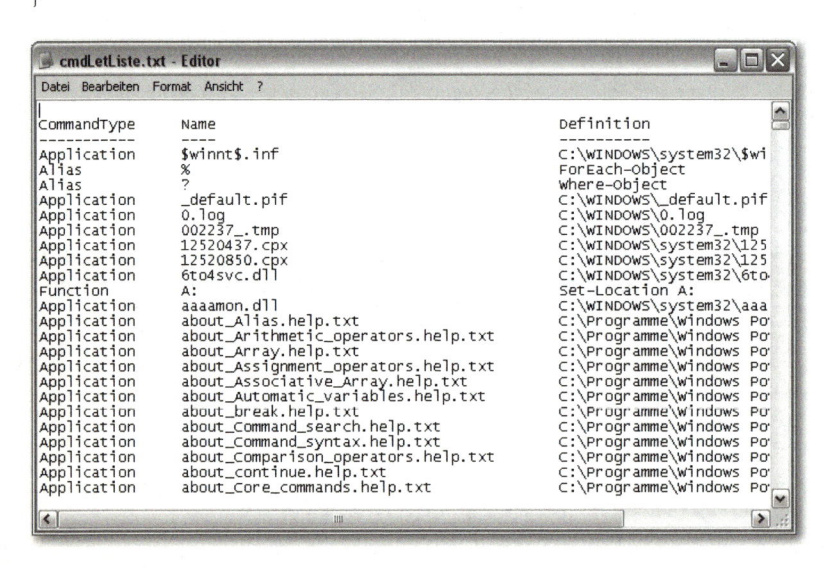

Abbildung 5.6 Die erzeugte Datei

Prüfen, ob eine Datei vorhanden ist

Bisher gibt das Skript immer dann die Meldung aus, dass die Datei erzeugt wurde, wenn das CmdLet Out-File beendet wurde, und zwar unabhängig davon, ob es überhaupt gelungen ist, die Datei zu erzeugen.

Ob die Datei vorhanden ist, können Sie wie bei einer Pfadangabe mit dem CmdLet `Test-Path` prüfen. Dazu müssen Sie den Code wie folgt ergänzen:

```
...
if ((Test-Path $Pfad) -eq $true)
{
   #Verzeichnis vorhanden, Datei kann erstellt werden
   Get-Command "*" | Out-File -FilePath ($Dateiname)
   if ((Test-Path $Dateiname) -eq $true)
   {
      Meldung "Datei erstellt!"
   }
}
...
```

Leere Dateien erstellen

Nicht viel komplizierter ist es, eine neue Datei zu erstellen. Auch das funktioniert wie bei neuen Verzeichnissen mit dem CmdLet `New-Item`. Im Unterschied zum Erstellen von Verzeichnissen geben Sie hier als Wert für den Parameter `-Type` jedoch `"file"` an.

Mit folgender Erweiterung des Codes wird im Verzeichnis `C:\Test` auch eine leere Textdatei mit dem Namen `leereTextdatei.txt` erstellt:

```
...
if ((Test-Path $Pfad) -eq $true)
{
   #Verzeichnis vorhanden, Datei kann erstellt werden
   Get-Command "*" | Out-File -FilePath ($Dateiname)
   if ((Test-Path $Dateiname) -eq $true)
   {
      Meldung "Datei erstellt!"
   }
   #Leere Datei erstellen
   New-Item -Name leereTextdatei.txt -type "file" -Path
      $Pfad
}
...
```

Sie können aber auch gleich Inhalte in die Datei einfügen, indem Sie zusätzlich das Attribut `-Value` angeben. Folgende Anweisung erstellt eine Datei mit dem Inhalt »Hallo Welt!«:

```
New-Item -Name hallowelt.txt -type "file" -Path $Pfad -Value "Hallo Welt!"
```

Abbildung 5.7 Die erzeugte Textdatei

Mehr zum Bearbeiten und Lesen von Textdateien folgt etwas weiter unten in Abschnitt 5.3, *Text- und XML-Dateien bearbeiten*.

[!] Wenn Sie versuchen, mit `New-Item` eine Datei zu erstellen, die es schon gibt, löst dies einen Laufzeitfehler aus. Sie müssen die Datei also vorher löschen, oder Sie verwenden zusätzlich das Attribut `-Force`. Es sorgt dafür, dass die alte Datei überschrieben wird und damit das Erstellen der neuen Datei erzwungen wird. Mit folgender Anweisung, eingegeben in eine Zeile, wird eine eventuell vorhandene Zieldatei überschrieben:

```
New-Item -Name leereTextdatei.txt -type "file" -Path $Pfad -Force
```

[»] Das Umbenennen von Dateien funktioniert prinzipiell genauso wie bei Verzeichnissen mit dem CmdLet `Rename-Item`. Da aber nur der erste Parameter Platzhalter akzeptiert, können Sie nicht auf einen Schlag alle Dateien eines Verzeichnisses umbenennen. Sie müssen dazu alle Dateien des Verzeichnisses durchlaufen und jede Datei einzeln umbenennen. Wie das funktioniert, wird weiter unten in Abschnitt 5.1.7, *Verzeichnisinhalte durchsuchen und bearbeiten*, beschrieben.

Dateien löschen

Mit dem CmdLet `Delete-Item` können Sie problemlos Dateien löschen. Dazu geben Sie einfach nur den Dateinamen als Parameter an. Die folgende Anweisung löscht die Datei, die über die Variable `Dateiname` spezifiziert wird.

```
Remove-Item $Dateiname
```

Dateiattribute ermitteln und setzen

Möchten Sie prüfen, ob eine Datei schreibgeschützt ist oder über sonstige Eigenschaften verfügt, müssen Sie dazu die Datei als `System.IO.FileInfo`-Objekt zurückgeben. Dazu können Sie das CmdLet `Get-Item` verwenden. Im Anschluss können Sie dann die Dateieigenschaften über die entsprechenden Eigenschaften des Objektes ermitteln. Das folgende Beispiel zeigt das Skript dazu. Es prüft, ob die angegebene Datei leer ist. Falls ja, wird sie gelöscht.

Wenn Sie allerdings das CmdLet Get-Item verwenden und ihm als Dateiname eine Pfadangabe übergeben, die nicht vorhanden ist, löst das CmdLet eine Ausnahme aus. Daher sollten Sie vorher prüfen, ob es die gewünschte Datei gibt. Daher wird der Aufruf des CmdLets noch einmal in eine if-Verzweigung eingefasst.

Haben Sie die gewünschte Datei über das CmdLet Get-Item zurückgegeben und der Variablen zugewiesen, können Sie über die Eigenschaft Length die Größe der Datei ermitteln. Ist die Datei leer, ist die Dateigröße 0. Daher müssen Sie den Rückgabewert der Eigenschaft nur mit dem Wert 0 vergleichen. Ist der Ausdruck true, ist die Datei leer, und Sie können die Datei mit Remove-Item löschen.

```
#Skriptname: Dateieigenschaften.ps1
#Autor: Helma Spona
#Auflage: 1
#Verzeichnis: /Bsp/K05
#Beschreibung: Zeigt, wie Dateieigenschaften ermittelt und gesetzt
werden koennen.
#Anmerkungen: Benoetigt die Datei wichtigefunktionen.ps1
#Laden der Bibliotheksdateien

#Laden der Hilfsfunktionen
$bibpfad= Split-Path (Split-Path ($myInvocation.get_
MyCommand().Definition) -parent)  -parent
. ($bibpfad + "\wichtigefunktionen.ps1")
#Benoetigte Variablen
$Pfad="C:\Test"
$Dateiname=Join-Path $Pfad "leereTextdatei.txt"
$Datei
#Skriptbloecke und Funktionen

#Skriptinhalt
$erg=[reflection.assembly]::LoadWithPartialName(
   "System.Windows.Forms")
if ((Test-Path $Dateiname) -eq $true)
{
   $Datei=Get-Item $Dateiname
   if (($Datei.Length) -eq 0)
   {
      #Datei vorhanden, aber leer
      Meldung ("Die Datei $Dateiname ist leer " +
         "und wird geloescht")
   }
}
```

5 | Arbeiten mit dem Dateisystem

[»] Analog können Sie natürlich mit dem CmdLet `Get-Item` auch Informationen über Verzeichnisse ermitteln.

Selbstverständlich können Sie auch weitere Eigenschaften der Datei ermitteln. Folgende Erweiterung des Beispiels gibt die wichtigsten aus:

```
...
$Dateiname=Join-Path $Pfad "cmdLetListe.txt"
if ((Test-Path $Dateiname) -eq $true)
{
   $Datei=Get-Item $Dateiname
   echo ("Schreibgeschuetzt: " + $Datei.IsReadOnly)
   echo ("Verzeichnisname: " + $Datei.DirectoryName)
   echo ("Dateinamenserweiterung: " + $Datei.Extension)
   echo ("Erstelldatum: " + $Datei.CreationTime)
   echo ("Modus: " + $Datei.Mode)
}
...
```

```
Console Output
PS C:\>
OK
Schreibgeschuetzt: False
Verzeichnisname: C:\Test
Dateinamenserweiterung: .txt
Erstelldatum: 25.09.2006 13:21:51
Modus: -a---
```

[+] Mit der Eigenschaft `DirectoryName` können Sie nur das Verzeichnis als Zeichenfolge ermitteln. Benötigen Sie ein `System.IO.DirectoryInfo`-Objekt des übergeordneten Verzeichnisses, um bspw. zu prüfen, wie viele Dateien noch im Verzeichnis vorhanden sind, können Sie das Verzeichnis als Objekt über die Eigenschaft `Directory` zurückgeben.

Sie können Dateieigenschaften aber nicht nur abrufen, sondern auch ändern. Das gilt allerdings nur für bestimmte. Die Eigenschaft `Length` bspw. können Sie nicht direkt ändern, sondern nur dadurch, dass Sie den Inhalt der Datei ändern. Andere Dateieigenschaften wie den Pfad können Sie durch Kopieren, Umbenennen oder Verschieben der Datei ändern. Für alle direkt beeinflussbaren Eigenschaften gibt es Methoden, über die Sie die Eigenschaft setzen können.

Folgendes Beispiel zeigt, wie Sie eine Datei mit einem Schreibschutz versehen können. Nachdem Sie die Dateieigenschaften ausgegeben haben, wird die `IsReadOnly`-Eigenschaft geprüft. Gibt sie `true` zurück, wird der Schreibschutz entfernt, ansonsten wird er gesetzt. In beiden Fällen wird dazu die Methode `Set_IsReadOnly` verwendet, der Sie `true` übergeben, um den Schreibschutz zu aktivieren, oder `false`, um ihn aufzuheben.

5.1 | Dateien und Verzeichnisse manipulieren

```
#Skriptname: Dateieigenschaften.ps1
#Autor: Helma Spona
#Auflage: 1
#Verzeichnis: /Bsp/K05
#Beschreibung: Zeigt, wie Dateieigenschaften ermittelt und gesetzt
werden koennen.
#Anmerkungen: Benoetigt die Datei wichtigefunktionen.ps1
#Laden der Bibliotheksdateien

...
$Dateiname=Join-Path $Pfad "cmdLetListe.txt"
if ((Test-Path $Dateiname) -eq $true)
{
   $Datei=Get-Item $Dateiname
   echo ("Schreibgeschuetzt: " + $Datei.IsReadOnly)
...
  #Wenn Schreibschutz nicht aktiv ist, Schreibschutz setzen,
  #ansonsten Schreibschutz entfernen
  if ($Datei.IsReadOnly -eq $false)
  {
    $Datei.Set_IsReadOnly($true)
  }
  else
  {
    $Datei.Set_IsReadOnly($false)
  }
}
```

Wenn Sie das Skript ausführen, wird der Schreibschutz für die Datei aktiviert, falls er vorher nicht aktiviert war. Das können Sie auch sehen, wenn Sie die Dateieigenschaften im Arbeitsplatz anzeigen lassen.

> Es geht natürlich auch noch kürzer, indem Sie den `-not`-Operator verwenden. Damit können Sie sich die `if`-Verzweigung sparen und diese durch folgende Anweisung ersetzen:
> `$Datei.Set_IsReadOnly(-not($Datei.IsReadOnly))`
>
> Die Anweisung wird wie folgt ausgewertet: Zunächst wird der Wert der `IsReadOnly`-Eigenschaft ermittelt und durch den `-not`-Operator negiert. Hat die Eigenschaft den Wert `true`, ergibt `-not($Datei.IsReadOnly)` `false`. Dieser Wert wird dann an die `Set_isReadOnly`-Eigenschaft übergeben und so der gegenteilige Wert des aktuellen Wertes für die Schreibschutz-Eigenschaft festgelegt.

Abbildung 5.8 Anzeige des gesetzten Schreibschutzes

Ganz ähnlich können Sie dann auch die weiteren Dateieigenschaften über die passenden Methoden ändern, die Sie in der folgenden Tabelle aufgelistet finden.

Methode	Beschreibung	Parameter
set_Attributes	Setzt erweiterte Dateiattribute. Sie können damit bspw. festlegen, ob eine Datei versteckt sein soll.	Ein `FileAttributes`-Wert, der die Dateiattribute bestimmt
set_CreationTime	Ändert das Erstelldatum der Datei.	Ein `DateTime`-Objekt mit dem gewünschten Datum
set_IsReadOnly	Legt den Schreibschutz der Datei fest.	Ein boolescher Wert `true` oder `false`
set_LastAccessTime	Legt den Zeitpunkt des letzten Zugriffs fest.	Ein `DateTime`-Objekt mit dem gewünschten Datum
set_LastWriteTime	Legt den Zeitpunkt des letzten Schreibzugriffs fest.	Ein `DateTime`-Objekt mit dem gewünschten Datum
SetAccessControl	Legt die Zugriffsrechte fest.	Ein `FileSecurity`-Objekt, das die Rechte festlegt

Tabelle 5.1 Verfügbare Methoden zum Ändern der Dateieigenschaften

Mit der Methode `Set_Attributes` können Sie erweiterte Attribute festlegen, wie Verschlüsselung, Archiv-Eigenschaft etc. Dazu müssen Sie eine `System.IO.File-Attribute`-Konstante bzw. deren numerische Entsprechung übergeben.

Wenn Sie das vorstehende Beispiel wie folgt ergänzen, wird die Datei zusätzlich als versteckte Datei definiert:

```
...
#Wenn Schreibschutz nicht aktiv ist, Schreibschutz setzen,
#ansonsten Schreibschutz entfernen
$Datei.Set_IsReadOnly(-not($Datei.IsReadOnly))
#Datei als versteckte Datei definieren
$Datei.Set_Attributes(2)
```

Nachdem Sie das Skript erneut ausgeführt haben, wird im Arbeitsplatz auch angezeigt, dass die Datei nun versteckt ist.

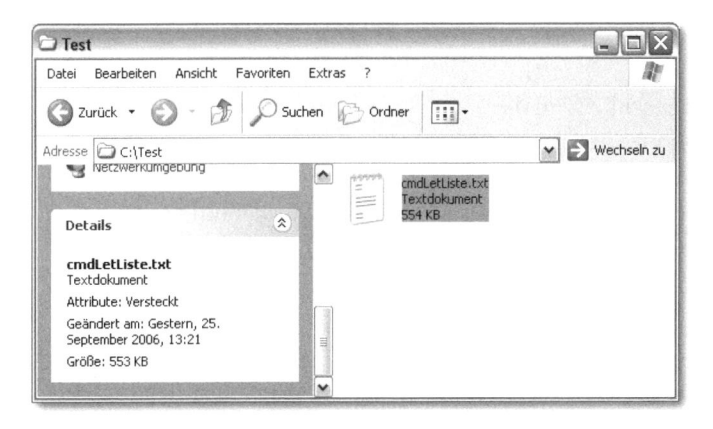

Abbildung 5.9 In den Details zur Datei wird nun deutlich, dass die Datei jetzt versteckt ist.

Abhängig von Ihren Windows-Einstellungen kann es natürlich auch sein, dass die Datei nun nicht mehr sichtbar ist, weil versteckte Dateien und Systemdateien nicht angezeigt werden.

Folgende Tabelle zeigt die verfügbaren Konstanten und deren numerische Werte.

Konstante	Wert	Beschreibung
FileAttributes.Normal	128	Normal (Standardwert). Die Datei weist keine besonderen Charakteristika auf.
FileAttributes.ReadOnly	1	schreibgeschützt
FileAttributes.Hidden	2	ausgeblendet

Tabelle 5.2 Verfügbare Konstanten für die Dateiattribute

Konstante	Wert	Beschreibung
FileAttributes.System	4	Systemdatei
FileAttributes.Directory	16	Verzeichnis oder Ordner
FileAttributes.Archive	32	Die Datei wurde nach der letzten Sicherung geändert.

Tabelle 5.2 Verfügbare Konstanten für die Dateiattribute (Forts.)

Dateien kopieren

Möchten Sie Dateien kopieren, gibt es dazu zwei Möglichkeiten. Sie können das CmdLet Copy-Item verwenden oder die CopyTo-Methode des System.IO.FileInfo-Objekts verwenden.

Beides soll das folgende Beispiel zeigen. Es erstellt ein Verzeichnis C:\Test2, falls es nicht vorhanden ist. Dort erstellt es eine Datei test2.txt und kopiert diese dann in das Stammverzeichnis des gleichen Laufwerks. Dazu wird das Copy-Item-CmdLet verwendet.

Darüber hinaus wird anschließend die CopyTo-Methode der Datei verwendet, um die Datei unter dem Namen test3.txt in das Verzeichnis C:\Test2 zu kopieren. Dazu wird zunächst wieder geprüft, ob das Verzeichnis C:\Test2 existiert. Falls nicht, wird es erstellt. Gelingt dies nicht, wird eine Fehlermeldung ausgegeben.

```
#Skriptname: DateienKopieren.ps1
#Autor: Helma Spona
#Auflage: 1
#Verzeichnis: /Bsp/K05
#Beschreibung: Erzeugt ein Verzeichnis C:\Test2 und erstellt
#   darin eine Datei "test2.txt", die in das Stammverzeichnis des
#   des Laufwerks kopiert wird.

#Anmerkungen: Benoetigt die Datei wichtigefunktionen.ps1
#Laden der Bibliotheksdateien
$bibpfad= Split-Path (Split-Path ($myInvocation.get_
MyCommand().Definition) -parent)  -parent
. ($bibpfad + "\wichtigefunktionen.ps1")

#Benoetigte Variablen
$Pfad="C:\Test2"
#Skriptbloecke und Funktionen

#Skriptinhalt
$erg=[reflection.assembly]::LoadWithPartialName(
    "System.Windows.Forms")
```

```
if ((Test-Path $Pfad) -eq $false)
{
    #Verzeichnis erzeugen
    trap {continue}
        $erg= New-Item $Pfad -Type directory
}
if ((Test-Path $Pfad) -eq $true)
{
    #Datei erzeugen und kopieren
    ...

}
else
{
        Meldung ("Das Verzeichnis konnte nicht " +
        "erstellt werden!")
}
```

Konnte das Verzeichnis erstellt werden, wird nun eine neue Datei mit dem CmdLet `New-Item` innerhalb des Verzeichnisses erzeugt. Gelingt dies, wird die Datei mit dem CmdLet `Get-Item` zurückgegeben. Über dessen `Directory`-Eigenschaft wird das übergeordnete Verzeichnis ermittelt und mit dessen `Root`-Eigenschaft das Wurzelverzeichnis des Laufwerks ermittelt und in der Variablen `Wurzel` gespeichert.

Alternativ wäre es auch möglich, das Wurzelverzeichnis wie folgt zu ermitteln. Dabei wird das `DirectoryInfo`-Objekt mit dem CmdLet `Get-Item` direkt aus dem Pfad erzeugt und danach dessen `Root`-Eigenschaft abgefragt:

[«]

```
$Wurzel=Get-Item $Pfad
$Wurzel=$Wurzel.Root
```

Steht das Wurzel-Verzeichnis fest, können Sie die Datei kopieren. Im ersten Fall wird hierzu das CmdLet `Copy-Item` verwendet. Um damit die Datei zu kopieren, geben Sie als ersten Parameter die zu kopierende Datei an. Das kann auch, wie hier gezeigt, ein `System.IO.FileInfo`-Objekt sein. Als zweiten Parameter geben Sie das Zielverzeichnis mit oder ohne Dateiname an. Lassen Sie den Dateinamen weg, behält die Datei ihren Namen und wird nur in das andere Verzeichnis kopiert. Wenn Sie zusätzlich den Dateinamen angeben, bspw. mit

```
Copy-Item $Datei (Join-Path $Wurzel "test2.txt") -Force
```

dann kann die Zieldatei auch einen neuen Namen bekommen.

Anschließend wird dann die `CopyTo`-Methode des `System.IO.FileInfo`-Objekts verwendet, um die Datei ein zweites Mal zu kopieren: diesmal als **test3.txt** in das ursprüngliche Verzeichnis **C:\Test2**. Dazu übergeben Sie als ersten Parameter den Zieldateinamen inklusive Pfadangabe, der hier zuvor in der Variablen `Ziel` gespeichert wird.

```
...
if ((Test-Path $Pfad) -eq $true)
{
   #Datei erzeugen und kopieren
   $erg=New-Item -Type "file" `
      -Name "test2.txt" -Path $Pfad `
      -Value "Demo"
   if ((Test-Path (Join-Path $Pfad "test2.txt")) -eq $true)
   {
     #Datei ist vorhanden: Root-Verzeichnis ermitteln
     $Datei=Get-Item (Join-Path $Pfad "test2.txt")
     $Wurzel= $Datei.Directory.Root
     #Datei kopieren
     echo "Kopieren der Datei in das Wurzelverzeichnis ..."
     Copy-Item $Datei $Wurzel -Force
     echo ("Kopieren der Datei in das " +
        "Ursprungsverzeichnis ...")
     $Ziel=Join-Path $Pfad "test3.txt"
      $Datei.CopyTo($Ziel)
   }
}
...
```

Wenn Sie mit `Copy-Item` und `CopyTo` eine Datei kopieren, die im Zielverzeichnis schon vorhanden ist, kommt es zu einem Laufzeitfehler. Das können Sie bei dem CmdLet `Copy-Item` vermeiden, indem Sie den Parameter `-Force` angeben. Er bewirkt, dass eine schon vorhandene Zieldatei überschrieben wird.

Bei der `CopyTo`-Methode können Sie zum gleichen Zweck einen booleschen Wert als zweiten Parameter übergeben. Mit

```
$Datei.CopyTo($Ziel, $true)
```

erreichen Sie somit ebenfalls, dass die vorhandene Zieldatei überschrieben wird.

Wenn Sie das Skript ausführen, gelingt das allerdings nur dann fehlerfrei, wenn die Datei `C:\Test2\test2.txt` noch nicht vorhanden ist. Spätestens nach dem ersten Testlauf des Skriptes ist sie aber da, und dann kommt es zu Fehlern. Sie können das Problem lösen,

- indem Sie die Datei vor dem Aufruf des CmdLets New-Item löschen oder
- indem Sie das CmdLet nur ausführen, wenn die Datei noch nicht vorhanden ist.

Dazu fassen Sie die Anweisung einfach in eine weitere if-Verzweigung ein:

```
...
   if ((Test-Path (Join-Path $Pfad "test2.txt")) -eq $false)
   {
      $erg=New-Item -ItemType "file" `
         -Name "test2.txt" `
         -Path $Pfad -Value "Demo"
   }
...
```

Nun können Sie das Skript auch mehrfach hintereinander ausführen, ohne dass es zu Fehlermeldungen kommt.

5.1.7 Verzeichnisinhalte durchsuchen und bearbeiten

Interessant wird der Umgang mit Verzeichnissen und Dateien vor allem dann, wenn Sie damit ganze Verzeichnisstrukturen bearbeiten können. So ist es bspw. denkbar, alle Textdateien eines Verzeichnisses umzubenennen oder ganze Verzeichnisstrukturen zu sichern, Inhaltsverzeichnisse zu erstellen etc. Die Basis dazu ist die foreach-Schleife, mit der Sie Auflistungen durchlaufen können.

Das nächste Beispiel zeigt, wie Sie das Verzeichnis C:\Test2 durchlaufen und die Namen aller enthaltenen Unterelemente (Dateien und Unterordner) ausgeben.

Zunächst müssen Sie das Verzeichnis als DirectoryInfo-Objekt mit Hilfe des CmdLets Get-Item zurückgeben. Hier wird das Objekt in der Variablen ordner gespeichert. Um dem Objekt nun eine Auflistung zurückzugeben, die alle Elemente des Ordners beinhaltet, benötigen Sie innerhalb des Schleifenkopfes der foreach-Schleife ein weiteres CmdLet, nämlich Get-ChildItem. Ihm übergeben Sie als Parameter das DirectoryInfo-Objekt in der Variablen ordner.

Innerhalb der Schleife können Sie dann über die Schleifenvariable Item auf den Ordner oder die Datei zugreifen. Hier wird zunächst nur der Name der Datei oder des Ordners ausgegeben.

> Versteckte Dateien und Ordner werden damit nicht durchlaufen. Es werden also nur die nicht versteckten Dateien und Ordner in der Liste ausgegeben. Auch Unterordner werden nicht durchlaufen, sondern nur der Ordner selbst ist Bestandteil der Liste (hier C:\Test2\Test2).

```
C:\Test2\cmdLetListe.txt
C:\Test2\hallowelt.txt
C:\Test2\leereTextdatei.txt
C:\Test2\test.txt
C:\Test2\test2.txt
C:\Test2\test3.txt
C:\Test2\Test2
```

Abbildung 5.10 Die Ausgabe des Skriptes

```
#Skriptname: DateienUmbenennen.ps1
#Autor: Helma Spona
#Auflage: 1
#Verzeichnis: /Bsp/K05
#Beschreibung: Zeigt, wie Sie Verzeichnisse durchlaufen
#    u. deren Inhalte bearbeiten koennen
#Benoetigte Variablen
$Pfad="C:\Test2"

#Skriptinhalt
if ((Test-Path $Pfad) -eq $true)
{
    #Verzeichnis vorhanden
    $ordner=Get-Item ($Pfad)
    foreach ($Item in (Get-ChildItem $ordner ))
    {
        echo ($Item.Fullname)
    }
}
```

[+] Möchten Sie, dass auch die Dateien durchlaufen werden, die sich in den Unterordnern befinden, können Sie das dadurch erreichen, dass Sie das CmdLet Get-ChildItem mit dem Parameter -Recurse aufrufen:

```
foreach ($Item in (Get-ChildItem $ordner -Recurse))
{
    echo ($Item.Fullname)
}
```

[+] Möchten Sie alle Dateien abrufen, auch versteckte und Systemdateien, erreichen Sie das, indem Sie zusätzlich das Attribut -Force angeben:

```
foreach ($Item in (Get-ChildItem $ordner -Recurse -Force))
{
    echo ($Item.Fullname)
}
```

Wenn Sie alle Textdateien innerhalb des Verzeichnisses und seiner Unterverzeichnisse umbenennen möchten, bspw. von »*.txt« in »*.text«, besteht das erste

Problem darin, nur die Textdateien zu ermitteln. Dazu gibt es generell zwei Möglichkeiten: Sie können alle Dateien und Verzeichnisse abrufen und über die Eigenschaft `Extension` den Dateityp ermitteln. Innerhalb der Schleifen prüfen Sie dann, ob die Datei den gewünschten Typ hat, und können diese dann umbenennen. Das ist allerdings sehr aufwendig und zeitraubend, vor allem, wenn sehr viele Dateien abgearbeitet werden müssen und nur ein geringer Teil davon den gewünschten Typ hat.

Besser ist, Sie setzen einen Filter ein, um ausschließlich die Dateien mit dem gewünschten Typ abzurufen. Den Filter geben Sie als Parameter `-Filter` im CmdLet `Get-ChildItem` an. Als Wert folgt eine Zeichenfolge mit Platzhaltern, die in diesem Fall den Dateinamen definiert. Wenn Sie alle Dateien abrufen möchten, deren Namen die Dateinamenserweiterung »txt« haben, geben Sie `"*.txt"` an.

Wie die Filterbedingung zu formulieren ist, hängt davon ab, welche Art von Elementen das CmdLet `Get-ChildItem` liefert.

Folgende Änderung des Codes führt dazu, dass nun nur noch Textdateien durchlaufen werden:

```
...
   foreach ($Item in
   (Get-ChildItem $ordner -Recurse -Force -Filter "*.txt"))
   {
      echo ($Item.Fullname)
   }
...
```

Innerhalb der Schleife können Sie nun bspw. Anweisungen einfügen, die die Dateien umbenennen. Da es jedoch zum Umbenennen keine Methode gibt, müssen Sie dazu die `MoveTo`-Methode nutzen, die eigentlich zum Verschieben von Dateien und Verzeichnissen gedacht ist. Wenn Sie nur den neuen Dateinamen angeben, bewirkt der Aufruf der `MoveTo`-Methode, dass die Datei in das aktive Verzeichnis verschoben wird. Wenn Sie sie am gleichen Platz nur umbenennen möchten, müssen Sie also das passende Verzeichnis davor setzen.

Außerdem müssen Sie aus dem Dateinamen den Namen ohne die Dateinamenserweiterung ermitteln, weil Sie die Dateinamenserweiterung ja ändern möchten. Zunächst rufen Sie dazu die `Lenght`-Anweisung für den Wert der `FullName`-Eigenschaft auf. Damit ermitteln Sie die Länge des vollständigen Dateinamens und ziehen dann davon die Länge der Dateinamenserweiterung ab. Das Ergebnis ist die Länge des Dateinamens mit Pfadangabe, aber ohne die Dateinamenserweiterung. Die Variable `Laenge` enthält danach also die Länge des Dateinamens ohne

Erweiterung. Mit diesem Wert können Sie nun den neuen Dateinamen berechnen. Dazu rufen Sie die `SubString`-Methode des Dateinamens auf und ermitteln daraus den Teil vom ersten Zeichen (Index 0) bis zur angegebenen Länge in der Variablen `Laenge`.

Die so ermittelte Teilzeichenfolge ergänzen Sie danach noch um die gewünschte Dateinamenserweiterung einschließlich des Punktes. Damit haben Sie den neuen Namen berechnet und können ihn an die `MoveTo`-Methode übergeben.

```
...
   foreach ($Item in
   (Get-ChildItem $ordner -Recurse -Force -Filter "*.txt"))
   {
     $Laenge=($Item.FullName.Length -
        $Item.Extension.Length)
     $NeuerName=$Item.FullName.Substring(0,$Laenge) +
        ".text"
     $Item.MoveTo($NeuerName)
   }
...
```

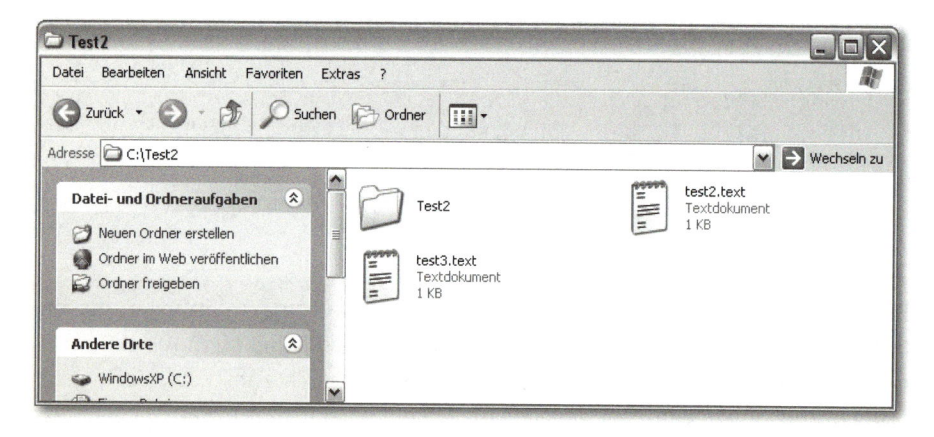

Abbildung 5.11 Nun haben alle Textdateien die Dateinamenserweiterung »text«.

5.2 Auf Laufwerke und die Netzwerkumgebung zugreifen

Wenn Sie bspw. Skripte für automatische Datensicherungen erstellen möchten, ist es natürlich wichtig, auf alle Laufwerke eines Systems zugreifen zu können. Gleiches gilt natürlich, wenn Sie sich einen Dialog zur Auswahl eines Laufwerks programmieren möchten.

Neben den physikalischen Laufwerken spielen für solche Zwecke auch Netzwerkfreigaben eine Rolle. Beides ist Bestandteil dieses Abschnittes.

5.2.1 Laufwerke auflisten

Möchten Sie auf alle Laufwerke des Systems zugreifen, können Sie dazu das CmdLet `get-PSDrive` verwenden. Es listet die `Drive`-Objekte der PowerShell auf.

> Wie anfangs schon erwähnt wurde, sind die `Drive`-Objekte der PowerShell nicht zwingend physische Laufwerke. Daher gibt das CmdLet ohne Angabe weiterer Parameter immer auch Registry-Einträge und andere Elemente zurück, die in der PowerShell als virtuelle Laufwerke zur Verfügung gestellt werden. Unterscheiden lassen sich die einzelnen Laufwerke nach dem Provider, der sie zur Verfügung gestellt hat.

Das folgende Beispiel listet alle möglichen `Drive`-Objekte auf, indem die Liste zurückgegeben und dann in einer Schleife durchlaufen wird.

```
#Skriptname: Laufwerksliste.ps1
#Autor: Helma Spona
#Auflage: 1
#Verzeichnis: /Bsp/K05
#Beschreibung: Listet alle Laufwerke auf
#Anmerkungen: keine

#Benoetigte Variablen
$LWListe=Get-PSDrive
#Skriptbloecke und Funktionen

#Skriptinhalt
foreach ($LW in $LWListe)
{
    echo $LW.Name
}
```

Nun müssen Sie noch die Ergebnisliste auf die tatsächlichen Laufwerke einschränken. Dazu können Sie den Parameter `-Psprovider` übergeben und dessen Wert auf den Providernamen setzen, von dem das `Drive`-Objekt verwaltet wird. Der geänderte Inhalt der Schleife gibt nun nicht nur den Namen des `Drive`-Objekts, sondern auch dessen `Root`-Verzeichnis und die Beschreibung aus.

```
...
#Benoetigte Variablen
$LWListe=Get-PSDrive -PSprovider "filesystem"

#Skriptinhalt
```

5 | Arbeiten mit dem Dateisystem

```
foreach ($LW in $LWListe)
{
   echo ($LW.Name + " - " + $LW.Root  + " - " +
      $LW.Description)
}
...
```

Abbildung 5.12 Die erzeugte Liste

Abbildung 5.13 Die geänderte Ausgabe aller physikalischen Laufwerke

[»] Generell werden alle Laufwerke aufgelistet, egal, ob es sich dabei um Laufwerke mit Wechseldatenträgern handelt oder um Laufwerke, die für den Benutzer gesperrt sind. Bei Wechseldatenträgern besteht natürlich die Gefahr, dass dort kein Datenträger eingelegt ist und Sie daher beim Zugriff auf das Laufwerk einen Laufzeitfehler erhalten. Zu den Wechseldatenträgern gehören auch USB-Sticks, Card-Reader, CD- und DVD-Laufwerke sowie die allerdings immer seltener werdenden Diskettenlaufwerke. Ihnen allen ist gemeinsam, dass sie vorhanden sein können, ohne dass ein Datenträger eingelegt ist.

Abbildung 5.14 Die erzeugte Fehlermeldung beim Versuch, auf Laufwerk »L« zuzugreifen, wenn kein Datenträger eingelegt ist

5.2.2 Prüfen, ob ein Laufwerk bereit ist

Wenn Sie bereits mit dem WSH gearbeitet haben, werden Sie nun vielleicht vermuten, dass es eine Eigenschaft isReady für ein Laufwerk gibt, über die Sie feststellen können, ob das Laufwerk bereit ist. So einfach ist das aber in der PowerShell nicht. Das PsDrive-Objekt, das Bestandteil der Auflistung ist, die vom CmdLet Get-PSDrive zurückgegeben wird, hat eine solche Eigenschaft jedoch nicht. Aber auch hier können Sie sich das .NET-Framework zunutze machen.

Es stellt die Klasse System.IO.DriveInfo zur Verfügung, über die Sie weitere Eigenschaften abrufen können. Sie müssen dazu dem Konstruktor der Klasse den Laufwerksbuchstaben des Laufwerks übergeben. Das System.IO.DriveInfo-Objekt stellt dann eine Eigenschaft IsReady zur Verfügung, die Auskunft über den Status des Laufwerks gibt.

Damit Sie den Status für beliebige Laufwerke möglichst einfach ermitteln können, sollten Sie sich dafür eine Funktion isReady schreiben. Sie gibt true zurück, wenn das Laufwerk bereit ist.

Innerhalb der Funktion erzeugen Sie zunächst ein System.IO.DriveInfo-Objekt und übergeben dabei an den Parameter den übermittelten Laufwerksbuchstaben (ohne den Doppelpunkt). Danach können Sie direkt den Wert der Eigenschaft IsReady als Rückgabewert der Funktion festlegen.

```
Function isReady ([System.String] $strLW)
{
    $LWInfo=New-Object System.IO.DriveInfo $strLW
    return $LWInfo.IsReady
}
```

Möchten Sie nun den Inhalt der Schleife so anpassen, dass zu jedem Laufwerk auch ausgegeben wird, ob das Laufwerk bereit ist, müssen Sie dazu folgende Änderung vornehmen:

```
...
#Skriptbloecke und Funktionen
function isReady ([System.String] $strLW)
{
   $LWInfo=New-Object System.IO.DriveInfo $strLW
   return $LWInfo.IsReady
}
#Skriptinhalt
foreach ($LW in $LWListe)
{
   echo ($LW.Name + " - " + $LW.Root  + " - " +
     $LW.Description + " - Bereit: " + (isReady($LW.Name)))
}
...
```

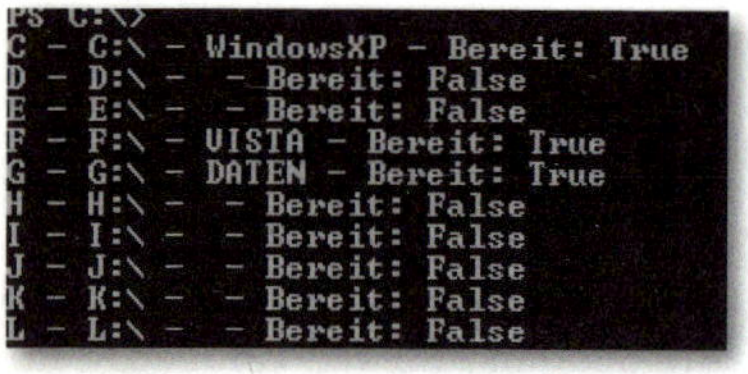

Abbildung 5.15 Das Ergebnis

5.2.3 Laufwerkseigenschaften ermitteln

Auch weitere Eigenschaften des Laufwerks können Sie über das `System.IO.DriveInfo`-Objekt ermitteln, bspw. den Typ des Laufwerks oder welche Größe und wie viel freien Speicher das Laufwerk hat. Um diese Informationen zu ermitteln, sollten Sie sich wieder entsprechende Funktionen schreiben.

Mit der `DriveType`-Eigenschaft des `System.IO.DriveInfo`-Objekts können Sie ermitteln, um was für ein Laufwerk es sich handelt. Dazu rufen Sie die Eigenschaft ab und vergleichen deren Wert mit einer `DriveType`-Konstante bzw. mit deren Wert. Die `DriveType`-Konstanten haben Zeichenkettenwerte, die Sie der folgenden Tabelle entnehmen können.

Optimal ist es, wenn Sie die möglichen Werte in einer `switch`-Verzweigung vergleichen und abhängig davon den Rückgabewert der Funktion festlegen. Das könnte dann wie folgt aussehen:

```
function LwTyp([System.String] $strLW)
{
   $LWInfo=New-Object System.IO.DriveInfo $strLW
   $typ=$LWInfo.DriveType.toString().toLower()
   switch ($typ)
```

```
        "cdrom" {return "CD";break;}
        "network" {return "Netzlaufwerk";break;}
        "fixed" {return "Festplatte";break;}
        "ram" {return "RAM";break;}
        "removable" {return "Wechsellaufwerk";break;}
         default {return "unbekannt";break;}
      }
}
```

Die Methode toLower sorgt dafür, dass der Wert der Konstanten in Kleinbuchstaben umgewandelt wird. Zuvor müssen Sie deren Wert jedoch mit der toString-Methode in ein System.String-Objekt konvertieren.

Konstante	Beschreibung	Wert
System.IO.DriveType.CDRom	CD-ROM- oder DVD-Laufwerk	»CDRom«
System.IO.DriveType.Network	Netzlaufwerk	»Network«
System.IO.DriveType.Fixed	Festplatte	»Fixed«
System.IO.DriveType.NoRootDirectory	Laufwerk hat kein Wurzelverzeichnis.	»NoRootDirectory«
System.IO.DriveType.Ram	RAM-Laufwerk	»Ram"
System.IO.DriveType.Removable	Laufwerk für Wechseldatenträger (USB-Stick, Karten-Laufwerk, Disketten-laufwerk, Memory-Stick …)	»Removable«
System.IO.DriveType.Unknown	unbekannt	»Unknown«

Tabelle 5.3 Mögliche Werte der DriveType-Eigenschaft

Wenn Sie nun in den Code der Schleife den Aufruf der Funktion aufnehmen, können Sie zu jedem Laufwerk auch den Laufwerkstyp ausgeben lassen:

```
...
#Skriptinhalt
foreach ($LW in $LWListe)
{
   echo ($LW.Name + " - " + $LW.Root  + " - " +
      " Typ: " + (LwTyp($LW.Name)) + " - " +
      $LW.Description + " - Bereit: " +
      (isReady($LW.Name)))
}
...
```

Abbildung 5.16 Ausgabe des Laufwerkstyps

Die anderen Funktionen sind noch wesentlich einfacher, weil Sie dort nur den freien oder gesamten Speicher formatiert ausgeben müssen und daher nicht zwischen verschiedenen Werten unterscheiden müssen. Um die Gesamtgröße des Datenträgers zu ermitteln, können Sie dessen TotalSize-Eigenschaft abrufen. Diese liefert aber die Größe des Datenträgers in Bytes. Das heißt, wenn Sie diese Angaben in Gigabyte umrechnen möchten, müssen Sie dazu wie folgt vorgehen:

- Zunächst teilen Sie einmal durch 1024. Dann erhalten Sie die Größe in Kilobyte.
- Erneutes Teilen des Ergebnisses durch 1024 ergibt Megabyte.
- Die dritte Division durch 1024 ergibt dann die Größe in Gigabyte.

Das so gewonnene Ergebnis hat nun aber ganz viele Nachkommastellen. Diese sollen Sie auf zwei begrenzen, indem Sie die statische Funktion Round der Klasse System.Decimal aufrufen. Ihr übergeben Sie den zu rundenden Wert und als zweiten Parameter die Anzahl der Nachkommastellen.

```
function gesamtGroesse ([System.String] $strLW)
{
    $LWInfo=New-Object System.IO.DriveInfo $strLW
    #umrechnen in GB
    $Erg=(((($LWInfo.TotalSize)/1024)/1024)/1024)
    #runden auf zwei Nachkommastellen
    $Erg=[System.Decimal]::round($Erg,2)
    #anhaengen der Einheit
    return ($Erg.toString() + " GB")
}
```

Analog dazu erfolgt auch die Berechnung des noch freien Speichers, den Sie über die Eigenschaft TotalFreeSpace ermitteln können.

```
function freierSpeicher ([System.String] $strLW)
{
    $LWInfo=New-Object System.IO.DriveInfo $strLW
    #umrechnen in GB
    $Erg=(((($LWInfo.TotalFreeSpace)/1024)/1024)/1024)
    #runden auf zwei Nachkommastellen
```

```
    $Erg=[System.Decimal]::round($Erg,2)
    #anhaengen der Einheit
    return ($Erg.toString() + " GB")
}
```

Es gibt auch die Eigenschaft `AvailableFreeSpace`, die die Größe des verfügbaren Speichers liefert. Der Unterschied zwsichen `AvailableFreeSpace` und `TotalFreeSpace` besteht darin, dass `TotalFreeSpace` den gesamten verfügbaren Speicher auf dem Datenträger angibt, `AvailableFreeSpace` jedoch nur den, der für den aktuellen Benutzer verfügbar ist. Ist für den Datenträger die Kontingentverwaltung aktiviert, weichen die Ergebnisse beider Eigenschaften voneinander ab.

Über die Eigenschaft `DriveFormat` können Sie den Typ des Dateisystems ermitteln. Diese Funktion ist die einfachste: Sie gibt einfach nur den Wert der Eigenschaft zurück.

```
function Dateisystem ([System.String] $strLW)
{
    $LWInfo=New-Object System.IO.DriveInfo $strLW
    return ($LWInfo.DriveFormat)
}
```

Wenn Sie die Funktionen nun testen möchten, müssen Sie dazu noch einmal den Code innerhalb der `foreach`-Schleife anpassen:

```
foreach ($LW in $LWListe)
{
    echo ($LW.Name + " - " + $LW.Root  + " - " +
    " Typ: " + (LwTyp($LW.Name)) + " - " +
    $LW.Description + "/" + (Dateisystem($LW.Name)) +
    " - Bereit: " + (isReady($LW.Name)) + " - " +
    " Groesse: " + (gesamtGroesse($LW.Name)) + " - " +
    " frei: " + (freierSpeicher($LW.Name)))
}
```

```
PS C:\>
C - C:\ - Typ: Festplatte - WindowsXP/NTFS - Bereit: True - Groesse: 29,29 GB - frei: 16,76 GB
E - E:\ - Typ: CD - / - Bereit: False - Groesse: 0 GB - frei: 0 GB
F - F:\ - Typ: Festplatte - VISTA/NTFS - Bereit: True - Groesse: 48,83 GB - frei: 48,76 GB
G - G:\ - Typ: Festplatte - DATEN/NTFS - Bereit: True - Groesse: 63,94 GB - frei: 5,18 GB
H - H:\ - Typ: Wechsellaufwerk - / - Bereit: False - Groesse: 0 GB - frei: 0 GB
I - I:\ - Typ: Wechsellaufwerk - / - Bereit: False - Groesse: 0 GB - frei: 0 GB
```

Abbildung 5.17 Das Ergebnis

5.2.4 Einen Laufwerksauswahldialog erstellen

Mit diesen Informationen sind Sie in der Lage, einen Dialog zur Auswahl von Laufwerken zu erstellen. Darüber kann der Benutzer dann sehr komfortabel ein

Laufwerk auswählen. Das soll hier Schritt für Schritt realisiert werden. Zu diesem Zweck wurden die soeben erstellten Funktionen in die Datei `wichtigefunktionen.ps1` eingefügt.

Voraussetzungen schaffen

Als Erstes benötigen Sie dazu eine Funktion, die die Laufwerksbuchstaben zurückgibt und das Dialogfeld aufruft. Um das Dialogfeld aufzurufen, ist wiederum ein `System.Windows.Forms.Form`-Objekt erforderlich. Um das zu erzeugen, müssen Sie die entsprechende .NET-DLL laden. Das geschieht im Beispiel dadurch, dass die Datei **wichtigefunktionen.ps1** eingebunden wird, die die entsprechende Anweisung

```
#Skriptinhalt
$erg=[reflection.assembly]::LoadWithPartialName(
   "System.Windows.Forms")
```

ausführt. Innerhalb des Skriptes, das den Dialog erzeugen soll, müssen Sie dann nur diese Datei einbinden.

Falls Sie das Skript direkt aus der PowerShellIDE ausführen möchten, müssen Sie der Variablen `Bibpfad` den korrekten Pfad zur Datei `wichtigefunktionen.ps1` zuweisen:

```
#Skriptname: Laufwerksauswahl.ps1
#Autor: Helma Spona
#Auflage: 1
#Verzeichnis: /Bsp/K05
#Beschreibung: Stellt eine Funktion zur
#    Laufwerksauswahl zur Verfügung
#Anmerkungen: Benoetigt die Datei wichtigefunktionen.ps1
#Laden der Bibliotheksdateien

#Laden der Hilfsfunktionen
$bibpfad=$myInvocation.get_MyCommand().Definition
$bibpfad= (Split-Path ($bibpfad) -parent)
$bibpfad= Split-Path ($bibpfad)  -parent
. ($bibpfad + "\wichtigefunktionen.ps1")
...
```

Die Funktion erstellen

Die Funktionsdefinition könnte nun wie folgt lauten. Der optionale Parameter `boolBereit` legt fest, ob nur die Laufwerke aufgelistet werden sollen, die bereit sind. Ansonsten werden alle Laufwerke aufgelistet.

```
function getLaufwerk([System.Boolean]$boolBereit=$true)
{
   $auswahl=""
...
   return $auswahl
}
```

Das Dialogfeld erzeugen

Als Nächstes müssen Sie das Formular aus der Klasse System.Windows.Forms.Form erstellen und dort ein Label-Feld und ein Kombinationslistenfeld einfügen. Letzteres erzeugen Sie aus der Klasse System.Windows.Forms.ComboBox. Außerdem benötigen Sie zwei Schaltflächen mit den Aufschriften **Abbrechen** und **OK**.

```
function getLaufwerk([System.Boolean]$boolBereit=$true)
{
   $auswahl=""
   $form=""
   $form=New-Object "System.Windows.Forms.Form"
   $form.TopMost = $true
   $form.Text="Bitte ein Laufwerk waehlen!"
   $form.Width=400

   $label=New-Object "System.Windows.Forms.Label"
   $label.Height=20
   $label.Text="Verfuegbare Laufwerke:"
   $label.Top=10
   $label.Width=($form.width/2)-10
   $label.Left=5

   #Auswahlliste erzeugen
   $liste=New-Object "System.Windows.Forms.ComboBox"
   $liste.Height=20
   $liste.Text=$strWert
   $liste.Top=$label.Top
   $liste.Left=$label.Left +$label.width +10
   $liste.Width=($form.width/2)-15
   $liste.TabIndex=0

   #Buttons erstellen
   $bttOK= New-Object "System.Windows.Forms.Button"
   $bttOK.Text = "OK"
   $bttOK.Left=$label.Left
   $bttOK.Top=$liste.top + $liste.height + 10
```

```
$bttOK.Width=70
$bttOK.TabIndex=1

$bttAbbrechen= New-Object "System.Windows.Forms.Button"
$bttAbbrechen.Text = "Abbrechen"
$bttAbbrechen.Top=$bttOK.top
$bttAbbrechen.Width=70
$bttAbbrechen.Left=$bttOK.left + $bttOK.width + 10
$bttAbbrechen.TabIndex=2

#Steuerelemente hinzufuegen
$form.Controls.Add($label)
$form.Controls.Add($bttOK)
$form.Controls.Add($bttAbbrechen)
$form.Controls.Add($liste)
$form.Height=$liste.top + $liste.height + 10 +
    $bttOK.height + $bttOK.top
#Dialog anzeigen
$form.ShowDialog()
...
```

[»] Wie Sie Steuerelemente erstellen, anzeigen und formatieren, wurde ausführlich in Kapitel 4, *Kommunikation mit dem Anwender*, erläutert. Hier wird daher nur auf Besonderheiten von Listenfeldern eingegangen.

Wenn Sie den Code ausführen, wird das folgende Formular angezeigt:

Abbildung 5.18 Der erzeugte Dialog

Das Listenfeld füllen

Nun müssen Sie noch das Listenfeld füllen. Die einfachste Möglichkeit besteht darin, der `DataSource`-Eigenschaft eine Auflistung zuzuweisen. Das kann bspw. direkt der Rückgabewert des CmdLets `Get-PSDrive` sein.

```
...
    #Auswahlliste erzeugen
    $liste=New-Object "System.Windows.Forms.ComboBox"
    $liste.Height=20
    $liste.Text=$strWert
```

```
    $liste.Top=$label.Top
    $liste.Left=$label.Left +$label.width +10
    $liste.Width=($form.width/2)-15
    $liste.TabIndex=0
    #Liste fuellen
    $liste.DataSource=Get-PSDrive -PSprovider "filesystem"
...
```

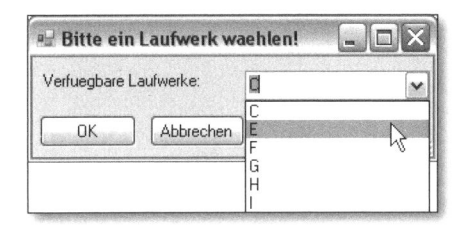

Abbildung 5.19 Die über die DataSource-Eigenschaft gefüllte Liste

Wenn Sie das Dialogfeld nun aufrufen, werden Sie sehen, dass es allerdings nicht ganz das ist, was Sie möchten. Zwar werden alle Laufwerke angezeigt, aber nur deren Laufwerksbuchstaben und keine weiteren Informationen.

Das können Sie ändern, indem Sie entweder zuvor ein `DataSet`-Objekt erzeugen, das Sie dann der `DataSource`-Eigenschaft zuweisen, oder indem Sie die Liste manuell mit der `Items`-Auflistung des Listenfeldes füllen. Das wird im folgenden Code gezeigt.

In diesem Fall durchlaufen Sie mit der `foreach`-Schleife alle Laufwerke und speichern den Text für einen Listeneintrag in einer Variablen. Damit der Eintrag dann eingefügt wird, übergeben Sie ihn an die `Add`-Methode der `Items`-Auflistung.

```
...
    #Liste fuellen
    $LWListe=Get-PSDrive -PSprovider "filesystem"
    foreach ($LW in $LWListe)
    {
        $Zeile=($LW.Name + ": [" +
            (LwTyp($LW.Name)) + "] ")
        if ((isReady($LW.Name)) -eq $false)
        {
            $Zeile+=(" !Kein Datentraeger ")
        }
        $index=$liste.Items.Add($Zeile)
    }
...
```

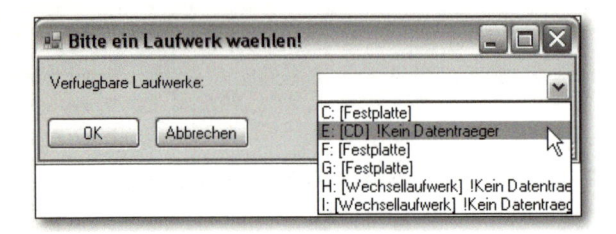

Abbildung 5.20 Die manuell gefüllte Liste

Nun müssen Sie noch den Parameter `boolBereit` berücksichtigen. Das heißt, Sie müssen prüfen, ob das Laufwerk bereit ist, bevor Sie den Eintrag einfügen. Am einfachsten geht das, indem Sie in dem Fall, dass das Laufwerk nicht bereit ist und der Parameter den Wert `true` hat, einfach die Variable `Zeile` auf eine leere Zeichenfolge setzen und sie nur dann einfügen, wenn sie nicht leer ist:

```
...
   foreach ($LW in $LWListe)
   {
      $Zeile=($LW.Name + ": [" +
         (LwTyp($LW.Name)) + "] ")

      if ((isReady($LW.Name)) -eq $false)
      {
         if ($boolBereit -eq $false)
         {
            $Zeile+=(" !Kein Datentraeger ")
         }
         else
         {
            $zeile=""
         }
      }
      if ($Zeile -gt "")
      {
         $index=$liste.Items.Add($Zeile)
      }
   }
...
```

Wenn Sie nun die Funktion erneut mit `getLaufwerk` aufrufen, werden nur noch die Laufwerke mit dem Status »Bereit« aufgeführt.

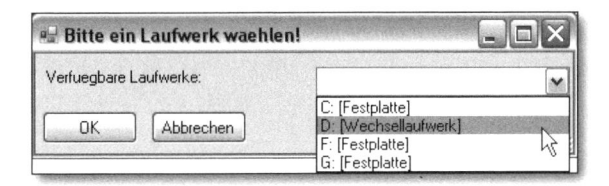

Abbildung 5.21 Nun werden nur die Laufwerke angezeigt, die bereit sind.

Den Rückgabewert festlegen

Nun müssen Sie noch den Rückgabewert festlegen. Dazu müssen Sie EventHandler für beide Buttons erstellen. In beiden EventHandlern müssen Sie dafür sorgen, dass die Variable auswahl auf den gewählten Laufwerksbuchstaben festgelegt wird. Klickt der benutzer auf **Abbrechen**, soll als Rückgabewert eine leere Zeichenfolge festgelegt werden. Dazu müssen Sie den Code wie folgt ergänzen:

```
function getLaufwerk([System.Boolean]$boolBereit=$true)
{
   $auswahl=""
...
   $form.Height=$liste.top + $liste.height + 10 +
      $bttOK.height + $bttOK.top
   #EventHandler erstellen
   $bttAbbrechen.Add_Click({$erg=$false;$auswahl="";
      $form.Close();$form.Dispose();})
   $bttOK.Add_Click({$erg=$true;
      $auswahl=$liste.Text.SubString(0,1); $form.Close();
      $form.Dispose()})
   #Dialog anzeigen
   $erg=$form.ShowDialog()
   return $auswahl
}
```

5.3 Text- und XML-Dateien bearbeiten

Textdateien und XML-Dateien können Sie recht einfach verwenden, um Einstellungen für Ihre Skripte zu speichern, Verlaufsprotokolle zu führen oder um Ausgaben zu erzeugen, die der Benutzer dann drucken, versenden oder angezeigt bekommen soll.

Zum Bearbeiten von Textdateien stehen Ihnen verschiedene CmdLets zur Verfügung. Zur Verarbeitung von XML-Dateien müssen Sie hingegen das .NET-Framework zu Hilfe nehmen.

5.3.1 Eine Textdatei erstellen

Eine Textdatei erstellen Sie mit dem CmdLet New-Item, indem Sie für den Parameter -ItemType den Wert "file" angeben. Außerdem müssen Sie dann mit den Parametern -Path und -Name noch den Namen der Datei bestimmen:

```
New-Item -ItemType "file" -Path "C:\Test2\" -Name "protokoll.txt"
```

Wenn Sie aber ein Protokoll über die Aktivitäten eines Skriptes oder dessen Aufrufe führen möchten, ist es natürlich nicht sinnvoll, die Datei immer zu erstellen. Sie sollten daher zuvor prüfen, ob es die Datei gibt, und wenn ja, geben Sie sie mit Get-Item zurück, ansonsten erzeugen Sie sie mit New-Item.

```
#Skriptname: Textdateien.ps1
#Autor: Helma Spona
#Auflage: 1
#Verzeichnis: /Bsp/05
#Beschreibung: Zeigt das Schreiben von Textdateien
#Anmerkungen: Benoetigt die Datei wichtigefunktionen.ps1
#             Benoetigt ein Verzeichnis C:\Test2\
#Laden der Bibliotheksdateien

#Laden der Hilfsfunktionen
$bibpfad=$myInvocation.get_MyCommand().Definition
$bibpfad= (Split-Path ($bibpfad) -parent)
$bibpfad= Split-Path ($bibpfad)  -parent
$bibpfad=($bibpfad + "\wichtigefunktionen.ps1")


#Benoetigte Variablen
$datei=""
$txtStream="" #TextStream-objekt
#Skriptbloecke und Funktionen

#Skriptinhalt
if ((Test-Path("C:\Test2\protokoll3.txt")) -eq $false)
{
   $datei=(New-Item -ItemType "file" `
      -Path "C:\Test2\" -Name "protokoll3.txt" `
      -force)
}
else
{
   $datei=Get-Item -Path "C:\Test2\protokoll3.txt"
}
#Datei zum Anhaengen oeffnen
...
```

5.3.2 Text in die Datei schreiben

Wenn Sie nun Text in die Datei schreiben möchten, benötigen Sie dazu ein Objekt, das über die entsprechenden Methoden verfügt. Mit den CmdLets `Get-Item` und `New-Item` erhalten Sie jedoch (in diesem Fall) nur ein `FileInfo`-Objekt. Sie können dessen Methode `AppendText` verwenden, um ein `System.IO.StreamWriter`-Objekt zu erzeugen. Mit dessen Methoden können Sie dann Inhalte an die Datei anhängen, die Datei speichern und schließen.

Zunächst rufen Sie dazu die `AppendText`-Methode auf. Wichtig ist dabei, dass Sie das runde Klammerpaar danach angeben und dass Sie den Rückgabewert in einer Variablen speichern. Diese Variable enthält dann nämlich das `StreamWriter`-Objekt, mit dessen Hilfe Sie die Daten schreiben können.

Um Daten in die Datei zu schreiben, gibt es zwei Möglichkeiten: die Methode `WriteLine` und `Write`. `Write` schreibt am Ende kein Zeilenendezeichen, sodass die nächste Ausgabe dahinter erfolgt.

Schreiben Sie mit `WriteLine`, wird ein Zeilenendezeichen angefügt, sodass die nächste Ausgabe in einer neuen Zeile erfolgt. Der folgende Code fügt bei jedem Aufruf der Datei eine Zeile hinzu, die am Ende zur Kontrolle das aktuelle Datum und die aktuelle Zeit enthält.

> [!] Mit der `WriteLine`- bzw. der `Write`-Methode wird jedoch nur der Text in den Textstream geschrieben, der mit der Datei verbunden ist. Die tatsächliche Ausgabe erfolgt erst dann, wenn Sie die `Flush`-Methode ausführen. Danach steht der Inhalt in der Datei, die Sie spätestens am Ende des Skriptes mit der `Close`-Methode schließen sollten.

> [!] Wenn Sie vergessen, die Datei mit `Close` zu schließen, kann das Skript sie beim nächsten Start nicht mehr zum Schreiben öffnen, und Sie erhalten eine Fehlermeldung, dass die Datei gesperrt ist, weil sie von einem anderen Programm benutzt wird.

```
...
#Datei zum Anhaengen oeffnen
$objStrWriter=$datei.AppendText()
$objStrWriter.WriteLine("Zeile angefuegt " + (Get-Date))
$objStrWriter.Flush()
$objStrWriter.Close()
```

Betrachten Sie die Datei nach mehrmaligem Aufruf des Skriptes, enthält sie für jeden Aufruf eine Zeile (siehe Abbildung 5.22).

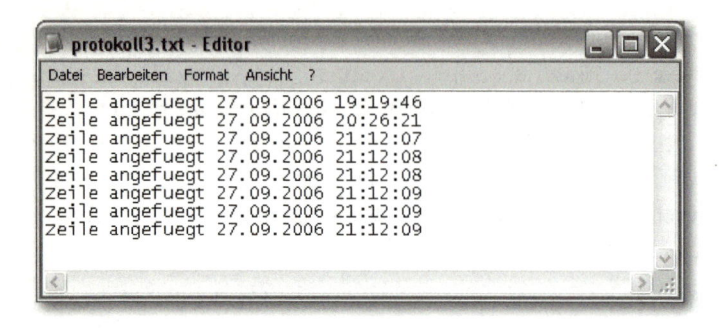

Abbildung 5.22 Die erzeugte Textdatei

5.3.3 Textdateien zeilenweise lesen

Genauso einfach können Sie Textdateien auch lesen, indem Sie die Datei nicht mit der `AppendText`-Methode öffnen, sondern mit der `OpenText`-Methode.

[»] Es gibt darüber hinaus noch eine Methode `OpenRead`. Sie gibt aber kein `StreamReader`-Objekt, sondern ein `FileStream`-Objekt zurück. Der Unterschied besteht darin, dass Sie mit dem `StreamReader`-Objekt Textdateien lesen können, mit dem `FileStream`-Objekt jedoch Binärdateien.

Das folgende Skript zeigt, wie Sie Textdateien zeilenweise lesen können. Zunächst öffnen Sie dazu die Datei mit der Methode `OpenText` zum Lesen im Textformat. Anschließend können Sie dann mit einer `while`-Schleife Zeile für Zeile auslesen.

Als Eintrittsbedingung verwenden Sie `(($objStrReader.EndOfStream) -eq $false)`. Die Eigenschaft `EndOfStream` gibt an, ob das Dateiende erreicht ist. In diesem Fall hat die Eigenschaft den Wert `true`. Solange die Eigenschaft den Wert `false`s hat, ist das Dateiende also noch nicht erreicht und die nächste Zeile kann gelesen werden.

Innerhalb der Schlcife können Sie dann die `ReadLine`-Methode verwenden, um die nächste Zeile zu lesen. Die Methode gibt den kompletten Inhalt der Zeile zurück. Das Skript speichert ihn in der Variablen `Zeile` und gibt ihn dann aus. Mit der `Close`-Methode müssen Sie dann am Ende natürlich auch die Datei schließen.

```
#Skriptname: TextdateienLesen.ps1
#Autor: Helma Spona
#Auflage: 1
#Verzeichnis: /Bsp/05
#Beschreibung: Zeigt das Schreiben von Textdateien
#Anmerkungen: Benoetigt die Datei wichtigefunktionen.ps1
```

```
#              Benoetigt ein Verzeichnis C:\Test2\
#Laden der Bibliotheksdateien

#Laden der Hilfsfunktionen
$bibpfad=$myInvocation.get_MyCommand().Definition
$bibpfad= (Split-Path ($bibpfad) -parent)
$bibpfad= Split-Path ($bibpfad)  -parent

#Achtung, wenn Sie das Skript aus der
#PowerShellIDE ausfuehren,
#bitte folgende Zeile aktivieren und
#das korrekte Verzeichnis
#zur Datei wichtigefunktionen.ps1 angeben
$bibpfad="G:\GAL_powerShell\bsp"
. ($bibpfad + "\wichtigefunktionen.ps1")

#Benoetigte Variablen
$datei=""
$txtStream="" #TextStream-objekt
$dateiname="C:\Test2\protokoll3.txt"
#Skriptbloecke und Funktionen

#Skriptinhalt
if ((Test-Path($dateiname)) -eq $false)
{
   Meldung "Die zu lesende Datei ist nicht vorhanden!"
}
else
{
   $datei=Get-Item -Path $dateiname
   #Datei zum Lesen oeffnen
   $objStrReader=$datei.OpenText()
   #Alle Zeilen lesen und ausgeben
   While (($objStrReader.EndOfStream) -eq $false)
   {
      $Zeile=$objStrReader.ReadLine()
      echo $Zeile
   }
   #Datei schliessen
   $objStrReader.Close()
}
```

Sonderlich sinnvoll ist ein solches Skript natürlich nicht. Sie können aber auf gleiche Weise auch nach bestimmten Stellen im Text suchen, und Sie müssen natürlich nicht zwingend nur normale Textdateien durchsuchen. Auch Skriptdateien sind ja Textdateien und können auf diese Weise durchsucht werden.

Nehmen Sie an, Sie haben 100 Skripte geschrieben, und durch einen Fehler oder eine Änderung an der Systemkonfiguration müssen Sie in einem großen Teil dieser Skripte eine Änderung durchführen. In diesem Fall müssen Sie zunächst einmal herausfinden, ob ein Skript den zu ändernden Code enthält. Dazu können Sie sich bspw. eine Funktion erstellen, die eine beliebige Textdatei nach einer Textstelle durchsucht und true zurückgibt, wenn diese gefunden wurde.

Der Funktion übergeben Sie dazu den Namen und Pfad der Datei und die zu suchende Textstelle als Parameter. Innerhalb der Funktion definieren Sie dann eine Variable boolGefunden, die den Rückgabewert darstellt. Wichtig ist dabei, dass Sie deren Anfangswert auf false festlegen, da nur dann, wenn die Textstelle gefunden werden kann, der Wert auf true festgelegt wird. Wenn Sie den Anfangswert vergessen, hätte die Variable keinen gültigen Wert, wenn die Textstelle nicht gefunden werden konnte.

Anschließend durchlaufen Sie wieder die Datei und lesen sie Zeile für Zeile. Mit Hilfe des -like-Operators können Sie dann prüfen, ob die gelesene Zeile den gesuchten Text enthält. In diesem Fall setzen Sie die Variable boolGefunden auf true.

```
function Textvorhanden([System.String]$Dateiname,
  [System.String]$Textstelle)
{
  #Durchsucht die angegebene Textdatei
  #nach dem Inhalt des Parameters Textstelle
  #Gibt true zurueck, wenn die Textstelle
  #gefunden wurde
  $boolGefunden=$false
  if ((Test-Path($Dateiname)) -eq $false)
  {
     return "Die zu lesende Datei ist nicht vorhanden!"
  }
  else
  {
     $datei=Get-Item -Path $Dateiname
     #Datei zum Lesen oeffnen
     $objStrReader=$datei.OpenText()

     #Alle Zeilen lesen und ausgeben
     While (($objStrReader.EndOfStream) -eq $false)
     {
        $Zeile=$objStrReader.ReadLine()
```

```
        if ($Zeile -like ("*" + $Textstelle + "*"))
        {
            $boolGefunden=$true
        }
    }
    #Datei schliessen
    $objStrReader.Close()
    return $boolGefunden
  }
}
```

Sie können die Funktion dann bspw. wie folgt aufrufen, wenn Sie prüfen möchten, ob in dem Skript `leer.ps1` die Pfadangabe `G:\GAL_PowerShell\bsp` enthalten ist.

> Damit der Aufruf funktioniert, sollten Sie natürlich auch eine Datei `leer.ps1` in das Verzeichnis `C:\Test2\` kopieren. [«]

```
echo (Textvorhanden "C:\Test2\leer.ps1" "G:\GAL_powerShell\bsp")
```

Möchten Sie nur wissen, ob eine Textdatei einen bestimmten Text enthält, ohne dass jedoch die Zeile interessiert, in der der Text gefunden wurde, müssen Sie dazu nicht zwingend die Textdatei zeilenweise lesen. Mit der `ReadToEnd`-Methode können Sie den Inhalt der Textdatei in einem Rutsch lesen und so den kompletten Inhalt nach der gesuchten Zeichenfolge durchsuchen. Dazu müssen Sie den Code wie folgt ändern:

```
function Textvorhanden([System.String]$Dateiname,
   [System.String]$Textstelle)
{
  #Durchsucht die angegebene Textdatei
  #nach dem Inhalt des Parameters Textstelle
  #Gibt true zurueck, wenn die Textstelle
  #gefunden wurde
  $boolGefunden=$false
  if ((Test-Path($Dateiname)) -eq $false)
  {
     return "Die zu lesende Datei ist nicht vorhanden!"
  }
  else
  {
     $datei=Get-Item -Path $Dateiname
     #Datei zum Lesen oeffnen
     $objStrReader=$datei.OpenText()
```

5 | Arbeiten mit dem Dateisystem

```
        #Alle Zeilen lesen und ausgeben
        #While (($objStrReader.EndOfStream) -eq $false)
        #{
        #    $Zeile=$objStrReader.ReadLine()
        $Zeile= $objstrReader.ReadToEnd()
        if ($Zeile -like ("*" + $Textstelle + "*"))
        {
            $boolGefunden=$true
        }
        #}
        #Datei schliessen
        $objStrReader.Close()
        return $boolGefunden
    }
}
```

5.3.4 Inhalte einer Textdatei ändern

Noch interessanter wird es allerdings dann, wenn Sie den vorhandenen Text auch in einen anderen ändern können. Dazu benötigen Sie einen Schreibzugriff auf die Datei. Den erhalten Sie, indem Sie ein StreamWriter-Objekt aus der Klasse System.IO.StreamWriter erzeugen. Als Parameter übergeben Sie dazu den Namen und Pfad der Datei, die überschrieben werden soll. Mit der Write-Methode des StreamWriter-Objekts können Sie dann den aktuellen Inhalt der Datei durch den neuen ersetzen.

Folgende Funktion zeigt das. Ihr übergeben Sie neben dem Dateinamen und dem zu suchenden Text auch den zu ersetzenden Text. Zunächst öffnen Sie die Datei zum Lesen und speichern deren Inhalt in der Variablen strInhalt. Anschließend ersetzen Sie mit der Replace-Methode die zu ersetzende Zeichenfolge durch die neue. Das Ergebnis weisen Sie erneut der Variablen strInhalt zu.

Im Anschluss öffnen Sie die Datei zum Schreiben, indem Sie das StreamWriter-Objekt erzeugen. Danach übergeben Sie die Variable strInhalt an die Write-Methode und rufen anschließend die Flush- und die Close-Methode auf, um den Inhalt in die Datei zu schreiben und diese zu schließen.

```
function TextAendern([System.String]$Dateiname,
   [System.String]$Textstelle, [System.String]$NeuerText)
{
   #Durchsucht die angegebene Textdatei
   #nach dem Inhalt des Parameters Textstelle
   #Gibt true zurueck, wenn die Textstelle
   #gefunden wurde
```

```
   $boolGefunden=$false
   if ((Test-Path($Dateiname)) -eq $false)
   {
      return "Die zu aendernde Datei ist nicht vorhanden!"
   }
   else
   {
      $datei=Get-Item -Path $Dateiname
      #Datei zum Lesen oeffnen
      $objStrReader=$datei.OpenText()
      $strInhalt= $objstrReader.ReadToEnd()
      $objStrReader.Close()
      #Suchen-Ersetzen-Vorgang in der
      #Zeichenkette $strInhalt ausfuehren
      $strInhalt=$strInhalt.Replace($Textstelle, $NeuerText)
      #Datei zum Schreiben oeffnen
      $objStrWriter=
         New-Object System.IO.StreamWriter $Dateiname
      $objStrWriter.Write($strInhalt)
      $objStrWriter.Flush()
      #Datei schliessen
      $objStrWriter.Close()
   }
}
```

Mit Hilfe dieser Funktion und der Schleife im Skript `DateienUmbenennen.ps1` können Sie problemlos in allen Dateien eines Verzeichnisses den gleichen Suchen-Ersetzen-Vorgang durchführen, bspw. um den Pfad zur Datei `wichtigefunktionen.ps1` anzupassen.

5.3.5 Eine Textdatei auf dem Bildschirm anzeigen

Möchten Sie eine Textdatei auf dem Bildschirm anzeigen, benötigen Sie dazu eine Anwendung, die das kann und die Sie dazu starten. Für Textdateien bietet sich Notepad, der Windows-Editor, an. Sie müssen also zunächst nur die Datei `notepad.exe` starten und ihr den Namen der Datei als Parameter übergeben.

Dazu müssen Sie zunächst das Windows-Systemverzeichnis ermitteln. Das können Sie über die statische Klasse `System.Environment`, deren Eigenschaft `SystemDirectory` das Systemverzeichnis zurückgibt.

Dieses verknüpfen Sie dann mit dem CmdLet `Join-Path` zu einer kompletten Pfadangabe zur Datei `notepad.exe`. Diese Pfadangabe können Sie dann ganz einfach ausführen, indem Sie den `Call`-Operator `&` davor setzen. Den zu übergegebenden

Aufrufparameter geben Sie einfach dahinter an. Mit `&$Notepad $Datei` rufen Sie also die Anwendung in der Variablen `Notepad` auf und übergeben an die Anwendung den Dateinamen als Parameter.

```
#Skriptname: TextdateienAnzeigen.ps1
#Autor: Helma Spona
#Auflage: 1
#Verzeichnis: /Bsp/
#Beschreibung: Zeigt eine Skriptdatei in Notepad an.
#Anmerkungen: keine
#Laden der Bibliotheksdateien

#Benoetigte Variablen
$Datei="C:\Test2\leer.ps1"
$Systempfad=[System.Environment]::SystemDirectory
$Notepad=Join-Path $Systempfad "notepad.exe"

#Skriptbloecke und Funktionen

#Skriptinhalt
&$Notepad $Datei
```

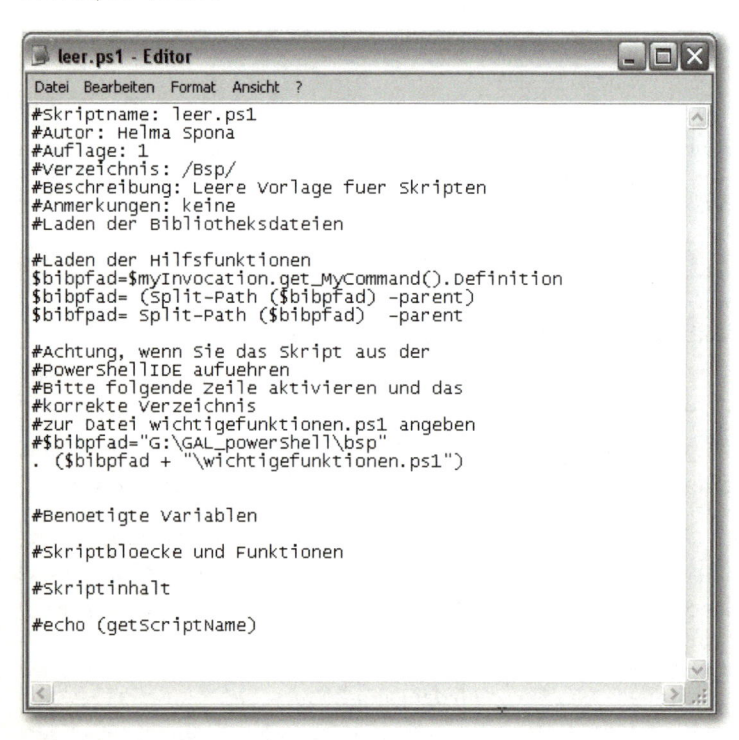

Abbildung 5.23 Das Ergebnis: Die Skriptdatei wird im Windows-Editor angezeigt.

Wer als Administrator mit der PowerShell konfrontiert wird, möchte in der Regel nicht unbedingt Textdateien schreiben, Dateien kopieren etc., sondern vielmehr größere und komplexere Aufgaben lösen. Die Basis dafür sind ADSI und WMI. Beide Techniken gestatten den Zugriff auf Windows-Interna und daher auch die Manipulation des Systems.

6 Zugreifen auf das Windows-System

6.1 WMI-Grundlagen

WMI ist eine Abkürzung für **Windows Management Instrumentation** und bezeichnet damit alle Programme zur Verwaltung von Windows. Das entspricht dem größten Teil der Systemsteuerung, die in Form von Snap-Ins der Microsoft Management Konsole (MMC) vorliegt. WMI steht damit prinzipiell auf allen Rechnern mit Windows 95 und höher zur Verfügung.

Das ist allerdings nur eine Seite. Sie benötigen nicht nur Windows und die Systemsteuerung, sondern zum Steuern des Rechners per WMI brauchen Sie auch spezielle Objektbibliotheken und natürlich die Runtime-Umgebung, in der die WMI-Befehle ausgeführt werden. Das kann der WSH sein oder auch die PowerShell.

Die erforderlichen WMI-Objektbibliotheken stehen aber nicht auf jedem Rechner automatisch zur Verfügung. Sie müssen daher die WMI-Bibliothek zunächst installieren, falls Sie sie mit dem WSH nutzen möchten und keine PowerShell installiert haben. Mit der PowerShell gibt es da keine Probleme. Haben Sie die PowerShell und das .NET-Framework installiert, stehen alle notwendigen Bibliotheken zur Verfügung. Dies gilt zumindest, solange die Skripte auf Ihrem lokalen Rechner ausgeführt werden.

Da WMI sehr systemnah funktioniert, ist das Funktionieren der Skripte auch von Ihrer Windows-Version abhängig. Nicht alles, was unter Windows Vista funktioniert, geht auch genauso unter Windows XP. Zudem sind die Skripte auch teilweise von der eingesetzten Hardware abhängig. Die nachfolgenden Skripte wurden unter Windows XP Professional erstellt und unter Windows Vista RC1 getestet. [«]

6.1.1 Erste Beispiele und WMI-Grundlagen

Das erste WMI-Skript zeigt Ihnen, wie Sie testen können, ob WMI funktioniert. Generell gibt es zwei Methoden, auf WMI zuzugreifen: über den WSH, den Sie natürlich auch in der PowerShell nutzen können, oder direkt über das CmdLet Get-WMIObject. Das CmdLet erwartet die Angabe einer WMI-Klasse und eines Namensraums.

Diese beiden Angaben sind in der Regel das, worin sich verschiedene WMI-Skript unterscheiden. Was danach kommt, ist nämlich in vielen Skripten identisch. Das folgende erste Beispiel zeigt, wie Sie die die Startmenüeinträge von Windows ermitteln. Dazu müssen Sie als Klasse Win32_LogicalProgramGroupItem angeben. Der Namensraum lautet root\CIMV2.

Außerdem benötigen Sie noch den Namen des Rechners, auf dessen WMI-Objekte Sie zugreifen möchten. Wenn dies der lokale Rechner ist, geben Sie als Rechnernamen "." an.

[!] Ganz wichtig ist, dass Sie das komplette CmdLet Get-WmiObject nebst Parametern in einer Zeile angeben, auch wenn dies hier aus satztechnischen Gründen anders dargestellt ist.

Haben Sie das CmdLet ausgeführt, steht eine Auflistung aller Startmenüeinträge in der Variablen ColItems zur Verfügung. Diese können Sie dann mit einer foreach-Schleife durchlaufen und auf deren Methoden und Eigenschaften zugreifen.

```
#Skriptname: WMIBasics.ps1
#Autor: Helma Spona
#Auflage: 1
#Verzeichnis: /Bsp/K06
#Beschreibung: Zeigt die WMI-Grundlagen
#Anmerkungen: keine
#Benoetigte Variablen
$strComputer = "."
#Skriptinhalt

#alle Startmenue-Programmgruppen auflisten

$colItems = Get-Wmiobject `
   -class "Win32_LogicalProgramGroupItem" `
   -namespace "root\CIMV2" `
   -computername $strComputer
foreach ($objItem in $colItems)
{
```

```
    write-host "Aufschrift: " $objItem.Caption
    write-host "Name: " $objItem.Name
}
```

Auch bei WMI-Objekten können Sie mit dem CmdLet `Get-Member` die verfügbaren Eigenschaften und Methoden ermitteln. Das geht auch außerhalb der Schleife noch, indem Sie nach der schließenden Klammer

[+]

```
$objItem | Get-Member
```

angeben.

6.1.2 Nach einem bestimmten Element suchen

Innerhalb der Schleife können Sie beliebigen Code einfügen, der bspw. auch dazu dienen kann, ein bestimmtes Element der gelieferten Auflistung zu ermitteln. Wie das im Detail aussieht, hängt von dem jeweilgen WMI-Objekt ab. Sie können manche auch schon beim Abrufen des Objekts über das CmdLet `Get-WMIObject` mit dem `-Filter`-Attribut filtern. Ob das funktioniert, hängt davon ab, ob die einzelnen Elemente innerhalb der Auflistung über die erforderlichen Eigenschaften verfügen. Möchten Sie bspw. Startmenüordner suchen, die sich im Ordner **Start • Programme** befinden und `Test` heißen, funktioniert das nicht.

Wie es dennoch geht, zeigt das folgende Listing. Es prüft, ob es einen solchen Ordner gibt, und gibt in diesem Fall `true`, andernfalls `false` aus. Zunächst benötigen Sie dazu eine Variable `boolVorhanden` und weisen ihr als Anfangswert `false` zu.

```
#Skriptname: WMIBasics.ps1
#Autor: Helma Spona
#Auflage: 1
#Verzeichnis: /Bsp/K06
#Beschreibung: Zeigt die WMI-Grundlagen
#Anmerkungen: keine
#Laden der Bibliotheksdateien

#Laden der Hilfsfunktionen

#Benoetigte Variablen
$strComputer = "."
$boolVorhanden=$false
#Skriptbloecke und Funktionen

#Skriptinhalt
```

```
#alle Startmenue-Programmgruppen durchlaufen

$colItems = get-wmiobject `
   -class "Win32_LogicalProgramGroupItem" `
   -namespace "root\CIMV2" `
   -computername $strComputer
...
```

Innerhalb der Schleife müssen Sie zunächst einmal den Ordnernamen des aktuellen Eintrags ermitteln sowie den Ort, an dem sich der Eintrag befindet. Letzterer steht vor dem ersten Backslash, der Ordner vor dem Namen der lnk-Datei. Sie müssen daher den Wert der Name-Eigenschaft an den Backslashs aufsplitten, um die gewünschten Angaben zu ermitteln.

Dazu können Sie die Split-Methode des String-Objekts verwenden. Ihr übergeben Sie als einzigen Parameter das Zeichen, an dem getrennt werden soll, hier also »\«. Die Methode gibt nun ein Array mit den Werten zwischen dem definierten Trennzeichen zurück.

Als Array wird eine virtuelle Tabelle bezeichnet, die im einfachsten Fall bei einem eindimensionalen Array aus einer Spalte und mehreren Zeilen besteht. Der Zugriff auf die einzelnen Zellen der Tabellen erfolgt über einen Index, der in der PowerShell bei 0 beginnt.

Die Split-Methode gibt immer ein eindimensionales Array zurück. Auf deren erstes Element greifen Sie mit dem Index 0 zu. Diesen setzen Sie in eckige Klammern direkt hinter der Variablen, die das Array speichert, oder hinter den Aufruf der Split-Funktion.

Mit dem Ausdruck $pfad.Split("\")[0] ermitteln Sie also den ersten Teil bis zum ersten Backslash. Für alle Startmenüeinträge, die für alle Benutzer definiert sind, enthält diese Variable root (und auch die Variable wurzel) nun den Text All Users:Startmenü. Wenn Sie in diesen Einträgen nach dem gesuchten Ordnernamen suchen möchten, müssen Sie also die Variable wurzel mit diesem Text vergleichen. Hier wird dazu der -like-Operator verwendet, der speziell für Textvergleiche gedacht ist und auch Platzhalter enthalten darf, aber nicht muss.

Handelt es sich um einen Startmenüeintrag für alle Benutzer, wird über die Length-Eigenschaft des Arrays ermittelt, wie viele Teile die Pfadangabe enthält. Da der letzte Teil der Name der lnk-Datei ist, müssen Sie auf das vorletzte Array-Feld zugreifen. Das können Sie, indem Sie 2 von der ermittelten Anzahl Felder abziehen. Die Zwei ergibt sich daraus, dass der Index des Arrays mit 0 beginnt. Auf das letzte Element würden Sie daher mit $anzahl-1 zugreifen. Das vorletzte Element des Arrays speichern Sie in der Variablen ordner, das drittletzte in der

Variablen pordner. Sie müssen also nun nur noch prüfen, ob die Variable ordner den gewünschten Namen "test" und die Variable pordner den übergeordneten Ordernamen Programme enthält. Falls ja, ist der gewünschte Ordner vorhanden.

Nach Abschluss der Schleife enthält die Variable boolVorhanden das Ergebnis der Suche.

```
...
foreach ($objItem in $colItems)
{
    $pfad =$objItem.Name
    $root=$pfad.Split("\")[0]
    $wurzel=$root
    if ($wurzel -like "All Users:Startmenü")
    {
        echo ("Wurzel:" + $wurzel)
        $anzahl=$pfad.Split("\").Length
        $ordner= $pfad.Split("\")[($anzahl-2)]
        $pordner= $pfad.Split("\")[($anzahl-3)]
        if (($ordner -eq "test") -and ($pordner -eq
        "Programme"))
        {
            $boolVorhanden=$true
        }
    }
}

echo $boolVorhanden
```

Wenn Sie das Skript direkt in der PowerShellIDE ausführen, kann es sein, dass der Vergleich nicht gelingt, weil die PowerShellIDE mindestens bis zur RC2-Version noch nicht mit den Umlauten bspw. im Wort »Startmenü« umgehen kann. Direkt in der PowerShell ausgeführt, funktioniert das Skript jedoch.

Das vorstehende Beispiel ist nicht optimal. Die Berechnungen, um herauszufinden, wie der übergeordnete Ordner heißt, sind relativ komplex. Viel einfacher geht es, indem Sie einfach eine andere WMI-Klasse einsetzen. Sie verwenden hier die Klasse Win32_ProgramGroup, die alle Programmgruppen enthält. Das sind die Ordner im Startmenü, die dem Order **Start • Alle Programme** untergeordnet sind. Innerhalb der Schleife können Sie dann die verschiedenen Eigenschaften ausgeben.

Die folgende Abbildung zeigt, welche Eigenschaften welche Informationen liefern.

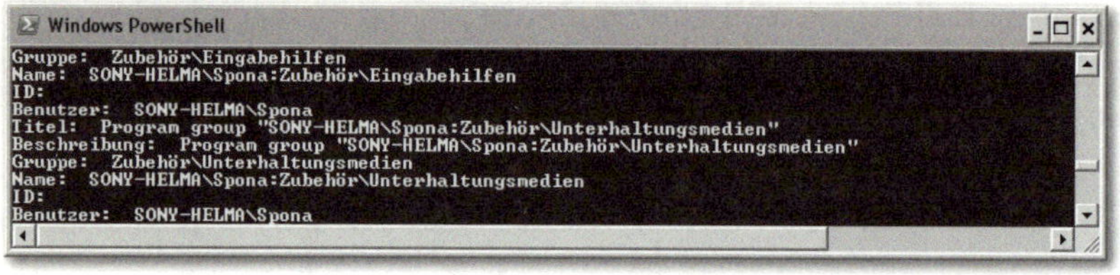

6 | Zugreifen auf das Windows-System

Abbildung 6.1 Ein Teil der erzeugten Ausgabe

```
#Skriptname: Programmgruppen.ps1
#Autor: Helma Spona
#Auflage: 1
#Verzeichnis: /Bsp/K06
#Beschreibung: Zeigt die WMI-Grundlagen
#Anmerkungen: keine

#Benoetigte Variablen
$strComputer = "."
$boolVorhanden=$false
#Skriptbloecke und Funktionen

#Skriptinhalt

#alle Startmenue-Programmgruppen auflisten

$colItems = get-wmiobject `
-class "Win32_ProgramGroup" `
-namespace "root\CIMV2" `
-computername $strComputer

foreach ($objItem in $colItems) {
     write-host "Titel: " $objItem.Caption
     write-host "Beschreibung: " $objItem.Description
     write-host "Gruppe: " $objItem.GroupName
     write-host "Name: " $objItem.Name
     write-host "ID: " $objItem.SettingID
     write-host "Benutzer: " $objItem.UserName
     write-host
}
echo $boolVorhanden
if ($boolVorhanden -eq -$false)
{
   #Ordner erstellen

}
```

Die Eigenschaft `GroupName` beinhaltet den Namen der Gruppe und aller enthaltenen Untergruppen. Enthält also ein Startmenüordner **Start • Alle Programme • Test** keinen Unterordner, hat die Eigenschaft `GroupName` den Wert `Test`.

Wenn Sie also nach der Programmgruppe **Test** suchen möchten, müssen Sie die `GroupName`-Eigenschaft abrufen:

```
...
foreach ($objItem in $colItems) {
    if ($objItem.GroupName -eq "Test")
    {
        $boolVorhanden=$true
    }
}
...
```

Es geht aber noch einfacher. Da die `GroupName`-Eigenschaft genau den gesuchten Wert enthält, wenn es die Programmgruppe gibt, können Sie den Rückgabewert des `Get-WMIObject`-CmdLets auch gleich filtern. Dazu müssen Sie das CmdLet um den `-filter`-Parameter ergänzen.

```
$colItems = get-wmiobject `
-class "Win32_ProgramGroup" `
-namespace "root\CIMV2" `
-computername $strComputer `
-filter "GroupName='Test'"
```

Als Ausdruck für das Filterkriterium übergeben Sie einen WQL-Filterausdruck ohne das Schlüsselwort `WHERE`.

WQL ist die Abkürzung für **WMI Query Language**, eine Abfragesprache für WMI-Provider, die verwendet wird, um Daten über den WMI-Dienst zu ermitteln, zu sortieren und zu filtern. WQL hat eine gewisse Ähnlichkeit mit SQL.

[«] Da es sich bei dem Filterausdruck also um einen WQL-`WHERE`-Ausdruck und nicht um einen booleschen Ausdruck der PowerShell handelt, werden hier auch die WQL-Vergleichsoperatoren verwendet. Daher stellt `GroupName='Test'` keine Wertzuweisung, sondern einen Vergleich dar.

[+] Sie können auch mehrere Ausdrücke mit logischen Operatoren verknüpfen. Dazu stehen die Operatoren `and` (und) und `or` (oder) zur Verfügung. Die einzelnen Teilausdrücke müssen Sie nicht in Klammern einfassen.

Wenn Sie die Startmenüeinträge filtern, führt das dazu, dass die zurückgegebene Liste leer sein kann. In der Schleife kommt es dann allerdings nicht zu einer Fehlermeldung, sodass der Code weiterhin funktioniert.

6.1.3 Einen neuen Startmenü-Ordner erstellen

Wenn Sie einen neuen Startmenüordner erstellen möchten, müssen Sie dann nur noch einen entsprechenden Ordner im Startmenü-Verzeichnis des Benutzers anlegen. Der erste Schritt besteht darin, den Pfad für den Ordner zu ermitteln. Dazu können Sie wieder das .NET-Framework nutzen. Mit seiner Hilfe können Sie über die `GetFolderPath`-Methode des Namensraums `System.Environment` den Ordner ermitteln. Als Wert übergeben Sie eine `Systen.Environment.SpecialFolder`-Konstante. Der Wert 11 gibt den Pfad zum Startmenü an. Mit der folgenden Erweiterung des Codes ermitteln Sie also die Position des Startmenüs und hängen dort den Ordnernamen »Programme« und »Test« an. Den so erzeugten Pfad können Sie dann mit der `New-Item`-Methode erzeugen.

```
...
if ($boolVorhanden -eq -$false)
{
    #Ordner erstellen
    $Pfad=(Join-Path `
        ([System.Environment]::GetFolderPath(11)) `
        "Programme")
    $Pfad=(Join-Path $Pfad "Test")
    $erg= New-Item $Pfad -Type directory
}
...
```

[+] Anstelle des Wertes 11 können Sie auch die Konstante `"Programs"` an die `GetFolderPath`-Methode übergeben. In diesem Fall wird der Ordner **Programme** im Startmenü und nicht nur der Ordner des Startmenüs zurückgegeben. Sie müssen dann also nicht mehr den Ordnernamen »Programm« mit `Join-Path` anhängen.
`$Pfad=[System.Environment]::GetFolderPath("Programs")`

Nur wird der Startmenü-Ordner erstellt, falls er noch nicht vorhanden ist. Wenn Sie nach dem Ausführen des Skriptes das Startmenü öffnen, wird der noch leere Ordner angezeigt.

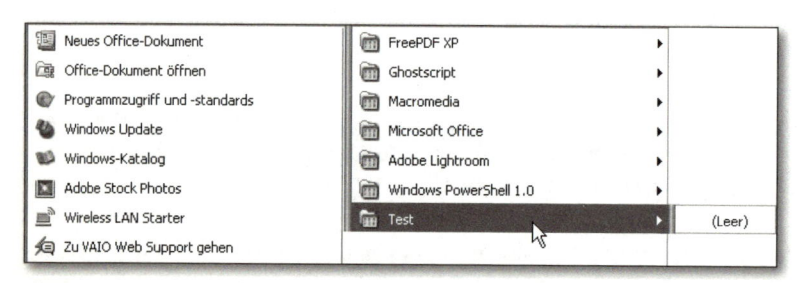

Abbildung 6.2 Der erzeugte Ordner im Startmenü

6.1.4 Menüeinträge erstellen

WMI dient vornehmlich dazu, vorhandene Instanzen von WMI-Klassen abzurufen und eventuell deren Eigenschaften zu verändern. Neue Objekte zu erzeugen ist in der Regel nicht möglich. Teilweise ist das zu verstehen. Wenn Sie bspw. die vorhandenen Festplatten abrufen, ist es logisch, dass Sie nicht durch Erzeugen eines passenden WMI-Objekts eine neue Festplatte erstellen können.

In anderen Fällen, wie bspw. bei der Verwaltung des Startmenüs ist das unlogisch, da es durchaus möglich wäre, durch entsprechende Anweisungen einen Startmenüeintrag zu erzeugen. Schließlich kann das der WSH schon lange.

Startmenüeinträge und Desktopverknüpfungen zu erstellen ist etwas, das mit der PowerShell allein nicht funktioniert. Sie müssen dazu das Objektmodell des WSH zu Hilfe nehmen, was generell kein Problem ist, vorausgesetzt, es ist auf dem Rechner verfügbar, der das PowerShell-Skript ausführt.

Damit Sie das WSH-Objektmodell nutzen können, müssen Sie ein passendes COM-Objekt aus der WSH-Klasse erzeugen. Bisher haben Sie nur Objekte aus .NET-Klassen erstellt und dazu das CmdLet `New-Object` verwendet. COM-Objekte erzeugen Sie ebenfalls damit, nur verwenden Sie dazu den Parameter `-Com`.

Danach folgt der Name der Klasse. Wenn Sie wie hier das `WScript.Shell`-Objekt erzeugen möchten, müssen Sie somit die Anweisung `New-Object -com "WScript.Shell"` aufrufen. Sie gibt dann das erzeugte Objekt zurück. Das Objekt verfügt über die `CreateShortcut`-Methode, mit der Sie den Startmenüeintrag erstellen können. Bevor Sie die Methode aufrufen können, benötigen Sie jedoch noch ein paar Informationen zusätzlich, und zwar

- den Namen und Pfad der zu erstellenden `lnk`-Datei und
- das Ziel des Startmenüeintrags.

Der Name der `lnk`-Datei bestimmt gleichzeitig die Aufschrift des Menüeintrags. Wenn Sie einen Menüeintrag zum Starten der PowerShell erstellen möchten, sollte die Datei `PowerShell starten.lnk` heißen.

Um sie im richtigen Ordner des Startmenüs zu erstellen, müssen Sie noch den Pfad zum Ordner `Programme` davor setzen. Am einfachsten geht das, indem Sie den Pfad mit der `GetFolderPath`-Methode ermitteln und dort dann mit dem CmdLet `Join-Path` noch den Unterordner `Test` und den Dateinamen anhängen.

Den so erzeugten Pfad übergeben Sie dann an die `CreateShortCut`-Methode des `WScript.Shell`-Objekts. Sie gibt ein Objekt zurück, über dessen `TargetPath`-Eigenschaft Sie die zu startende Anwendung bestimmen können. Das ist hier die PowerShell selbst, deren Pfad Sie über die System-Variable `PSHome` ermitteln können. Sie wird am Anfang des Skriptes, ergänzt um den Namen der PowerShell-Exe-Datei, in der Variablen `Linkziel` gespeichert.

Damit der Startmenüeintrag auch erzeugt wird, müssen Sie anschließend noch die `Save`-Methode ausführen.

```
#Skriptname: Startmenueeintrag.ps1
#Autor: Helma Spona
#Auflage: 1
#Verzeichnis: /Bsp/K06
#Beschreibung: Erzeugt einen Startmenueeintrag
#Benoetigte Variablen
$WSHShell=New-Object -com "WScript.Shell"
$Pfad=[System.Environment]::GetFolderPath("Programs")
$Linkziel =Join-Path $PSHome "PowerShell.exe"

#Skriptbloecke und Funktionen

#Skriptinhalt
   $Pfad=(Join-Path $Pfad "Test")
   $Pfad=(Join-Path $Pfad "PowerShell starten.lnk")
   $Shortcut=$WSHShell.CreateShortcut($Pfad)
   $Shortcut.TargetPath=$Linkziel
   $Shortcut.Save()
```

Wenn Sie das Skript nun ausführen, wird der Startmenüeintrag erstellt.

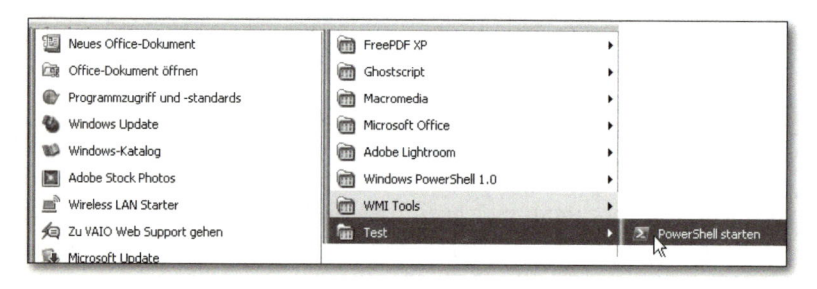

Abbildung 6.3 Der erzeugte Menüeintrag

Der Menüeintrag wird aber nur dann erzeugt, wenn der übergeordnete Ordner im Startmenü schon vorhanden ist. Sie sollten das also vorab prüfen und gegebenenfalls das zuvor gezeigte Skript `programmgruppen.ps1` ausführen, um den Ordner zu erstellen. Dazu müssen Sie den Code folgendermaßen ergänzen.

Zunächst sollten Sie das Skript `wichtigefunktionen.ps1` einbinden, weil dort eine Funktion `getPfad` definiert ist, die den Pfad des aktuellen Skriptes liefert. Mit dem CmdLet `Test-Path` können Sie prüfen, ob der übergeordnete Ordner existiert, und ihn durch Aufruf des Skriptes `programmgruppen.ps1` erzeugen. Da dies im gleichen Verzeichnis wie das Skript `Startmenueeintrag.ps1` liegt, setzen Sie einfach den mit der Funktion `getPfad` ermittelten Skriptpfad davor.

```
#Skriptname: Startmenueeintrag.ps1
#Autor: Helma Spona
#Auflage: 1
#Verzeichnis: /Bsp/K06
#Beschreibung: Erzeugt einen Startmenueeintrag
#Anmerkungen: Benoetigt die Dateien wichtigefunktionen.ps1
#    und programmgruppen.ps1
#Laden der Bibliotheksdateien

#Laden der Hilfsfunktionen
$bibpfad=$myInvocation.get_MyCommand().Definition
$bibpfad= (Split-Path ($bibpfad) -parent)
$bibpfad= Split-Path ($bibpfad)  -parent

#Achtung, wenn Sie das Skript aus der
#PowerShellIDE ausfuehren,
#bitte folgende Zeile aktivieren und das
#korrekte Verzeichnis
#zur Datei wichtigefunktionen.ps1 angeben
#$bibpfad="G:\GAL_powerShell\bsp"
. ($bibpfad + "\wichtigefunktionen.ps1")

#Benoetigte Variablen
$WSHShell=new-object -com "WScript.Shell"
$Pfad=[System.Environment]::GetFolderPath("Programs")
$Linkziel =Join-Path $PSHome "PowerShell.exe"
$Skript=""
#Skriptbloecke und Funktionen

#Skriptinhalt
   $Pfad=(Join-Path $Pfad "Test")
   if ((Test-Path $Pfad) -eq $false)
   {
      $Skript=(Join-Path (getPfad) "programmgruppen.ps1")
      &$Skript
   }
   $Pfad=(Join-Path $Pfad "PowerShell starten.lnk")
   $Shortcut=$WSHShell.CreateShortcut($Pfad)
   $Shortcut.TargetPath=$Linkziel
   $Shortcut.Save()
```

Damit haben Sie ein erstes Beispiel unter Nutzung von WMI-Klassen erstellt. Wie Sie daran schon sehen, ist die Ermittlung von Informationen recht einfach, auch wenn diese in einigen Fällen auch anderweitig ermittelt werden können, wie hier über das CmdLet `Test-Path`.

Einen Menüeintrag für den Start der PowerShell zu erstellen ist nicht sonderlich sinnvoll, schließlich gibt es einen, wenn die PowerShell installiert ist.

Sie können aber auch ein Skript bestimmen, das dann von der PowerShell ausgeführt wird. Dazu legen Sie die PowerShell als Ziel des Startmenüeintrags fest und geben den Pfad und Namen des auszuführenden Skriptes als Argument an.

```
$Shortcut=$WSHShell.CreateShortcut($Pfad)
$Shortcut.TargetPath=$Linkziel
$Shortcut.Arguments = "'C:\Test2\hallowelt.ps1'"
$Shortcut.Save()
```

[!] Achten Sie unbedingt darauf, dass Sie den Namen der Skriptdatei in Hochkommata setzen. Er darf außerdem keine Hochkommata enthalten.

Optional können Sie vor dem Dateinamen noch weitere Parameter der PowerShell angeben. Dann würden Sie z. B. folgende Zuweisung verwenden:

```
$Shortcut.Arguments = '-NoLogo -NoExit "& ' + `
"'C:\Test2\hallowelt.ps1'""";
```

Die beiden Parameter `-NoLogo` und `-NoExit` bewirken, dass das PowerShell-Logo beim Start unterdrückt wird und die PowerShell nach Abschluss des Skriptes nicht geschlossen wird.

6.1.5 Problemfall: WMI-Dokumentation

Gerade die ersten Schritte mit der WMI-Programmierung sind mehr als mühsam. Das liegt an der nicht sehr guten WMI-Dokumentation. Alle notwendigen Informationen müssen Sie sich mühsam im Internet zusammenklauben.

Oft hapert es schon daran, die passenden WMI-Klassen- und Namensräume zu finden. Allerdings gibt es inzwischen ein paar Quellen, die sich recht einfach nutzen lassen.

Zum einen wäre da die WMI-Dokumentation auf der Microsoft Entwickler-Webseite: **http://msdn.microsoft.com/library/default.asp?url=/library/en-us/dnanchor/html/anch_wmi.asp**. Hier finden Sie eine kurze Beschreibung der WMI-Klassen und Namensräume, allerdings nur in Englisch.

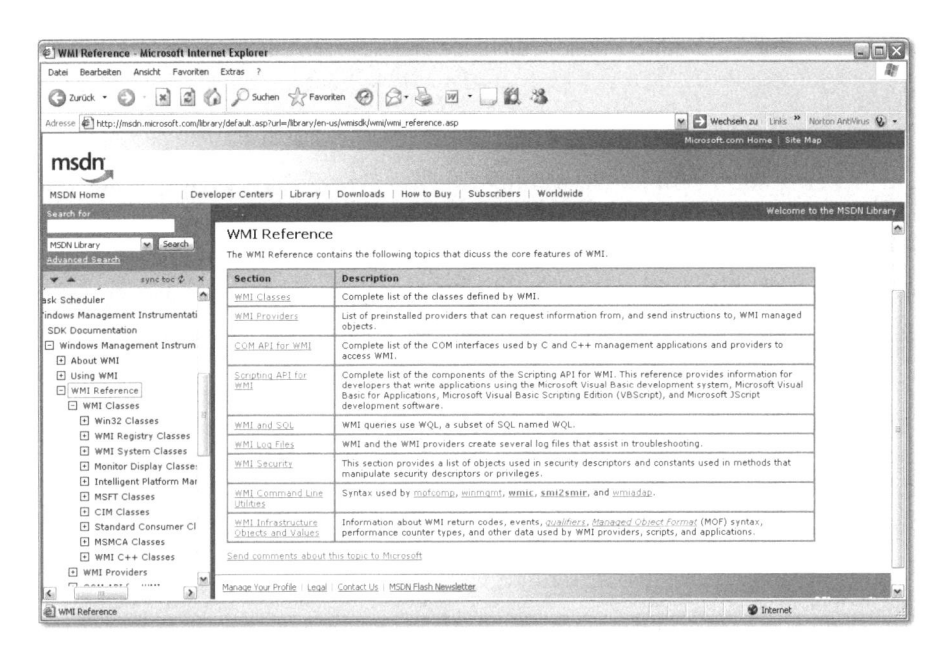

Abbildung 6.4 Die WMI Reference auf der Microsoft-Webseite

Eine alternative Informationsquelle ist das WMI-Testprogramm, über das Sie zumindest die Klassen und Namensräume finden, aber auch WMI-Abfragen formulieren können. Es wird mit der PowerShell installiert und lässt sich mit folgendem Skript starten:

```
#Skriptname: WMIBrowser.ps1
#Autor: Helma Spona
#Auflage: 1
#Verzeichnis: /Bsp/K06
#Beschreibung: Oeffnet das WMI-Testprogramm
#Anmerkungen: Sie sollten das Skript nicht aus der
#    PowerShellIDE aufrufen, sondern
#    direkt in der PowerShell.

#Skriptinhalt

&Wbemtest.exe
```

Das gestartete Programm dient dem Testen der WMI-Installation. Sie können darüber hinaus aber auch die WMI-Namensräume nach Klassen durchsuchen, diese auflisten und deren Member anzeigen.

6 | Zugreifen auf das Windows-System

> [»] Führen Sie das Skript direkt in der PowerShell und nicht aus der PowerShellIDE aus. Alternativ können Sie natürlich auch an der Kommandozeile der PowerShell den Befehl Wbemtest.exe eingeben.

Das Testprogramm wird nun ausgeführt. Klicken Sie auf **Verbinden**, um sich mit einem Namensraum zu verbinden und dessen Klassen aufzulisten. Das Tool blendet daraufhin einen zweiten Dialog ein, in dem Sie den Namensraum eingeben können, dessen Klassen Sie auflisten möchten.

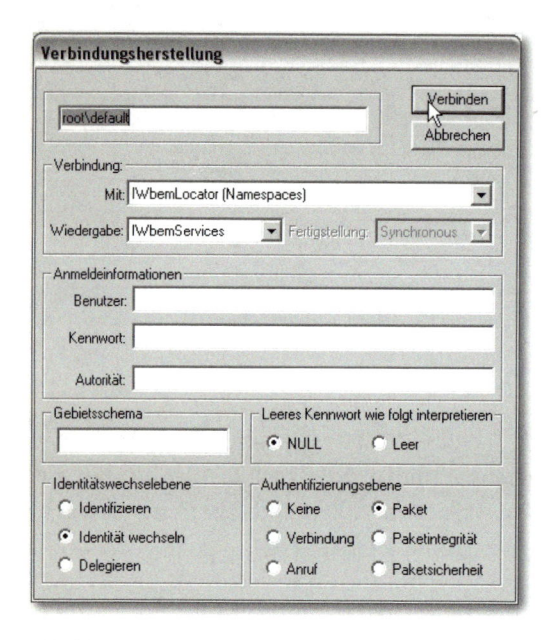

Abbildung 6.5 Mit einem Namensraum verbinden

Klicken Sie anschließend auf **Verbinden**, und Sie gelangen wieder in den vorherigen Dialog zurück. Hier klicken Sie auf **Klassen auflisten**, wenn Sie alle Klassen des Namensraums auflisten möchten. Aktivieren Sie dann in dem nun eingeblendeten Dialog die Option **Rekursiv für alle Klassen**, damit auch untergeordnete Klassen aufgelistet werden. Klicken Sie anschließend auf **OK**. Ihnen werden dann alle ermittelten Klassen aufgelistet.

Mehr Informationen als das WMI-Testprogramm bietet aber der WMI-Browser, der Bestandteil der CIM-Tools ist. Diese können Sie unter folgender URL herunterladen:

```
http://www.microsoft.com/downloads/details.aspx?FamilyId=6430F853-
1120-48DB-8CC5-F2ABDC3ED314&displaylang=en
```

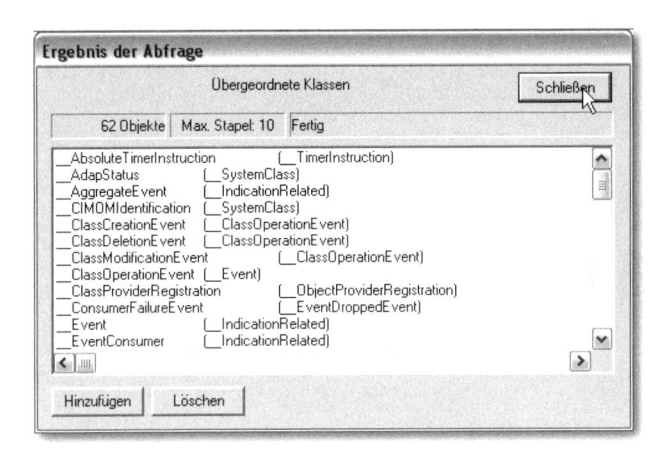

Abbildung 6.6 Die erzeugte Liste mit Klassen

Nach der Installation können Sie die heruntergeladene Datei einfach ausführen und so die enthaltenen Tools installieren.

Den Objekt-Browser starten Sie anschließend, indem Sie aus dem Startmenü **Start • (Alle) Programme • WMI-Tools • WMI Object Browser** auswählen. Er wird standardmäßig im Internet Explorer angezeigt, wenn das Ihr Standardbrowser ist.

Sollten Sie einen anderen Browser als Standardbrowser verwenden, wird dort der WMI-Browser angezeigt, funktioniert dann allerdings nicht. Starten Sie in diesem Fall den Internet Explorer manuell, und kopieren Sie die URL aus Ihrem Standardbrowser in die Adresszeile des Internet Explorers.	[«]
Falls Sie den Internet Explorer 6 unter Windows XP SP2 oder den Internet Explorer 7 verwenden, müssen Sie zunächst in der Informationsleiste geblockte Inhalte zulassen, damit der WMI-Browser funktioniert. Wählen Sie dazu aus dem Kontextmenü der Informationsleiste den Eintrag **Geblockte Inhalte zulassen ...** aus.	[!]

Zuerst erscheint dazu ein kleines Dialogfeld, in dem Sie den Namensraum (Namespace) auswählen müssen, den Sie durchsuchen möchten. Der Objekt-Browser schlägt dazu den Namensraum `root/CIMV2` vor. Dies ist gleichzeitig auch der wichtigste WMI-Namensraum, den Sie für fast alle Skripte benötigen. Falls Sie seinen Inhalt anzeigen lassen möchten, klicken Sie nun einfach auf **OK**.

Der Objektbrowser fordert Sie nun auf, Anmeldedaten einzugeben. Diesen Dialog können Sie einfach mit **OK** schließen. Für die ersten WMI-Schritte spielt das keine Rolle. Wenn Sie sich hier mit einem anderen Benutzernamen anmelden,

6 | Zugreifen auf das Windows-System

Abbildung 6.7 Geblockte Inhalte zulassen

Abbildung 6.8 Auswählen des Namensraums

wirkt sich das nur auf die Werte der einzelnen WMI-Klassen- und Objekte aus, nicht aber auf die Verfügbarkeit der Klassen und deren Member.

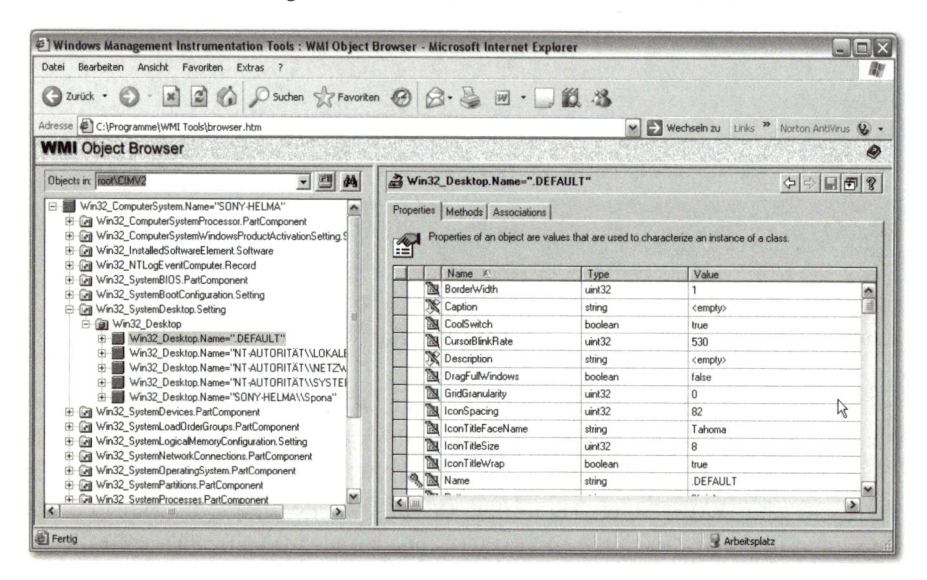

Abbildung 6.9 Der WMI-Browser zeigt nun die Klassen des Namensraums an.

Über das Plus-Symbol vor dem übergeordneten Namensraum können Sie nun die Klassen des Namensraums anzeigen lassen. Wenn Sie dabei eine Instanz der

Klasse auswählen, werden deren Eigenschaften und Werte sowie die Methoden auf der rechten Seite angezeigt. Auf alle Eigenschaften und Methoden können Sie auch in der PowerShell zugreifen und deren Werte abrufen und teilweise auch ändern.

> Methoden und Eigenschaften können Sie nur für Klassen anzeigen lassen, von denen es eine Instanz gibt, aus denen also ein Objekt erzeugt wurde. Falls keine Instanz vorhanden ist, können Sie die Klasse zwar in Skripten verwenden – allerdings erhalten Sie dann beim Versuch, die Klasse im Objekt-Browser anzeigen zu lassen, eine Meldung, dass es keine Instanz davon gibt. [«]

> Falls Sie von solchen Klassen Eigenschaften und Methoden anzeigen lassen möchten, können Sie dazu auch das **WMI CIM Studio** verwenden, das Sie über **Start • (Alle) Programme • WMI-Tools • WMI CIM Studio** starten können und das analog zu bedienen ist. Dort werden auch Klassen aufgeführt, die keine Instanzen haben. [+]

Möchten Sie die Methoden angezeigt bekommen, müssen Sie dazu die Registerkarte **Methods** aktivieren. Für die Eigenschaften auf der Registerkarte **Properties** werden die Werte in der Spalte **Value** angezeigt. Sie können damit auch sehr schön kontrollieren, ob Ihr Skript die korrekten Werte zurückgibt und verwendet.

6.1.6 WMI im Detail

Wenn Sie mit dem Objekt-Browser die Namensräume betrachten, wird Ihnen die Komplexität des WMI-Objektmodells auffallen. Daher ist es natürlich wichtig, dass Sie einen groben Überblick darüber haben. Wichtig ist also, dass Sie über die Inhalte der wichtigsten Namensräume orientiert sind. Dazu benötigen Sie ein grundlegendes Verständnis vom Aufbau von WMI.

WMI besteht aus WMI-Anbietern (WMI-Providern), dem CIM-Repository (CIM – Common Information Model) und dem CIMOM (Common Information Model Object Manager). Letzterer ist der Teil der WMI, der mit der WMI-Skriptingbibliothek kommuniziert. Über diese drei Teile der WMI-Infrastruktur werden Konfigurations- und Verwaltungsdaten definiert und verfügbar gemacht, und Sie können sie abrufen.

WMI-Anbieter vermitteln zwischen WMI und einer verwalteten Ressource. Als verwaltete Ressourcen kommen bspw. Gerätetreiber und Anwendungen in Frage. Die Anbieter machen im Prinzip nichts weiter, als Informationen von den verwalteten Ressourcen anzufordern und diese an den CIMOM weiterzugeben.

Anbieter werden in der Regel als Dynamic Link Libraries (DLLs) erstellt, die sich im Verzeichnis `\system32\wbem` des Windows-Verzeichnisses befinden. In der folgenden Tabelle finden Sie eine Liste mit mehreren Standard-WMI-Anbietern, die in den Betriebssystemfamilien Windows 2000, Windows XP, Windows Server 2003 und Windows Vista enthalten sind.

Anbieter	DLL	Namensraum	Beschreibung
Active Directory-Anbieter	dsprov.dll	root\directory\ldap	Bietet die Möglichkeit, auf Active-Directory-Objekte zuzugreifen.
Ereignisprotokollanbieter	ntevt.dll	root\cimv2	Bietet den Zugriff und die Verwaltung von Ereignisprotokollen von Windows.
Leistungszähleranbieter	wbemperf.dll	root\cimv2	Ermöglicht den Zugriff auf unformatierte Leistungsdaten.
Registrierungsanbieter	stdprov.dll	root\default	Dient zum Lesen, Schreiben, Aufzählen, Erstellen und Löschen von Registrierungseinstellungen und -werten.
SNMP-Anbieter	snmpincl.dll	root\snmp	Bietet Zugriff auf SNMP-MIB-Daten und Traps aus von SNMP verwalteten Geräten.
WDM-Anbieter	wmiprov.dll	root\wmi	Bietet Zugriff auf Informationen aus WDM-Gerätetreibern.
Win32-Anbieter	cimwin32.dll	root\cimv2	Bietet Informationen über den Computer, Datenträger, Peripheriegeräte, Dateien, Ordner, Dateisysteme, Netzwerkkomponenten, das Betriebssystem, Drucker, Prozesse, Sicherheit, Dienste, Freigaben, SAM-Benutzer und -Gruppen etc.
Windows Installer-Anbieter	msiprov.dll	root\cimv2	Bietet Zugriff auf Informationen über installierte Software.

Tabelle 6.1 Wichtige WMI-Namensräume

Insbesondere der Namensraum \root\cimv2 wird mit Hilfe der nachfolgenden Beispiele noch etwas transparenter gemacht.

6.2 Anwendungsbeispiele

Nachfolgend sollen wichtige und immer wieder benötigte Anwendungsbeispiele vorgestellt werden, die Sie dann an Ihre Bedürfnisse anpassen können. Nicht für alle ist WMI erforderlich. Es kommen auch WSH-Objekte, .NET-Objekte und PowerShell-CmdLets zum Einsatz.

6.2.1 Datenträgername lesen und ändern

Als erstes Beispiel soll gezeigt werden, wie Sie Datenträgerinformationen ermitteln und diese ändern können. Datenträger-Informationen enthalten neben Name und Typ des Datenträgers auch weitere Informationen, die Sie über die PowerShell-CmdLets nicht ermitteln können, wie bspw. die Seriennummer oder die Angabe, ob der Datenträger komprimiert ist.

Mit der folgenden ersten Version werden zunächst wichtige Datenträgerinformationen ermittelt und ausgegeben. Dazu wird die WMI-Klasse `Win32_LogicalDisk` verwendet, die sich im Namensraum `root\cimv2` befindet.

Das erzeugte WMI-Objekt enthält anschließend eine Auflistung aller logischen Datenträger. Deren Namen können Sie mit der `VolumeName`-Eigenschaft ermitteln. `DeviceID` gibt den Laufwerksbuchstaben an und `MediaType` eine Kennziffer für den Medientyp. Über die Eigenschaft `VolumeSerialNumber` haben Sie Zugriff auf die Seriennummer.

```
#Skriptname: Datentraegername.ps1
#Autor: Helma Spona
#Auflage: 1
#Verzeichnis: /Bsp/K06
#Beschreibung: Zeigt den Umgang mit Datentraegernamen
#Anmerkungen: keine

#Benoetigte Variablen
$strComputer = "."
#Skriptbloecke und Funktionen

#Skriptinhalt

$strComputer = "."
$colItems=Get-WmiObject `
   -class "Win32_LogicalDisk" `
   -namespace "root\cimv2" `
   -computer $strComputer

foreach ($item in $colItems)
{
   echo ("VolumeName: " + $item.VolumeName)
   echo ("DeviceID: " + $item.DeviceID)
   echo ("Medientyp: " + $item.MediaType)
   echo ("Serien-Nr: " + $item.VolumeSerialNumber)
   echo ""
}
```

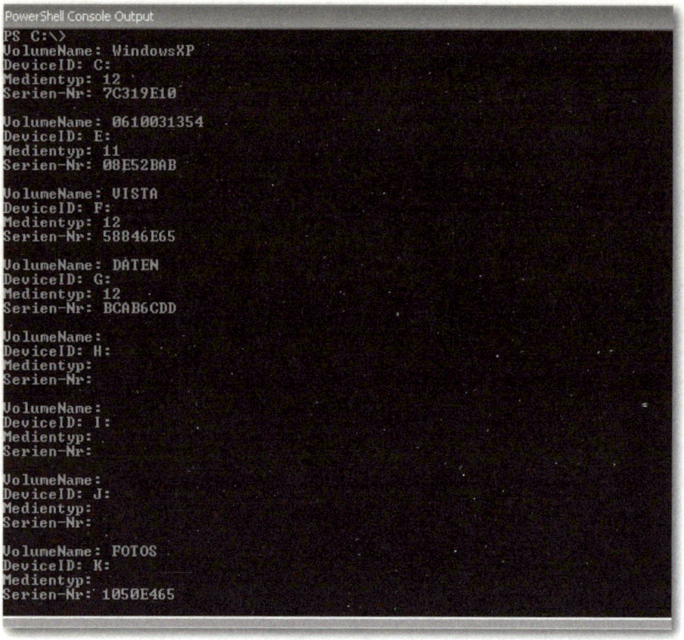

Abbildung 6.10 Die erzeugte Ausgabe

[+] Wenn Sie wissen möchten, welche Eigenschaften und Methoden es noch gibt, fügen Sie einfach nach der Schleife folgende Anweisung ein:
$item | Get-Member

Möchten Sie eine Datenträgerbezeichnung ändern, können Sie das natürlich nur für Laufwerke tun, die bereit sind. Die Status-Eigenschaft gibt darüber leider keine Auskunft, also müssen Sie sich anderweitig behelfen, bspw. können Sie die Seriennummer zugrunde legen. Für alle Laufwerke mit Datenträger gibt es auch eine Seriennummer. Sie können also zunächst alle Laufwerke ausfiltern, die Datenträger enthalten, dazu ergänzen Sie für das CmdLet Get-WmiObject den Parameter -filter:

```
...
$strComputer = "."
$colItems=Get-WmiObject `
    -class "Win32_LogicalDisk" `
    -namespace "root\cimv2" `
    -computer $strComputer `
    -filter "VolumeSerialNumber >''"
...
```

Nun müssen Sie natürlich noch festlegen, welches Laufwerk umbenannt werden soll. Dazu können Sie entweder den Filterausdruck ergänzen oder innerhalb der Schleife eine `if`-Verzweigung einfügen.

Im ersten Fall müssten Sie die bisherige Bedingung und die neue mit Hilfe des `and`-Operators verknüpfen.

```
...
$strComputer = "."
$colItems=Get-WmiObject `
   -class "Win32_LogicalDisk" `
   -namespace "root\cimv2" `
   -computer $strComputer `
   -filter "VolumeSerialNumber >'' and DeviceID='K:'"
...
```

[!] Bedenken Sie beim Formulieren der Filterbedingung, dass der Doppelpunkt hinter dem Laufwerksbuchstaben zur `DeviceID` gehört. Diesen müssen Sie also mit angeben.

Dank der Filterbedingung gibt das WMI-Objekt nur ein Laufwerk zurück. Sie können dessen Eigenschaften also ohne weitere Prüfung ändern.

Um den Datenträgernamen zu ändern, weisen Sie der `VolumeName`-Eigenschaft einfach den neuen Wert zu. Mit dem Aufruf der `Put`-Methode werden die Änderungen dann wirksam.

[+] Wenn Sie den Rückgabewert der `Put`-Methode nicht einer Variablen zuweisen, sondern die Anweisung `$item.Put()` verwenden, dann führt dies dazu, dass nicht nur der Datenträgername geändert wird, sondern auch das Laufwerk im Arbeitsplatz geöffnet wird.

```
...
foreach ($item in $colItems)
{
   echo ("VolumeName: " + $item.VolumeName)
   echo ("DeviceID: " + $item.DeviceID)
   echo ("Medientyp: " + $item.MediaType)
   echo ("Serien-Nr: " + $item.VolumeSerialNumber)
   echo ""
   # Datentraegername aendern
   $item.VolumeName="Neuer Name"
   $erg=$item.Put()
}
```

6 | Zugreifen auf das Windows-System

Wenn Sie nicht die Filterbedingung ergänzen, müssen Sie innerhalb der Schleife eine if-Verzweigung einbauen, die anhand irgendwelcher Kriterien das Laufwerk bestimmt, das umbenannt werden soll.

```
...
$strComputer = "."
$colItems=Get-WmiObject `
    -class "Win32_LogicalDisk" `
    -namespace "root\cimv2" `
    -computer $strComputer `
    -filter "VolumeSerialNumber >''"

foreach ($item in $colItems)
{
    echo ("VolumeName: " + $item.VolumeName)
    echo ("DeviceID: " + $item.DeviceID)
    echo ("Medientyp: " + $item.MediaType)
    echo ("Serien-Nr: " + $item.VolumeSerialNumber)
    echo ""
    # Datentraegername aendern
    if ($item.VolumeName -like "NEUER NAME")
    {
        $item.VolumeName="FOTOS1"
        $erg=$item.Put()
    }
}
```

[+] Nicht alle Eigenschaften können Sie auf diese Weise ändern, sondern nur diejenigen, die nicht schreibgeschützt sind. Welche das sind, können Sie der Ausgabe des Cmd-Lets `Get-Member` entnehmen. Sie finden dort Angaben wie bspw. diese:

VolumeName   Property   System.String VolumeName
{get;set;}
VolumeSerialNumber   Property   System.String
VolumeSerialNumber {get;set;}

Die Angabe »Property« gibt an, dass es sich um eine Eigenschaft handelt. Danach folgt der Datentyp der Eigenschaft. Bei `System.String` enthält die Eigenschaft also eine Zeichenkette. Nach dem Namen der Eigenschaft folgt in geschweiften Klammern die eigentliche wesentliche Angabe. Steht dort "get;set", bedeutet dies, dass die Eigenschaft gelesen (get) und gesetzt (set) werden kann. Steht dort nur eine Angabe, ist die Eigenschaft lese- oder schreibgeschützt. Ob Sie eine Eigenschaft, für die set angegeben ist, aber tatsächlich schreiben können, kann auch von anderen Faktoren, wie Gerätetreibern etc., abhängen.

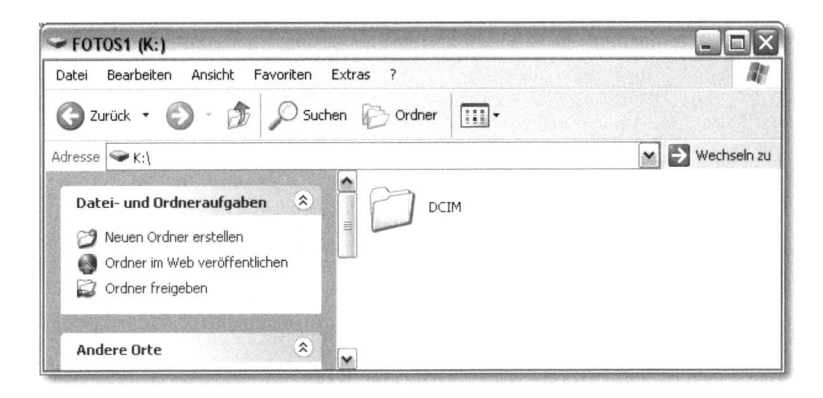

Abbildung 6.11 Der Datenträger nach dem Umbenennen

6.2.2 Registry-Einstellungen lesen

Zum Lesen der Registry verwenden Sie das CmdLet `Get-PSDrive`. Wenn Sie jedoch Informationen über die Registry und nicht aus der der Registry ermitteln möchten, können Sie dazu WMI verwenden. Das erste Skript zeigt, wie Sie mit Hilfe von WMI das Installationsdatum von Windows und die Registry-Größe auslesen können. Dazu müssen Sie die Klasse `Win32_Registry` des Namensraums `root\CIMV2` verwenden. Das CmdLet `Get-WmiObject` gibt dann genau ein Element innerhalb der Auflistung zurück, das Informationen über die Registry liefert.

Mit der Eigenschaft `InstallDate` können Sie bspw. das Installationsdatum ermitteln. Es gibt nicht nur Auskunft über das Installationsdatum der Registry, sondern damit in der Regel auch darüber, wann Windows installiert wurde. Lediglich bei einer Systemreparatur mit der Reparaturfunktion des Setup-Programms könnte der angegebene Wert nicht dem Installationsdatum von Windows entsprechen, nämlich dann, wenn die Registry ersetzt wurde.

Die maximale Größe, die Sie für die Registry in den Systemeinstellungen von Windows festgelegt haben, können Sie über die `MaximumSize`-Eigenschaft abfragen. Die empfohlene Größe wird über die Eigenschaft `ProposedSize` angegeben.

```
#Skriptname: registrylesen.ps1
#Autor: Helma Spona
#Auflage: 1
#Verzeichnis: /Bsp/K06
#Beschreibung: Liest einen Registry-Eintrag
#Anmerkungen: keine

#Benoetigte Variablen
```

```
$strComputer = "."

#Skriptbloecke und Funktionen

#Skriptinhalt

$colItems = get-wmiobject -class "Win32_Registry" `
    -namespace "root\CIMV2" `
    -computername $strComputer

foreach ($objItem in $colItems) {
    write-host "Installationsdatum: " $objItem.InstallDate
    write-host "Maximale Groesse: " $objItem.MaximumSize
    write-host "Empfohlene Groesse: " $objItem.ProposedSize
    write-host "Status: " $objItem.Status
    write-host
}
```

> [»] Wenn Sie die aktuelle Größe ermitteln möchten, können Sie dazu die `CurrentSize`-Eigenschaft verwenden. Sie können diese Eigenschaft bspw. verwenden, um zu prüfen, ob zwischen der empfohlenen Größe und der aktuellen Größe ausreichend Abstand liegt, um gegebenenfalls die empfohlene Größe zu erhöhen. Ein Beispiel dazu zeigt das folgende Listing.

Sie können diese Eigenschaften aber nicht nur abrufen, sondern zum Teil auch neu setzen. Die aktuelle Größe können Sie natürlich nicht verändern, sie ergibt sich ja aus den Einträgen in der Registry. Aber Sie können bspw. prüfen, ob die maximale Größe der Registry so gewählt ist, dass noch ausreichend Spielraum zwischen der aktuellen Größe und der empfohlenen Größe liegt. Folgende Erweiterung des Skriptes prüft, ob die maximale Größe mindestens 15-mal so groß wie die aktuelle Größe ist. Falls nicht, wird die empfohlene Größe entsprechend heraufgesetzt.

```
...
#Benoetigte Variablen
$strComputer = "."
$intFaktor=15
#Skriptbloecke und Funktionen

#Skriptinhalt

$colItems = get-wmiobject -class "Win32_Registry" `
    -namespace "root\CIMV2" `
    -computername $strComputer
```

```
foreach ($objItem in $colItems) {
   write-host "Installationsdatum: " $objItem.InstallDate
   write-host "Maximale Groesse: " $objItem.MaximumSize
   write-host "Empfohlene Groesse: " $objItem.ProposedSize
   write-host "Status: " $objItem.Status
   write-host
   if (($objItem.CurrentSize * $intFaktor ) `
       -gt ($objItem.ProposedSize))
   {
      #empfohlene Groesse erhoehen
      $objItem.ProposedSize= `
        $objItem.CurrentSize * $intFaktor
      echo ("Empfohlene Groesse erhoeht auf " + `
        ($objItem.CurrentSize * $intFaktor))
      $erg=$objItem.Put()

   }
}
...
```

Obwohl die Eigenschaft `MaximumSize` gemäß der Ausgabe von `Get-Member` nicht schreibgeschützt ist, können Sie die maximale Größe leider auf diesem Weg nicht verändern.

6.2.3 Registry-Werte auslesen

Möchten Sie auf Registry-Werte zugreifen, geschieht das ähnlich wie der Zugriff auf das Dateisystem des Rechners über das CmdLet `Get-PSDrive`. Ohne Parameter gibt das CmdLet alle `PSDrive`-Objekte in einer Auflistung zurück. Möchten Sie nur die Registry-Hauptschlüssel erhalten, geben Sie den Parameter `-PSProvider` mit dem Wert `"Registry"` an.

Folgendes Skript gibt dann die Namen und Wurzelverzeichnisse der `PSDrive`-Objekte in einer Schleife aus:

```
#Skriptname: registrywertelesen.ps1
#Autor: Helma Spona
#Auflage: 1
#Verzeichnis: /Bsp/K06
#Beschreibung: Liest Registry-Eintraege aus
#Anmerkungen: keine

#Benoetigte Variablen
$RegListe=Get-PSDrive -PSProvider "Registry"
```

6 | Zugreifen auf das Windows-System

```
#Skriptbloecke und Funktionen

#Skriptinhalt
foreach ($Item in $RegListe)
{
    echo ($Item.Name + " - " + $Item.Root)
}
```

```
PS C:\>
HKCU - HKEY_CURRENT_USER
HKLM - HKEY_LOCAL_MACHINE
```

Abbildung 6.12 Die Ausgabe des Skriptes

Möchten Sie nun auf einen bestimmten Registry-Hauptschlüssel zugreifen, können Sie diesen wie ein Laufwerk zum aktiven Laufwerk machen, indem Sie das CmdLet `Set-Location` verwenden. Mit dem CmdLet `Get-Location` können Sie im Anschluss prüfen, ob die Änderung durchgeführt wurde.

```
#HKCU als aktiven Schlüssel festlegen
Set-Location "HKCU:"
echo ("aktiv: " + (Get-Location) )
```

[!] Als Parameter übergeben Sie den `Drive`-Namen an das CmdLet `Set-Location`, gefolgt von einem Doppelpunkt, wie Sie es bei einem Laufwerksbuchstaben auch machen müssten.

Sie können allerdings auch neben dem Hauptschlüssel einen untergeordneten Schlüssel angeben. Auch hier trennen Sie wie bei den normalen Pfadangaben durch einen Backslash. Mit folgenden Änderungen legen Sie den Schlüssel zu den Office-Einstellungen als aktiven Pfad fest:

```
#HKCU als aktiven Schlüssel festlegen
Set-Location "HKCU:\Software\Microsoft\Office\"
echo ("aktiv: " + (Get-Location) )
```

Alle weiteren CmdLets, die sich auf das aktive Verzeichnis beziehen, verwenden nun diesen Registry-Pfad als Ausgangspunkt, sodass Sie nun bspw. mit dem CmdLet `Get-ChildItem` alle untergeordneten Verzeichnisse durchlaufen und ausgeben können:

```
#Skriptname: registrywertelesen.ps1
#Autor: Helma Spona
#Auflage: 1
#Verzeichnis: /Bsp/K06
#Beschreibung: Liest Registry-Eintraege aus
#Anmerkungen: keine
```

```
#Benoetigte Variablen
$RegListe=Get-PSDrive -PSProvider "Registry" -Name "HKCU"
$ChildListe=""
#Skriptbloecke und Funktionen

#Skriptinhalt
#Ausgeben der Registry-Schluessel
foreach ($Item in $RegListe)
{
   echo ($Item.Name + " - " + $Item.Root)
}

#HKCU als aktiven Schlüssel festlegen
Set-Location "HKCU:\Software\Microsoft\Office\"
echo ("aktiv: " + (Get-Location) )

$ChildListe=Get-ChildItem
foreach ($Item in $ChildListe)
{
   echo ($Item.Name)
}
```

```
PS HKCU:\Software\Microsoft\Office>
HKCU - HKEY_CURRENT_USER
aktiv: HKCU:\Software\Microsoft\Office
HKEY_CURRENT_USER\Software\Microsoft\Office\10.0
HKEY_CURRENT_USER\Software\Microsoft\Office\11.0
HKEY_CURRENT_USER\Software\Microsoft\Office\8.0
HKEY_CURRENT_USER\Software\Microsoft\Office\9.0
HKEY_CURRENT_USER\Software\Microsoft\Office\Access
HKEY_CURRENT_USER\Software\Microsoft\Office\Common
HKEY_CURRENT_USER\Software\Microsoft\Office\Outlook
HKEY_CURRENT_USER\Software\Microsoft\Office\Word
PS HKCU:\Software\Microsoft\Office>
```

Abbildung 6.13 Die Ausgabe der Untereinträge

In manchen Fällen ist es ungünstig, dass die Name-Eigenschaft den kompletten Pfad zum Schlüssel liefert. Benötigen Sie nur den Namen, können Sie auch die PSChildName-Eigenschaft verwenden.

```
foreach ($Item in $ChildListe)
{
   echo ($Item.PSChildName)
}
```

Wenn Sie einen Unterschlüssel oder Wert auslesen möchten, können Sie dazu dann wieder die Methoden und Eigenschaften der Objekte in der Schleifenvariablen verwenden. Wie das aussehen kann, zeigt folgende Erweiterung des Beispiels. Sie liest das Word-Installationsverzeichnis aus, das im Schlüssel HKCU:\Software\Microsoft\Office\10.0\Word\Options\PROGRAMDIR steht. Ausge-

6 | Zugreifen auf das Windows-System

```
PS HKCU:\Software\Microsoft\Office>
HKCU - HKEY_CURRENT_USER
aktiv: HKCU:\Software\Microsoft\Office
10.0
11.0
8.0
9.0
Access
Common
Outlook
Word
PS HKCU:\Software\Microsoft\Office>
```

Abbildung 6.14 Die Ausgabe bei Verwendung der Eigenschaft PSChildName

hend vom Pfad `HKCU:\Software\Microsoft\Office` müssen Sie also noch in die Unterschlüssel `Word` und `Options` wechseln und dann den Wert `PROGRAMDIR` auslesen.

Innerhalb der `foreach`-Schleife müssen Sie zunächst prüfen, ob es sich bei dem aktuellen Element der Schleife um den Schlüssel `10.0` handelt. Falls ja, wird der Variablen `ItemWord` der Unterschlüssel `Word` zugewiesen, indem der Unterschlüssel mit der `OpenSubKey`-Methode geöffnet wird. Die Methode gibt das Element als `Microsoft.Win32.RegistryKey`-Objekt zurück.

[»] Dies ist der gleiche Typ wie der Typ des Elements innerhalb der Schleife. Somit verfügt das Objekt in der Variablen `ItemWord` jetzt ebenfalls wieder über die `OpenSubKey`-Methode.

Mit der `OpenSubKey`-Methode können Sie nun auch den nächsten Unterschlüssel, `Options`, zurückgeben und dann mit der `GetValue`-Methode auf dessen Werte zugreifen. Die Methode gibt den Inhalt des angegebenen Wertes zurück, der hier der Variablen `strWordVerzeichnis` zugewiesen wird.

```
...
foreach ($Item in $ChildListe)
{
    echo ($Item.PSChildName)
    if ($Item.PSChildName -eq "10.0")
    {

        $ItemWord=$Item.OpenSubKey("Word")
        $ItemWordOptionen=$ItemWord.OpenSubKey("Options")
        $strWordVerzeichnis=`
            $ItemWordOptionen.GetValue("PROGRAMDIR")
    }
}
...
```

Wenn Sie den kompletten Pfad zum Registry-Eintrag kennen, ist diese Vorgehensweise natürlich etwas umständlich, weil Sie den Wert dann auch viel kürzer wie folgt ermitteln könnten:

```
$Item=Get-Item -Path `
   "HKCU:\Software\Microsoft\Office\10.0\Word\Options"
echo ("Word-Verzeichnis: " + $Item.GetValue("PROGRAMDIR"))
```

Diese drei Zeilen könnten die ganze Schleife ersetzen. Sinnvoll ist die Schleife daher nur in dem Fall, dass Sie nicht wissen, wie der exakte Pfad zum Wert lautet. Nehmen Sie an, Sie möchten das Verzeichnis der höchsten Word-Version ermitteln, dann wissen Sie nicht, ob der Pfad `HKCU:\Software\Microsoft\Office\11.0\Word\Options` oder vielleicht nur `HKCU:\Software\Microsoft\Office\9.0\Word\Options` lautet. Hier kommt die Schleife dann mit Recht zum Einsatz. Innerhalb der Schleife müssen Sie nämlich zunächst den Unterschlüssel mit der höchsten Version ermitteln.

Dazu deklarieren Sie eine Variable `Max` und weisen ihr einen Anfangswert von 0 zu. Innerhalb der Schleife prüfen Sie mit Hilfe der `IndexOf`-Methode, ob der Name des Eintrags einen Punkt enthält. Das ist bei allen Versionsangaben der Fall. Wird ein Punkt gefunden, ist der Ausdruck (`$pos -gt 0`) wahr und Sie können den Teil vor dem Punkt, also 10 bei »10.0«, ermitteln und dann in eine Zahl konvertieren.

Den Teil vor dem Punkt ermitteln Sie mit Hilfe der `SubString`-Methode und speichern ihn dann in einer Variablen. Diese übergeben Sie an die statische Methode `ToInt16` um den Wert in eine Integer-Zahl zu konvertieren. Den konvertierten Wert weisen Sie ebenfalls der Variablen `Temp` zu.

Nun können Sie prüfen, ob der Wert in `Temp` größer als der Wert in `Max` ist. In diesem Fall weisen Sie der Variablen `Max` den Wert von `Temp` zu. Auf diese Weise enthält die Variable `Max` am Ende den höchsten gefundenen Wert.

```
...
#Benoetigte Variablen
$Max=0
$RegListe=Get-PSDrive -PSProvider "Registry" -Name "HKCU"
$ChildListe=""
#Skriptbloecke und Funktionen

#Skriptinhalt
#Ausgeben der Registry-Schluessel
...
$ChildListe=Get-ChildItem
foreach ($Item in $ChildListe)
```

```
{
    #Position des Punktes ermitteln
    $pos=$Item.PSChildName.IndexOf(".")
    if ($pos -gt 0)
    {
      #Ermitteln des Teils vor dem "Punkt"
      $Temp=$Item.PSChildName.SubString(0,$pos)
      #Konvertieren in eine Zahl
      $Temp=[System.Convert]::toInt16($Temp)
      if (($Temp) -gt ($Max))
      {
          $Max=$Temp
      }
    }
}
...
```

Mit dieser ermittelten maximalen Versionsnummer können Sie nach der Schleife auf die Einstellungen der neuesten Word-Version zugreifen, indem Sie bspw. den Namen des Schlüssels mit Hilfe der Versionsnummer zusammensetzen:

```
...
#Benoetigte Variablen
$strSchluessel=""
#$strComputer = "."
#$intFaktor=15
#$RegListe=Get-PSDrive -PSProvider "Registry"
$Max=0
$RegListe=Get-PSDrive -PSProvider "Registry" -Name "HKCU"
$ChildListe=""
#Skriptbloecke und Funktionen

#Skriptinhalt
#Ausgeben der Registry-Schluessel
foreach ($Item in $RegListe)
{
    echo ($Item.Name + " - " + $Item.Root)
}

#HKCU als aktiven Schlüssel festlegen
Set-Location "HKCU:\Software\Microsoft\Office\"
echo ("aktiv: " + (Get-Location) )

$ChildListe=Get-ChildItem
foreach ($Item in $ChildListe)
```

```
{
   #Position des Punktes ermitteln
   $pos=$Item.PSChildName.IndexOf(".")
   if ($pos -gt 0)
   {
      #Ermitteln des Teils vor dem "Punkt"
      $Temp=$Item.PSChildName.SubString(0,$pos)
      #Konvertieren in eine Zahl
      $Temp=[System.Convert]::toInt16($Temp)
      if (($Temp) -gt ($Max))
      {
         $Max=$Temp
      }
   }
}
$strSchluessel=("HKCU:\Software\Microsoft\Office\" + `
   $Max + ".0\Word\Options")
$Item=Get-Item -Path $strSchluessel
$strWordVerzeichnis=$Item.GetValue("PROGRAMDIR")
echo ("Word-Verzeichnis: " + $strWordVerzeichnis)
...
```

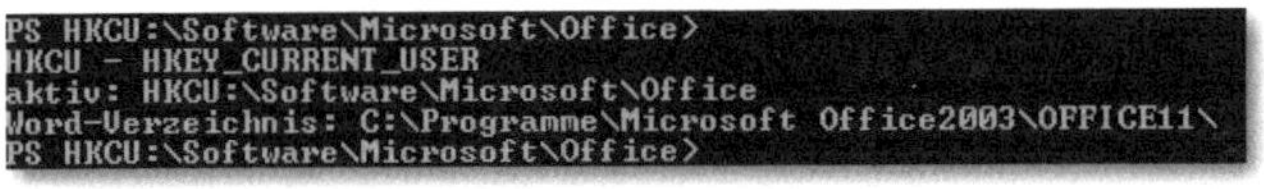

```
PS HKCU:\Software\Microsoft\Office>
HKCU - HKEY_CURRENT_USER
aktiv: HKCU:\Software\Microsoft\Office
Word-Verzeichnis: C:\Programme\Microsoft Office2003\OFFICE11\
PS HKCU:\Software\Microsoft\Office>
```

Abbildung 6.15 Die neue Ausgabe des Skriptes

6.2.4 Prüfen, ob es einen Schlüssel oder Wert gibt

Wenn Sie versuchen, auf Schlüssel zuzugreifen, die es nicht gibt, erhalten Sie eine Fehlermeldung. Daher ist es ratsam, vorab zu prüfen, ob es den Schlüssel auch gibt. Da Registry-Einträge auch als Pfadangaben gehandhabt werden, können Sie dazu auch die gleichen Methoden verwenden wie beim Dateisystem, nämlich das CmdLet Test-Path. Es gibt True zurück, wenn es den Schlüssel gibt, oder False, wenn der Schlüssel nicht existiert. Folgendes Beispiel zeigt dies:

Es definiert einen Schlüssel in der Variablen strSchluessel und prüft dann, ob es den Schlüssel gibt.

```
#Skriptname: regschluesselerzeugen1.ps1
#Autor: Helma Spona
#Auflage: 1
#Verzeichnis: /Bsp/K06
#Beschreibung: Zeigt, wie Schluessel erstellt
```

6 | Zugreifen auf das Windows-System

```
#  werden koennen
#Anmerkungen: keine

#Benoetigte Variablen
$strSchluessel="HKLM:\SOFTWARE"

#Skriptbloecke und Funktionen

#Skriptinhalt

#pruefen, ob es den Schluessel gibt
Test-Path $strSchluessel
```

Genauso können Sie auch vorgehen, wenn Sie die Existenz eines Wertes prüfen möchten:

```
...
#Benoetigte Variablen
$strSchluessel="HKLM:\SOFTWARE"
$strUSchluessel="MyTest"
$strWertname="Test"

#Skriptbloecke und Funktionen

#Skriptinhalt

#pruefen, ob es den Schluessel gibt
Test-Path ($strSchluessel + "\" + $strWert)
...
```

6.2.5 Schlüssel und Werte erstellen

Haben Sie festgestellt, dass es einen Schlüssel oder Wert nicht gibt, können Sie diesen erstellen. Dazu gibt es generell zwei Möglichkeiten. Sie nutzen die PowerShell und die Methoden der erzeugten Objekte, oder Sie verwenden die Bibliotheken des WSH. Beides ist möglich, und Sie können auch beide Methoden kombinieren. Nachfolgend werden nacheinander beide Techniken vorgestellt. Zuerst folgt das Beispiel zur PowerShell.

Wichtig ist dabei zu beachten, dass zunächst alle Schlüssel der Registry nur für den lesenden Zugriff zur Verfügung stehen. Sie können also mit dem `Get-Item`-CmdLet zwar einen bestimmten Schlüssel, Unterschlüssel oder Wert zurückgeben, haben dann aber nur einen Lesezugriff darauf. Damit Sie Schreibzugriff auf einen Schlüssel haben, müssen Sie diesen zuvor explizit zum Schreiben öffnen, indem Sie die `OpenSubKey`-Methode aufrufen und als ersten Parameter den

Namen des zu öffnenden Unterschlüssels angeben. Wichtig ist vor allem der zweite Parameter. Möchten Sie den Schlüssel für Schreibzugriffe öffnen, geben Sie true an.

Schreibzugriffe sind notwendig, wenn Sie folgende Aktionen durchführen möchten:

- Unterschlüssel erstellen
- Unterschlüssel umbenennen
- Werte erstellen und ändern
- Unterschlüssel und Werte löschen

Sie müssen jedoch in allen Fällen nur den direkt übergeordneten Schlüssel öffnen. Wenn Sie bspw. im Schlüssel HKLM\SOFTWARE\MyTest den Wert Test erstellen möchten, müssen Sie nur den Unterschlüssel MyTest zum Schreiben öffnen. Möchten Sie den Unterschlüssel MyTest erstellen, öffnen Sie KLM\SOFTWARE zum Schreiben. Folgendes Beispiel zeigt die Verwendung der OpenSubKey-Methode. Da Sie den Schlüssel MyTest zunächst erstellen müssen, falls er nicht vorhanden ist, müssen Sie auf den Hauptschlüssel HKLM zugreifen und dessen Unterschlüssel SOFTWARE zum Schreiben öffnen. Daher wird der Variablen strHauptschl hier der erste Teil des Schlüssels vor dem \ zugewiesen. Diesen können Sie mit der Split-Methode ermitteln. Sie gibt ein Array aus den Werten zurück, die zwischen den \ stehen. Hier besteht das Array also aus zwei Feldern: das erste hat den Wert "HKLM", das zweite hat den Wert "SOFTWARE". Um auf das erste Feld des Arrays zuzugreifen, geben Sie den Index 0 in eckigen Klammern hinter der Split-Methode an.

```
#Skriptname: regSchluesselErzeugen1.ps1
#Autor: Helma Spona
#Auflage: 1
#Verzeichnis: /Bsp/K06
#Beschreibung: Zeigt, wie Schluessel erstellt
#   werden koennen
#Anmerkungen: keine

#Benoetigte Variablen

$strSchluessel="HKLM:\SOFTWARE"
$strUSchluessel="MyTest"
$strHauptschl=$strSchluessel.Split("\")[0]
$strWertName="Test"
$strWert=1
#Skriptbloecke und Funktionen
...
```

Nach den Variablendeklarationen wird dann als Erstes geprüft, ob der Schlüssel `HKLM:\SOFTWARE` vorhanden ist, indem das CmdLet `Test-Path` verwendet wird. Ist der Schlüssel vorhanden, wird geprüft, ob der Unterschlüssel `MyTest` vorhanden ist. Falls nicht, wird er erstellt. Dazu wird zunächst mit dem CmdLet `Get-Item` der übergeordnete Hauptschlüssel `HKLM` zurückgegeben und dann dessen Methode `OpenSubKey` aufgerufen. Als ersten Parameter übergeben Sie den Schlüssel `SOFTWARE`, den Sie nach Aufruf der `Split`-Methode aus dem zweiten Feld des Arrays, mit dem Index 1 ermitteln können.

Als zweiten Parameter übergeben Sie den Wert `true`, um den Schlüssel für Schreibzugriffe zu öffnen. Danach können Sie die `CreateSubKey`-Methode aufrufen und übergeben ihr den Namen des Unterschlüssels in Form der Variablen `strUSchluessel`.

```
...
#Skriptinhalt

#pruefen, ob es den Schluessel bzw. Wert gibt
#zuerst den uebergeordneten Schluessel

if ((Test-Path $strSchluessel) -eq $true)
{
   #uebergeordneter Schluessel vorhanden
   if ((Test-Path ($strSchluessel + "\" + `
      $strUSchluessel)) -eq $false)
   {
      #untergeordneter Schluessel nicht vorhanden
      #schluessel erstellen
      $Schluessel=Get-Item $strHauptSchl
      #Schluessel zum Schreiben oeffnen
      $Schluessel=$Schluessel.OpenSubKey( `
         ($strSchluessel.Split("\")[1]),$true)
      #Unterschluessel erzeugen und schreiben
      $USchluessel=$Schluessel.CreateSubKey( `
         $strUSchluessel)
      $USchluessel.Flush()
   }
...
```

Ist der Schlüssel erstellt, bzw. war er schon vorhanden, prüfen Sie anschließend, ob es den Wert schon gibt, indem Sie wieder das CmdLet `Test-Path` aufrufen. Falls der Wert noch nicht vorhanden ist, wird zunächst wieder der Hauptschlüssel mit dem CmdLet `Get-Item` zurückgegeben und in der Variablen `Schluessel` gespeichert.

Mit der `OpenSubKey`-Methode wird dann der Schlüssel SOFTWARE geöffnet. Hier entfällt allerdings der zweite Parameter, weil für diesen Schlüssel nur ein lesender Zugriff erforderlich ist.

Der zweite Aufruf der `OpenSubKey`-Methode öffnet dann den Unterschlüssel in der Variablen `strUSchluessel` für den schreibenden Zugriff. Danach brauchen Sie nur noch die `SetValue`-Methode aufrufen. Dieser übergeben Sie den Namen und Wert des zu schreibenden oder zu ändernden Wertes. Durch Aufruf der `Flush`-Methode wird die Änderung dann in die Registry geschrieben, ohne dass der Schlüssel allerdings geschlossen wird. Dafür sorgt erst der Aufruf der `Close`-Methode.

```
...
   if ((Test-Path ($strSchluessel + "\" + `
      $strUSchluessel + "\" + $strWertname)) -eq $false)
   {
      #Wert mit PowerShell erstellen
      $strTempSchl=$strSchluessel + "\" + $strUSchluessel

      if ((Test-Path ($strTempSchl)) -eq $true)
      {
         #uebergeordneten Schluessel zurueckgeben
         #und zum Schreiben oeffnen
         $Schluessel=Get-Item $strHauptSchl
         $Schluessel=$Schluessel.OpenSubKey(`
            ($strSchluessel.Split("\")[1]))
         $Schluessel=$Schluessel.OpenSubKey(`
            $strUSchluessel,$true)
         #Wert schreiben
         $Schluessel.SetValue($strWertname,$strWert)
         $Schluessel.Flush()
         #Registry-Schluessel schliessen
         $Schluessel.Close()
      }
   }
}
```

6.2.6 Werte und Schlüssel mit dem WSH erstellen

Wie so vieles können Sie aber auch dieses Problem alternativ auch mit Hilfe der WSH-Bibliotheken lösen. Prüfen Sie einfach nach Aufruf der `CreateSubKey`-Methode, ob es den Schlüssel jetzt gibt. Falls nicht, erzeugen Sie ihn mit dem `WSHShell`-Objekt und dessen `RegWrite`-Methode.

6 | Zugreifen auf das Windows-System

[!] Wichtig dabei ist aber, dass Sie für die `RegWrite`-Methode des `WSHShell`-Objekts einen anderen Pfad zum Registry-Eintrag definieren müssen. Hier können Sie nicht `HKLM:\Schlüssel\...` angeben, sondern müssen den Registry-Hauptschlüssel ausschreiben und ohne Doppelpunkt von den untergeordneten Schlüsseln trennen. Sie sollten also für den Zugriff über das `WSHShell`-Objekt eine zusätzliche Variable für den Registry-Schlüssel definieren.

Das folgende Beispiel zeigt, wie Sie die gleiche Aufgabe mit dem WSH lösen können. Zur Prüfung, ob ein Schlüssel oder Wert existiert, wird aber auch hier das CmdLet `Test-Path` verwendet. Zunächst prüfen Sie wieder, ob der übergeordnete Schlüssel `HKLM:\SOFTWARE` definiert ist.

```
#Skriptname: regschluesselerzeugen.ps1
#Autor: Helma Spona
#Auflage: 1
#Verzeichnis: /Bsp/K06
#Beschreibung: Zeigt, wie schluessel
#   und Werte mit dem WSH erstellt
#   werden koennen
#Anmerkungen: keine

#Benoetigte Variablen
$strSchluessel="HKLM:\SOFTWARE"
$strSchluesselWSH="HKEY_LOCAL_MACHINE\SOFTWARE\"
$strUSchluessel="MyTest"
$strWertName="Test"
$strWert=1
#Skriptbloecke und Funktionen

#Skriptinhalt

#pruefen, ob es den Schluessel bzw. Wert gibt
#zuerst den uebergeordneten Schluessel
if ((Test-Path $strSchluessel) -eq $true)
{
    #uebergeordneter Schluessel vorhanden
...
```

Ist der übergeordnete Schlüssel vorhanden und fehlt der untergeordnete Schlüssel `MyTest`, wird dieser nun erstellt, indem einfach die `RegWrite`-Methode aufgerufen wird. Ihr übergeben Sie den übergeordneten Schlüssel und den zu erstellenden untergeordneten Schlüssel.

[!] Achten Sie unbedingt darauf, dass der übergeordnete Schlüssel, den Sie als ersten Parameter angeben, mit einem Backslash endet!

Auf die gleiche Weise können Sie anschließend auch den Wert in die Registry schreiben.

```
...
   if ((Test-Path ($strSchluessel + "\"   + `
      $strUSchluessel)) -eq $false)
   {
      #untergeordneter Schluessel nicht vorhanden
      #schluessel erstellen
      $objShell=New-Object -com "WScript.Shell"
      $objShell.RegWrite($strSchluesselWSH, `
         $strUSchluessel)
   }

   if ((Test-Path ($strSchluessel + "\"   + `
      $strUSchluessel + "\" + $strWertname)) -eq $false)
   {
         #Wert mit dem WSH erstellen
         $strTempSchl=$strSchluesselWSH + "\" + `
            $strUSchluessel + "\" + $strWertName
         $objShell.RegWrite($strTempSchl ,$strWert, `
            "REG_SZ")
   }
}
```

Sie sehen also, dass es in diesem Fall viel einfacher ist und kürzeren Code erfordert, um die Registry zu bearbeiten, wenn Sie das WSHShell-Objekt verwenden. Allerdings können sich Flüchtigkeitsfehler im Code verheerend auswirken, indem Sie versehentlich bspw. einen falschen Schlüssel löschen oder ändern. Bei der Nutzung des .NET-Frameworks müssten Sie schon mehrere grobe Fehler machen und nicht nur den falschen Schlüssel löschen oder bearbeiten, sondern ihn vorher auch noch irrtümlich zum Schreiben geöffnet haben. Fehler sind natürlich auch hier möglich, aber unwahrscheinlicher.

Nach Ausführung des Skriptes enthält Ihre Registry den nachfolgend abgebildeten Schlüssel und Wert.

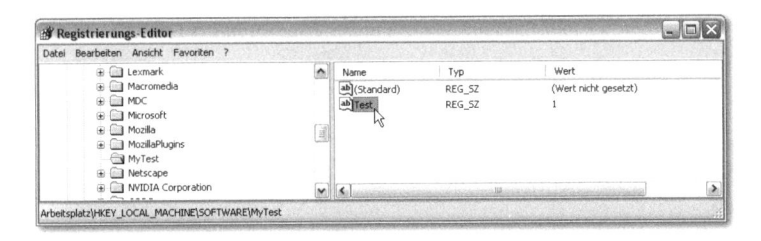

Abbildung 6.16   Der erzeugte Wert

6.2.7 Schreibzugriffe auf die Registry

Ist ein Wert vorhanden und möchten Sie diesen nun ändern, können Sie das prinzipiell auch über die `SetValue`-Methode machen. Dazu geben Sie zunächst den übergeordneten Schlüssel mit der `Get-Item`-Methode zurück und rufen dann die `OpenSubKey`-Methode auf, um den untergeordneten Schlüssel für Schreibzugriffe zu öffnen. Anschließend können Sie mit der `SetValue`-Methode den Wert neu setzen.

```
#Skriptname: RegWertAendern.ps1
#Autor: Helma Spona
#Auflage: 1
#Verzeichnis: /Bsp/K06
#Beschreibung: Zeigt, wie Schluessel geaendert
#  werden koennen
#Anmerkungen: keine
#Laden der Bibliotheksdateien

#Benoetigte Variablen
$strSchluessel="HKLM:\SOFTWARE"
$strHauptschl=$strSchluessel.Split("\")[0]
$strUSchluessel="MyTest"
$strWertName="Test"
$strWert=6
#Skriptbloecke und Funktionen

#Skriptinhalt

#pruefen, ob es den Schluessel bzw. Wert gibt
#zuerst den uebergeordneten Schluessel
if ((Test-Path ($strSchluessel + "\" + `
   $strUSchluessel)) -eq $true)
{
   #uebergeordneter Schluessel vorhanden
   #Wert neu setzen
   $Schluessel=Get-Item ($strSchluessel)
   trap {continue}
   $Schluessel=$Schluessel.OpenSubKey($strUSchluessel,$true)
   $Schluessel.SetValue($strWertname, $strWert)
   $Schluessel.Flush()
   $Schluessel.Close()
}
```

Wenn Sie auf einen sehr tief verschachtelten Schlüssel zugreifen möchten, ist der Zugriff mit Hilfe der `OpenSubKey`-Methode natürlich etwas mühsam, wenn Sie immer nur den nächsten untergeordneten Zweig angeben. Sie können aber auch einen vollständigen Pfad ausgehend von dem Pfad des Objektes verwenden, auf das Sie die `OpenSubKey`-Methode anpassen. Folgende Abwandlung des Beispiels zeigt das. Hier wird zunächst nur der Hauptschlüssel `HKLM` von dem CmdLet `Get-Item` zurückgegeben. Danach wird die `OpenSubKey`-Methode aufgerufen, der Sie den kompletten untergeordneten Pfad, also bspw. `SOFTWARE\MyTest`, übergeben.

[+]

```
...
if ((Test-Path ($strSchluessel + "\" + `
    $strUSchluessel)) -eq $true)
{
    #uebergeordneter Schluessel vorhanden
    #Wert neu setzen
    trap {continue}
    $Schluessel=Get-Item ($strHauptschl)
    $Schluessel=$Schluessel.OpenSubKey((( `
        $strSchluessel.Split("\")[1]) + "\" + `
        $strUSchluessel),$true)
    $Schluessel.SetValue($strWertname, $strWert)
    $Schluessel.Flush()
    $Schluessel.Close()
}
...
```

6.2.8 Registry-Schlüssel löschen

Möchten Sie einen erzeugten Registry-Schlüssel löschen, gibt es dazu die `DeleteSubKey`-Methode bzw. die Methode `DeleteSubKeyTree`, die den Schlüssel samt Unterschlüsseln und Werten löscht. Alternativ können Sie die `RegDelete`-Methode des `WSHShell`-Objekts verwenden. Nachfolgend werden beide Möglichkeiten gezeigt.

Schlüssel mit der PowerShell löschen

Möchten Sie die PowerShell verwenden, müssen Sie zunächst den Hauptschlüssel mit dem CmdLet `Get-Item` zurückgeben. Anschließend öffnen Sie den untergeordneten Schlüssel `SOFTWARE` mit der `OpenSubKey`-Methode zum Schreiben und rufen dann die Methode `DeleteSubKeyTree` auf, der Sie den Namen des zu löschenden Unterschlüssels übergeben.

```
#Skriptname: regschluesselloeschen1.ps1
#Autor: Helma Spona
#Auflage: 1
```

```
#Verzeichnis: /Bsp/K06
#Beschreibung: Zeigt, wie Schluessel geloescht
#    werden koennen
#Anmerkungen: keine

#Benoetigte Variablen
$strSchluessel="HKLM:\SOFTWARE"
$strUSchluessel="MyTest"
$strHauptschl=$strSchluessel.Split("\")[0]

#Skriptinhalt
#pruefen, ob es den Schluessel bzw. Wert gibt
#zuerst den uebergeordneten Schluessel
if ((Test-Path ($strSchluessel + "\" + `
   $strUSchluessel)) -eq $true)
{
   #uebergeordneter Schluessel vorhanden
   #Schluessel zurueckgeben und oeffnen
   $Schluessel=Get-Item ($strHauptschl)
   $Schluessel=$Schluessel.OpenSubKey( `
      ($strSchluessel.Split("\")[1]),$true)
   trap {continue}
   #Schluessel loeschen
   $Schluessel.DeleteSubKeyTree($strUSchluessel)
   $Schluessel.Flush
   $Schluessel.Close
}
```

Schlüssel mit dem WSH löschen

Mit dem WSH funktioniert das noch einfacher. Sie müssen dazu nur zunächst wieder ein `WSHShell`-Objekt zu erstellen und können dann direkt die `RegDelete`-Methode aufrufen. Dazu setzen Sie einfach den vollständigen Schlüssel zusammen und übergeben ihn an die Methode.

[!] Wenn Sie mit der `RegDelete`-Methode einen Schlüssel löschen möchten, muss dieser mit einem Backslash enden. Werte enden nicht mit einem Backslash.

```
#Skriptname: regschluesselloeschen.ps1
#Autor: Helma Spona
#Auflage: 1
#Verzeichnis: /Bsp/K06
#Beschreibung: Zeigt, wie Schluessel geloescht
#    werden koennen
#Anmerkungen: keine
```

```
#Benoetigte Variablen
$strSchluessel="HKLM:\SOFTWARE"
$strSchluesselWSH="HKEY_LOCAL_MACHINE\SOFTWARE\"
$strUSchluessel="MyTest"
#Skriptbloecke und Funktionen

#Skriptinhalt

#pruefen, ob es den Schluessel bzw. Wert gibt
#zuerst den uebergeordneten Schluessel
if ((Test-Path ($strSchluessel + "\" + `
   $strUSchluessel)) -eq $true)
{
   #uebergeordneter Schluessel vorhanden
   #Schluessel loeschen
   $objShell=New-Object -com "WScript.Shell"
   $strTempSchl=$strSchluesselWSH + "\" + `
      $strUSchluessel + "\"
   $objShell.RegDelete($strTempSchl)
   }
}
```

6.2.9 Dienste starten, stoppen und installieren

Wenn Sie Dienste starten oder stoppen möchten, können Sie dazu bspw. per WMI auf alle installierten Dienste zugreifen. Das folgende Skript zeigt die Grundlagen dazu. Es durchläuft alle Dienste und gibt die wichtigsten Eigenschaften der Dienste aus.

Zunächst wird dazu mit dem CmdLet `Get-WmiObject` ein WMI-Objekt aus der Klasse `Win32-Service` erzeugt, das dann in einer `foreach`-Schleife durchlaufen wird. Innerhalb der Schleife werden die entsprechenden Eigenschaften des Dienstes ausgegeben.

```
#Skriptname: Dienste.ps1
#Autor: Helma Spona
#Auflage: 1
#Verzeichnis: /Bsp/K06
#Beschreibung: Gibt Infos zu Diensten aus.
#Anmerkungen: keine

#Benoetigte Variablen
$strComputer = "."
#Skriptbloecke und Funktionen
```

```
#Skriptinhalt

$colItems = get-wmiobject `
    -class "Win32_Service" `
    -namespace "root\CIMV2" `
    -computername $strComputer

foreach ($objItem in $colItems) {
        write-host "Anhalten moeglich: " $objItem.AcceptPause
        write-host "Beenden moeglich: " $objItem.AcceptStop
        write-host "Titel: " $objItem.Caption
        write-host "Klassenname: " $objItem.CreationClassName
        write-host "Beschreibung: " $objItem.Description
        write-host "Interaktiv: " $objItem.DesktopInteract
        write-host "Angezeigter Name: " $objItem.DisplayName
        write-host "Fehlerbehandlung: " $objItem.ErrorControl
        write-host "Exit-Code: " $objItem.ExitCode
        write-host "Installationsdatum: " $objItem.InstallDate
        write-host "Name: " $objItem.Name
        write-host "Pfad: " $objItem.PathName
        write-host "Prozess-ID: " $objItem.ProcessId
        write-host "Service-Typ: " $objItem.ServiceType
        write-host "gestartet: " $objItem.Started
        write-host "Start-Modus: " $objItem.StartMode
        write-host "gestartet von: " $objItem.StartName
        write-host "Laufzeit-Status: " $objItem.State
        write-host "Status: " $objItem.Status
        write-host "-------------------------"
}
```

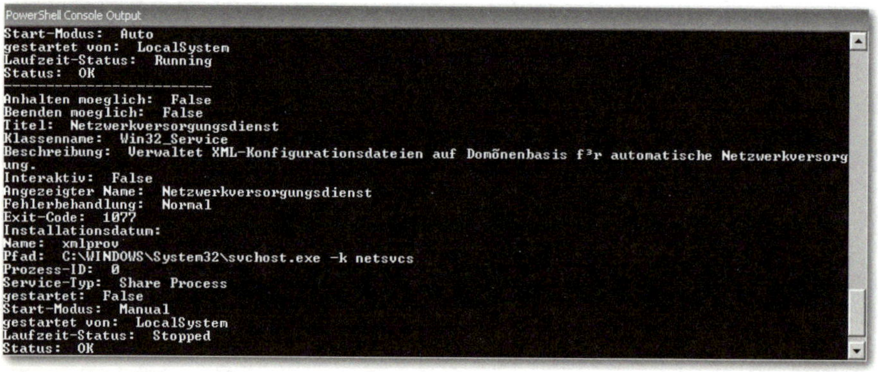

Abbildung 6.17 Die Ausgabe des Skriptes

6.2.10 Nur laufende Dienste ausgeben

Möchten Sie nicht alle Dienste auflisten, sondern nur diejenigen, die aktuell ausgeführt werden, können Sie das über den Parameter `-filter` des CmdLets `Get-WMIObject` erreichen:

```
$colItems = get-wmiobject `
   -class "Win32_Service" `
   -namespace "root\CIMV2" `
   -computername $strComputer `
   -filter "State='Running'"
```

6.2.11 Einen Dienst stoppen und starten

Genauso können Sie natürlich auch Dienste starten und stoppen, sofern die Dienste das zulassen. Folgendes Skript prüft den Status des Apache2-Dienstes. Hat der Dienst den Status `Running`, wird der Dienst mit der `StopService`-Methode beendet. Ansonsten wird er mit der Methode `StartService` gestartet.

> Der Apache2-Dienst steht selbstverständlich nur zur Verfügung, wenn Apache 2.0 installiert ist. Sie können aber auch einen anderen Dienst verwenden, indem Sie den Wert des `-filter`-Parameters anpassen. Achten Sie aber darauf, keinen wichtigen Windows-System-Dienst zu beenden.

```
#Skriptname: ApacheStoppenStarten.ps1
#Autor: Helma Spona
#Auflage: 1
#Verzeichnis: /Bsp/K06
#Beschreibung: Stoppt Apache bzw. startet ihn
#Anmerkungen: keine

#Benoetigte Variablen
$strComputer = "."
#Skriptbloecke und Funktionen

#Skriptinhalt

$colItems = get-wmiobject `
   -class "Win32_Service" `
   -namespace "root\CIMV2" `
   -computername $strComputer `
   -filter "DisplayName='Apache2'"

foreach ($objItem in $colItems)
{
```

```
    if ($objItem.State -eq "Running")
    {
       echo "Apache stoppen!"
       $erg=$objItem.StopService()
    }
    else
    {
       echo "Apache starten!"
      $erg=$objItem.StartService()
    }
}
```

Ob Sie seinen Dienst stoppen können, hängt vom Wert der Eigenschaft Accept-Stop ab. Bevor Sie einen Dienst einfach versuchen zu stoppen, sollten Sie diesen Wert daher abfragen, bevor Sie die StopService-Methode aufrufen:

```
...
foreach ($objItem in $colItems)
{
    if ($objItem.State -eq "Running")
    {
       echo "Apache stoppen!"
       if ($objItem.AcceptStop -eq $true)
       {
          $erg=$objItem.StopService()
       }
    }
    else
    {
       echo "Apache starten!"
       $erg=$objItem.StartService()
    }
}
```

6.2.12 Druckertreiber und Anschlüsse auflisten

Über die WMI-Klasse Win32_PrinterDriver können Sie auf die Druckertreiber des Systems zugreifen und deren Informationen abrufen. Folgendes Beispiel zeigt dies und gibt die wichtigsten Druckereigenschaften aus.

```
#Skriptname: druckertreiber.ps1
#Autor: Helma Spona
#Auflage: 1
#Verzeichnis: /Bsp/K06
#Beschreibung: Auflisten der Druckertreiber
```

```
#Anmerkungen: keine

#Benoetigte Variablen
$strComputer = "."

#Skriptbloecke und Funktionen

#Skriptinhalt

$colItems = Get-Wmiobject `
    -class "Win32_PrinterDriver" `
    -namespace "root\CIMV2" `
    -computername $strComputer

foreach ($objItem in $colItems) {
        write-host "Konfigurationsdatei: " $objItem.ConfigFile
        write-host "Erzeugerklasse: " `
           $objItem.CreationClassName
        write-host "Daten-Datei: " $objItem.DataFile
        write-host "Abhaengige Dateien: " `
           $objItem.DependentFiles
        write-host "Beschreibung: " $objItem.Description
        write-host "Treiberpfad: " $objItem.DriverPath
        write-host "Dateipfad: " $objItem.FilePath
        write-host "Hilfedatei: " $objItem.HelpFile
        write-host "Monitor-Name: " $objItem.MonitorName
        write-host "Name: " $objItem.Name
        write-host "Gestartet: " $objItem.Started
        write-host "Status: " $objItem.Status
        write-host "Unterstuetzte Betriebssysteme: " `
           $objItem.SupportedPlatform
        write-host "Version: " $objItem.Version
        write-host "-------------------------------------"
}
```

Analog dazu können Sie über die Klasse Win32_TCPIPPrinterPort auch die TCP-IP-Druckeranschlüsse auflisten. Voraussetzung für eine Ausgabe ist natürlich, dass es mindestens einen solchen Druckeranschluss gibt.

```
#Skriptname: druckeranschluesse.ps1
#Autor: Helma Spona
#Auflage: 1
#Verzeichnis: /Bsp/K06
#Beschreibung: Auflisten der TCP-IP-Druckeranschluesse
```

```
#Benoetigte Variablen
$strComputer = "."

#Skriptbloecke und Funktionen

#Skriptinhalt

$colItems = Get-Wmiobject `
    -class "Win32_TCPIPPrinterPort" `
    -namespace "root\CIMV2" `
    -computername $strComputer

foreach ($objItem in $colItems) {
    write-host "Bytes zählen: " $objItem.ByteCount
    write-host "TCP-IP-Adresse: " $objItem.HostAddress
    write-host "Name: " $objItem.Name
    write-host "Port-Nummer: " $objItem.PortNumber
    write-host "Protokoll: " $objItem.Protocol
    write-host "Druckerschlange: " $objItem.Queue
    write-host "----------------------------------------"
}
```

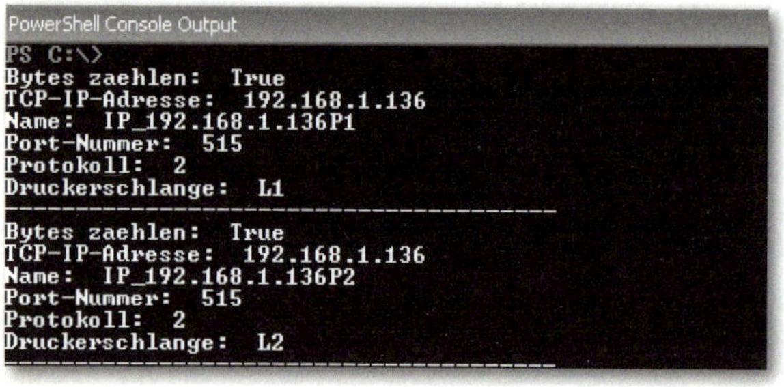

Abbildung 6.18 Ausgabe der TCP-IP-Ports

6.2.13 Druckerport hinzufügen

Möchten Sie einen Druckerport hinzufügen, geht das bspw. wie folgt. Sie erzeugen eine Instanz aus der Klasse `Win32_TCPIPPrinterPort` und legen deren Eigenschaften entsprechend der Einstellungen fest.

Das größte Problem ist aber, die Instanz aus der Klasse zu erzeugen. Das geht weder mit dem CmdLet `New-Object` noch mit dem CmdLet `Get-WMIObject`, weil diese ja nur vorhandene Objekte zurückgeben, aber keine neuen erzeugen kann.

Aber selbstverständlich gibt es eine Lösung für das Problem. Zunächst müssen Sie einer Variablen die Klasse zuweisen, aus der Sie eine Instanz erzeugen möchten. Dazu weisen Sie ihr einen Ausdruck zu, der mit der Angabe [WmiClass] beginnt. Sie bestimmt, dass die danach folgende Klassenbezeichnung eine WMI-Klasse ist. Hinter der schließenden eckigen Klammer folgt dann der Klassenname in Anführungszeichen oder Hochkommata. Beides ist möglich, nur ohne dürfen Sie den Klassennamen nicht angeben.

```
#Zurueckgeben der WMI-Klasse
$objPort = [WmiClass]'Win32_TCPIPPrinterPort
```

Mit der vorstehenden Anweisung weisen Sie der Variablen also die Klasse Win32_TCPIPPrinterPort zu. Aus dieser können Sie dann mit der CreateInstance-Methode eine neue Instanz erzeugen. Die Methode gibt die Instanz zurück, sodass sie hier der Variablen objNewPort zugewiesen werden kann.

```
#erzeugen der neuen Instanz
$objNewPort = $objPort.CreateInstance()
```

Im Anschluss legen Sie dann einfach die gewünschten Eigenschaften des neuen Objektes fest und rufen zum Schluss die Put-Methode auf. Sie bewirkt, dass das Objekt tatsächlich auch physisch in Windows gespeichert wird. Der vollständige Code muss daher folgendermaßen lauten, wenn Sie einen TCP-IP-Port mit der IP-Adresse 169.254.110.14 anlegen möchten:

```
#Skriptname: druckeranschlussInstallieren.ps1
#Autor: Helma Spona
#Auflage: 1
#Verzeichnis: /Bsp/K06
#Beschreibung: Installiert einen TCPIP-Druckeranschluss
#Anmerkungen: keine
#Laden der Bibliotheksdateien

#Benoetigte Variablen
$strComputer = "."
$objNewPort=""
$objPort=""
#Skriptbloecke und Funktionen

#Skriptinhalt

#Zurueckgeben der WMI-Klasse
$objPort = [WmiClass]'Win32_TCPIPPrinterPort'
#erzeugen der neuen Instanz
$objNewPort = $objPort.CreateInstance()
#festlegen der Eigenschaften
$objNewPort.Name = "IP_169.254.110.14"
$objNewPort.Protocol = 1
```

```
$objNewPort.HostAddress = "169.254.110.14"
$objNewPort.PortNumber = "9999"
$objNewPort.SNMPEnabled = $false
$objNewPort.Put()
```

Kontrollieren können Sie das Ergebnis des Codes, indem Sie die Druckereigenschaften eines Druckers anzeigen lassen und die Registerkarte **Anschlüsse** öffnen. Dort wird dann der erzeugte TCP-IP-Port angezeigt.

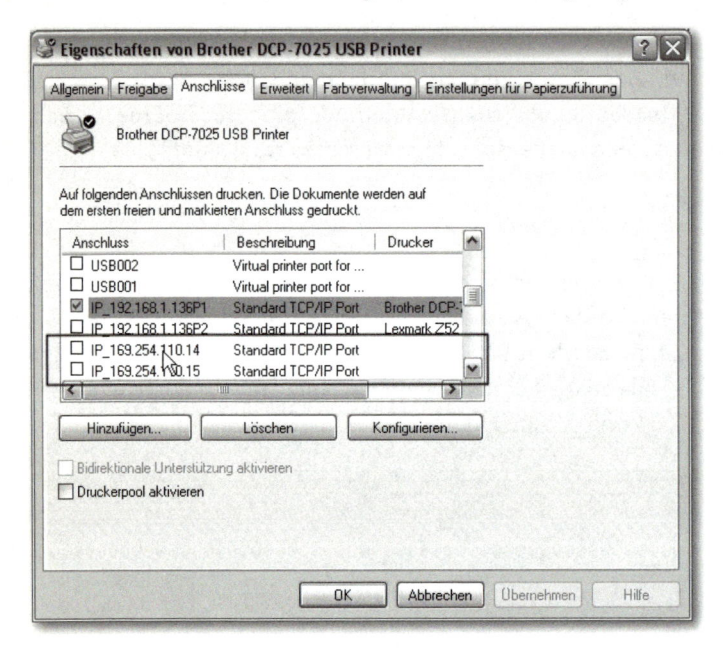

Abbildung 6.19 Der erzeugte Anschluss wird in Windows direkt nach Ausführen des Skriptes angezeigt.

6.2.14 Druckerport löschen

Genauso einfach können Sie einen Druckerport auch löschen. Sie rufen dazu einfach alle Druckerports ab und prüfen innerhalb einer `foreach`-Schleife, ob der Druckerport den gesuchten Namen hat. In diesem Fall rufen Sie die `Delete`-Methode des Ports auf, um diesen zu löschen.

```
#Skriptname: druckeranschlussLoeschen.ps1
#Autor: Helma Spona
#Auflage: 1
#Verzeichnis: /Bsp/K06
#Beschreibung: Loescht einen TCP-IP-Druckeranschluss
#Anmerkungen: keine
```

```
#Benoetigte Variablen
$strComputer = "."
$strPortname="IP_169.254.110.14" #Bitte anpassen
#Skriptbloecke und Funktionen

#Skriptinhalt

$objWMIPP=Get-WmiObject -Class "Win32_TCPIPPrinterPort" -Namespace
"root\CIMV2" -computername $strComputer

foreach ($objPort in $objWMIPP)
{
   if ($objPort.Name -eq "$strPortname")
   {
      #Printer-Port loeschen
      $objPort.Delete()
   }
}
```

6.2.15 Installierte Drucker auflisten

Wenn Sie wissen, welche Druckertreiber und Anschlüsse es gibt, wissen Sie noch lange nicht, welche Drucker installiert sind. Aber auch die installierten Drucker können Sie natürlich ermitteln. Dazu benötigen Sie die WMI-Klasse `Win32_Printer`.

Mit ihrer Hilfe können Sie alle installierten Drucker und deren Eigenschaften abrufen. So können Sie bspw. ermitteln, ob ein Drucker lokal oder als Netzwerkdrucker installiert ist.

```
#Skriptname: druckerauflisten.ps1
#Autor: Helma Spona
#Auflage: 1
#Verzeichnis: /Bsp/K06
#Beschreibung: Auflisten der installierten Drucker
#Anmerkungen: keine

#Benoetigte Variablen
$strComputer = "."

#Skriptbloecke und Funktionen

#Skriptinhalt

$colItems = Get-Wmiobject `
```

```
    -class "Win32_Printer" `
    -namespace "root\CIMV2" `
    -computername $strComputer

foreach ($objItem in $colItems) {
    write-host "Name: " $objItem.Name
    write-host "Beschreibung: " $objItem.Description
    write-host "Treiber: " $objItem.DriverName
    write-host "Status: " $objItem.Status
    write-host "Lokal: " $objItem.Local
    Write-Host "Netzwerk: " $objItem.Network
    Write-Host "Portname: " $objItem.PortName
    write-host "----------------------------------------"
}
```

> [+] Wenn Sie wissen möchten, welche Eigenschaften die Drucker sonst noch haben, können Sie am Ende des Skriptes die Anweisung
>
> $objItem | Get-Member
>
> ergänzen, um sich die verfügbaren Methoden und Eigenschaften auflisten zu lassen.

```
Name:   PaperPort-Farbbild
Beschreibung:
Treiber:  PaperPort Color Printer Driver
Status:  Unknown
Lokal:  True
Netzwerk:  False
Portname:  BIPORT
----------------------------------------
Name:  Microsoft Office Document Image Writer
Beschreibung:
Treiber:  Microsoft Office Document Image Writer Driver
Status:  Unknown
Lokal:  True
Netzwerk:  False
Portname:  Microsoft Document Imaging Writer Port:
----------------------------------------
Name:  Lexmark Z52 Series ColorFine
Beschreibung:
Treiber:  Lexmark Z52 Series ColorFine
Status:  Unknown
Lokal:  True
Netzwerk:  False
Portname:  IP_192.168.1.136P2
----------------------------------------
Name:  FreePDF XP
```

Abbildung 6.20 Die Ausgabe des Skriptes

6.2.16 Abhängige Dateien prüfen

Gerade, wenn ein Drucker nicht korrekt funktioniert, ist es interessant zu prüfen, ob alle abhängigen Dateien vorhanden sind. Das erledigt das nachfolgend vorgestellte Skript.

Zunächst einmal ruft das Skript alle installierten Druckertreiber mit dem CmdLet `Get-WmiObject` ab und durchläuft diese in einer `foreach`-Schleife. Innerhalb der Schleife folgt dann eine weitere Schleife, die alle Elemente der Eigenschaft

`DependentFiles` durchläuft. Diese Eigenschaft gibt eine Auflistung aller Dateinamen der abhängigen Dateien zurück.

Innerhalb der inneren Schleife wird dann für jeden Dateinamen, der länger als eine leere Zeichenfolge ist, das CmdLet `Test-Path` aufgerufen. Ist das Ergebnis `false`, ist die Datei nicht vorhanden, und sie wird dem Inhalt der Variablen `strFehlende` vorangestellt. Außerdem wird die Variable `intFehler` hochgezählt, die später Aufschluss über die Anzahl der fehlenden Dateien gibt.

```
#Skriptname: druckeranschlussPruefen.ps1
#Autor: Helma Spona
#Auflage: 1
#Verzeichnis: /Bsp/K06
#Beschreibung: Prueft, ob alle abhaengigen
#   Dateien des Druckertreibers vorhanden
#   sind.
#Anmerkungen: keine

#Benoetigte Variablen
$strComputer = "."
$strFehlende=""
$intFehler=0

#Skriptbloecke und Funktionen

#Skriptinhalt
$colItems = Get-Wmiobject `
    -class "Win32_PrinterDriver" `
    -namespace "root\CIMV2" `
    -computername $strComputer

foreach ($objItem in $colItems)
{
      foreach ($Datei in $objItem.DependentFiles)
      {
        #echo ("->" + $Datei)
        if ($Datei -gt "")
        {
           $erg=Test-Path $Datei
           if ($erg -eq $false)
           {
              $strFehlende= $Datei + ", " + $strFehlende
              $intFehler+=1
           }
        }
      }
```

```
      }
}
...
```

Am Ende der Schleife enthält die Variable `intFehler` die Anzahl der fehlenden Dateien und `strFehlende` die Namen der Dateien.

Sie können nun die Variable `intFehler` prüfen. Ist sie größer als 0, sollten Sie eine Fehlermeldung ausgeben, falls nicht, sollten Sie dem Anwender bestätigen, dass alle benötigten Dateien vorhanden sind. Zur Ausgabe der Meldungen werden nachfolgend die Funktionen `fehler` und `meldung` verwendet.

```
...
if ($intFehler -gt 0)
{
    fehler ("Es sind " + $intFehler + `
    " Fehler gefunden worden. Folgende Dateien fehlen: " + `
    $strFehlende)
}
else
{
    meldung ("Alle benoetigten Dateien sind vorhanden!")
}
```

> [»] Die Funktionen `fehler` und `meldung` sind in der Datei wichtigefunktionen.ps1 definiert und wurden in Kapitel 4, *Kommunikation mit dem Anwender*, erläutert. Damit die Funktionen zur Verfügung stehen, müssen Sie die Datei wichtigefunktionen.ps1 einbinden und dazu das Skript wie folgt ergänzen:
>
> ```
> ...
> #Beschreibung: Prueft, ob alle abhaengigen Dateien des
> #Druckertreibers vorhanden sind.
> #Anmerkungen: keine
> #Laden der Bibliotheksdateien
>
> #Laden der Hilfsfunktionen
> $bibpfad=$myInvocation.get_MyCommand().Definition
> $bibpfad= (Split-Path ($bibpfad) -parent)
> $bibpfad= Split-Path ($bibpfad) -parent
>
> #Achtung, wenn Sie das Skript aus der PowerShellIDE ausfuehren,
> #bitte folgende Zeile aktivieren und das korrekte Verzeichnis
> #zur Datei wichtigefunktionen.ps1 angeben
> #$bibpfad="G:\GAL_powerShell\bsp"
> . ($bibpfad + "\wichtigefunktionen.ps1")
> ...
> ```

Wenn Sie zum Testen des Skriptes keinen fehlerhaften Druckertreiber haben, müssen Sie natürlich nicht eine Datei löschen. Es reicht aus, wenn Sie an die ermittelten Dateinamen ein Zeichen anhängen, um zu prüfen, ob die Fehlermeldung korrekt angezeigt wird. Dazu können Sie den Code zum Testen wie folgt anpassen:

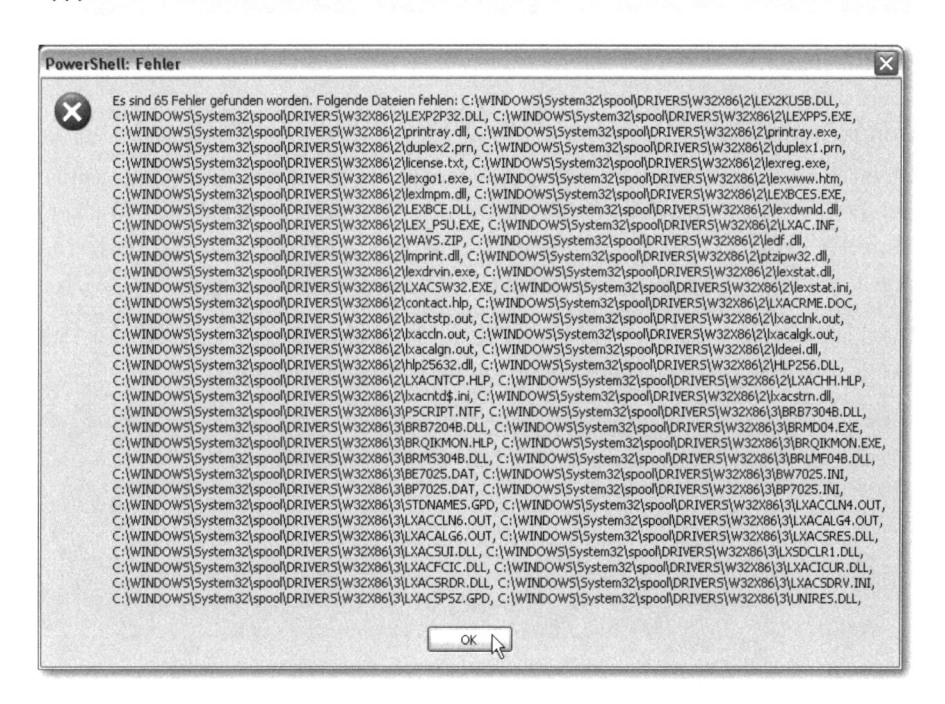

[+]

```
...
    if ($Datei -gt "")
    {
        $erg=Test-Path ($Datei +"X")
...
```

Abbildung 6.21 Die provozierte Fehlermeldung, falls fehlende Dateien erkannt wurden

6.2.17 Netzwerkdrucker verbinden

Sehr häufig wird es vorkommen, dass Drucker installiert oder Netzwerkdrucker verbunden werden sollen. Die vollständige Installation eines Druckers ist ohne Weiteres weder mit dem WSH noch mit der PowerShell möglich. Sie können jedoch verhältnismäßig unproblematisch einen freigegebenen Drucker auf einem zweiten Rechner so verbinden, dass er als Netzwerkdrucker zur Verfügung steht.

Dazu nutzen Sie das `WSHNetwork`-Objekt und rufen dessen Methode `AddWindowsPrinterConnection` auf.

6 | Zugreifen auf das Windows-System

Voraussetzungen

Damit das Skript funktioniert, benötigen Sie zwingend einen zweiten Rechner, auf dem ein freigegebener Drucker installiert ist. Um die Variablen zu initialisieren, benötigen Sie

- den Namen dieses Rechners und
- den Namen des Druckers so, wie dieser im **Drucker**-Dialog angezeigt wird.

Außerdem muss natürlich sichergestellt sein, dass dieser Rechner über das Netzwerk erreichbar ist und Sie die benötigten Zugriffsrechte haben, um den Drucker zu installieren.

Drucker verbinden

Wenn Sie einen freigegebenen Drucker im Netzwerk verbinden möchten, müssen Sie dazu als Erstes den Namen des Rechners und den Namen des Druckers festlegen. Dazu gibt es die Variablen `strServer` und `strDruckername`. Deren Werte müssen Sie entsprechend Ihrer Umgebung anpassen.

Der Variablen `strDrucker` weisen Sie dann den gültigen UNC-Pfad zu, der sich aus dem Rechnernamen und dem Druckernamen zusammensetzt.

```
#Skriptname: druckerverbinden.ps1
#Autor: Helma Spona
#Auflage: 1
#Verzeichnis: /Bsp/K06
#Beschreibung: Verbindet einen freigegebenen
#Netzwerkdrucker

#Benoetigte Variablen
#Bitte die Werte an Ihre Gegebenheiten anpassen

$strDruckername="Brother DCP-7025 USB"
$strServer="HELMA-PC"
$strDrucker=("\\" + $strServer + `
    "\" + $strDruckername)
...
```

Mit dem CmdLet `New-Object` erzeugen Sie dann das `WScript.Network`-Objekt. Danach rufen Sie dessen Methode `AddWindowsPrinterConnection` auf und übergeben als Parameter den UNC-Pfad des Druckers.

```
...
#Skriptinhalt
$objNW=New-Object `
    -ComObject WScript.NETwork
```

```
#Drucker verbinden
$erg=$objNW.AddWindowsPrinterConnection( `
   $strDrucker)
#echo $erg
if ($erg -eq $null)
{
  echo ("Drucker " + $strDrucker + `
    " erfolgreich verbunden!")
}
```

Da ist im Prinzip auch schon alles. Abhängig von der Größe des Treibers, der nun auf dem lokalen Rechner installiert wird, und der Geschwindigkeit des Netzwerks kann die Verbindung des Druckers nun eine Weile dauern. Anschließend wird der Drucker jedoch im **Drucker**-Ordner von Windows angezeigt.

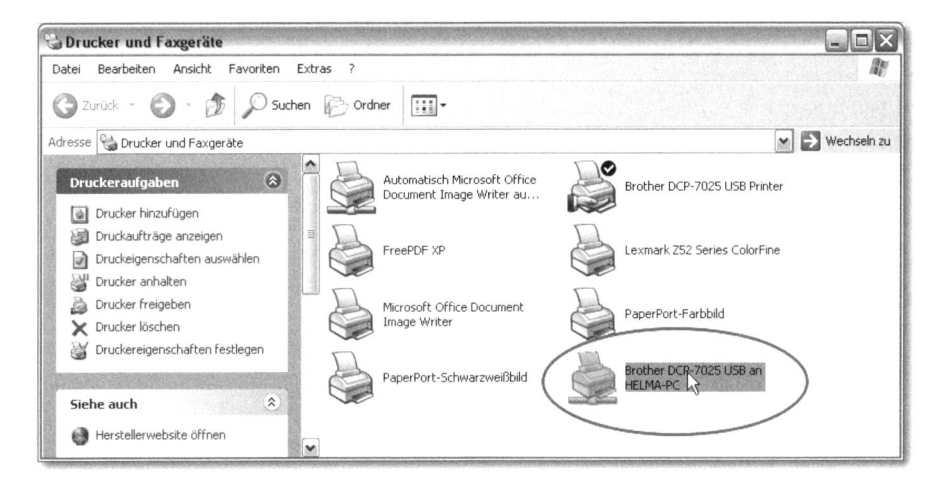

Abbildung 6.22 Der installierte Drucker

Vorhandene Verbindung löschen

Wenn es die Druckerverbindung bereits gibt, wenn Sie das Skript ausführen, kann es zu Fehlern kommen. Daher sollten Sie vorab prüfen, ob es die Druckerverbindung schon gibt, und diese gegebenenfalls vorher mit der Methode `Remove-PrinterConnection` löschen.

> Im Gegensatz zum Löschen eines Druckers über WMI, bei dem der Drucker wirklich gelöscht wird, wird hier nur die Verknüpfung zum Netzwerkdrucker entfernt. Auf den Rechner, auf dem der Drucker installiert und freigegeben ist, wirkt sich diese Änderung nicht aus.

[«]

6 | Zugreifen auf das Windows-System

Per WMI ermitteln Sie dazu eine Liste aller verbundenen Netzwerkdrucker und prüfen, ob einer mit dem entsprechenden UNC-Pfad dabei ist. Falls ja, setzen Sie die Variable `boolVorhanden` auf `true`. Anhand deren Wert können Sie dann feststellen, ob es den Drucker schon gibt. Falls ja, löschen Sie die Druckerverknüpfung mit der Methode `RemovePrinterConnection`.

```
#Skriptname: druckerverbinden.ps1
#Autor: Helma Spona
#Auflage: 1
#Verzeichnis: /Bsp/K06
#Beschreibung: Verbindet einen freigegebenen
#Netzwerkdrucker

#Benoetigte Variablen
#Bitte die Werte an Ihre Gegebenheiten anpassen
$strDruckername="Brother DCP-7025 USB"
$strServer="HELMA-PC"
$strComputer = "."
$strDrucker=("\\" + $strServer + `
   "\" + $strDruckername)
$boolVorhanden=$false

#Skriptinhalt
$objNW=New-Object `
   -ComObject WScript.Network
#Pruefen, ob der Drucker schon
#installiert ist
$objWMIItems = Get-WMIObject `
   -class "Win32_Printer" `
   -namespace "root\CIMV2" `
   -computername $strComputer

foreach ($objPrinter in $objWMIItems)
{
   if ($objPrinter.Name -eq $strDrucker)
   {
      #Drucker bereits installiert
      $boolVorhanden=$true
   }
}

if ($boolVorhanden -eq $true)
{
   #Drucker löschen
   $erg=$objNW.RemovePrinterConnection($strDrucker)
```

```
   if ($erg -eq $null)
   {
      echo "Druckerverbindung wurde entfernt!"
   }
}

#Drucker verbinden
$erg=$objNW.AddWindowsPrinterConnection( `
   $strDrucker)
if ($erg -eq $null)
{
  echo ("Drucker " + $strDrucker + `
    " erfolgreich verbunden!")
}
```

6.2.18 Lokal installierten Drucker löschen

Beim Löschen von Druckern stoßen Sie wieder einmal auf das Problem, dass es zwar eine `Delete`-Methode für die einzelnen Druckertreiber gibt, dass diese aber bei Aufruf aus der PowerShell eine Fehlermeldung erzeugt, deren Ursache weder ermittelt noch behoben werden kann. Aber auch hier hilft Ihnen der WSH.

Die nachfolgende Vorgehenweise, bei der aus dem PowerShell-Skript ein WSH-Skript ausgeführt wird, dem als Parameter der Name des zu löschenden Druckers übergeben wird, hilft Ihnen bei vielen Problemen, die zumindest bis jetzt nur mit Hilfe des WSH zu lösen sind. Sie können sie nicht nur einsetzen, wenn Sie Drucker löschen möchten. Haben Sie bspw. für den WSH bereits komplexe Skripte für bestimmte Aufgaben geschrieben, können Sie diese auf die beschriebene Weise auch aus der PowerShell bzw. aus PowerShell-Skripten aufrufen und so weiternutzen, bis Sie sie komplett auf die PowerShell portiert haben.

[+]

Das WSH-Skript

Basis der Lösung ist zunächst ein WSH-Skript `druckerloeschen.vbs`. Ihm übergeben Sie als Parameter den Namen des zu löschenden Druckers. Innerhalb des Skriptes prüft dieses zunächst, ob ein Parameter übergeben wurde, falls nicht, wird das Skript mit `Quit` verlassen.

Wurde ein Parameter übergeben, wird mit dessen Hilfe der passende Drucker über WMI ermittelt und in einer `For-Each`-Schleife das Ergebnis der WMI-Abfrage durchlaufen. Der Drucker wird innerhalb der Schleife mit der `Delete`-Methode gelöscht.

```
'Skriptname: druckerLoeschen.vbs
'Autor: Helma Spona
```

6 | Zugreifen auf das Windows-System

```
'Auflage: 1
'Verzeichnis: /Bsp/K06
'Beschreibung: Loescht einen Druckertreiber
'  mit dem als Parameter uebergebenen Namen

'Anmerkungen: Wird aufgerufen vom Skript
'  druckerloeschen.ps1

'Pruefen, ob es Parameter gibt
If WScript.Arguments.Count>0 Then
    strDruckername=WScript.Arguments(0)
Else
    MsgBox "Notwendige Parameter fehlen!", _
        vbError,"FEHLER!"
    WScript.Quit
End If


'Drucker per WMI abrufen

Dim strComputer
strComputer="."

Set objWMIService = GetObject("winmgmts:" _
    & "{impersonationLevel=impersonate}!\\" & _
    strComputer & "\root\cimv2")

Set colInstalledPrinters =  objWMIService.ExecQuery _
    ("Select * from Win32_Printer Where Name = '" + _
    strDruckername + "'")
'Ermittelten Drucker loeschen
For Each objPrinter in colInstalledPrinters
    objPrinter.Delete_
Next
```

[+] Wenn Sie das Skript als Remote-Skript auf einem fremden Rechner ausführen möchten, können Sie es dahingehend erweitern, dass als zweiter Parameter der Computername übergeben wird. Diesen weisen Sie dann der Variablen strComputer zu. Dazu können Sie das Skript folgendermaßen erweitern:

```
...
'Anmerkungen: Wird aufgerufen vom Skript
'  druckerloeschen.ps1

Dim strComputer
```

```
'Pruefen, ob es Parameter gibt
If WScript.Arguments.Count>0 Then
   strDruckername=WScript.Arguments(0)
   on error resume next
   strComputer=WScript.Arguments(1)
Else
   MsgBox "Notwendige Parameter fehlen!", _
       vbError,"FEHLER!"
   WScript.Quit
End If

'Drucker per WMI abrufen

if strComputer="" then
   strComputer="."
end if
...
```

Das VBScript-Skript aufrufen

Das Skript müssen Sie nun natürlich noch aufrufen. Dazu bietet sich ein recht einfaches PowerShell-Skript an. Dort definieren Sie am Anfang den Namen des zu löschenden Druckers, wie ihn das WSH-Skript erwartet.

Wenn Sie die Name-Eigenschaft mit der PowerShell abrufen, liefert diese nach dem angezeigten Druckernamen auch Angaben zum Port, Anschlusstyp etc. und gibt diese nacheinander, durch Kommata getrennt, aus. Das WSH-Skript benötigt nur den Teil bis zum ersten Komma. Wenn Sie den Druckernamen per Variable bestimmen, ist das kein Problem, möchten Sie alle Drucker löschen, müssen Sie den Namen entsprechend berechnen. Wie Sie das machen, wird nachfolgend noch gezeigt.

Sollten Sie einen Druckertreiber angeben, der nicht vorhanden ist, wird keiner gelöscht, allerdings erscheint dann eine Fehlermeldung des WSH.

Bevor der Druckertreiber aber nun gelöscht wird, wird der Benutzer gefragt, ob er ihn wirklich löschen will, indem die Funktion frage aufgerufen wird, die ebenfalls in der Datei wichtigefunktionen.vbs definiert ist.

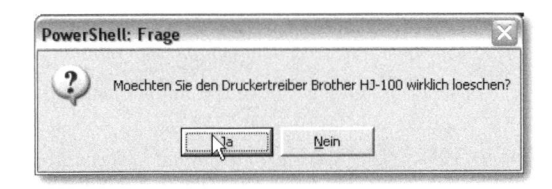

Abbildung 6.23 Angezeigte Rückfrage

6 | Zugreifen auf das Windows-System

Schließt der Benutzer das Dialogfeld mit **Ja**, wird ein `WSHShell`-Objekt erzeugt und dessen `Run`-Methode aufgerufen. Dieser übergeben Sie den Namen (mit Pfad) der VBScript-Datei sowie als Parameter den Namen des zu löschenden Druckers. Damit es einfacher ist, wird der komplette Text, der an die `Run`-Methode übergeben wird, vorher in der Variablen `strSkript` gespeichert und diese dann an die Methode übergeben. Den Rest erledigt dann das WSH-Skript.

```
#Skriptname: druckerLoeschen.ps1
#Autor: Helma Spona
#Auflage: 1
#Verzeichnis: /Bsp/K06
#Beschreibung: Loescht einen Druckertreiber
#  mit dem hinterlegten Namen

#Anmerkungen: benoetigt die Dateien
#   wichtigefunktionen.ps1 und druckerloeschen.vbs
#Laden der Bibliotheksdateien

#Laden der Hilfsfunktionen
$bibpfad=$myInvocation.get_MyCommand().Definition
$bibpfad= (Split-Path ($bibpfad) -parent)
$bibpfad= Split-Path ($bibpfad) -parent

#Achtung, wenn Sie das Skript aus der
#PowerShellIDE ausfuehren,
#bitte folgende Zeile aktivieren und das
#korrekte Verzeichnis
#zur Datei wichtigefunktionen.ps1 angeben
#$bibpfad="G:\GAL_powerShell\bsp"
. ($bibpfad + "\wichtigefunktionen.ps1")

#Benoetigte Variablen
$strComputer = "."
$strDruckername="Brother HJ-100"
#Skriptbloecke und Funktionen

#Skriptinhalt
   $antw=frage (("Moechten Sie den Druckertreiber " + `
      $strDruckername + " wirklich loeschen?"))
   if ($antw -eq $true)
   {
      $objWSH = New-Object -Com "WScript.Shell"
      $strSkript=(getPfad) + "\druckerloeschen.vbs """ + `
```

```
        $strDruckername + """"
    $objWSH.Run($strSkript)
  }
```

Für die Berechnung des Pfades für das VBScript müssen Sie den Pfad der Skriptdatei [«]
ermitteln. Dazu wird hier die Funktion `getPfad` aus der Datei `wichtigefunktionen.ps1` verwendet, die Sie daher auch am Skriptanfang einbinden müssen. Sie benötigen sie auch, um die Rückfrage auszugeben, damit der Benutzer das Löschen des Druckers verhindern kann.

Damit die WSH-Datei im richtigen Verzeichnis gesucht wird und nicht im temporären [!]
Verzeichnis, aus dem die PowerShellIDE die PowerShell-Skripte ausführt, können Sie das Skript nur innerhalb der PowerShell direkt und nicht aus der PowerShellIDE fehlerfrei starten.

Möchten Sie alle installierten Drucker löschen, funktioniert das ganz ähnlich, nur müssen Sie hierzu aus den per WMI-Abfrage ermittelten Druckertreibernamen den Teil vor dem ersten Komma ermitteln und alle Druckertreiber in einer Schleife durchlaufen. Dazu sind folgende Änderungen am Code notwendig.

Damit Sie nicht versehentlich beim Testen der Skripte alle installierten Drucker [!]
löschen, wurde in der Datei auf der Webseite zum Buch der Aufruf der Run-Methode auskommentiert.

```
#Skriptname: alleDruckerLoeschen.ps1
#Autor: Helma Spona
#Auflage: 1
#Verzeichnis: /Bsp/K06
#Beschreibung: Loescht einen Druckertreiber
#   mit dem hinterlegten Namen

#Anmerkungen: Benoetigt die Dateien
#   wichtigefunktionen.ps1 und druckerloeschen.vbs
#Laden der Bibliotheksdateien

#Laden der Hilfsfunktionen
$bibpfad=$myInvocation.get_MyCommand().Definition
$bibpfad= (Split-Path ($bibpfad) -parent)
$bibpfad= Split-Path ($bibpfad)  -parent

#Achtung, wenn Sie das Skript aus der
#PowerShellIDE ausfuehren,
#bitte folgende Zeile aktivieren und das
#korrekte Verzeichnis
```

```
#zur Datei wichtigefunktionen.ps1 angeben
#$bibpfad="G:\GAL_powerShell\bsp"
. ($bibpfad + "\wichtigefunktionen.ps1")

#Benoetigte Variablen
$strComputer = "."
$strDruckername=""
#Skriptbloecke und Funktionen

#Skriptinhalt

$colItems = Get-Wmiobject `
   -class "Win32_PrinterDriver" `
   -namespace "root\CIMV2" `
   -computername $strComputer
$antw=frage (("Moechten Sie wirklich alle " + `
   "Druckertreiber loeschen?"))
foreach ($objItem in $colItems)
{
     $strDruckername=$objItem.Name
     $strDruckername=$strDruckername.Split(",")[0]
     echo ("loesche " + $strDruckername + "...")
     if ($antw -eq $true)
     {
        $objWSH = New-Object -Com "WScript.Shell"
        $strSkript=(getPfad) + `
            "\druckerloeschen.vbs """ + `
            $strDruckername + """"
        #Druckertreiber loeschen
        $objWSH.Run($strSkript)
     }
}
```

6.2.19 Starteinstellungen

Gerade, wenn es um Fehlersuche im System geht, ist auch immer interessant, welche Programme beim Systemstart geladen werden. Auch das lässt sich mit Hilfe der PowerShell und einer WMI-Abfrage ermitteln. Sie benötigen dazu die Klasse Win32_StartupCommand des Namensraums root\CIMV2.

```
#Skriptname: starteinstellungen.ps1
#Autor: Helma Spona
#Auflage: 1
#Verzeichnis: /Bsp/K06
```

```
#Beschreibung: Listet alle Programme
#  auf, die beim Start geladen werden
#Anmerkungen: keine

#Benoetigte Variablen
$strComputer = "."
#Skriptbloecke und Funktionen

#Skriptinhalt

$colItems = get-wmiobject `
    -class "Win32_StartupCommand" `
    -namespace "root\CIMV2" `
    -computername $strComputer
...
```

Das Ergebnis können Sie dann wieder mit einer foreach-Schleife durchlaufen und die Eigenschaften der entsprechenden Programme zurückgeben. Die wichtigsten zeigt das Beispiel. Mit der Caption-Eigenschaft können Sie den Programmnamen ermitteln, so wie er bspw. im Startmenü von Windows angezeigt wird. Mit der Command-Eigenschaft können Sie den Pfad zur DLL oder dem ausführbaren Programm ermitteln, einschließlich der Parameter, die an das Programm übergeben werden. Die Description-Eigenschaft gibt eine Beschreibung des Programms an, und mit der Location-Eigenschaft können Sie feststellen, wo innerhalb von Windows definiert ist, dass das Programm beim Start von Windows geladen werden soll.

```
...
foreach ($objItem in $colItems) {
    write-host "Programm: " $objItem.Caption ": " `
        $objItem.Command
    write-host "Beschreibung: " $objItem.Description
    write-host "Ort: " $objItem.Location
    write-host ("-" * 10)
}
```

In aller Regel dauert es eine ganze Weile, bis die WMI-Abfrage erfolgt ist, und auch die Ausgabe der Daten benötigt mehrere Sekunden. Sie sollten daher beim Testen des Skriptes etwas Geduld aufbringen.

Da nicht alle ermittelten Programme sichtbar sind, weil die Liste etwas länger ist, ist es hilfreich, wenn Sie die Anzahl der gestarteten Programme zählen und abschließend anzeigen. Dazu müssen Sie das Skript wie folgt ergänzen. Sie müssen eine Variable als Zähler definieren und vor der Schleife auf 0 setzen.

6 | Zugreifen auf das Windows-System

Bei jedem Schleifendurchlauf erhöhen Sie dann deren Wert und geben ihn zum Schluss, nach Abschluss der `foreach`-Schleife aus.

```
...
#Benoetigte Variablen
$strComputer = "."
$intAnz=0
#Skriptbloecke und Funktionen

#Skriptinhalt
$colItems = get-wmiobject `
    -class "Win32_StartupCommand" `
    -namespace "root\CIMV2" `
    -computername $strComputer

foreach ($objItem in $colItems) {
    write-host "Programm: " $objItem.Caption `
        ": " $objItem.Command
    write-host "Beschreibung: " $objItem.Description
    write-host "Ort: " $objItem.Location
    write-host ("-" * 10)
    $intAnz+=1
}
echo ("Beim Programmstart werden " + $intAnz + `
    " Programme gestartet!")
```

```
Programm:     VAIO Update 2 :  "C:\Programme\Sony\VAIO Update 2\VAIOUpdt.exe" /Stationary
Beschreibung: VAIO Update 2
Ort:          HKLM\SOFTWARE\Microsoft\Windows\CurrentVersion\Run
Programm:     Switcher.exe :  C:\Programme\Sony\Wireless Switch Setting Utility\Switcher.ex
Beschreibung: Switcher.exe
Ort:          HKLM\SOFTWARE\Microsoft\Windows\CurrentVersion\Run
Programm:     FreePDF Assistant :  C:\Programme\FreePDF_XP\fpassist.exe
Beschreibung: FreePDF Assistant
Ort:          HKLM\SOFTWARE\Microsoft\Windows\CurrentVersion\Run
Programm:     RealTray :  C:\Programme\Real\RealPlayer\RealPlay.exe SYSTEMBOOTHIDEPLAYER
Beschreibung: RealTray
Ort:          HKLM\SOFTWARE\Microsoft\Windows\CurrentVersion\Run

Beim Programmstart werden 4290 Programme gestartet!
PS C:\>
```

Abbildung 6.24 Ausschnitt aus der erzeugten Ausgabe

Noch nützlicher ist es natürlich, wenn Sie nicht die ganze Liste der automatisch gestarteten Programme ermitteln müssten, sondern ganz konkret prüfen könnten, ob eine bestimmte Anwendung gestartet wird. Wie das aussehen könnte, zeigt das folgende Beispiel.

Es definiert eine Funktion, die nur die Anwendung mit dem als Parameter übergebenen Namen mit der WMI-Abfrage zurückgibt. Ist eine solche Datei vorhanden, wird deren Pfad zurückgegeben.

Wichtig ist, dass Sie innerhalb der Funktion zunächst in einer Variablen, hier `tempFilter`, die Filterbedingung zusammensetzen. Die hier verwendete Bedingung bewirkt, dass nur die Programme abgerufen werden, deren Name mit dem übergebenen Parameterwert übereinstimmt. Innerhalb der Schleife wird dann noch einmal geprüft, ob eine Übereinstimmung vorliegt, und dann der Wert der `Command`-Eigenschaft aus der Funktion zurückgegeben.

```
#Skriptname: starteinstellungen.ps1
#Autor: Helma Spona
#Auflage: 1
#Verzeichnis: /Bsp/K06
#Beschreibung: Listet alle Programme
#  auf, die beim Start geladen werden
#Anmerkungen: keine

#Benoetigte Variablen
$strComputer = "."
$intAnz=0
$strProgname="RealTray"
#Skriptbloecke und Funktionen
function autostart([System.String] $strPName)
{
   #Prueft, ob das angegebene Programm
   #beim Systemstart gestartet wird, und
   #gibt in diesem Fall den Aufruf zurueck
   $tempFilter=("Name like '"+ $strPName + "'")
   $colItems = get-wmiobject `
      -class "Win32_StartupCommand" `
      -namespace "root\CIMV2" `
      -computername $strComputer `
      -filter $tempFilter

   foreach ($objItem in $colItems) {
      if ($objItem.Name -eq $strPName)
      {
         return $objItem.Command
      }
   }
}
#Skriptinhalt
echo (autoStart($strProgname))
Exit  #bewirkt, dass der Rest nicht ausgefuehrt wird.
...
```

Möchten Sie bspw. eine Anwendung, die beim Systemstart gestartet wird, nicht mehr starten und wird deren Startverhalten über einen Registry-Eintrag definiert, können Sie den Wert in der Registry einfach löschen. Dazu ist es hilfreich, wenn Sie eine Abwandlung der Funktion autostart erstellen, hier autostart2, und aus der Funktion das komplette Objekt zurückgeben lassen. Dann können Sie nämlich auf alle Eigenschaften zugreifen.

```
#Skriptname: starteinstellungen.ps1
#Autor: Helma Spona
#Auflage: 1
#Verzeichnis: /Bsp/K06
#Beschreibung: Listet alle Programme
#  auf, die beim Start geladen werden
#Anmerkungen: keine

#Benoetigte Variablen
$strComputer = "."
$intAnz=0
#Aus Sicherheitsgruenden wurde hier
#als Programmname "XXX" eingetragen,
#damit Sie nicht versehentlich beim
#Testen des Skriptes etwas Wichtiges
#loeschen. Ersetzen Sie XXX durch eine
#Anwendung, die Sie nicht mehr auto-
#matisch starten moechten.
$strProgname="XXX"
#Skriptbloecke und Funktionen
function autostart([System.String] $strPName)
{
    #Prueft, ob das angegebene Programm
    #beim Systemstart gestartet wird, und
    #gibt in diesem Fall den Aufruf zurueck
...
}

function autostart2([System.String] $strPName)
{
    #Prueft, ob das angegebene Programm
    #beim Systemstart gestartet wird, und
    #gibt in diesem Fall das Element der
    #Auflistung zurueck
    $tempFilter=("Name like '"+ $strPName + "'")
    $colItems = get-wmiobject `
       -class "Win32_StartupCommand" `
       -namespace "root\CIMV2" `
```

```
      -computername $strComputer `
      -filter $tempFilter

   foreach ($objItem in $colItems) {
      if ($objItem.Name -eq $strPName)
      {
         return $objItem
      }
   }
}
...
```

Wenn Sie die Funktion dann aufrufen, weisen Sie deren Rückgabewert einer Variablen zu. Sie können dann über die Split-Methode den ersten Teil der Eigenschaft Location ermitteln. Bei Programmen, die über einen Registy-Eintrag gestartet werden, beginnt der so ermittelte erste Teil mit »HK«. Sie sollten das also prüfen, weil es nur so Sinn macht, den Wert in der Registry zu löschen.

Beginnt die Location-Angabe mit »HK«, ergänzen Sie dahinter den obligatorischen Doppelpunkt. Den so berechneten Wert übergeben Sie an das CmdLet Get-Item, um den Registry-Hauptschlüssel zurückzugeben. Danach müssen Sie aus dem Wert der Location-Eigenschaft mit der Substring-Methode noch den Rest des Registry-Pfades ermitteln. Den übergeben Sie dann in Form der Variablen strTemp an die Methode OpenSubKey, mit der Sie den Schlüssel zum Schreiben öffnen. Den entsprechenden Wert können Sie dann mit der Methode DeleteValue löschen. Als Name für den Wert übergeben Sie die Name-Eigenschaft des Objekts. Danach müssen Sie die Änderung nur noch mit der Flush-Methode speichern und dann den Registry-Schlüssel mit Close schließen.

```
...
#Skriptinhalt
$ergObj=autoStart2($strProgname)
trap{continue}
$arrPfad=$ergObj.Location.Split("\")
$strHauptschl=$arrPfad[0]
if ($strHauptschl -like "HK*")
{
  #Registry-Eintrag definiert das Startverhalten
  $strHauptschl=($strHauptschl + ":")
  $Schluessel= Get-Item $strHauptschl
  $strTemp=$ergObj.Location.Substring($arrPfad[0].Length+1)
  $Schluessel=$Schluessel.OpenSubKey($strTemp,$true)
  #Schluessel loeschen
  $Schluessel.DeleteValue($ergObj.Name)
```

```
#Aenderungen speichern
$Erg=$Schluessel.Flush()
$Erg=$Schluessel.Close()
}

echo (autoStart($strProgname))
Exit  #bewirkt, dass der Rest nicht ausgefuehrt wird.
...
```

> [»] Bevor Sie das Skript ausführen, ersetzen Sie bitte den Wert der Variablen strProgname durch den Namen eines der Programme, die die erste Version des Skriptes ausgegeben hat. Aus Sicherheitsgründen wurde hier der Platzhalter »XXX« eingegeben, der so nicht vorkommen dürfte. Ansonsten würden Sie womöglich beim ersten Test des Skriptes versehentlich Daten in der Registry löschen.

> [»] Mehr zur Bearbeitung der Registry finden Sie in Abschnitt 6.2.2, *Registry-Einstellungen lesen*, und den darauffolgenden Abschnitten weiter oben.

6.2.20 Rechner neu starten

Auch den Rechner können Sie per WMI und PowerShell neu starten. Dazu verwenden Sie die WMI-Klasse Win32_OperatingSystem des Namensraums root\CIMV2.

Das mit einer solchen WMI-Abfrage zurückgegebene Objekt stellt eine Reboot-Methode zur Verfügung, die Sie nur aufrufen müssen. Allerdings sollten Sie den Benutzer unbedingt noch fragen, ob er wirklich den Rechner neu starten möchte. Dazu wird hier die Funktion frage aus der Datei wichtigefunktionen.ps1 verwendet, die hierzu am Anfang des Skriptes eingebunden wird. Schließt der Benutzer den angezeigten Dialog mit **Ja**, wird das WMI-Objekt abgerufen und die Reboot-Methode aufgerufen.

> [»] Mehr dazu, wie Sie Dialoge anzeigen und Benutzereingaben realisieren, finden Sie in Kapitel 4, *Kommunikation mit dem Anwender*.

```
#Skriptname: RechnerHerunterfahren.ps1
#Autor: Helma Spona
#Auflage: 1
#Verzeichnis: /Bsp/K06
#Beschreibung: Startet den Rechner neu
#Anmerkungen: Benoetigt die Datei
#    wichtigefunktionen.ps1
#Laden der Bibliotheksdateien
```

```
#Laden der Hilfsfunktionen
$bibpfad=$myInvocation.get_MyCommand().Definition
$bibpfad= (Split-Path ($bibpfad) -parent)
$bibpfad= Split-Path ($bibpfad)  -parent

#Achtung, wenn Sie das Skript aus der
#PowerShellIDE ausfuehren,
#bitte folgende Zeile aktivieren und das
#korrekte Verzeichnis
#zur Datei wichtigefunktionen.ps1 angeben
#$bibpfad="G:\GAL_powerShell\bsp"
. ($bibpfad + "\wichtigefunktionen.ps1")

#Benoetigte Variablen
$objErg=0
$strComputer = "."
$colItems=""
#Skriptbloecke und Funktionen

#Skriptinhalt
if (frage("Moechten Sie den Rechner neu starten?") `
    -eq $true)
{
    $colItems=Get-WmiObject `
        -Class "Win32_OperatingSystem" `
        -Namespace "root\CIMV2" `
        -ComputerName $strComputer
    $objErg=$colItems.Reboot()
}
```

[!] Das Problem an der Sache ist allerdings, dass die `Reboot`-Methode in der aktuellen RC2 der PowerShell noch nicht fehlerfrei funktioniert. Stattdessen erscheint auch bei der Anmeldung als Administrator eine Fehlermeldung, die auf fehlende Rechte schließen lässt.

Auch in diesem Fall hilft der WSH, das Problem zu lösen. Sie führen einfach ein WSH-Skript aus, das den Neustart durchführt. Damit klappt es nämlich. Sie müssen dazu nur folgenden Code in eine Datei `reboot.vbs` kopieren. Sie macht im Prinzip exakt das Gleiche wie das PowerShell-Skript. Nur dass hier einfach nur der Neustart initiiert wird, ohne Rückfrage. Die Rückfrage realisieren Sie dann in dem aufrufenden PowerShell-Skript.

```
'Startet den Rechner neu, wird aufgerufen von
RechnerHerunterfahren1.ps1
strComputer = "."
```

```
Set objWMIService = GetObject("winmgmts:" _
    & "{impersonationLevel=impersonate,(Shutdown)}!\\" & _
        strComputer & "\root\cimv2")

Set colItems = objWMIService.ExecQuery _
    ("Select * from Win32_OperatingSystem")

For Each objItem in colItems
    objItem.Reboot()
Next
```

Im aufrufenden PowerShell-Skript müssen Sie zunächst den Pfad zum Skript ermitteln. Der ergibt sich aus dem Verzeichnis des PowerShell-Skriptes, zumindest unter der Voraussetzung, dass beide Skripten im gleichen Verzeichnis liegen.

> [»] Das ist auch der Grund, warum Sie das Skript nur direkt in der PowerShell und nicht aus der PowerShellIDE aufrufen können: weil die PowerShellIDE eine Kopie in einem temporären Verzeichnis ausführt und in diesem Verzeichnis die Datei reboot.vbs nicht gefunden werden kann.

Das Verzeichnis des Skripts wird über die Funktion getPfad in der Datei wichtigefunktionen.ps1 ermittelt, die daher am Anfang der Datei eingebunden werden muss. Außerdem benötigen Sie sie, weil die Rückfrage beim Benutzer, ob der Neustart durchgeführt werden soll, durch die ebenfalls dort enthaltene Funktion Frage realisiert wird.

```
#Skriptname: RechnerHerunterfahren1.ps1
#Autor: Helma Spona
#Auflage: 1
#Verzeichnis: /Bsp/K06
#Beschreibung: Startet den Rechner neu
#Anmerkungen: Benoetigt die Datei
#   wichtigefunktionen.ps1 und reboot.vbs
#Laden der Bibliotheksdateien

#Laden der Hilfsfunktionen
$bibpfad=$myInvocation.get_MyCommand().Definition
$bibpfad= (Split-Path ($bibpfad) -parent)
$bibpfad= Split-Path ($bibpfad)  -parent

#Achtung, wenn Sie das Skript aus der
#PowerShellIDE ausfuehren,
#bitte folgende Zeile aktivieren und das
#korrekte Verzeichnis
```

```
#zur Datei wichtigefunktionen.ps1 angeben
#$bibpfad="G:\GAL_powerShell\bsp"
. ($bibpfad + "\wichtigefunktionen.ps1")

#Benoetigte Variablen
$objWSH=""
$strSkript=(getPfad) + "\Reboot.vbs"
#Skriptbloecke und Funktionen

#Skriptinhalt
if (frage(("Moechten Sie den Rechner wirklich" `
   + "neu starten?")) `
   -eq $true)
{
        $objWSH = New-Object -Com "WScript.Shell"
        $objWSH.Run($strSkript)
}
```

Hat der Benutzer bestätigt, dass der Rechner neu gestartet werden soll, wird ein neues `WSHShell`-Objekt erzeugt und über dessen `Run`-Methode das WSH-Skript ausgeführt.

6.3 Benutzerverwaltung

Benutzerkonten zu verwalten ist eine der wichtigsten Aufgaben, die Sie mit Hilfe der PowerShell automatisieren können. Die Benutzerverwaltung können Sie dabei über WMI und ADSI vornehmen. WMI kommt dabei vor allem bei lokalen Benutzerkonten in Frage. Wenn Sie einen Windows-Server im Netz mit Active-Directory einsetzen, sollten Sie ADSI verwenden. Zudem werden viele Änderungen, die Sie mittels WMI vornehmen, erst nach einem Neustart angewendet.

Mehr zu ADSI erfahren Sie etwas weiter unten in Abschnitt 6.4, *ADSI: Zugreifen auf ActiveDirectory-Daten*. [«]

6.3.1 Benutzerkonten auflisten

Das folgende Beispiel zeigt, wie Sie mit Hilfe von WMI alle Benutzerkonten auflisten können, die aktiv sind. Dazu geben Sie die WMI-Klasse `Win32_User-Account` an. Hier wird über die definierte Filterbedingung nur auf die nicht deaktivierten Konten zugegriffen.

Innerhalb der `foreach`-Schleife werden dann die wichtigsten Eigenschaften der Benutzerkonten ausgegeben.

```
#Skriptname: Benutzerkonten.ps1
#Autor: Helma Spona
#Auflage: 1
#Verzeichnis: /Bsp/K06
#Beschreibung: Listet alle aktivierten
#   Benutzerkonten auf
#Anmerkungen: keine

#Benoetigte Variablen
$strComputer = "."
#Skriptbloecke und Funktionen

#Skriptinhalt

$colItems = Get-WmiObject `
    -class "Win32_UserAccount" `
    -namespace "root\CIMV2" `
    -filter "Disabled = False" `
    -computername $strComputer

foreach ($objItem in $colItems) {
    write-host "Name: " `
        $objItem.Name
    write-host "Kontotyp: " `
        $objItem.AccountType
    write-host "Titel: " `
    `   $objItem.Caption
    write-host "Beschreibung: " `
        $objItem.Description
    write-host "Deaktiviert: " `
        $objItem.Disabled
    write-host "Domaene: " `
        $objItem.Domain
    write-host "Vollstaendiger Name: " `
        $objItem.FullName
    write-host "Kennwort aenderbar: " `
        $objItem.PasswordChangeable
    write-host "Kennwort laeuft ab: " `
        $objItem.PasswordExpires
    write-host "Kennwort erforderlich: " `
        $objItem.PasswordRequired
    write-host "Status: " $objItem.Status
    write-host ("-" * 20)
}
```

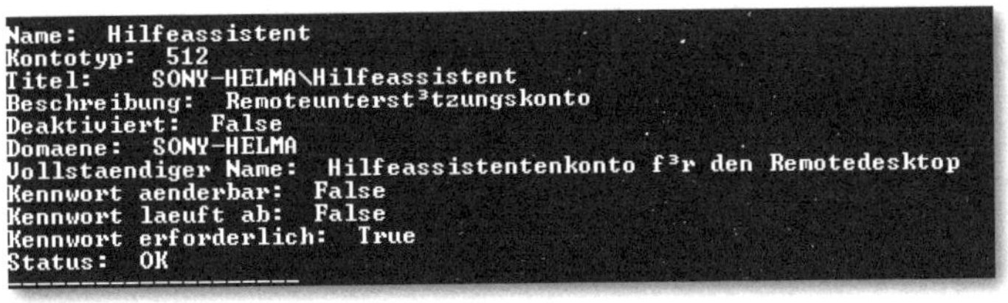

```
Name: Hilfeassistent
Kontotyp: 512
Titel:    SONY-HELMA\Hilfeassistent
Beschreibung:  Remoteunterstützungskonto
Deaktiviert: False
Domaene: SONY-HELMA
Vollstaendiger Name:  Hilfeassistentenkonto für den Remotedesktop
Kennwort aenderbar:  False
Kennwort laeuft ab:  False
Kennwort erforderlich: True
Status: OK
```

Abbildung 6.25 Ausgabe eines Benutzerkontos

Analog können Sie auch Benutzergruppen auflisten, indem Sie die WMI-Klasse Win32_Group verwenden.

[+]

6.3.2 Benutzerkonten aktivieren und deaktivieren

Über die `Disabled`-Eigenschaft können Sie ein Benutzerkonto aber auch aktivieren und deaktivieren. Dies zeigt das folgende Beispiel. Falls das Konto »Gast« aktiviert ist, wird es deaktiviert und umgekehrt. Die entsprechende Aktion wird ausgegeben. Wichtig ist, dass Sie die Änderung speichern, indem Sie zum Abschluss die `Put`-Methode aufrufen, und dass Sie ausschließlich das Konto des Benutzers »Gast« über den Parameter `-Filter` des CmdLets `Get-WmiObject` zurückgeben.

```
#Skriptname: BenutzerkontenAktivieren.ps1
#Autor: Helma Spona
#Auflage: 1
#Verzeichnis: /Bsp/K06
#Beschreibung: Listet alle aktivierten
#   Benutzerkonten auf
#Anmerkungen: keine

#Benoetigte Variablen
$strComputer = "."
#Skriptbloecke und Funktionen

#Skriptinhalt

$colItems = Get-WmiObject `
    -class "Win32_UserAccount" `
    -namespace "root\CIMV2" `
    -filter "Name = 'Gast'" `
    -computername $strComputer

foreach ($objItem in $colItems) {
    if ($objItem.Disabled -eq $false)
```

```
    {
      $objItem.Disabled=$true
      echo "Konto wurde deaktiviert!"
    }
    else
    {
      $objItem.Disabled=$false
      echo "Konto wurde aktiviert!"
    }
    $objItem.Put()
}
```

6.4 ADSI: Zugreifen auf ActiveDirectory-Daten

ADSI ist die Abkürzung für **Active Directory Service Interface**. ADSI stellt eine fast universelle Schnittstelle zum Zugriff auf Unternehmensdaten wie bspw. Benutzerkonten dar.

ADSI ist recht neu und wurde mit dem neuen Active Directory von Windows 2000 eingeführt. Active Directory bezeichnet eine Art interne Datenbank von Windows, in der Drucker, Computer, Benutzerkonten und ähnliche netzwerkrelevante Informationen verwaltet werden. Allerdings können Sie ADSI anders, als der Name vermuten lässt, auch ohne Active Directory nutzen und so bspw. auch auf Windows XP Professional- oder Windows 2000 Workstation-Rechnern nutzen. Wichtigste Voraussetzung dafür ist allerdings, dass Sie ADSI nachträglich installieren, falls es noch nicht installiert ist. In Windows 2000 und Windows XP Professional und Windows Vista ist es bereits standardmäßig enthalten.

6.4.1 ADSI-Sicherheitskonzepte

Da Sie mit ADSI Computereinstellungen ändern und Benutzer verwalten können, ist es natürlich grundsätzlich ein Sicherheitsrisiko, wenn ADSI aktiviert ist. Das liegt vor allem daran, dass per DCOM auch andere Rechner gesteuert werden können.

Um die Sicherheit zu erhöhen, verfügt ADSI über ein ausgefeiltes Sicherheitskonzept. Grundlegend für diese Sicherheit ist die Tatsache, dass jedes Skript immer mit den Rechten ausgeführt wird, mit denen es gestartet wird. Verfügen Sie auf Ihrem lokalen Rechner über Administratorrechte, kann Ihr Skript alles tun, was Sie auch tun können. Führen Sie es jedoch mit Hilfe von DCOM auf einem anderen Rechner aus, auf dem Sie nur Gast-Rechte haben, kann Ihr Skript dort nur die Einstellungen ändern und auslesen, für die der Benutzer »Gast« die erforderlichen Rechte hat. Ob Sie etwas auf Ihrem lokalen oder einem entfernten Rechner per Skript einstellen können, hängt also im Wesentlichen davon ab, welche Rechte Sie auf diesem Rechner haben.

6.4.2 ADSI-Provider

Das Herz der ADSI-Programmierung sind die ADSI-Provider. Es gibt für jede Datenquelle einen passenden Provider, über den Sie auf die Daten zugreifen können. Standardmäßig werden mit ADSI fünf Provider installiert, die als ADSI-Standard-Provider bezeichnet werden.

Die Inhalte der Provider stehen allerdings in der Regel nur dann zur Verfügung, wenn auch ein Netzwerk verfügbar ist. Bei einem Einzelplatzrechner muss dazu das WLAN erreichbar sein oder das Netzwerkkabel mit einem Router verbunden sein. [«]

Provider	Beschreibung
IIS:	Ermöglicht den Zugriff auf den IIS.
LDAP:	LDAP ist die Abkürzung für **Lightweight Directory Access Protocol** und dient dem Zugriff auf das Windows 2000/2003 Active Directory-Verzeichnis oder dem Zugriff auf das Exchange-Verzeichnis.
NDS:	NDS steht für **Novel NetWare Directory Service** und wird zum Zugriff auf die Daten eines Novel NetWare-Servers benötigt.
NWCOMPAT:	Diesen Provider benötigten Sie zum Zugriff auf Novel NetWare 3.0.
WinNT:	Ermöglicht den Zugriff auf die Computer und Benutzerverwaltung von Window NT und Windows 2000/2003/XP Pro/Vista.

Tabelle 6.2 Die ADSI-Standard-Provider

Bei allen Providern müssen Sie auf korrekte Groß- und Kleinschreibung achten. Schreiben Sie also wirklich »WinNT« und nicht etwa »winNT«. [!]

6.4.3 Grundlegende Vorgehensweise in ADSI-Skripten

Alle ADSI-Skripte gehen im Prinzip in folgenden Schritten vor:

- Abrufen der ADSI-Daten
- Ändern eines vorhandenen Objektes oder
- Erzeugen eines neuen Objektes
- Speichern der Änderungen

Wie bei WMI-Skripten unterscheiden sich die einzelnen Skripte daher im Wesentlichen durch die betroffenen Klassen und Member der Objekte.

Anders als bei WMI rufen Sie die ADSI-Daten jedoch nicht ab, indem Sie eine bestimmte Klasse und einen Namensraum an ein CmdLet übergeben, sondern indem Sie einen ADSI-Verzeichnispfad angeben. Dessen Aufbau ist stark abhängig vom verwendeten Provider. Am einfachsten ist er noch für den Provider `WinNT`. Hier hat er folgende Syntax:

`WinNT://`*Container*`,`*Klassifizierung*

Als Container kommt der Name des Rechners oder der Name der Domäne in Frage, auf die zugegriffen werden soll. Die Klassifizierung legt die Art der Daten fest, die abgerufen werden sollen. Als Werte kommen hier »Domain« oder »Computer« in Frage, je nachdem, ob Sie als Container einen Domänen- oder Computernamen angegeben haben.

Vor dem Providernamen geben Sie den Typ-Bezeichner `[ADSI]` an, damit die PowerShell weiß, dass es sich um eine ADSI-Pfadangabe handelt. Die meisten ADSI-Objekte verfügen über die `SetInfo`-Methode, mit der Sie die Daten in den Cache schreiben und damit speichern.

6.4.4 Einen Benutzer anlegen

Diese Vorgehensweise soll das erste ADSI-Beispiel verdeutlichen. Es legt einen Benutzer auf dem lokalen Rechner an. Dazu werden zunächst die benötigten Variablen definiert. Die Variable `strContainer` enthält den Rechner- oder Domänennamen, auf dem der Benutzer eingerichtet werden soll.

[!] Bevor Sie das Skript testen, sollten Sie den Rechnernamen anpassen. Oder verwenden Sie die nachfolgend beschriebene erweiterte Version des Skriptes, die den Namen des aktuellen Rechners automatisch ermittelt.

Die Variable `strKlasse` bezeichnet den Typ des Elements, das zurückgegeben werden soll. Da Sie den Computer zurückgeben müssen, auf dem das Benutzerkonto eingerichtet werden soll, bekommt die Variable hier den Wert `"Computer"`. Die Variable `strBenutzerkonto` enthält den Namen des Benutzers, der angelegt werden soll.

```
#Skriptname: adsiBenutzerErstellen.ps1
#Autor: Helma Spona
#Auflage: 1
#Verzeichnis: /Bsp/K06
#Beschreibung: Erstellt einen Benutzer
#   "TestAccount" auf einem lokalen Rechner,
#   also nicht im ActiveDirectory einer Do-
#   maene.
```

```
#Anmerkungen: keine

#Benoetigte Variablen
$strContainer="SONY-HELMA" #Rechnername, alternativ Name der Domaene
$strKlasse="Computer"  #alternativ "Domain", "User", "Group"
$strBenutzerkonto="TestAccount"
...
```

Als Nächstes müssen Sie die ADSI-Daten abrufen, indem Sie die benötigte Pfadangabe aus den Variablen `strContainer` und `strKlasse` zusammensetzen. Bei den hier festgelegten Werten für die Variablen ergibt sich die Zeichenfolge `"WinNT://SONY-HELMA,Computer"`. Sie bewirkt, dass die Computer-Daten des Rechners `SONY-HELMA` zurückgegeben werden.

Nun können Sie das Benutzerkonto erstellen. Dazu rufen Sie die `Create`-Methode auf. Ihr übergeben Sie zunächst wieder den Typ des Objekts, das Sie erstellen möchten, hier als `"user"`, weil ein Benutzer erstellt werden soll. Der zweite Parameter definiert den Namen des zu erstellenden Objekts.

Die Methode gibt dann den erzeugten Benutzer zurück, sodass Sie dessen Eigenschaften festlegen können. Mit der `SetPassword`-Methode können Sie bspw. das Kennwort festlegen. Sie müssen aber keine weiteren Eigenschaften festlegen, sondern können auch direkt die `SetInfo`-Methode aufrufen, um das Objekt zu speichern.

```
...
#Skriptbloecke und Funktionen

#Skriptinhalt
$colBenutzer=[ADSI]("WinNT://" + `
   $strContainer + "," + $strKlasse)
$objBenutzer=$colBenutzer.Create( `
   "user",$strBenutzerkonto)
$objBenutzer.SetPassword("Test")
$objBenutzer.SetInfo()
```

Wenn Sie im Anschluss das Skript `Benutzerkonten.ps1` aufrufen, das mittels WMI die Benutzerkonten ausgibt, werden Sie sehen, dass das Benutzerkonto erzeugt wurde.

Selbstverständlich müssen Sie nicht immer zig Skripten anpassen, wenn diese auf unterschiedlichen Rechnern ausgeführt werden und auf diesen lokalen Rechnern die Benutzer einrichten sollen. Sie können den Namen des aktuellen Rechners bzw. die aktuelle Domäne auch per WMI ermitteln. Folgendes Skript zeigt, wie das geht. Es ruft die Klasse `Win32_NTDomain` ab und gibt die wichtigsten Eigenschaften aus.

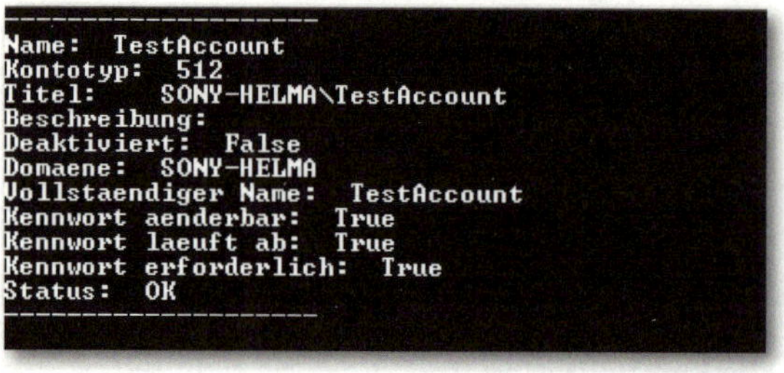

```
Name: TestAccount
Kontotyp: 512
Titel:    SONY-HELMA\TestAccount
Beschreibung:
Deaktiviert: False
Domaene:  SONY-HELMA
Vollstaendiger Name: TestAccount
Kennwort aenderbar:    True
Kennwort laeuft ab:    True
Kennwort erforderlich: True
Status: OK
```

Abbildung 6.26 Ausgabe des erzeugten Benutzer-Accounts

Der Rückgabewert wird dann in einer Schleife bearbeitet, und es werden alle wichtigen Eigenschaften ausgegeben. Die nachfolgend wichtigste Eigenschaft ist Caption, da sie den Rechnernamen enthält.

```
#Skriptname: wmiDomaene.ps1
#Autor: Helma Spona
#Auflage: 1
#Verzeichnis: /Bsp/K06
#Beschreibung: Gibt Informationen zur Domaene
# aus.
#Anmerkungen: keine

#Benoetigte Variablen
$strComputer = "."
#Skriptbloecke und Funktionen

#Skriptinhalt

$colItems = get-wmiobject `
   -class "Win32_NTDomain" `
   -namespace "root\CIMV2" `
   -computername $strComputer

foreach ($objItem in $colItems) {
     write-host "Aufschrift: " `
        $objItem.Caption
     write-host "Erzeuger-Klasse: " `
        $objItem.CreationClassName
     write-host "Beschreibung: " `
        $objItem.Description
     write-host "Domaenencontroller Adresse: " `
        $objItem.DomainControllerAddress
     write-host "Domaenencontroller Adresstyp: " `
        $objItem.DomainControllerAddressType
```

```
    write-host "Domaenencontroller Name: " `
        $objItem.DomainControllerName
    write-host "Domaenenname: " `
        $objItem.DomainName
    write-host "Name: " $objItem.Name
    write-host "Name Format: " `
        $objItem.NameFormat
    write-host "Status: " $objItem.Status
    write-host
}
```

```
PS C:\>
Aufschrift: SONY-HELMA
Erzeuger-Klasse:  Win32_NTDomain
Beschreibung:  SONY-HELMA
Domaenencontroller Adresse:
Domaenencontroller Adresstyp:
Domaenencontroller Name:
Domaenenname:
Name: Domain: SONY-HELMA
Name Format:
Status:  Unknown
```

Abbildung 6.27   Die erzeugte Ausgabe

Sie brauchen nun also nur noch die Eigenschaft Caption abrufen und der Variablen strContainer zuweisen, um den Namen des aktuellen Rechners zu ermitteln. Sie müssen dazu das Skript wie folgt anpassen:

```
#Skriptname: adsiBenutzerErstellen.ps1
#Autor: Helma Spona
#Auflage: 1
#Verzeichnis: /Bsp/K06
#Beschreibung: Erstellt einen Benutzer
#  "TestAccount" auf einem lokalen Rechner,
#  also nicht im ActiveDirectory einer Do-
#  maene.
#Anmerkungen: keine

#Benoetigte Variablen
$strComputer = "."
$strContainer="SONY-HELMA"
$objDom=get-wmiobject `
   -class "Win32_NTDomain" `
   -namespace "root\CIMV2" `
   -computername $strComputer
$strTemp=$objDom.Caption
$strContainer=$strTemp
```

6 | Zugreifen auf das Windows-System

```
$strKlasse="Computer"  #alternativ "Domain", "User", "Group"
$strBenutzerkonto="TestAccount"
...
```

[!] Wundern Sie sich nicht, dass der Benutzer in der Benutzerverwaltung von Windows nicht angezeigt wird. Er wird erst sichtbar, wenn Sie den Benutzer einer Benutzergruppe zuordnen, weil Sie erst damit seine Rechte festlegen.

[»] Wie Sie den Benutzer zu einer Benutzergruppe hinzufügen, erfahren Sie etwas weiter unten in Abschnitt 6.4.6, *Benutzergruppen auflisten und Benutzer einer Gruppe zuordnen*.

6.4.5 Benutzerkonto anpassen

Ähnlich einfach ist es auch, ein Benutzerkonto, das besteht, nachträglich anzupassen. Sie können bspw. mit folgendem Skript für das soeben erstellte Benutzerkonto »TestAccount« das Kennwort ändern und eine Beschreibung festlegen.

Als Erstes ermitteln Sie auch dazu wieder per WMI den Namen des Rechners, der das Skript ausführt, und weisen es der Variablen `strContainer` zu. Anschließend rufen Sie das Benutzerkonto mit Hilfe eines passenden ADSI-Pfades ab. Dieser muss jetzt den Namen des Benutzerkontos beinhalten, da Sie nicht den Rechner zurückgeben möchten, auf dem das Konto eingerichtet wurde, sondern das Benutzerkonto selbst. Der Pfad muss daher

`WinNT://computer/Benutzerkonto, user`

lauten und wird hier aus den Variablen `strContainer` und `strBenutzerkonto` zusammengesetzt.

```
#Skriptname: adsiBenutzerAendern.ps1
#Autor: Helma Spona
#Auflage: 1
#Verzeichnis: /Bsp/K06
#Beschreibung: Aendert einen Benutzer
#  "TestAccount" auf einem lokalen Rechner,
#  also nicht im ActiveDirectory einer Do-
#  maene.
#Anmerkungen: keine

#Benoetigte Variablen
#$strComputer = "."
$strContainer="SONY-HELMA" #Rechnername,
    #alternativ Name der Domaene
$strKlasse="user"
```

```
$strBenutzerkonto="TestAccount"
$strBeschreibung=`
    "TestAccount per ADSI/PowerShell erstellt!"
$objDom=get-wmiobject `
    -class "Win32_NTDomain" `
    -namespace "root\CIMV2" `
    -computername $strComputer
$strTemp=$objDom.Caption
$strContainer=$strTemp
#Skriptbloecke und Funktionen

#Skriptinhalt
$objBenutzer=[ADSI]("WinNT://" + `
    $strContainer + "/" + $strBenutzerkonto + `
    "," + $strKlasse)
...
```

Die Variable `objBenutzer` enthält dann eine Instanz des Benutzerkontos, vorausgesetzt, es existiert. Sie können nun dessen Methoden und Eigenschaften aufrufen. Mit der Methode `ChangePassword` ändern Sie bspw. das Kennwort des Benutzers, müssen dazu aber als ersten Parameter das alte und als zweiten Parameter das neue Kennwort übergeben.

Die Eigenschaft `Description` legt die Beschreibung des Kontos fest, und durch Aufruf der `SetInfo`-Methode werden die Änderungen übernommen.

```
...
$objBenutzer.ChangePassword("Test","Test2")
$objBenutzer.Description=$strBeschreibung
$objBenutzer.SetInfo()
```

6.4.6 Benutzergruppen auflisten und Benutzer einer Gruppe zuordnen

Wenn Sie einen Benutzer einer Benutzergruppe zuordnen möchten, müssen Sie dazu zunächst einmal wissen, welche Gruppen auf dem Rechner bzw. in der Domäne zur Verfügung stehen. Das zeigt das folgende Skript. Es listet mit Hilfe von WMI alle verfügbaren Benutzergruppen auf. Dazu wird die WMI-Klasse `Win32_Group` abgerufen. Wenn Sie nur die lokalen Gruppen abrufen möchten, geben Sie dabei als `filter`-Parameter `"LocalAccount = True"` an.

Innerhalb der `foreach`-Schleife werden dann die wichtigsten Eigenschaften der Benutzergruppen ausgegeben. Relevant für die Zuweisung eines Benutzers zu einer Gruppe ist der Name der Gruppe, den Sie über die `Name`-Eigenschaft ermitteln können.

```
#Skriptname: WMIBenutzerGruppenauflisten.ps1
#Autor: Helma Spona
#Auflage: 1
#Verzeichnis: /Bsp/K06
#Beschreibung: Listet die vorhandenen
#    Benutzergruppen auf.
#Anmerkungen: keine

#Benoetigte Variablen
$strComputer = "."
#Skriptinhalt
$colItems = Get-WmiObject `
    -class "Win32_Group" `
    -namespace "root\CIMV2" `
    -computername $strComputer `
    -filter "LocalAccount = True"

foreach ($objItem in $colItems) {
    write-host "Titel: " $objItem.Caption
    write-host "Beschreibung: " `
        $objItem.Description
    write-host "Domain: " `
        $objItem.Domain
    write-host "Installation Date: " `
        $objItem.InstallDate
    write-host "Lokal: " $objItem.LocalAccount
    write-host "Name: " $objItem.Name
    write-host
}
```

Wenn Sie einen Benutzer zu einer Gruppe hinzufügen möchten, müssen Sie per ADSI die Benutzergruppe über einen geeigneten ADSI-Pfad zurückgeben, wozu Sie wiederum den Namen der Benutzergruppe, z. B. »Gäste«, im Skript angeben müssen.

[!] Gerade bei dieser Benutzergruppe ergibt sich jedoch ein Problem mit dem enthaltenen Umlaut »ä«. Zumindest dann, wenn Sie den Code in der PowerShellIDE erfassen, werden Umlaute nicht korrekt dargestellt und gespeichert. Das führt wiederum dazu, dass die Benutzergruppe nicht gefunden werden kann.

Sie können jedoch einen kleinen Trick anwenden, der das Problem dadurch löst, dass der Name der Benutzergruppe über eine WMI-Abfrage ermittelt wird. Dazu rufen Sie alle lokalen Benutzergruppen ab und prüfen, ob der Name einem bestimmten Muster, in diesem Fall `G?ste` entspricht. In dem Muster ersetzen

Sie dann einfach alle Umlaute durch ein Platzhalterzeichen. Falls dies der Fall ist, wird der Name der Benutzergruppe einer Variablen, hier `strBenutzergruppe`, zugewiesen.

Anschließend können Sie dann prüfen, ob die Variable eine leere Zeichenfolge enthält, und in diesem Fall das Skript mit einer entsprechenden Fehlermeldung beenden, weil dann die Benutzergruppe nicht existiert.

Damit lösen Sie auch gleich das zweite Problem, nämlich die Fehlermeldung, die auftritt, wenn es die gewünschte Benutzergruppe nicht gibt. [«]

```
#Skriptname: adsiBenutzerZuGruppe.ps1
#Autor: Helma Spona
#Auflage: 1
#Verzeichnis: /Bsp/K06
#Beschreibung: Fuegt den Benutzer zur
#   Gruppe Gaeste hinzu.
#Anmerkungen: keine

#Benoetigte Variablen
$strComputer = "."
$strContainer="SONY-HELMA" #Rechnername,
    #alternativ Name der Domaene
$strKlasse="Group"
$strBenutzerkonto="TestAccount"
$strGruppenfilter="G?ste"
$strBenutzergruppe=""
#Name der Domaene / des Rechners ermitteln
$objDom=get-wmiobject `
    -class "Win32_NTDomain" `
    -namespace "root\CIMV2" `
    -computername $strComputer
$strTemp=$objDom.Caption
$strContainer=$strTemp
#Skriptbloecke und Funktionen

#Skriptinhalt

#Name der Benutzergruppe ermitteln
$colGruppen = Get-WmiObject `
    -class "Win32_Group" `
    -namespace "root\CIMV2" `
    -computername $strComputer `
    -filter "LocalAccount = True"
```

```
foreach ($objGruppe in $colGruppen)
{
   if ($objGruppe.Name -like $strGruppenfilter)
   {
      $strBenutzergruppe=$objGruppe.Name
   }
}

if ($strBenutzergruppe -eq "")
{
   echo "Die erforderliche Benutzergruppe " `
      + "ist nicht vorhanden!"
   Exit
}
...
```

Haben Sie den Namen der Benutzergruppe ermittelt und damit auch festgestellt, dass es die Gruppe gibt, können Sie diese per ADSI zurückgeben, indem Sie folgenden Pfad verwenden:

WinNT//Rechnername/Benutzergruppe, Group

Dabei ersetzt das Skript den Rechnernamen und Benutzergruppennamen durch die entsprechenden Variablennamen. Der Elementtyp Group ist in der Variablen strKlasse gespeichert.

Wenn Sie die Benutzergruppe zurückgegeben haben, können Sie deren Add-Methode aufrufen, um den User anzugeben. Diesen geben Sie ebenfalls mit einem ADSI-Pfad an, der folgende Syntax hat:

WinNT://Rechnername/Benutzerkonto

Mit Aufruf der SetInfo-Methode speichern Sie die Änderungen.

```
...
#Gruppe per ADSI ermitteln
$objGruppe=[ADSI]("WinNT://" + `
   $strContainer + "/" + $strBenutzergruppe + `
   ", " + $strKlasse)

#Benutzer zur Gruppe hinzufuegen
$objGruppe.Add(("WinNT://" + `
   $strContainer + "/" + `
   $strBenutzerkonto))
$objGruppe.SetInfo()
```

Sie können auf diese Weise zwar einen Benutzer in mehrere Gruppen einfügen, aber nicht mehrmals in die gleiche. Die SetInfo-Methode gibt dann eine Fehlermeldung aus, weil der Benutzer in der Gruppe schon vorhanden ist.

Wenn Sie nun die Benutzerverwaltung von Windows öffnen und sich die definierten Benutzer anzeigen lassen, ist auch der erzeugte Benutzer TestAccount vorhanden.

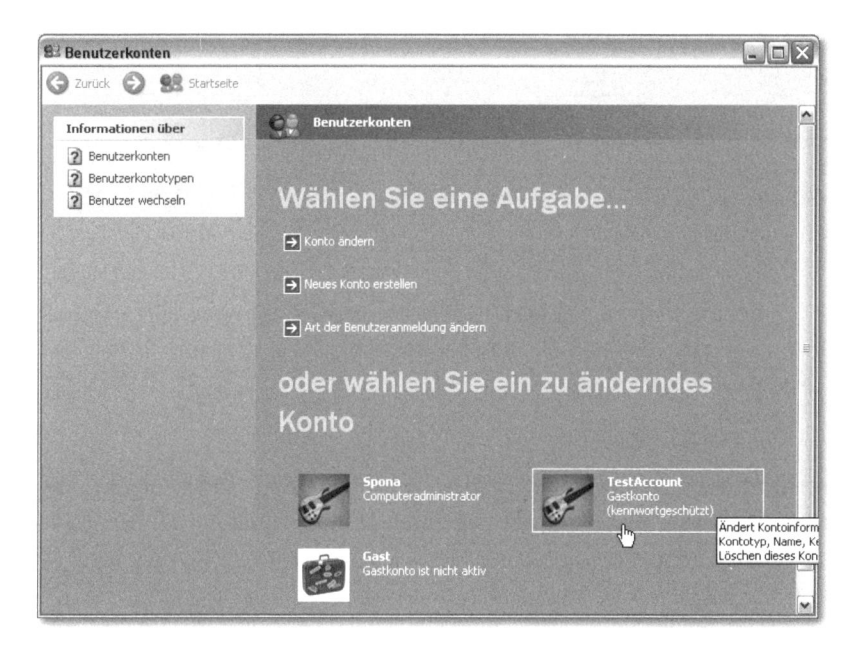

Abbildung 6.28 Der Benutzer erscheint nun auch in der Benutzerverwaltung von Windows.

6.4.7 Benutzer löschen

Wenn Sie möchten, können Sie natürlich auch einen Benutzer wieder löschen. Das funktioniert ebenfalls per ADSI. Zunächst ermitteln Sie wieder per WMI den Namen des Rechners bzw. der Domäne und speichern diesen in der Variablen strContainer.

```
#Skriptname: adsiBenutzerLoeschen.ps1
#Autor: Helma Spona
#Auflage: 1
#Verzeichnis: /Bsp/K06
#Beschreibung: Loescht den Benutzer
#   "TestAccount" auf einem lokalen Rechner,
#   also nicht im ActiveDirectory einer Do-
#   maene.
```

6 | Zugreifen auf das Windows-System

```
#Anmerkungen: keine

#Benoetigte Variablen
$strComputer = "."
$strContainer="SONY-HELMA" #Rechnername, alternativ
#   Name der Domaene
$strKlasse="Computer"
$strBenutzerkonto="TestAccount"
$objDom=get-wmiobject `
   -class "Win32_NTDomain" `
   -namespace "root\CIMV2" `
   -computername $strComputer
$strTemp=$objDom.Caption
$strContainer=$strTemp
#Skriptbloecke und Funktionen
...
```

Wenn Sie den Rechnernamen ermittelt haben, können Sie mit einer entsprechenden ADSI-Abfrage das ADSI-Objekt des Rechners zurückgeben, indem Sie eine ADSI-Adresse gemäß der folgenden Syntax formulieren:

```
WinNT://Rechnername, Computer
```

Der Name des Rechners und der Typ des Objekts werden im Skript über die Variablen `strContainer` und `strKlasse` definiert. Mit Hilfe der `Delete`-Methode können Sie dann einen bestimmten Benutzer löschen. Dazu geben Sie als Typ `"user"` an und als zweiten Parameter den Namen des Benutzers.

```
...
#Skriptinhalt

$colBenutzer=[ADSI]("WinNT://" + `
   $strContainer + ", " + $strKlasse)
$colBenutzer.Delete("user",$strBenutzerkonto)
```

Damit ist der Benutzer gelöscht und wird nun auch nicht mehr in der Benutzerverwaltung von Windows angezeigt.

6.5 Netzwerkfreigaben verwalten

Netzwerkfreigaben nach einer Neuinstallation anzulegen gehört mit zu den lästigsten Routinearbeiten eines Administrators. Aber auch das können Sie mittels PowerShell automatisieren, wie die nachfolgenden Beispiele zeigen.

6.5.1 Vorhandene Freigaben auflisten

Möchten Sie vorhandene Netzwerkfreigaben auflisten, benötigen Sie dazu die WMI-Klasse `Win32_Share` des Namensraums `root\CIMV2`. Sie enthält eine Auflistung aller Freigaben des Systems. Statt alle Laufwerke einzeln zu durchsuchen, können Sie über diese Klasse auf alle Freigaben zugreifen, sowohl auf benutzerdefinierte Freigaben als auch auf die Standardfreigaben des Systems.

Das folgende Skript zeigt, wie Sie die Freigaben des Systems ermitteln und auflisten. Zunächst wird dazu ein entsprechendes WMI-Objekt mit dem CmdLet `Get-WmiObject` zurückgegeben. Anschließend wird das Objekt in einer `foreach`-Schleife durchlaufen, und die wichtigsten Eigenschaften werden ausgegeben. Die hier verwendeten Eigenschaften haben die folgende Bedeutung:

- `AllowMaximum` – gibt an, ob die maximale Anzahl von Verbindungen zugelassen werden soll. Welches die maximale Anzahl ist, hängt vom Betriebssystem ab.
- `Caption` – gibt den Namen der Freigabe an, wie er bspw. im Dialog **Netzwerkfreigabe verbinden** angezeigt wird.
- `Description` – zeigt eine evtl. festgelegte Beschreibung für die Freigabe an.
- `MaximumAllowed` – gibt die maximale Anzahl von Verbindungen zur Freigabe an. Geben Sie diesen Wert für eine neue Freigabe an, steht `AllowMaximum` automatisch auf `False`.
- `Name` – gibt den Namen der Freigabe an, den Sie bspw. benötigen, um einen Laufwerksbuchstaben mit der Freigabe zu verbinden.
- `Path` – definiert den Pfad zum freigegebenen Ordner.
- `Status` – legt den Status der Freigabe fest. Im Normalfall hat die Eigenschaft den Wert `OK`.
- `Type` – definiert den Typ der Freigabe. Dabei werden die Werte in der folgenden Tabelle verwendet:

Wert	Bedeutung
0	Datenträgerfreigabe
1	Druckerfreigabe
2	Gerätefreigabe
3	IPC
2147483648	Datenträger-Standardfreigabe
2147483649	Drucker-Standardfreigabe
2147483650	Geräte-Standardfreigabe
2147483651	IPC-Verwaltung-Standardfreigabe

Tabelle 6.3 Bedeutung der Werte für die Type-Eigenschaft

```
#Skriptname: Freigabenauflisten.ps1
#Autor: Helma Spona
#Auflage: 1
#Verzeichnis: /Bsp/K06
#Beschreibung: Listet Netzwerkfreigaben auf

#Benoetigte Variablen
$strComputer = "."
#Skriptbloecke und Funktionen

#Skriptinhalt

$colItems = get-wmiobject `
    -class "Win32_Share" `
    -namespace "root\CIMV2" `
    -computername $strComputer

foreach ($objItem in $colItems) {
    write-host "Maximale Verbindungen erlaubt: " `
        $objItem.AllowMaximum
    write-host "Angezeigter Name: " `
        $objItem.Caption
    write-host "Beschreibung: " `
        $objItem.Description
    write-host "Maximale Anzahl Verbindungen: " `
        $objItem.MaximumAllowed
    write-host "Name: " $objItem.Name
    write-host "Pfad: " $objItem.Path
    write-host "Status: " $objItem.Status
    write-host "Typ: " $objItem.Type
    write-host ("-" * 20)
}
```

6.5.2 Eine neue Freigabe erzeugen

Wenn Sie eine neue Freigabe erzeugen möchten, müssen Sie dazu zunächst sicherstellen, dass das Zielverzeichnis vorhanden ist. Im Beispiel wird dazu zunächst geprüft, ob es das Verzeichnis C:\Test3 gibt, indem das CmdLet Test-Path aufgerufen wird. Falls das Verzeichnis nicht vorhanden ist, wird es mit dem CmdLet New-Item erstellt.

```
#Skriptname: FreigabeErstellen.ps1
#Autor: Helma Spona
#Auflage: 1
#Verzeichnis: /Bsp/K06
```

```
#Beschreibung: Erstellt eine Freigabe mit
#   dem Namen "Test"
#Anmerkungen: keine

#Benoetigte Variablen
$strComputer = "."
$strFreigabename="Test" #Bei Bedarf anpassen
$strFreigabepfad="C:\Test3" #Bei Bedarf anpassen
$strBeschreibung= `
    "Testfreigabe, erzeugt mit der PowerShell"
#Skriptbloecke und Funktionen

#Skriptinhalt
#Pruefen, ob es den Pfad gibt
if ((Test-Path $strFreigabepfad) -eq $false)
{
   #Verzeichnis erstellen
   New-Item $strFreigabepfad -ItemType "directory"
}
...
```

Danach können Sie die Freigabe erstellen. Dazu geben Sie mit der Anweisung `$objFreigabe = [WmiClass]'Win32_Share'` ein `Win32_Share`-Objekt zurück und rufen dann dessen `Create`-Methode auf. Sie hat folgende Syntax:

`Create(`*Pfad,Freigabename, Freigabetyp, MaximaleZugriffe, Beschreibung*`)`

Sie müssen der Methode also nur die passenden Werte übergeben. Als Freigabetyp sollten Sie in der Regel 0 verwenden, es sei denn, Sie möchten eine Freigabe für einen Drucker erstellen – dann geben Sie 1 ein.

Weitere Werte finden Sie weiter oben in den Werten für die `Type`-Eigenschaft, die in Tabelle 6.3, »Bedeutung der Werte für die Type-Eigenschaft«, beschrieben werden.

Wenn Sie die Zugriffsanzahl nicht bestimmen möchten und damit die maximale Anzahl Zugriffe zulassen möchten, können Sie den Parameter `MaximaleZugriffe` grundsätzlich weglassen. Da die PowerShell jedoch fehlende Parameter innerhalb einer Parameterliste nicht zulässt, geben Sie stattdessen einfach die vordefinierte Variable `null` an. Mit dem Aufruf

```
$objErg=$objFreigabe.Create( `
    $strFreigabepfad, `
    $strFreigabename,0,$null,`
    $strBeschreibung)
```

würde somit keine Begrenzung der Zugriffszahl erfolgen. Das Beispielskript begrenzt die Anzahl gleichzeitiger Zugriffe jedoch auf 5 und legt zuletzt noch die Beschreibung fest. Auch dieser Parameter könnte entfallen.

```
...
#WMI:Win32_Share-Klasse zurueckgeben
$objFreigabe = [WmiClass]'Win32_Share'
#erzeugen der neuen Freigabe
$objErg=$objFreigabe.Create( `
    $strFreigabepfad, `
    $strFreigabename,0,5, `
    $strBeschreibung)
```

Wenn Sie also weder die Anzahl Zugriffe begrenzen noch eine Beschreibung eingeben möchten, könnte der Aufruf auch so erfolgen:

```
$objErg=$objFreigabe.Create($strFreigabepfad, `
    $strFreigabename,0)
```

[+] Die Create-Methode hat auch einen Rückgabewert, mit dem Sie prüfen können, ob die Freigabe erfolgreich erstellt werden könnte. Die Rückgabewerte zeigt die folgende Tabelle.

Rückgabewert	Bedeutung
0	Erfolgreich
2	Zugriff verweigert
8	Unbekannter Fehler
9	Ungültiger Name
10	Ungültiger Level
21	Ungültiger Parameter
22	Freigabe bereits vorhanden
23	Umgeleiteter Pfad
24	Unbekanntes Gerät oder Verzeichnis
25	Netzwerkname nicht gefunden

Tabelle 6.4 Rückgabewerte der Create-Methode

6.5.3 Freigaben löschen

Möchten Sie eine Freigabe löschen, können Sie die entsprechende Freigabe über einen Filter als WMI-Abfrage zurückgeben und rufen dann einfach die Delete-Anweisung auf. Auf diese Weise können Sie natürlich auch alle Freigaben oder bestimmte Freigaben löschen, die mit einem bestimmten Zeichen anfangen oder für ein bestimmtes Verzeichnis definiert sind.

Das folgende Beispiel zeigt, wie Sie die Freigabe mit dem Namen »Test« löschen. Dazu wird zunächst eine Variable `strFreigabename` mit dem Namen der Freigabe definiert und mit ihrer Hilfe die Filterbedingung in der Variablen `strFilter` gespeichert.

Anschließend rufen Sie das CmdLet `Get-WmiObject` auf und übergeben zusätzlich den Parameter `-filter` mit der Variablen `strFilter`. Das CmdLet enthält dann alle Freigaben mit dem angegebenen Namen, und Sie müssen innerhalb der `foreach`-Schleife nur noch die `Delete`-Methode aufrufen, um die Freigabe zu löschen.

```
#Skriptname: FreigabeLoeschen.ps1
#Autor: Helma Spona
#Auflage: 1
#Verzeichnis: /Bsp/K06
#Beschreibung: Loescht die Freigabe mit
#   dem Namen "Test"
#Anmerkungen: keine

#Benoetigte Variablen
$strComputer = "."
$strFreigabename="Test" #Bei Bedarf anpassen
$strFilter="Name='" + $strFreigabename + "'"

#Skriptbloecke und Funktionen

#Skriptinhalt

$colItems = get-wmiobject `
    -class "Win32_Share" `
    -namespace "root\CIMV2" `
    -computername $strComputer `
    -filter $strFilter

foreach ($objItem in $colItems)
{
    $objItem.Delete()
}
```

6.5.4 Freigaben mit Laufwerksbuchstaben verbinden

Möchten Sie eine Freigabe mit einem Laufwerksbuchstaben verbinden, ist die einfachste Möglichkeit dazu wieder das `WSHNetwork`-Objekt. Sie müssen dazu zunächst den Freigabenamen und den gewünschten Laufwerksbuchstaben als Variablen definieren.

6 | Zugreifen auf das Windows-System

> [!] Wichtig ist, dass Sie nach dem gewünschten Laufwerksbuchstaben den Doppelpunkt mit angeben.

In der Variablen `strUNC` speichern Sie dann den UNC-Pfad der Freigabe, der sich wie folgt zusammensetzt: `\\Servername\Freigabename`

Nach den Variablendeklarationen erzeugen Sie mit dem CmdLet `New-Object` ein `WScript.Network`-Objekt. Danach rufen Sie die Methode `MapNetworkDrive` auf. Ihr übergeben Sie als Erstes den Laufwerksbuchstaben und als Tweites den UNC-Pfad.

```
#Skriptname: FreigabeVerbinden.ps1
#Autor: Helma Spona
#Auflage: 1
#Verzeichnis: /Bsp/K06
#Beschreibung: Verbindet eine Freigabe mit
# einem Laufwerksbuchstaben Y:

#Benoetigte Variablen
#Bitte die Werte an Ihre Gegebenheiten anpassen

$strLW="Y:"
$strFreigabename="Test" #Bei Bedarf anpassen
$strServer="SONY-HELMA"
$strUNC=("\\" + $strServer + `
    "\" + $strFreigabename)

#Skriptinhalt
$objNW=New-Object `
    -ComObject WScript.Network

#Freigabe verbinden
$erg=$objNW.MapNetworkDrive($strLW `
    ,$strUNC)
```

> [+] Wenn Sie möchten, dass die Freigabe beim nächsten Start von Windows wieder neu verbunden wird, können Sie zusätzlich als dritten Parameter den Wert `true` angeben. Darüber hinaus können Sie mit weiteren Parametern das Kennwort und den Benutzernamen des Benutzers angeben, unter dem die Freigabe verbunden werden soll. Die Syntax der Methode lautet:
> `MapNetworkDrive` *LocalDevice*, *RemoteDevice* [,*SaveConnection*] [,*Username*] [,*Password*]

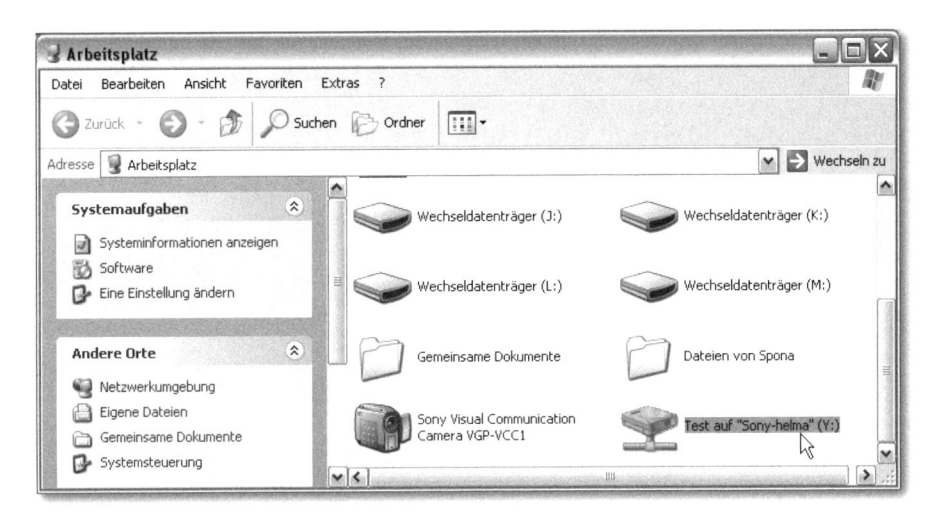

Abbildung 6.29 Die verbundene Netzwerkfreigabe

Was im WSH immer ein Schattendasein geführt hat, ist dank .NET-Framework in der PowerShell kein Problem mehr: der Zugriff auf verschiedene Datenbanken, sowohl schreibend wie lesend. Die grundlegenden Techniken zeigt dieses Kapitel.

7 Datenbankzugriffe

Das Problem beim WSH war bei Datenbankzugriffen immer, dass es außer HTA-Dateien keine Möglichkeit gab, eine passende Benutzeroberfläche zu erstellen, und auch mit HTA-Dateien war das nicht einfach, sondern mit extrem viel Handarbeit verbunden. Das ist nun Dank des .NET-Frameworks, das sich recht einfach mit der PowerShell nutzen lässt, kein Problem mehr. Sie erstellen einfach Formulare mit dem .NET-Framework und ordnen darauf Steuerelemente an, die Sie bei Bedarf auch an eine Datenquelle binden können.

Gerade für den Netzwerkadministrator ergeben sich beim Verwenden von Datenbanken sehr interessante Möglichkeiten. Mit entsprechenden Skripten könnten wichtige Netzwerkeinstellungen in einer Datenbank gesichert und nach einer Neuinstallation skriptgesteuert wiederhergestellt werden.

7.1 Zugreifen auf Datenbanken

Bevor Sie auf Datenbanken zugreifen können, sind ein paar wichtige Begriffe zu klären. Dies soll hier aber in aller Kürze geschehen. Aus diesem Grund bezieht sich alles nachfolgend Erläuterte auf Access-Datenbanken. Nutzen Sie einen Datenbankserver wie bspw. den MySQL-Server oder den Microsoft SQL-Server, dürfen Sie daher nicht den Fehler begehen, Einschränkungen, die für Access gelten, auch auf Ihren Datenbankserver zu übertragen.

Ziehen Sie im Zweifelsfall Fachliteratur hinzu, die sich direkt mit dem Zugriff mittels .NET-Programmiersprachen auf Ihren Datenbanktyp befasst.   [«]

7.1.1 Datenbankgrundlagen

Als Erstes ist die Frage zu klären, was überhaupt Datenbanken sind. Datenbanken sind strukturierte und verwaltete Datenmengen. Auch XML-Dateien können gemäß dieser Definition damit als Datenbanken gelten.

Zur Verwaltung von Datenbanken wird ein Programm verwendet, das allgemein als Datenbankmanagementsystem (DBMS) bezeichnet wird. Es hat die Aufgabe, die Daten zu speichern, Änderungen zu ermöglichen und die Daten auf Abruf bereitzustellen. Ganz allgemein dienen Datenbankmanagementsysteme damit zur Verwaltung der Daten und der Datenbank und abstrahieren die physikalische Datenspeicherung. Das heißt, eine Datenbankanwendung muss sich nicht mehr darum kümmern, wie Daten auf der Platte gespeichert werden und wieder geladen bzw. gefunden werden.

Unter Windows gehören Microsoft Access und der SQL-Server von Microsoft zu den bekanntesten Datenbankmanagementsystemen. Die Wahl des Datenbankmanagementsystems hat in der Regel auch Auswirkungen auf die Verwendung der Daten, da es das Datenbankformat bestimmt. In Access werden Datenbanken bspw. im Microsoft Jet-Datenbankformat gespeichert.

Bestandteile einer Datenbank

Eine Datenbank besteht in der Regel aus mehreren Bestandteilen, die jedoch nicht unbedingt alle benötigt werden. Nachfolgend kommen ausschließlich Tabellen und Abfragen zum Einsatz, wobei Letztere nicht in der Datenbank gespeichert, sondern temporär durch den Benutzer oder den Code des Power-Shell-Skriptes definiert werden.

Tabellen sind die Basis jeder Datenbank. Sie dienen dazu, die zu speichernden Daten in strukturierter Form zu ordnen. Jede Tabelle definiert Datenbankfelder, in aller Kürze auch »Felder« genannt. Diese speichern die einzelnen Feldwerte. Ein Wert pro Feld bildet einen Datensatz, wobei die Felder auch leer sein können. Dann enthalten sie den Wert `NULL`.

7.1.2 Aufbau der Datenbank

Die für die folgenden Beispiele genutzte Datenbank stellt ein Telefonverzeichnis dar und besteht aus einer einzelnen Tabelle *tabMitarbeiter*. Sie hat folgenden Aufbau (siehe Abbildung 7.1).

Alle vier Felder sind vom Typ *Text*. Access stellt allerdings auch numerische Feldtypen sowie Datumsfelder etc. zur Verfügung.

Abbildung 7.1 Aufbau der Tabelle

Zum Erstellen von Access-Datenbanken benötigen Sie Microsoft Access. Wenn Sie nicht über Access verfügen, gibt es zwar eine Möglichkeit, eine Datenbank auch per Code zu erstellen, das ist jedoch recht komplex. Einfacher ist es, Sie kopieren die Beispieldatenbank und passen diese an. Das können Sie auch mittels SQL. [!]

SQL ist die Abkürzung für **Structured Query Language**, eine Datenbankabfragesprache, mit der Sie aber nicht nur Daten aus der Datenbank abfragen, sondern auch ändern sowie die Datenbank manipulieren oder Tabellen erstellen können. Um SQL-Anweisungen auf eine Datenbank anzuwenden, benötigen Sie nur eine geöffnete Datenbankverbindung und eine gültige SQL-Anweisung. SQL können Sie daher auch problemlos ohne Access allein mit dem .NET-Framework ausführen.

Die Beispieldatenbank liegt im Access 2000-Format vor. Wenn Sie sie mit Access bearbeiten möchten, benötigen Sie daher Access 2000 oder höher. [«]

7.1.3 Zugriffsmöglichkeiten

Wenn Sie mit dem .NET-Framework auf eine Datenbank zugreifen möchten, müssen Sie mit Ihrem Code die Datenbank öffnen. Dazu gibt es Datenbanktreiber. Mit deren Hilfe können Sie auf verschiedene Datenbanken zugreifen, ohne dazu gänzlich anderen Code erstellen zu müssen. Wie das geht, zeigen Ihnen die nachfolgenden Abschnitte im Detail. Generell können Sie Datenbankzugriffe auf Access-Datenbanken mittels ODBC, ADO oder ADO.NET realisieren.

ODBC steht für Open Database Connectivity, ist jedoch eine sehr fehleranfällige, langsame und altertümliche Möglichkeit. Sie sollten daher auf ODBC verzichten.

Alternativ dazu können Sie per ADO oder ADO.NET auf Datenbanken zugreifen. ADO ist die Abkürzung von **ActiveX Data Objects**, das eine schon länger verwendete Technologie zum Zugriff auf Datenbanken darstellt und vor allem für den Datenbankzugriff im Internet optimiert ist.

Mit der Einführung von .NET wurden jedoch erneut Änderungen beim Datenbankzugriff notwendig, was die Weiterentwicklung von ADO hin zu ADO.NET notwendig machte. Bei ADO können Sie nur so lange auf die Daten zugreifen, wie eine Verbindung zur Datenbank und den daraus ermittelten Daten besteht. ADO.NET benutzt verbindungslose Daten. Wenn Sie auf Daten zugreifen, legt ADO.NET eine Kopie der Daten mit Hilfe von XML an und hält nur während der Zeit die Verbindung zur Datenquelle aufrecht, in der die Daten abgefragt oder aktualisiert werden.

Das wesentliche Objekt bei ADO ist das `Recordset`-Objekt, das dazu verwendet wird, auf Daten zuzugreifen, und eine Datensatzgruppe darstellt. Mit ADO.NET stehen Ihnen viel mehr Objekte zur Verfügung. Eines davon ist das `DataTable`-Objekt, das in gewisser Weise mit dem `Recordset`-Objekt von ADO vergleichbar ist. Mehrere `DateTable`-Objekte und die zwischen ihnen definierten Beziehungen werden in ADO.NET in einem `DataSet`-Objekt abgebildet und repräsentieren das relationale Modell Ihrer Datenbank.

Die wichtigsten Objekte von ADO.NET

Eines der wichtigsten Objekte von ADO.NET ist sicherlich das `DataSet`-Objekt. Darüber hinaus kennt ADO.NET jedoch noch eine ganze Reihe weiterer Objekte:

Das `DataSet`-Objekt wird in Verbindung mit anderen Datensteuerelementen benutzt, um Ergebnisse von SQL-Abfragen und Datenadaptern (`DataAdapter`-Objekt) zu speichern. Im Gegensatz zum `Recordset` von ADO und DAO ist das `DataSet` in der Lage, Daten hierarchisch darzustellen, da es die komplette Datenbank im Speicher des Rechners virtuell abbilden kann.

- `DataTable` ist eines der Objekte, die es Ihnen erlauben, einzelne Datentabellen zu bearbeiten. Es ähnelt dem `Recordset` von ADO.
- Mit dem `DataView`-Objekt können Sie Ihre Daten filtern und sortieren, um verschiedene Ansichten der Daten zu erhalten und zu verwalten.
- Über das `DataRow`-Objekt können Sie einzelne Zeilen Ihrer Tabelle modifizieren.
- Das Objekt `DataColumn` repräsentiert Spalten. Diese können sowohl Daten als auch Informationen über die Spalten und Daten enthalten.
- Das Objekt `PrimaryKey` erlaubt die Definition eines Primärschlüssels für ein `DataTable`-Objekt.

[»] Neben einer Zugriffstechnik wie ADO.NET benötigen Sie zum Zugriff jedoch auch einen Datenbanktreiber. Nachfolgend erfolgt der Zugriff auf die Access-Datenbank über ADO.NET mit Hilfe eines OLEDB-Providers als Datenbanktreiber.

Generell gilt dabei, dass Sie natürlich nur Treiber nutzen können, die auf dem System installiert sind. Der OLEDB-Provider für Microsoft-Access ist jedoch Bestandteil der MDAC-Bibliotheken, die verschiedene Bibliotheken zum Datenbankzugriff enthalten und standardmäßig mit Windows XP, Windows 2000 sowie Windows Vista und Windows 2003 Server installiert werden.

7.1.4 Erstellen einer Benutzeroberfläche für Abfragen

Damit Sie Fehlermeldungen und Ausgaben von Datenbankabfragen auch erkennen und anzeigen sowie SQL-Anweisungen testen können, soll die erste Version des Datenbankskriptes ein Formular anzeigen, das aus einem Textfeld zur Eingabe einer SQL-Anweisung besteht und aus einem DataGridView-Steuerelement, das das Ergebnis der SQL-Abfrage anzeigt. Außerdem benötigen Sie noch eine **OK**-Schaltfläche zum Schließen des Formulars und eine **Ausführen**-Schaltfläche zum Ausführen der SQL-Anweisung.

Außerdem sollten Sie ein Label-Feld zur Beschriftung des Eingabefeldes und ein Label-Feld zur Anzeige von Fehlermeldungen vorsehen.

Zunächst sollten Sie also eine Funktion erstellen, die ein solches Formular erzeugt und anzeigt. Wichtig ist, dass Sie dazu zunächst den Namensraum System.Windows.Forms für das Skript verfügbar machen, indem Sie die entsprechende Assembly laden. Außerdem benötigen Sie noch den Namensraum System.Drawing, wenn Sie Farben für die Schrift und den Hintergrund festlegen möchten.

```
#Skriptname: wichtigedbFunktionen.ps1
#Autor: Helma Spona
#Auflage: 1
#Verzeichnis: /Bsp
#Beschreibung: Wichtige Funktionen
#  fuer den Datenbankzugriff
#Anmerkungen: wird benoetigt von den
#  Datenbankbeispielen in Kapitel 7

#Benoetigte Variablen

#Skriptbloecke und Funktionen

#Skriptinhalt
$erg=[reflection.assembly]::LoadWithPartialName(
    "System.Windows.Forms")
$erg=[reflection.assembly]::LoadWithPartialName(
    "System.Drawing")
```

Die eigentliche Funktion zum Erzeugen des Formulars fällt allerdings etwas länger aus. Sie können einen Parameter definieren, der den Titel des Formulars festlegt. Dies ist allerdings nicht zwingend erforderlich.

Als Nächstes definieren Sie innerhalb der Funktion zwei Codefragmente groesseaendern und pruefen, die später den entsprechenden EventHandlern zugewiesen werden. Das Codefragment groesseaendern passt die Breite des Eingabefeldes und des DataGridView-Steuerelements an die Breite des Formulars an.

Das Codefragment pruefen überprüft, ob das Eingabefeld Text enthält, und sorgt in diesem Fall für eine Aktivierung des Buttons Ausfuehren. Ist das Eingabefeld leer, wird der Button deaktiviert. Anschließend wird der Variablen farbe die Farbe Schwarz zugewiesen.

[»] Näheres zur Erzeugung von Formularen, Steuerelementen und EventHandlern finden Sie in Kapitel 4, *Kommunikation mit dem Anwender*.

```
function SQLForm([System.String]$strTitel="")
{
    $form=""
    $erg=$false
    $eingabe=""
    $farbe=0
    $groesseaendern={
        $eingabefeld.Width=$form.width-20
        $DataGrid.Width=$form.width-20
        $labelFehler.Width=($form.Width - 20 - `
            $bttAusfuehren.Left -$bttAusfuehren.Width)
    }
    $pruefen={
        if ($eingabefeld.Text.Trim() -gt "")
        {
            $bttAusfuehren.Enabled=$true
        }
        else
        {
            $bttAusfuehren.Enabled=$false
        }
    }
    $farbe=[System.Drawing.Color]::FromArgb(0, 0, 0)
...
```

Als Nächstes wird aus der Klasse System.Windows.Forms.Form durch Aufruf des CmdLets New-Object ein neues Objekt erzeugt und damit ein Formular erstellt, dessen Titel über die Text-Eigenschaft festgelegt wird.

Anschließend werden die einzelnen Steuerelemente erstellt, formatiert und positioniert. Für das Eingabefeld wird über die `Text`-Eigenschaft eine SQL-Anweisung als Standard festgelegt. Das ist nicht zwingend notwendig, erleichtert dem Benutzer aber die Bedienung und Ihnen den Test, weil Sie nur noch auf **Ausfuehren** klicken müssen.

```
...
#neues Formular erzeugen
$form=New-Object "System.Windows.Forms.Form"
$form.TopMost = $true
$form.Text=$strTitel

#Label-Feld erstellen
$label=New-Object "System.Windows.Forms.Label"
$label.Height=20
$label.Text="SQL-Anweisung"
$label.Top=10
$label.Width=$form.width-10
$label.Left=5
$label.ForeColor=$farbe

#Eingabefeld erzeugen
$eingabefeld=New-Object `
    "System.Windows.Forms.Textbox"
$eingabefeld.Height=20
$eingabefeld.Text= `
    "SELECT * FROM tabMitarbeiter;"
$eingabefeld.Top=$label.Top +$label.Height+5
$eingabefeld.Left=$label.Left
$eingabefeld.TabIndex=0
$eingabefeld.Multiline=$true
$eingabefeld.Height=100
$eingabefeld.Width=$form.width-20
$eingabefeld.Name="txtSQL"

#Ausfuehren-Button erstellen
$bttAusfuehren= New-Object `
    "System.Windows.Forms.Button"
$bttAusfuehren.Text = "Ausfuehren"
$bttAusfuehren.Top=$eingabefeld.top+ `
    $eingabefeld.Height+ 10
$bttAusfuehren.Width=70
$bttAusfuehren.Left=$label.Left
$bttAusfuehren.TabIndex=1
```

```
#Label-Feld fuer Fehlermeldung erstellen
$farbe=[System.Drawing.Color]::FromArgb(`
    255, 0, 0)
$labelFehler=New-Object "System.Windows.Forms.Label"
$labelFehler.Height=20
$labelFehler.Text="Fehlermeldung"
$labelFehler.Top=$bttAusfuehren.top
$labelFehler.Width=($form.Width - 20 - `
    $bttAusfuehren.Left -$bttAusfuehren.Width)
$labelFehler.Left=($bttAusfuehren.Left + `
    $bttAusfuehren.Width + 10)
$labelFehler.ForeColor=$farbe
$labelFehler.Visible=$false

#DatagridView erstellen
$DataGrid= New-Object `
    "System.Windows.Forms.DataGridView"
$DataGrid.Top=$bttAusfuehren.top + `
    $bttAusfuehren.Height+ 10
$DataGrid.Height=100
$DataGrid.Width=$form.Width-20
$DataGrid.Left=$label.Left
$DataGrid.TabIndex=2
$DataGrid.Name="Daten"

#OK-Button erstellen
$bttOK= New-Object `
    "System.Windows.Forms.Button"
$bttOK.Text = "OK"
$bttOK.Left=$label.Left
$bttOK.Top=$DataGrid.top + `
    $DataGrid.height + 10
$bttOK.Width=70
$bttOK.TabIndex=3
...
```

[»] Label-Steuerelemente, Eingabefelder und Buttons kennen Sie bereits aus Kapitel 4, *Kommunikation mit dem Anwender*. Neu ist hier die Verwendung der Klasse System.Windows.Form.DataGridView. Sie erzeugt ein DataGridView-Steuerelement. Dabei handelt es sich um ein Steuerelement, das an eine Datenquelle gebunden werden kann und zur tabellarischen Darstellung der Daten verwendet wird. Darüber hinaus erlaubt es auch die Eingabe und Änderung von Daten und das Anfügen neuer Datensätze. Diese Funktionen werden aber nachfolgend nicht zum Einsatz kommen.

Nachdem alle Steuerelemente erzeugt sind, wird die Hintergrundfarbe der beiden Buttons gesetzt und danach die Hintergrundfarbe des Formulars auf ein helles Grau festgelegt. Diese Anweisungen sind jedoch rein kosmetischer Natur und für die Nutzung des Formulars nicht notwendig.

```
...
  #Formular formatieren
  $farbe=[System.Drawing.Color]::FromArgb(`
     255, 255, 255)
  $bttOK.BackColor=$farbe
  $bttAusfuehren.BackColor=$farbe
  $form.Backcolor=[System.Drawing.Color]::FromArgb(`
     200, 200, 200)
...
```

Viel wichtiger ist, dass Sie die erzeugten Steuerelemente mit der `Add`-Methode der `Controls`-Auflistung in das Formular einfügen und damit sichtbar machen. Anschließend wird noch die Höhe des Formulars über die `Height`-Eigenschaft auf einen Wert gesetzt, der dafür sorgt, dass alle Steuerelemente sichtbar sind.

```
...
  #Steuerelemente einfuegen
  $form.Controls.Add($label)
  $form.Controls.Add($bttOK)
  $form.Controls.Add($bttAusfuehren)
  $form.Controls.Add($eingabefeld)
  $form.Controls.Add($DataGrid)
  $form.Controls.Add($labelFehler)
  $form.Height=`
     $bttOK.height + $bttOK.top + 40
...
```

Zum Schluss müssen Sie noch die EventHandler definieren, indem Sie den entsprechenden Steuerelementen über die `Add_`-Anweisungen den auszuführenden Code zuweisen.

Mit `$bttAusfuehren.Add_Click()` definieren Sie den Code, der beim Klicken auf den **Ausfuehren**-Button ausgeführt werden soll. Der auszuführende Code wird später hinzugefügt.

Die nächste Anweisung sorgt dafür, dass beim Klicken auf den **OK**-Button das Formular geschlossen wird, und mit dem EventHandler für das `Resize`-Ereignis des Formulars wird das Codefragment `groesseaendern` aufgerufen.

Entsprechend wird mit `$eingabefeld.Add_TextChanged({&$pruefen})` das Codefragment `pruefen` aufgerufen, wenn der Benutzer den Text im Eingabefeld ändert. Anschließend sorgt der Aufruf der ShowDialog-Methode für eine Anzeige des Formulars.

```
...
    #EventHandler erstellen
    $bttAusfuehren.Add_Click(`
        {})
    $bttOK.Add_Click({$erg=$true;
        $eingabe=$eingabefeld.Text; $form.Close();
        $form.Dispose()})
    $form.Add_Resize({&$groesseaendern})
    $eingabefeld.Add_TextChanged({&$pruefen})
    $temp=$form.ShowDialog()

}
```

Aufrufen können Sie das Formular dann in jedem Skript, das die Datei wichtigedbfunktionen.ps1 importiert. Das Ergebnis zeigt die folgende Abbildung.

```
#Skriptname: dbsuche.ps1
#Autor: Helma Spona
#Auflage: 1
#Verzeichnis: /Bsp/K06
#Beschreibung: Zeigt die Suche in Access-Datenbanken
#Anmerkungen: Benoetigt die Dateien daten.mdb
#   und wichtigedbfunktionen.ps1
#Laden der Bibliotheksdateien

#Laden der Hilfsfunktionen
$bibpfad=$myInvocation.get_MyCommand().Definition
$bibpfad= (Split-Path ($bibpfad) -parent)
$bibpfad= Split-Path ($bibpfad) -parent

#Achtung, wenn Sie das Skript aus der
#PowerShellIDE ausfuehren,
#bitte folgende Zeile aktivieren und das
#korrekte Verzeichnis
#zur Datei wichtigefunktionen.ps1 angeben
#$bibpfad="G:\GAL_powerShell\bsp"
. ($bibpfad + "\wichtigedbfunktionen.ps1")

#Skriptinhalt
SQLForm("Test")
```

Wenn Sie das Skript direkt aus der PowerShellIDE ausführen möchten, sollten Sie in der Variablen `bibpfad` den Pfad zur Datei `wichtigedbfunktionen.ps1` als absoluten Pfad angeben. [!]

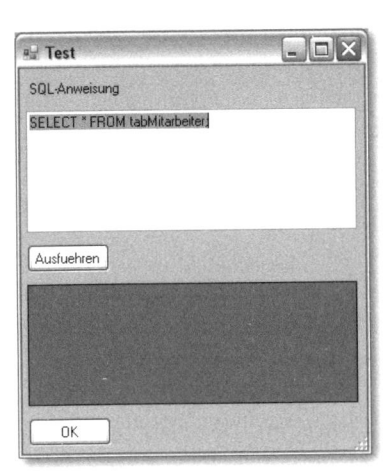

Abbildung 7.2 Das Formular

Wenn Sie den Code aufmerksam verfolgt haben, wird Ihnen auffallen, dass das Label-Feld für die Fehlermeldungen nicht angezeigt wird. Das ist korrekt so, weil es über die `Visible`-Eigenschaft ausgeblendet wurde. Es wird erst dann eingeblendet, wenn eine Fehlermeldung angezeigt werden soll. [«]

7.2 Datenbankinhalte auslesen

Nun müssen Sie natürlich noch Code erstellen, der dafür sorgt, dass die eingegebene SQL-Anweisung ausgeführt und deren Ergebnis im `DataGridView`-Steuerelement angezeigt wird.

Der erste Schritt dazu ist eine Funktion, die eine Datenbankverbindung aufbaut. Dabei setzt die nachfolgend erstellte Funktion voraus, dass die Datenbank im gleichen Verzeichnis wie die Datei `wichtigedbfunktionen.ps1` liegt und den Namen `Telefonliste00.mdb` hat.

7.2.1 Verbindung zur Datenbank aufbauen

Wenn Sie eine Datenbankverbindung mit Hilfe des OleDB-Providers aufbauen möchten, müssen Sie dazu ein `System.Data.OleDb.OleDbConnection`-Objekt erzeugen. Über dessen Eigenschaft `ConnectionString` bestimmen Sie die Datenbank, zu der die Verbindung aufgebaut werden soll, sowie weitere Parameter wie gegebenenfalls ein Kennwort und einen Benutzernamen, mit denen die Datenbank geschützt ist.

> [»] Bei Access-Datenbanken, die nicht besonders geschützt sind, geben Sie als Benutzername »Admin« an und als Kennwort eine leere Zeichenfolge.

Um die Verbindungszeichenfolge zu erstellen, können Sie seit ADO.NET 2.0 die Klasse `System.Data.OleDb.OleDbconnectionStringBuilder` verwenden. Ihr weisen Sie nur bestimmte Eigenschaften und Werte zu, die dann zu einer Verbindungszeichenfolge zusammengesetzt werden.

Sie sollten also innerhalb der Funktion `getVerbindung` zunächst ein Objekt aus dieser Klasse erzeugen, indem Sie den Klassennamen an das CmdLet `New-Object` übergeben. Anschließend fügen Sie nacheinander alle Eigenschaften für die Verbindung hinzu, sodass die Klasse anschließend über die `ConnectionString`-Eigenschaft folgende Verbindungszeichenfolge zurückgibt. Der Pfad zur Datenbank wird als Parameter an die Funktion übergeben und so, wie er angegeben wurde, einfach an die `Add`-Methode übergeben.

```
Provider=Microsoft.Jet.OLEDB.4.0;Data Source=G:\GAL_PowerShell\bsp\
Telefonliste00.mdb;Password=;User ID=Admin
```

Verbindungseigenschaften	Beschreibung	Wert
Provider	Legt den zu verwendenden Provider fest, der für den Zugriff verwendet werden soll. Für Access-Datenbanken ist `Microsoft.Jet.OLEDB.4.0` der korrekte Wert.	Microsoft.Jet.OLEDB.4.0
Data Source	Gibt den Namen der Datenbank an. Diesen müssen Sie mit vollständigem absolutem Pfad angeben.	Bspw. C:\meinedatenbank.mdb
User ID	Gibt den Benutzernamen an, mit dem die Datenbankverbindung hergestellt werden soll.	Admin
Password	Legt das Kennwort für den Benutzer fest.	""

Tabelle 7.1 Eigenschaften für die Verbindungszeichenfolge

Über die `ConnectionString`-Eigenschaft können Sie dann die vollständig zusammengesetzte Verbindungszeichenfolge ermitteln und der Variablen `strConn` zuweisen.

> Die Funktion `getVerbindung` finden Sie in der Datei `wichtigedbfunktionen.ps1` auf der Webseite zum Buch. [«]

```
function getVerbindung([System.String]$strDBName)
{
        $strConn=""
        $objConn=""
        #Verbindungszeichenfolge erstellen
        $objConBuilder=New-Object `
            "System.Data.OleDb.OleDbConnectionStringBuilder"
        $objConBuilder.Add("Provider", `
            "Microsoft.Jet.OLEDB.4.0")
        $objConBuilder.Add("Data Source", $strDBName)
        $objConBuilder.Add("User ID", "Admin")
        $objConBuilder.Add("Password", "")
        $strConn=$objConBuilder.ConnectionString
...
```

Mit dieser Verbindungszeichenfolge können Sie jetzt die Datenbankverbindung aufbauen. Dazu erzeugen Sie ein Objekt aus der Klasse `System.Data.OleDb.OleDb-Connection` und weisen dessen Eigenschaft `ConnectionString` den Wert der Variablen zu.

```
...
        #Datenbankverbindung aufbauen
        $objConn=New-Object `
            "System.Data.OleDb.OleDbConnection"
        $objConn.ConnectionString=$strConn
        trap{continue}
        $erg=$objConn.Open()
        return $objConn
}
```

Durch Aufruf der Methode `Open` wird die Verbindung dann geöffnet. Erst jetzt erhalten Sie unter Umständen eine Fehlermeldung, falls Sie eine nicht existierende Datenbank oder andere falsche Eigenschaftswerte angegeben haben.

Die nun geöffnete Datenbankverbindung in Form der Variablen `objConn` geben Sie über die `return`-Anweisung als Wert aus der Funktion zurück.

Möchten Sie die Funktion testen, müssen Sie dazu zunächst einmal den Pfad zur Datenbank berechnen. Da die Datenbank im gleichen Verzeichnis wie die eingebundene Datei `wichtigedbfunktionen.ps1` liegt, können Sie deren Verzeichnis auch zur Berechnung des Datenbankpfads verwenden.

```
#Skriptname: dbsuche.ps1
#Autor: Helma Spona
#Auflage: 1
#Verzeichnis: /Bsp/K07
#Beschreibung: Zeigt die Suche in Access-Datenbanken
#Anmerkungen: Benoetigt die Dateien daten.mdb
#   und wichtigedbfunktionen.ps1
#Laden der Bibliotheksdateien

#Laden der Hilfsfunktionen
$bibpfad=$myInvocation.get_MyCommand().Definition
$bibpfad= (Split-Path ($bibpfad) -parent)
$bibpfad= Split-Path ($bibpfad)  -parent

#Achtung, wenn Sie das Skript aus der
#PowerShellIDE ausfuehren,
#bitte folgende Zeile aktivieren und das
#korrekte Verzeichnis
#zur Datei wichtigefunktionen.ps1 angeben
#$bibpfad="G:\GAL_PowerShell\bsp"
. ($bibpfad + "\wichtigedbfunktionen.ps1")

#Benoetigte Variablen
$strPfad=($bibpfad + "\")
$strPfad=($strPfad + "Telefonliste00.mdb")
#Skriptbloecke und Funktionen

#Skriptinhalt
#Verbindung aufbauen
$objC=getVerbindung $strPfad
#Status ausgeben
echo $objC.State
#Verbindung schliessen
$objC.Close()
```

Den Rückgabewert der Funktion getVerbindung speichern Sie einfach in einer Variablen. Die Variable objC enthält jetzt also die geöffnete Verbindung. Das können Sie prüfen, wenn Sie die State-Eigenschaft abrufen und ausgeben.

[!] Damit die Datenbankverbindung später erneut hergestellt werden kann, dürfen Sie keinesfalls vergessen, die Verbindung zu schließen, indem Sie deren Close-Methode aufrufen.

7.2.2 Abfragen formulieren und ausführen

Die SQL-Anweisung, die ausgeführt werden soll, gibt der Benutzer in das Eingabefeld ein. Sie müssen also nur den Inhalt des Eingabefeldes auslesen und die Anweisung ausführen. Auch dafür sollten Sie sich eine Funktion erstellen, der Sie die SQL-Anweisung, die geöffnete Datenbankverbindung und das Steuerelement übergeben, in dem die Daten angezeigt werden sollen – hier also das DataGridView-Steuerelement. Sie müssen also drei Parameter für die Funktion definieren.

Innerhalb der Funktion sollten Sie dann natürlich prüfen, ob überhaupt eine Verbindung zustande gekommen ist. Dazu prüfen Sie einfach die State-Eigenschaft des OleDbConnection-Objekts. Sie hat den Wert »Open«, wenn die Verbindung geöffnet ist. Ein einfacher Zeichenfolgenvergleich mit -eq reicht also aus.

Konnte die Verbindung geöffnet werden, folgen nun die Anweisungen zum Lesen der Daten:

```
function SQLAusfuehren( `
    [System.Data.OleDb.OleDbConnection]$objC, `
    [System.String]$strSQL, `
    [System.Windows.Forms.DataGridView]$objControl)
{
    if ($objC.State -eq "Open" )
    {
        #alles OK
```
...

[!] Derzeit hat der PowerShell-Compiler noch einen kleinen Bug. Dieser bewirkt, dass Assemblies unter Umständen erst geladen werden, nachdem der Compiler schon den Code geprüft hat. Das führt dazu, dass die Angabe des System.Windows.Forms.DataGridView-Steuerelements in der Parameterliste bemängelt wird. Allerdings tritt das Problem nicht auf, wenn Sie das Skript direkt aus der PowerShell-IDE ausführen, weil diese die Bibliothek System.Windows.Forms schon geladen hat, bevor Sie das Skript starten. Falls Sie das Skript aber direkt aus der PowerShell starten möchten, werden Sie mit einer Fehlermeldung konfrontiert, dass der Typ System.windows.Forms.DataGridView nicht bekannt ist. Bis der Bug im Compiler behoben ist, können Sie das Problem umgehen, indem Sie für diesen Parameter keinen Typ angeben. Die Funktionsdeklaration sollte dann wie folgt aussehen:

```
function SQLAusfuehren( `
    [System.Data.OleDb.OleDbConnection]$objC, `
    [System.String]$strSQL, `
    $objControl)
{ ...
```

Als Erstes müssen Sie ein `OleDbCommand`-Objekt erzeugen. Es definiert die SQL-Anweisung, die ausgeführt werden soll. Das Objekt erzeugen Sie wieder mit dem CmdLet `New-Object` und weisen der `Connection`-Eigenschaft dann die geöffnete Datenbankverbindung in Form des `OleDbConnection`-Objekts zu.

Die auszuführende SQL-Anweisung weisen Sie der Eigenschaft `CommandText` zu. Damit ist das `Command`-Objekt fertig.

```
...
    #Command-Objekt erzeugen
    $objComm=New-Object `
        'System.Data.OleDb.OleDbCommand'
    $objComm.Connection=$objC
    $objComm.CommandText=$strSQL
...
```

Als Nächstes benötigen Sie noch ein `OleDbDataAdapter`-Objekt. Es dient dazu, mit Hilfe des `Command`-Objekts ein noch zu erzeugendes `DataTable`-Objekt mit Daten zu füllen.

Nachdem Sie das Objekt erzeugt haben, weisen Sie der Eigenschaft `SelectCommand` das eben erzeugte `Command`-Objekt zu.

[»] Da Sie für das Command-Objekt die SQL-Anweisung und die Datenbankverbindung definiert haben, sind diese Eigenschaften nun auch dem `DataAdapter`-Objekt bekannt, sodass Sie diese nicht mehr erneut festlegen müssen.

```
...
    #DataAdapter-Objekt erzeugen
    $objDA=New-Object `
        'System.Data.OleDb.OleDbDataAdapter'
    $objDA.SelectCommand=$objComm
...
```

Zum Schluss benötigen Sie noch ein `DataTable`-Objekt. Seine Aufgabe besteht darin, die ermittelten Daten zu speichern. Das `DataTable`-Objekt ist allerdings providerunabhängig. Das heißt, Sie erzeugen es nicht aus einer Klasse des Namensraums `System.Data.OleDb`, sondern aus der Klasse `System.Data.DataTable`. Wäre die Datenbank bspw. eine MySQL-Datenbank, würden Sie das Objekt aus der gleichen Klasse erzeugen. Die bisher erzeugten `OleDbCommand`-, `OleDbConnection` und `OleDbDataAdapter`-Objekte sind hingegen providerabhängig und können nur für Verbindungen über OleDB-Provider verwendet werden.

Wenn Sie das Objekt erzeugt haben, können Sie es mit den Daten füllen, indem Sie die `Fill`-Methode des `OleDbDataAdapter`-Objekts aufrufen und ihr das leere `DaaTable`-Objekt übergeben.

Die `Fill`-Methode gibt als Wert die Anzahl der Datensätze zurück, die in das `DataTable`-Objekt geladen wurden. Wenn Sie nicht möchten, dass dieser Wert aus der Funktion zurückgegeben wird, müssen Sie den Rückgabewert einer Variablen zuweisen.

Das `DataTable`-Objekt enthält nun die ermittelten Datensätze. Damit diese im `DataGridView`-Steuerelement angezeigt werden, weisen Sie das `DataTable`-Objekt einfach der `DataSource`-Eigenschaft des Steuerelements zu. Die Eigenschaft legt die Datenquelle fest, aus der das Steuerelement seinen Inhalt bezieht und in das das Steuerelement auch den Inhalt schreibt. Damit wird der Inhalt im `DataGridView`-Steuerelement festgelegt.

Ist kein Fehler aufgetreten, weil die Datenbankverbindung geöffnet ist, weisen Sie nun der Variablen `strFehler` eine leere Zeichenfolge zu. An diesem Rückgabewert kann das Formular beim Aufrufen der Funktion erkennen, dass das Label-Feld mit der Fehlermeldung ausgeblendet werden kann.

Im `else`-Zweig weisen Sie der Variablen eine entsprechend Fehlermeldung zu. Die Variable selbst legen Sie dann als Rückgabewert mit der `return`-Anweisung fest.

```
...
        #DataTable-Objekt erzeugen und fuellen
        $objDT=New-Object 'System.Data.DataTable'
        $objErg=$objDA.Fill($objDT)
        $objControl.DataSource=$objDT
        $strFehler=""
    }
    else
    {
        $strFehler="Die Datenbankverbindung konnte " `
            + "nicht aufgebaut werden!"
    }
    return $strFehler

}
```

7.2.3 Die Funktion aufrufen

Damit der Code auch ausgeführt wird, müssen Sie die Funktion nun natürlich noch aufrufen. Dazu müssen Sie vorher die Datenbankverbindung aufbauen und diese danach schließen. Zudem müssen Sie das Label-Feld für die Fehlermeldung einblenden, wenn ein Fehler aufgetreten ist.

Der Aufruf erfolgt im EventHandler für den **Ausfuehren**-Button. Allerdings müssen Sie für die Funktion zunächst noch einen zweiten Parameter definieren und der Funktion SQLForm den Pfad und Namen der Datenbank übergeben.

Als Erstes bauen Sie dann im EventHandler die Datenbankverbindung auf, indem Sie die Funktion getVerbindung aufrufen und deren Rückgabewert einer Variablen zuweisen. Danach rufen Sie die Funktion SQLAusfuehren auf und übergeben ihr die Verbindung, die SQL-Anweisung in Form der Text-Eigenschaft des Eingabefeldes und das DataGridView-Steuerelement, das mit den Daten gefüllt werden soll.

Die Funktion gibt einen Rückgabewert zurück, der entweder eine leere Zeichenfolge darstellt oder eine Fehlermeldung enthält. Der Rückgabewert wird daher zunächst einer Variablen zugewiesen, und diese wird dann der Text-Eigenschaft des Label-Feldes zugewiesen.

Damit hat das Label-Feld zwar einen Text, aber es ist auch dann nicht sichtbar. Sie müssen im Anschluss also prüfen, ob der Inhalt des Label-Feldes größer als eine leere Zeichenfolge ist. Falls ja, setzen Sie seine Visible-Eigenschaft auf true, andernfalls auf false.

```
function SQLForm(`
    [System.String]$strTitel="",`
    [System.String]$strDBPfad)
{
    $form=""
    $erg=$false
    $eingabe=""
    $farbe=0
    ...
    #EventHandler erstellen
    $bttAusfuehren.Add_Click({
        $objConn=getVerbindung $strDBPfad
        $objDaten=SQLAusfuehren $objConn `
            $eingabefeld.Text $DataGrid
        $labelFehler.Text=$objDaten
        if ($labelFehler.Text -gt "")
        {
            $labelFehler.Visible=$true
        }
        else
        {
            $labelFehler.Visible=$false
        }
```

```
    #Datenbankverbindung schliessen
    $objConn.Close()})
  $bttOK.Add_Click({$erg=$true;
    $eingabe=$eingabefeld.Text; $form.Close();
    $form.Dispose()})
  $form.Add_Resize({&$groesseaendern})
  $eingabefeld.Add_TextChanged({&$pruefen})
  $temp=$form.ShowDialog()
}
```

Beim Aufruf der Funktion SQLForm dürfen Sie natürlich nicht vergessen, auch den Datenbankpfad zu übergeben:

`SQLForm "SQL-Anweisungen ausfuehren" `**`$strPfad`**

Klicken Sie bei Anzeige des Formulars auf den **Ausfuehren**-Button, wird die SQL-Anweisung ausgeführt, und die entsprechenden Daten werden im DataGridView-Steuerelement angezeigt.

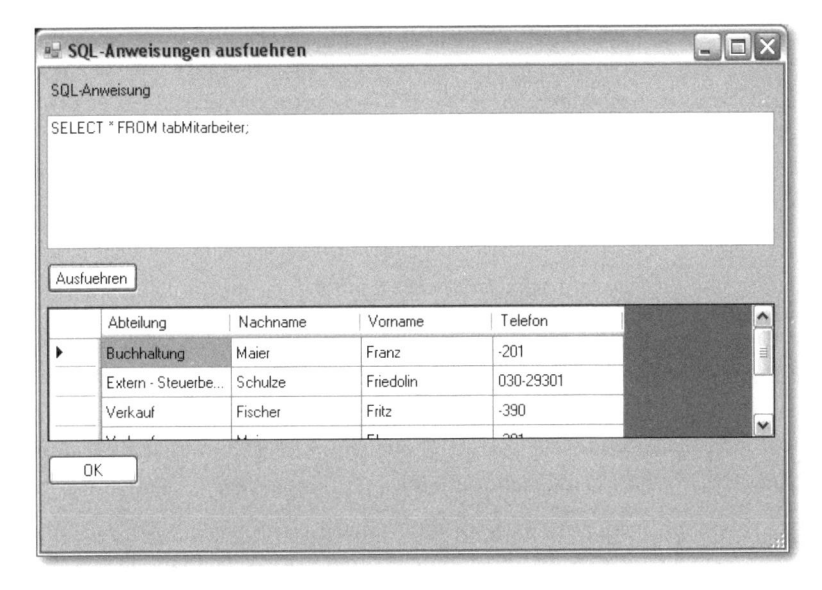

Abbildung 7.3 Die geladenen Daten im DataGridView-Steuerelement

Für den Fall, dass die Datenbank nicht geöffnet werden konnte, wird entsprechend die Fehlermeldung angezeigt.

[+] Sie können das testen, indem Sie einfach einen falschen Datenbanknamen im Skript dbsuche.ps1 **angeben**.

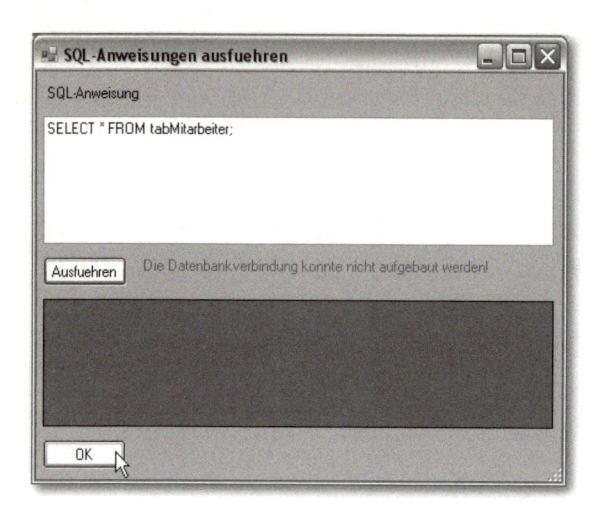

Abbildung 7.4 Anzeige der Fehlermeldung

[!] Das Skript geht bisher davon aus, dass der Benutzer gültige und korrekte SQL-Anweisungen eingibt, die eine Datensatzgruppe zurückgeben. Der Benutzer könnte aber natürlich auch auf die Idee kommen, eine DELETE-Anweisung zum Löschen von Daten einzugeben und auszuführen. Falls Sie dem Benutzer die Eingabe gültiger Anweisungen nicht zutrauen, sollten Sie sie natürlich im Code noch prüfen und gegebenenfalls die Ausführung unterbinden.

7.3 Schreibende Zugriffe auf Datenbanken

Dank der Nutzung des .NET-Frameworks ist auch der schreibende Zugriff kein wirklich großes Problem. Wenn Sie Daten in eine Datenbank schreiben möchten, sollten Sie jedoch bei Verwendung von ADO.NET unbedingt darauf achten, dass die Datenbanktabelle einen Primärschlüssel hat.

Als Primärschlüssel wird ein Tabellenfeld oder eine Kombination aus mehreren Feldern bezeichnet, das bzw. die dazu geeignet sind, einen Datensatz der Tabelle eindeutig zu identifizieren. In der Beispieldatenbank verfügt die Tabelle über ein AutoWert-Feld, das als Primärschlüssel festgelegt ist. AutoWert-Felder von Access sind Felder, deren Wert automatisch von Access berechnet wird. In der Regel enthält ein solches Feld eindeutige fortlaufende Nummern.

Der Primärschlüssel ist deshalb notwendig, weil beim Ändern, Löschen und Einfügen von Datensätzen in die Datenbank die Datensätze aus dem DataTable-Objekt den Datensätzen in der Datenbank eindeutig zugeordnet werden müssen.

Bevor Sie also Code erstellen können, der Datensätze ändert, müssen Sie dafür sorgen, dass die Datenbanktabelle einen Primärschlüssel enthält.

Wenn Sie über Access verfügen, können Sie dazu die folgende Vorgehensweise verwenden. Falls Sie kein Access zur Verfügung haben, verwenden Sie einfach die Beispieldatenbank von der Buch-Website. Sie enthält bereits das Primärschlüsselfeld ID.

[«]

7.3.1 Das Primärschlüsselfeld erstellen

Um den Primärschlüssel zu erstellen, gehen Sie wie folgt vor:

▶ Öffnen Sie die Datenbank mit Access.

▶ Markieren Sie im Datenbankfenster die Rubrik **Tabellen**, und markieren Sie dort die Tabelle **TabMitarbeiter**.

▶ Klicken Sie auf **Entwurf**, um die Tabelle in der Entwurfsansicht zu öffnen.

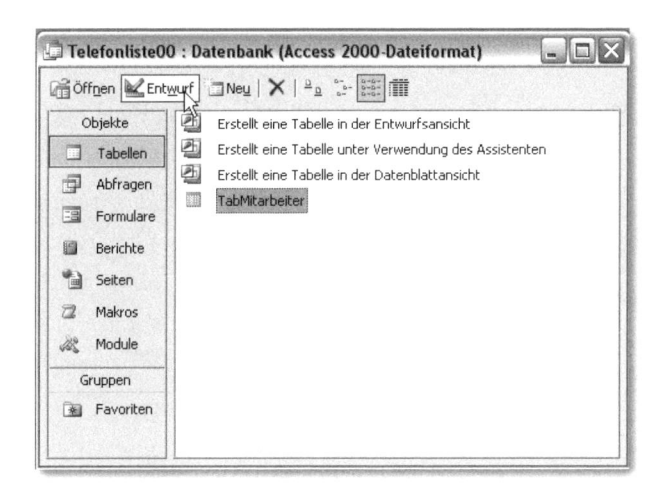

Abbildung 7.5 Öffnen der Tabelle in der Entwurfsansicht

▶ Markieren Sie nun die erste Zeile, indem Sie auf die Schaltfläche am linken Rand der erste Zelle klicken. Öffnen Sie das Kontextmenü, und wählen Sie daraus den Eintrag **Zeilen einfügen** aus (siehe Abbildung 7.6).

▶ Geben Sie in die neue Zeile in das Feld **Feldname** den Text ID ein, und wählen Sie als Felddatentyp **AutoWert** aus.

▶ Markieren Sie nun die neue Zeile, und wählen Sie aus dem Kontextmenü den Eintrag **Primärschlüssel** aus.

▶ Speichern Sie die Tabelle nun, indem Sie **Datei • Speichern** auswählen. Schließen Sie danach die Entwurfsansicht und die Datenbank.

Abbildung 7.6 Eine Zeile einfügen

[!] Wenn Sie die Datenbank nicht schließen, können Sie keine Daten darin speichern, weil die Datenbank exklusiv geöffnet ist und damit Schreibzugriffe von außen nicht möglich sind.

Der bisher erstellte Code funktioniert mit der veränderten Datenbank weiterhin, weil ohnehin alle Felder der Datenbank abgerufen werden. Von nun an wird daher auch das Feld **ID** im `DataGridView`-Steuerelement angezeigt.

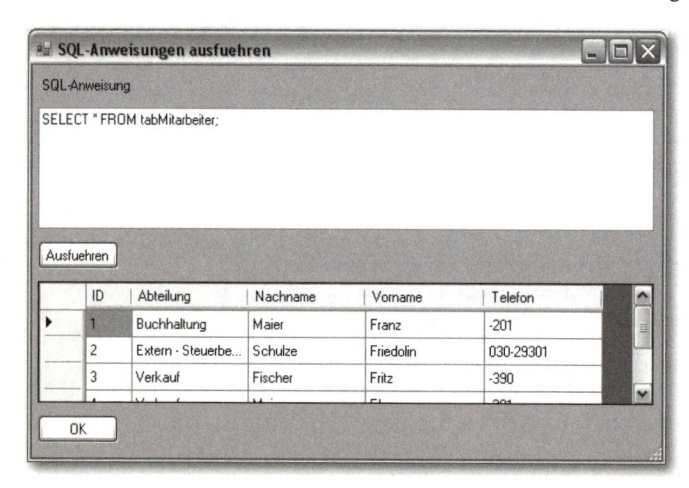

Abbildung 7.7 Die neue Spalte wird nun durch Ausführen der SQL-Anweisung angezeigt.

7.3.2 Datensätze ändern

Damit der Benutzer nun Datensätze ändern, löschen oder neue hinzufügen kann, müssen Sie am Formular zunächst nichts ändern. Das `DataGridView`-Steuerelement ist dazu völlig ausreichend.

Sofern Sie die standardmäßigen Rechte nicht begrenzen, kann der Benutzer durch Anklicken der einzelnen Zellen den Cursor in die Zelle setzen und den Inhalt bearbeiten. Das `DataGridView` überträgt diese Daten und Änderungen zusammen mit weiteren Informationen zum Status des Datensatzes in die zugrunde liegende Datenquelle, hier also in das `DataTable`-Objekt. Gleiches gilt für das Hinzufügen von Daten oder für das Löschen ganzer Datensätze. Nachfolgend soll es zunächst jedoch um die Änderung vorhandener Datensätze gehen.

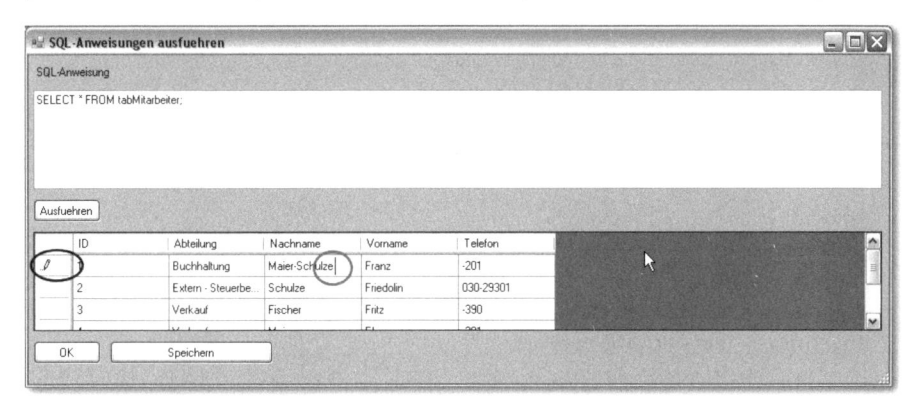

Abbildung 7.8 Der Datensatz kann problemlos im DataGridView-Steuerelement bearbeitet werden.

7.3.3 Die Änderungen in die Datenbank schreiben

ADO.NET verwendet verbindungslose Datensatzgruppen. Das heißt, dadurch, dass die Daten aus dem `DataGridView`-Steuerelement in die Datenquelle geschrieben werden, stehen sie noch nicht in der Datenbank. Dazu müssen Sie die Daten mittels SQL-Anweisungen aus dem `DataTable`-Objekt in die Datenbank übertragen. Das geht also nicht vollautomatisch.

Sie benötigen dazu zunächst einmal einen Button, über den der Benutzer den Speichervorgang starten kann. Diesem Button müssen Sie einen EventHandler zuordnen, der dann die Speicherung der Daten übernimmt.

Zunächst müssen Sie also die zusätzliche Schaltfläche erstellen, indem Sie die Funktion `SQLForm` anpassen:

```
#Skriptname: wichtigedbFunktionen.ps1
#Autor: Helma Spona
#Auflage: 1
#Verzeichnis: /Bsp
#Beschreibung: Wichtige Funktionen
#   fuer den Datenbankzugriff
```

```
#Anmerkungen: Wird benoetigt von den
#  Datenbankbeispielen in Kapitel 7

#Benoetigte Variablen

#Skriptbloecke und Funktionen
...
function SQLForm(`
    [System.String]$strTitel="",`
    [System.String]$strDBPfad)
{
    $form=""
    $erg=$false
    $eingabe=""
    $farbe=0
    ...
    #Speichern-Button erstellen
    $bttSpeichern= New-Object `
        "System.Windows.Forms.Button"
    $bttSpeichern.Text = "Speichern"
    $bttSpeichern.Left=$bttOK.Left + $bttOK.Width + 10
    $bttSpeichern.Top=$bttOK.Top
    $bttSpeichern.Width=170
    $bttSpeichern.TabIndex=4
    #Formular formatieren
    ...
    #Steuerelemente einfuegen
    $form.Controls.Add($label)
    $form.Controls.Add($bttOK)
    $form.Controls.Add($bttSpeichern)
    $form.Controls.Add($bttAusfuehren)
    $form.Controls.Add($eingabefeld)
    $form.Controls.Add($DataGrid)
    $form.Controls.Add($labelFehler)
    $form.Height=$bttOK.height + $bttOK.top + 40
    ...
```

Am Ende der Funktion erstellen Sie dann einen EventHandler für das Click-Ereignis des Buttons. Hier bauen Sie durch Aufruf der GetVerbindung-Funktion die Datenbankverbindung auf und übergeben diese zusammen mit dem Data-GridView-Steuerelement an die Funktion DatenSpeichern.

Nach Aufruf der Funktion DatenSpeichern zeigen Sie dann wie beim Anzeigen der Daten auch, eine eventuelle Fehlermeldung oder Ausgabe an, die die Funktion zurückgibt, und schließen dann die Datenbankverbindung durch Aufruf der Close-Methode.

```
...
   #EventHandler erstellen
...
   $bttSpeichern.Add_Click({
      $objConn=getVerbindung $strDBPfad
      $objDaten=DatenSpeichern $objConn `
         $DataGrid
      $labelFehler.Text=$objDaten
      if ($labelFehler.Text -gt "")
      {
         $labelFehler.Visible=$true
      }
      else
      {
         $labelFehler.Visible=$false
      }
      #Datenbankverbindung schliessen
      $objConn.Close()})
   $bttOK.Add_Click({$erg=$true;
      $eingabe=$eingabefeld.Text; $form.Close();
      $form.Dispose()})
   $form.Add_Resize({&$groesseaendern})
   $eingabefeld.Add_TextChanged({&$pruefen})
   $temp=$form.ShowDialog()
}
```

Die eigentliche Arbeit übernimmt die Funktion DatenSpeichern. Sie hat zwei Parameter, nämlich die Datenbankverbindung in Form des OleDbConnection-Objekts und das DataGridView. Dieses ist notwendig, weil sich darin die Daten befinden und über die DataSource-Eigenschaft abgerufen werden können.

Als Erstes erzeugen Sie jedoch ein Command-Objekt, das Sie benötigen, um die SQL-Anweisung ausführen zu können. Sie weisen ihm zunächst aber nur die Datenbankbindung zu, indem Sie seine Connection-Eigenschaft auf den Wert des Parameters objC setzen:

```
function DatenSpeichern( `
   [System.Data.OleDb.OleDbConnection]$objC, `
   [System.Windows.Forms.DataGridView]$objControl)
{
   if ($objC.State -eq "Open" )
   {
      #alles OK
```

```
#Command-Objekt erzeugen
$objComm=New-Object `
    'System.Data.OleDb.OleDbCommand'
$objComm.Connection=$objC
```
...

[!] Aufgrund des oben schon erwähnten Bugs des PowerShell-Compilers müsste auch hier die Funktionsdeklaration wie folgt aussehen, wenn Sie das Skript direkt aus der PowerShell ausführen möchten:

```
function DatenSpeichern( `
    [System.Data.OleDb.OleDbConnection]$objC, `
    $objControl)
{ ...
```

Im nächsten Schritt erzeugen Sie ein leeres `DataTable`-Objekt. Sie benötigen allerdings zum Füllen kein `DataAdapter`-Objekt. Das liegt daran, dass es bereits ein gefülltes `DataTable`-Objekt als Datenquelle für das `DataGridView`-Steuerelement gibt. Dieses weisen Sie daher einfach der Variablen `objDT` zu. Damit enthält die Variable nun das gefüllte `DataTable`-Objekt mit den zu speichernden Datensätzen.

Diese Datensätze müssen Sie nun in einer Schleife durchlaufen und für jede Zeile deren Status prüfen. Den Status können Sie über die Methode `get_RowState` ermitteln. Sie gibt den Status als Text zurück.

[!] Das ist ein kleiner Unterschied zur Nutzung des .NET-Frameworks mit Visual Basic .NET oder C#. Dort steht Ihnen eine Eigenschaft `RowState` zur Verfügung, mit der Sie den Status als `System.Data.RowState`-Konstante ermitteln können. In der PowerShell liefert die Eigenschaft jedoch immer eine leere Zeichenfolge. Als Ersatz steht aber die `get_RowState`-Methode zur Verfügung.

Hat die aktuelle Zeile den Status »Modified«, ist es eine Zeile, in der Daten verändert wurden. Diese müssen Sie dann mit der SQL-UPDATE-Anweisung in die Datenbank schreiben. In diesem Fall erhöhen Sie zunächst die Variable `lngAnzahl` um 1. Sie gibt später an, wie viele Datensätze geändert wurden.

Im Anschluss setzen Sie die SQL-Anweisung zusammen, die Sie benötigen, um die Daten zu speichern. Diese ist natürlich je nach Aufbau der Tabelle individuell verschieden, hat aber ungefähr folgende Syntax:

```
UPDATE Tabellenname SET Feldname1=Wert1, Feldname2=Wert2, ... WHERE Primärschlüsselfeld=Wert3
```

Dabei gilt, dass Sie Zeichenkettenwerte in Hochkomma einfassen müssen und als WHERE-Ausdruck immer das Primärschlüsselfeld mit dem aktuellen Wert vergleichen müssen.

Auf die einzelnen Felder der Datenzeile können Sie über Eigenschaften zugreifen, die den Feldnamen entsprechen. Für den Zugriff auf die Spalte ID verwenden Sie daher die Eigenschaft ID.

Anschließend weisen Sie den erzeugten SQL-Code einfach der CommandText-Eigenschaft des Command-Objekts zu. Die SQL-Anweisung können Sie dann mit der ExecuteNonQuery-Methode ausführen. Die Methode gibt die Anzahl der Datensätze zurück, die durch die SQL-Anweisung verändert wurden.

> Sie könnten diesen Rückgabewert natürlich auch zur Variablen lngAnzahl addieren, [+]
> anstatt die Variable einfach hochzuzählen. Das würde dann auch berücksichtigen,
> dass die Anzahl gespeicherter Datensätze noch stimmt, falls der Datensatz, der zu aktualisieren ist, nicht gefunden werden konnte. Allerdings sollte es diese Möglichkeit
> eigentlich nicht geben. Dieses Problem wird etwas weiter unten noch gelöst werden.

```
...
      #DataTable-Objekt erzeugen und fuellen
      $objDT=New-Object 'System.Data.DataTable'
      $objDT=$objControl.DataSource
      $lngAnzahl=0
      #Alle Datenzeilen durchlaufen und Status
      #pruefen
      foreach ($objZeile in $objDT.Rows)
      {
        if ($objZeile.get_RowState() -eq 'Modified')
        {
           #Zaehler erhoehen
           $lngAnzahl+=1
           #Update-Anweisung erzeugen
           $strSQL= `
           "UPDATE tabMitarbeiter Set Abteilung='" + `
           $objZeile.Abteilung + "'" + `
           ",Nachname='" + $objZeile.Nachname + "'" + `
           ",Vorname='" + $objZeile.Vorname + "'" + `
           ",Telefon='" + $objZeile.Telefon + "'" + `
           " WHERE ID=" + $objZeile.ID
           $objComm.CommandText=$strSQL
           #SQL-Anweisung ausfuehren
           $objErg=$objComm.ExecuteNonQuery()
        }
      }
...
```

Wenn Sie auf diese Weise alle Daten aktualisiert haben, haben die Datenzeilen im DataTable-Objekt jedoch immer noch den Status geändert. Damit der Status wie-

7 | Datenbankzugriffe

der auf ungeändert zurückgesetzt wird, weil die Datensätze im `DataGridView`-Steuerelement jetzt ja den gleichen Stand wie die Daten in der Datenbank haben, rufen Sie die `AcceptChanges`-Methode auf. Sie setzt den Status zurück.

Wenn Sie möchten, können Sie nun in der Variablen `strFehler` eine Meldung speichern, die dem Benutzer Auskunft über die Anzahl der geänderten Datensätze gibt.

```
...
            $objErg=$objDT.AcceptChanges()
            if ($lngAnzahl -gt 0)
            {
                $strFehler="Es wurden " + $lngAnzahl + `
                    " geaenderte Datensaetze gespeichert!"
            }
            else
            {
                $strFehler=""
            }
        }
        else
        {
            $strFehler="Die Datenbankverbindung konnte " `
                + "nicht aufgebaut werden!"
        }
        return $strFehler
    }
```

Wenn Sie nun das Formular anzeigen lassen, die Datensätze über die **Ausfuehren**-Schaltfläche laden, einen ändern und dann auf **Speichern** klicken, wird der Datensatz gespeichert und dies auch im Formular angezeigt.

[+] Falls Sie es nicht glauben, dass die Datensätze wirklich geändert wurden, klicken Sie erneut auf **Ausfuehren**. Dann werden die Daten erneut aus der Datenbank in das `DataGridView`-Steuerelement geladen.

Da Sie die erste Spalte nicht gegen Eingaben geschützt haben, könnte der Benutzer natürlich auf die Idee kommen, auch die `ID` zu ändern. Da dies jedoch ein AutoWert-Feld ist, dessen Werte von Access berechnet werden und nicht geändert werden können, führt das zu zwei Problemen:

▶ Die bisherige `UPDATE`-Anweisung berücksichtigt das ID-Feld nicht. Änderungen daran werden nicht gespeichert. Allerdings vermeidet dies gleichzeitig SQL-Laufzeitfehler, weil AutoWert-Felder nicht geändert werden können.

▶ Das ID-Feld wird für die Identifizierung des zu ändernden Datensatzes verwendet. Wenn die ID geändert wurde, wird daher entweder der falsche Datensatz geändert, oder der zu ändernde Datensatz kann nicht gefunden werden.

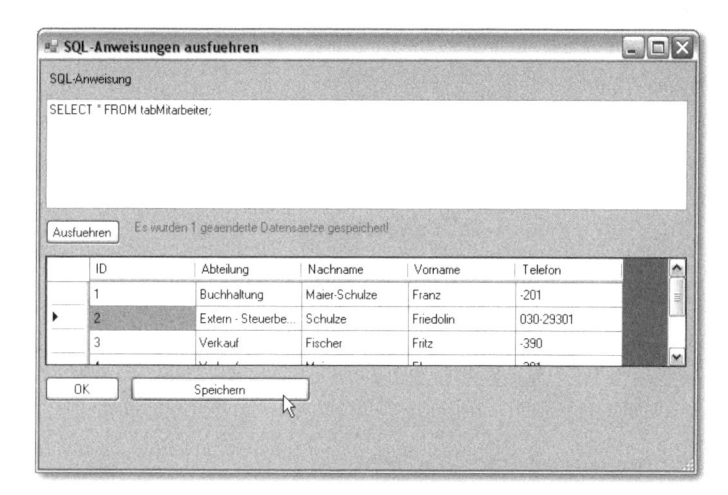

Abbildung 7.9 Die Anzahl geänderter Datensätze wird angezeigt.

Das erste Problem lässt sich nicht beheben, weil AutoWert-Felder eben nicht geändert werden können. Änderungen in der Spalte ID können Sie daher einfach verwerfen, indem Sie sie nicht berücksichtigen.

Das zweite Problem lässt sich aber sehr wohl beheben. Sie haben nämlich die Möglichkeit, nicht nur auf die aktuellen Werte des Datensatzes zuzugreifen, sondern auch auf die alten Werte vor der Änderung. Sie müssen also im WHERE-Ausdruck der SQL-Anweisung, die den Datensatz identifiziert, nur den alten Wert des Feldes ID verwenden statt den aktuellen.

Den Originalwert eines Feldes können Sie über die get_Item-Methode der Datenzeile ermitteln. Ihr übergeben Sie zwei Parameter: einmal den Namen des Feldes, hier also "ID", und als Zweites die Zeichenkette 'Original'.

Mit dem Ausdruck $objZeile.get_Item("ID", 'Original') ermitteln Sie also den Originalwert der Zelle ID in der aktuell bearbeiteten Zeile und verwenden diesen einfach innerhalb der UPDATE-Anweisung.

```
...
            if ($objZeile.get_RowState() -eq 'Modified')
            {
                #Zaehler erhoehen
                $lngAnzahl+=1
```

```
                #Update-Anweisung erzeugen
                $strSQL= `
                "UPDATE tabMitarbeiter Set Abteilung='" + `
                $objZeile.Abteilung + "'" + `
                ",Nachname='" + $objZeile.Nachname + "'" + `
                ",Vorname='" + $objZeile.Vorname + "'" + `
                ",Telefon='" + $objZeile.Telefon + "'" + `
                " WHERE ID=" + $objZeile.get_Item("ID", `
                'Original')
                $objComm.CommandText=$strSQL
                #SQL-Anweisung ausfuehren
                $objErg=$objComm.ExecuteNonQuery()
            }
...
```

Damit ist das Problem gelöst. Auch wenn der Benutzer jetzt die ID ändert, wird der Datensatz korrekt identifiziert und gespeichert.

7.3.4 Datensätze hinzufügen und löschen

Was allerdings noch nicht funktioniert, ist das Löschen und Einfügen von Datensätzen. Das liegt daran, dass Sie bisher nur eine SQL-Anweisung ausführen, wenn der Datensatz den Status `Modified` hat. Sie müssen nun also für den Status `Added` und `Deleted` ebenfalls noch SQL-Code erstellen und ausführen.

Für Datensätze, die neu hinzugefügt wurden und den Status `Added` haben, müssen Sie eine `INSERT-INTO`-Anweisung erstellen. Sie hat folgende Syntax:

```
INSERT INTO Tabellenname (Feldname1,Feldname2 ...) VALUES
(Wert1,Wert2....)
```

Die angegebenen Werte werden den Feldern in der Reihenfolge zugeordnet, wie die Felder und Werte angegeben sind. Das Feld `Feldname1` bekommt also Wert1 zugewiesen. Auch hier müssen Sie Textwerte wieder in Hochkommata einfassen.

[!] Da das `ID`-Feld ein `AutoWert`-Feld ist, dessen Wert von Access gesetzt wird, müssen Sie es nicht in die Feld- und Werteliste einfügen. Sollte der Benutzer den Wert für diese Spalte eingeben, wird er verworfen.

Zum Löschen der Daten benötigen Sie eine `DELETE`-Anweisung, die wie folgt aussehen muss:

```
DELETE FROM Tabellenname WHERE Primärschlüsselfeld=Wert
```

Da das `DataGridView`-Steuerelement die Daten des gelöschten Datensatzes löscht, [!]
hat das Feld `ID` danach eine leere Zeichenfolge als Wert. Sie müssen also auch hier
den Originalwert im `WHERE`-Ausdruck verwenden.

Innerhalb der Prozedur `DatenSpeichern` müssen Sie also nur noch zwei entsprechende `if`-Verzweigungen ergänzen, die die zwei SQL-Anweisungen zusammensetzen und ausführen:

```
...
            foreach ($objZeile in $objDT.Rows)
            {
              if ($objZeile.get_RowState() -eq 'Modified')
              {
                  #Zaehler erhoehen
                  $lngAnzahl+=1
                  #Update-Anweisung erzeugen
                  $strSQL="UPDATE tabMitarbeiter Set " `
                  + "Abteilung='" + `
                  $objZeile.Abteilung + "'" + `
                  ",Nachname='" + $objZeile.Nachname + "'" + `
                  ",Vorname='" + $objZeile.Vorname + "'" + `
                  ",Telefon='" + $objZeile.Telefon + "'" + `
                  " WHERE ID=" + $objZeile.get_Item( `
                  "ID", 'Original')
                  $objComm.CommandText=$strSQL
                  #SQL-Anweisung ausfuehren
                  $objErg=$objComm.ExecuteNonQuery()
              }
              if ($objZeile.get_RowState() -eq 'Deleted')
              {
                  #Zaehler erhoehen
                  $lngAnzahl+=1
                  #Update-Anweisung erzeugen
                  $strSQL="DELETE FROM tabMitarbeiter" + `
                  " WHERE ID=" + $objZeile.get_Item( `
                  "ID", 'Original')
                  $objComm.CommandText=$strSQL
                  #SQL-Anweisung ausfuehren
                  $objErg=$objComm.ExecuteNonQuery()
              }
              if ($objZeile.get_RowState() -eq 'Added')
              {
                  #Zaehler erhoehen
                  $lngAnzahl+=1
                  #Update-Anweisung erzeugen
```

```
            $strSQL="INSERT INTO tabMitarbeiter " + `
            "(Abteilung,Nachname,Vorname,Telefon) " + `
            "VALUES('" + $objZeile.Abteilung + "'," + `
              "'" + $objZeile.Nachname + "'," + `
              "'" + $objZeile.Vorname + "'," + `
              "'" + $objZeile.Telefon + "')"
            $objComm.CommandText=$strSQL
            #SQL-Anweisung ausfuehren
            $objErg=$objComm.ExecuteNonQuery()
        }
    }
...
```

Allerdings sollten Sie nun natürlich auch den Text für die Meldung anpassen, den die Funktion zurückgibt:

```
...
        $objErg=$objDT.AcceptChanges()
        if ($lngAnzahl -gt 0)
        {
         $strFehler="Es wurden " + $lngAnzahl + `
         " Datensaetze geaendert/geloescht/hinzugefuegt!"
        }
        else
        {
            $strFehler=""
        }
...
```

7.3.5 Geänderte Daten neu laden

Nun funktioniert das Bearbeiten der Daten im Prinzip problemlos. Der Benutzer kann vorhandene Daten bearbeiten, eine markierte Zeile löschen, indem er [Entf] drückt, oder neue Zeilen hinzufügen, indem er am Ende in die leere Zeile die Daten einfach eingibt. Ein kleines Problem verbleibt aber, das es noch zu lösen gilt. Wenn der Benutzer einen neuen Datensatz einfügt, wird diesem Datensatz die ID erst zugewiesen, wenn die Daten über die INSERT-INTO-Anweisung in die Datenbank geschrieben werden. Die dann erst erzeugte ID wird aber nicht im DataGridView automatisch angezeigt, sodass hier eine andere ID steht als in der Datenbank. Das kann beim erneuten Ändern des Datensatzes Probleme bereiten.

Sie können aber dafür sorgen, dass die korrekten aktuellen Daten im DataGrid-View-Steuerelement angezeigt werden, indem Sie nach dem Speichern der Daten das DataGridView-Steuerelement erneut füllen. Dazu müssen Sie allerdings der

Funktion einen Parameter hinzufügen, indem Sie beim Aufruf die SQL-Anweisung im Eingabefeld übergeben.

Am Ende der Prozedur weisen Sie dann dem Command-Objekt den Wert des Parameters als SQL-Anweisung zu. Anschließend erzeugen Sie ein DataAdapter-Objekt und rufen dessen Fill-Methode auf, um das DataTable-Objekt zu füllen, das Sie zuvor erstellt haben.

Ist das DataTable-Objekt gefüllt, weisen Sie es der DataSource-Eigenschaft des DataGridView-Steuerelements zu. Damit werden die aktuellen Daten angezeigt.

```
function DatenSpeichern( `
    [System.Data.OleDb.OleDbConnection]$objC, `
    [System.String]$strSQLoriginal,
    [System.Windows.Forms.DataGridView]$objControl)
{
    #Write-Host $objC.State
    if ($objC.State -eq "Open" )
    {
        #alles OK
        ...
    }
    else
    {
        $strFehler="Die Datenbankverbindung konnte " `
            + "nicht aufgebaut werden!"
    }

    #Datensaetze neu laden
    $objComm.CommandText=$strSQLoriginal
    #DataAdapter-Objekt erzeugen
    $objDA=New-Object 'System.Data.OleDb.OleDbDataAdapter'
    $objDA.SelectCommand=$objComm
    #DataTable-Objekt erzeugen und fuellen
    $objDT=New-Object 'System.Data.DataTable'
    $objErg=$objDA.Fill($objDT)
    $objControl.DataSource=$objDT
    return $strFehler

}
```

7.3.6 Änderungen verwerfen

Mit der AcceptChanges-Methode des DataTable-Objektes können Sie alle Informationen zum Datensatzstatus löschen und so alle Änderungen übernehmen.

Genauso besteht aber auch die Möglichkeit, die vorgenommenen Änderungen zu verwerfen. Dazu gibt es die Methode `RejectChanges`.

Möchten Sie dem Benutzer die Möglichkeit geben, die Änderungen zu verwerfen, müssen Sie dazu im Formular zunächst einen weiteren Button ergänzen:

```
function SQLForm(`
    [System.String]$strTitel="",`
    [System.String]$strDBPfad)
{
...
    #Speichern-Button erstellen
    $bttSpeichern= New-Object `
        "System.Windows.Forms.Button"
    $bttSpeichern.Text = "Speichern"
    $bttSpeichern.Left=$bttOK.Left + $bttOK.Width + 10
    $bttSpeichern.Top=$bttOK.Top
    $bttSpeichern.Width=170
    $bttSpeichern.TabIndex=4
    #Verwerfen-Button erstellen
    $bttVerwerfen= New-Object `
        "System.Windows.Forms.Button"
    $bttVerwerfen.Text = "Verwerfen"
    $bttVerwerfen.Left=$bttSpeichern.Left + `
        $bttVerwerfen.Width + 10
    $bttVerwerfen.Top=$bttSpeichern.Top
    $bttVerwerfen.Width=170
    $bttVerwerfen.TabIndex=5
    #Formular formatieren
...
```

Danach müssen Sie den Button natürlich noch an die `Controls`-Auflistung anhängen:

```
...
    $bttAusfuehren.BackColor=$farbe
    $bttSpeichern.BackColor=$farbe
    $bttVerwerfen.BackColor=$farbe
    $form.Backcolor=`
        [System.Drawing.Color]::FromArgb(200, 200, 200)
    #Steuerelemente einfuegen
    $form.Controls.Add($label)
    $form.Controls.Add($bttOK)
    $form.Controls.Add($bttSpeichern)
    $form.Controls.Add($bttVerwerfen)
    $form.Controls.Add($bttAusfuehren)
```

```
    $form.Controls.Add($eingabefeld)
    $form.Controls.Add($DataGrid)
    $form.Controls.Add($labelFehler)
    $form.Height=$bttOK.height + $bttOK.top + 40
...
```

Im EventHandler für den Button rufen Sie dann nur noch die Methode `RejectChanges` auf:

```
...
   #EventHandler erstellen
   $bttAusfuehren.Add_Click({
   ...
   })
   $bttVerwerfen.Add_Click({
      $DataGrid.DataSource.RejectChanges()
   })
...
```

Nicht alles, was Sie gerne mit der PowerShell programmieren möchten, ist damit möglich und sinnvoll. Oft lässt sich ein Problem viel einfacher lösen, wenn Sie auf Vorhandenes zugreifen können und bspw. Anwendungen wie Word und Excel oder auch Systemprogramme per PowerShell steuern und aufrufen. Wie das geht und welche Möglichkeiten es dazu gibt, zeigt Ihnen dieses Kapitel.

8 Fremde Anwendungen steuern

Wie Sie bereits erfahren haben, gibt es viele Arten von »Befehlen«, die Sie mit der PowerShell ausführen können. Dazu gehören eben nicht nur PowerShell-Cmd-Lets, sondern auch Methoden von Objekten, aber auch Exe- und Com-Dateien. So gesehen ist es im Prinzip nicht schwer, externe Anwendungen zu steuern. Sie müssen lediglich die entsprechende ausführbare Datei mit den gewünschten Parametern starten oder ein Objekt erzeugen, dessen Methoden und Eigenschaften Sie dann aufrufen können. Dieses Objekt kann ein .NET-Objekt oder ein COM-Objekt sein.

Nachfolgend geht es neben dem Start von Systemprogrammen vorrangig um die Objektautomation mit COM-Objekten. Wie Sie mit .NET-Objekten umgehen, wurde bereits in den vorangegangenen Kapiteln an zahlreichen Beispielen gezeigt. [«]

8.1 Steuern von Word und Excel über Objektautomation

Word, Excel und die anderen Anwendungen des Microsoft Office-Paketes sind wie viele andere VBA-Hostanwendungen dafür ausgelegt, sich per Objektautomation steuern zu lassen. Daher sind sie gerade für den Einstieg in die Objektautomation mit COM-Objekten sehr gut geeignet, zumal das Objektmodell gut dokumentiert ist.

VBA ist eine in viele Anwendungen integrierte, auf Visual Basic basierende Makrosprache, die objektorientiert ist. VBA-Befehle sind Teile der Objektbibliothek von VBA, die jedoch einen sehr begrenzten Umfang hat. Sie werden in den einzelnen Anwendungen durch das Objektmodell der Anwendung ergänzt. Anwendungen, die VBA beinhalten, werden als VBA-Host-Anwendungen bezeichnet. [«]

> Alle diese Anwendungen stellen ein Objektmodell zur Verfügung, über das Sie auf fast alle Programmfunktionen und Einstellungen Zugriff haben. Dieses Objektmodell, nicht aber die VBA-Befehle selbst, können Sie mit externen Programmiersprachen, dem WSH und auch der PowerShell nutzen, indem Sie das übergeordnete Objekt des Objektmodells erstellen und davon ausgehend auf die untergeordneten Elemente zugreifen.

[+] Jede VBA-Hostanwendung bringt eine Dokumentation des Objektmodells mit und zwar in Form der VBA-Hilfe. Je nach Version und Anwendung kann es allerdings sein, dass diese bei der Standardinstallation nicht mit installiert wurde. Sie können das wie folgt testen:

- Starten Sie die entsprechende Anwendung, bspw. Word.
- Drücken Sie [Alt] + [F11], um in den VBA-Editor zu gelangen.
- Drücken Sie [F1].

Wird nun die VBA-Hilfe geladen, ist alles in Ordnung. Ansonsten erscheint entweder keine Hilfe oder eine Fehlermeldung. In diesem Fall führen Sie das Setup-Programm der Anwendung erneut aus und kreuzen dann die Option **VBA-Hilfe** an, damit sie installiert wird.

8.1.1 Objektautomation, was ist das?

Objektautomation bedeutet, dass Sie Objekte erstellen und dann deren Methoden und Eigenschaften nutzen, um das Objekt zu manipulieren oder neue Objekte zu erzeugen. Das Objekt kann dabei ein COM- oder ein .NET-Objekt sein.

COM-Objekte unterscheiden sich aus Sicht des PowerShell-Benutzers dadurch, dass sie nicht das .NET-Framework nutzen, sondern eine externe Klassenbibliothek. Diese muss auf dem System registriert sein. Ein weiterer Unterschied besteht darin, dass die Garbage-Collection des .NET-Frameworks bei COM-Objekten natürlich nicht dafür sorgt, dass sie wieder aus dem Speicher entfernt werden, wenn sie nicht mehr benötigt werden. Darum müssen und sollten Sie sich selbst kümmern.

Ein weiterer Unterschied besteht darin, dass die .NET-Objekte mit Installation des .NET-Frameworks automatisch zur Verfügung stehen, wenn die richtige Version des .NET-Frameworks installiert ist. Die Existenz von COM-Objekten können Sie nicht voraussetzen. Sie stehen nur dann zur Verfügung, wenn die entsprechenden Objektbibliotheken auf dem System installiert sind.

Möchten Sie das COM-Objekt von Excel erstellen, um Excel zu starten, erfordert das also, dass Excel auf Ihrem System installiert ist. [!]

8.1.2 Ein COM-Objekt erzeugen und zerstören

COM-Objekte erzeugen Sie genau wie .NET-Objekt mit dem CmdLet `New-Object`. Sie haben dies schon an einigen Beispielen gesehen, die die Bibliotheken des WSH nutzen. Wichtig ist, dass Sie den Parameter `-ComObject` oder `-Com` angeben. Er kennzeichnet das zu erzeugende Objekt als COM-Objekt und den Namen der Klasse als Name einer COM-Klasse.

Ob Sie den Parameter `-ComObject` oder `-Com` verwenden, spielt zumindest in der der RC2-Version der PowerShell keine Rolle. In der RC1-Version hieß der Parameter noch `-Com`, und er wird offenbar aus Gründen der Abwärtskompatibilität weiter unterstützt. Die Hilfe zum CmdLet `New-Object` besagt jedoch, dass der Parameter `-ComObject` heißt. Daher ist es ratsam, auch `-ComObject` zu verwenden, da nicht sichergestellt ist, dass der alte Parametername auch weiterhin unterstützt wird. [«]

Wenn Sie ein Objekt erstellen möchten, benötigen Sie dazu den Namen der COM-Klasse, aus der das Objekt erzeugt werden soll. Diesen geben Sie dann hinter dem Parameter `-ComObject` an.

Verwenden Sie zur Eingabe des Codes die PowerShellIDE, zeigt Ihnen die PowerShell-IDE die Namen aller verfügbaren COM-Klassen an, wenn Sie den Parameter `-ComObject` angegeben und danach ein Leerzeichen eingegeben haben. [+]

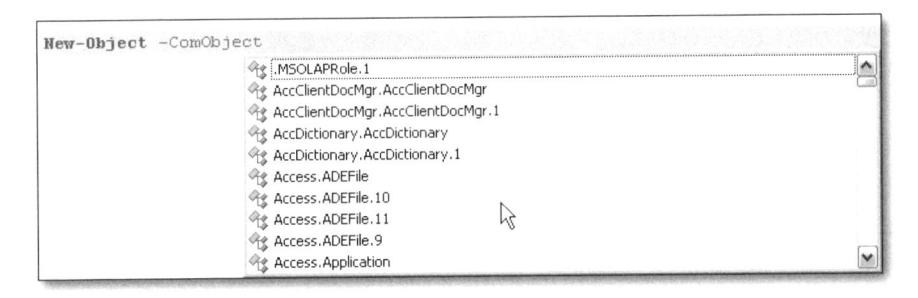

Abbildung 8.1 Anzeige der COM-Klassen bei der Codeeingabe in der PowerShellIDE

Benötigen Sie ein Objekt nicht mehr, müssen Sie dafür sorgen, dass es wieder aus dem Speicher entfernt wird. Bei .NET-Objekten erledigt das die Garbage-Collection, bei COM-Objekten müssen Sie selbst dafür sorgen.

8 | Fremde Anwendungen steuern

[»] Objekte werden dann aus dem Speicher entfernt, wenn es keine Variablen mehr gibt, die auf das Objekt verweisen. Daher müssen Sie alle Variablen, die einen Verweis auf das Objekt speichern, auf einen leeren Wert setzen. Während Sie dazu in VBA oder Visual Basic die Konstante nothing verwenden, nutzen Sie in der PowerShell die vordefinierte Variable null.

Am Beispiel von Excel soll die Erzeugung und Zerstörung von COM-Objekten gezeigt werden. Die COM-Klasse von Excel heißt Excel.Application. Diesen Namen müssen Sie also an das CmdLet New-Object übergeben, um Excel zu starten. Im folgenden Skript wird das erzeugte Objekt der Variablen objekt zugewiesen, und Sie können im Anschluss über die Variable und das CmdLet Get-Member die oberste Ebene des Objektmodells auflisten.

Setzen Sie anschließend die Variable auf null, entfernt Windows das Objekt aus dem Speicher. Ein späterer Zugriff auf das Objekt ist nicht mehr möglich. Dass die Variable nun wirklich leer ist, zeigt sich durch den zweiten Aufruf des CmdLets Get-Member. Er erzeugt eine Fehlermeldung, die besagt, dass die Variable leer ist.

```
#Skriptname: objekteErstellen.ps1
#Autor: Helma Spona
#Auflage: 1
#Verzeichnis: /Bsp/K08
#Beschreibung: Zeigt das Erstellen und
#   Zerstoeren von COM-Objekten
#Anmerkungen: Benoetigt Microsoft Excel 5 oder hoeher
#Laden der Bibliotheksdateien

#Benoetigte Variablen
$objekt
#Skriptbloecke und Funktionen

#Skriptinhalt
$objekt=New-Object -ComObject "Excel.Application"
$objekt | Get-Member
$objekt=$null
$objekt | Get-Member
```

[!] Die Variable mit dem Objektverweis auf den Wert null zu setzen bedeutet zwar, dass der von dem Objekt belegte Speicherplatz wieder freigegeben wird, es heißt aber noch lange nicht, dass Sie die Anwendung ordnungsgemäß beendet haben. Um eine Anwendung ordnungsgemäß zu beenden, gibt es in der Regel eine entsprechende Methode des Objektmodells, mit der die Anwendung beendet wird. In den meisten VBA-Hostanwendungen heißt diese Methode Quit. Sie sollten sie in der Regel ausführen, bevor Sie die Variable auf null setzen.

Abbildung 8.2 Die Ausgabe des Skriptes

Die folgenden Beispiele widmen sich den Grundlagen des Objektmodells von Excel. Sie werden daher die wichtigsten Methoden und Eigenschaften kennenlernen.

8.1.3 Excel starten und beenden

Excel können Sie starten, indem Sie ein Objekt aus der Klasse `Excel.Application` erzeugen. Das `Application`-Objekt von Excel ist das oberste Objekt des Excel-Objektmodells. Sie greifen damit auf die komplette Anwendung zu. Dass Excel durch das Erzeugen des Objektes gestartet wird, ist zunächst nicht sichtbar. Das liegt daran, dass Objekte, die Sie per Objektautomation erzeugen, mit den Standardeigenschaften erzeugt werden. Die `Visible`-Eigenschaft des `Application`-Objekts, die festlegt, ob das Anwendungsfenster sichtbar ist, hat aber den Standardwert `false`, wodurch das Anwendungsfenster unsichtbar bleibt.

Damit Excel sichtbar wird, müssen Sie nur die `Visible`-Eigenschaft auf `true` setzen. Das Fenster wird dann eingeblendet und bleibt so lange sichtbar, bis Sie

- diese Instanz von Excel schließen oder
- die `Visible`-Eigenschaft auf `false` setzen.

Damit das Ergebnis im Skript, das eingeblendete Excel-Fenster, sichtbar ist und nicht durch den Aufruf der `Quit`-Methode gleich wieder geschlossen wird, wird der Benutzer hier mit einem Dialogfeld gefragt, ob Excel wieder geschlossen werden soll. Um das zu erzeugen, wird die Funktion `Frage` aus der Datei `wichtige-funktionen.ps1` aufgerufen. Daher müssen Sie die Datei am Anfang einbinden.

Mehr zur Funktion `Frage` und zur Anzeige von Dialogfeldern finden Sie in Kapitel 4, *Kommunikation mit dem Anwender*. [«]

Gibt die Funktion true zurück, wird die Quit-Methode aufgerufen und damit Excel beendet. Anschließend wird die Variable appExcel auf null gesetzt.

```
#Skriptname: Excel.ps1
#Autor: Helma Spona
#Auflage: 1
#Verzeichnis: /Bsp/K08
#Beschreibung: Zeigt Grundlagen des
#  Excel-Objektmodells
#Anmerkungen: Benoetigt Microsoft Excel 2000
#  oder hoeher auf dem System sowie die
#  Datei wichtigefunktionen.ps1
#Laden der Bibliotheksdateien
#Laden der Hilfsfunktionen
$bibpfad=$myInvocation.get_MyCommand().Definition
$bibpfad= (Split-Path ($bibpfad) -parent)
$bibpfad= Split-Path ($bibpfad)  -parent


#Achtung, wenn Sie das Skript aus der
#PowerShellIDE ausfuehren,
#bitte folgende Zeile aktivieren und das
#korrekte Verzeichnis
#zur Datei wichtigefunktionen.ps1 angeben
. ($bibpfad + "\wichtigefunktionen.ps1")

#Benoetigte Variablen
$appExcel
#Skriptbloecke und Funktionen

#Skriptinhalt
#Excel starten
$appExcel=New-Object -ComObject "Excel.Application"
#Excel-Fenster einblenden
$appExcel.Visible=$true
#Fragen, ob Excel beendet werden soll
$antw=Frage("Soll Excel geschlossen werden?")
if ($antw -eq $true)
{
   #Excel beenden
   $appExcel.Quit()
   $appExcel=$null
}
```

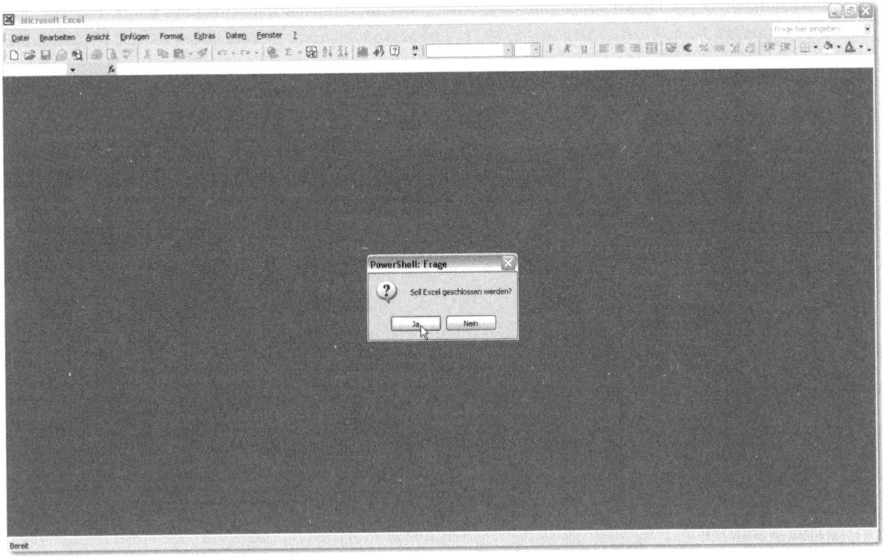

Abbildung 8.3 Das geöffnete Anwendungsfenster und das Dialogfeld für die Rückfrage

8.1.4 Eine Arbeitsmappe erstellen und speichern

Nach dem Start von Excel wird – anders als beim manuellen Start über das Startmenü von Windows – nicht automatisch eine leere Arbeitsmappe angezeigt. Möchten Sie eine Arbeitsmappe erzeugen, müssen Sie dazu ein Workgroup-Objekt erzeugen. Dazu gibt es zwei Möglichkeiten. Zum einen könnten Sie das Objekt über das CmdLet New-Object erzeugen, indem Sie als Klasse Excel.Workbook angeben.

Das ist zwar generell möglich, wenn Sie mit Objektautomation arbeiten. Im Gegensatz zum Scripting im WSH und zum Erzeugen neuer Objekte in VBA unterstützt die PowerShell jedoch nur die Erzeugung des übergeordneten Objektes. Für die PowerShell kommt eine Anweisung wie

```
$objWB=New-Object -ComObject "Excel.Workbook
```

daher nicht in Frage, um eine neue Arbeitsmappe zu erstellen. Es bleibt daher nur die Nutzung der Methoden des Application-Objekts. Es stellt eine Workbooks-Auflistung zur Verfügung, die alle geöffneten Arbeitsmappen in Form von Workbook-Objekten verwaltet. Jedes Workbook-Objekt stellt eine Arbeitsmappe dar. Möchten Sie eine neue Arbeitsmappe erstellen, rufen Sie dazu die Add-Methode der Workbooks-Auflistung auf. Sie erzeugt das Objekt und gibt es zurück. Gleichzeitig wird es an die Auflistung angefügt.

8 | Fremde Anwendungen steuern

Wenn Sie den Code wie folgt ergänzen, wird nach dem Start von Excel eine neue Arbeitsmappe erstellt.

```
...
#Excel starten
$appExcel=New-Object -ComObject "Excel.Application"
#Excel-Fenster einblenden
$appExcel.Visible=$true
#Arbeitsmappe erstellen
$objWB=$appExcel.Workbooks.Add()
#Fragen, ob Excel beendet werden soll
$antw=Frage("Soll Excel geschlossen werden?")
...
```

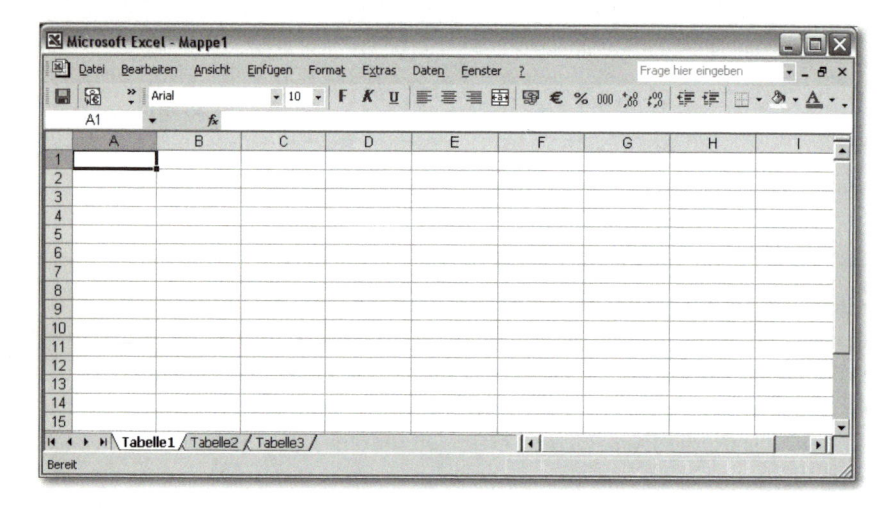

Abbildung 8.4 Das Ergebnis: die angezeigte und geöffnete Arbeitsmappe

[»] Natürlich können Sie die Arbeitsmappe auch erzeugen, bevor Sie die Visible-Eigenschaft auf true setzen. Gerade, wenn Sie Aktionen vollständig vor dem Benutzer verbergen möchten, ist es sogar sinnvoll, die Visible-Eigenschaft gar nicht zu setzen. In der Testphase eines Skriptes ist es jedoch sinnvoll, die Vorgänge sichtbar zu machen.

Wenn Sie eine Arbeitsmappe erstellen und diese auch später noch einmal benötigen, müssen Sie die Arbeitsmappe natürlich auch speichern. Dazu können Sie die SaveAs-Methode des Workbook-Objekts aufrufen. Dieser Methode übergeben Sie dann Namen und Pfad der Datei.

[»] Wenn Sie, wie im Skript gezeigt, die Arbeitsmappe im gleichen Verzeichnis wie das Skript speichern, wird sie beim Ausführen des Skriptes mit der PowerShell im Temp-Verzeichnis der PowerShell gespeichert.

Zunächst sollten Sie den Pfad der aktuellen Skriptdatei mit der Funktion `getPfad` in der Datei `wichtigefunktionen.ps1` ermitteln und der Variablen `strPfad` zuweisen. Wenn Sie diesen Pfad dann zusammen mit dem Namen in der Variablen `strName` an das CmdLet `Join-Path` übergeben, können Sie daraus eine gültige Pfadangabe zusammensetzen.

Den vollständigen Dateinamen in der Variablen `strDateiname` übergeben Sie dann einfach an die `SaveAs`-Methode des `Workbook`-Objekts, um die Arbeitsmappe zu speichern.

```
...
#Benoetigte Variablen
$appExcel
$strPfad=getPfad
$strName="test.xls"
$strDateiname=Join-Path $strPfad $strName
#Skriptbloecke und Funktionen
#Skriptinhalt
#Excel starten
$appExcel=New-Object -ComObject "Excel.Application"
#Excel-Fenster einblenden
$appExcel.Visible=$true
#Arbeitsmappe erstellen
$objWB=$appExcel.Workbooks.Add()
#Arbeitsmappe speichern
$objWB.SaveAs($strDateiname)
#Fragen, ob Excel beendet werden soll
$antw=Frage("Soll Excel geschlossen werden?")
...
```

Wenn Sie das Skript mehrmals ausführen, existiert die Datei natürlich schon. Excel fragt dann automatisch nach, ob die Datei überschrieben werden soll. Das Skript wird dann fortgesetzt, wenn der Benutzer den Dialog geschlossen hat.

Abbildung 8.5 Vor dem Überschreiben fragt Excel nach.

8.1.5 Eine vorhandene Arbeitsmappe öffnen

Natürlich können Sie nicht nur Arbeitsmappen erstellen, sondern auch neue erzeugen. Sie können bspw. vorher prüfen, ob es die Arbeitsmappe schon gibt. Falls ja, öffnen Sie sie, falls nicht, erstellen Sie eine neue.

Ob eine Arbeitsmappe vorhanden ist, können Sie mit dem CmdLet Test-Path prüfen. Wenn Sie feststellen, dass es die Datei schon gibt, können Sie diese mit der Open-Methode der Workbooks-Auflistung öffnen. Die Methode gibt das Workbook-Objekt zurück, sodass Sie es der Variablen objWB zuweisen können.

```
...
#Skriptinhalt
#Excel starten
$appExcel=New-Object -ComObject "Excel.Application"
#Excel-Fenster einblenden
$appExcel.Visible=$true
#Pruefen, ob die Arbeitsmappe vorhanden ist
if ((Test-Path $strDateiname) -eq $false)
{
    #Arbeitsmappe erstellen
    $objWB=$appExcel.Workbooks.Add()
    #Arbeitsmappe speichern
    $objWB.SaveAs($strDateiname)
}
else
{
    #Arbeitsmappe oeffnen
    $objWB=$appExcel.Workbooks.Open($strDateiname)
}
#Fragen, ob Excel beendet werden soll
...
```

8.1.6 Prüfen, ob es ein bestimmtes Tabellenblatt gibt

Jede Arbeitsmappe verfügt über eine Sheets- und eine Worksheets-Auflistung. Die Sheets-Auflistung enthält alle Blätter der Arbeitsmappe, also sowohl Diagrammblätter als auch Tabellenblätter. Die Worksheets-Auflistung enthält nur die Tabellenblätter der Mappe. Beide Auflistungen werden durch gleichnamige Eigenschaften zurückgegeben.

Sie können diese Auflistungen mit einer Schleife durchlaufen. Folgende Ergänzung des Skriptes gibt auf diese Weise alle Blattnamen der Tabellenblätter aus:

```
...
#Alle Tabellen-Blaetter durchlaufen
```

```
foreach ($objTBlatt in $objWB.Worksheets)
{
    echo $objTBlatt.Name
}

#Fragen, ob Excel beendet werden soll
...
```

```
PS C:\>
Tabelle1
Tabelle2
Tabelle3
```

Abbildung 8.6 Ausgabe des Skriptes für eine neu erstellte Arbeitsmappe mit drei Tabellenblättern

Möchten Sie nun prüfen, ob es ein bestimmtes Tabellenblatt schon gibt, müssen Sie nur die Auflistung durchlaufen und prüfen, ob der gesuchte Name darin vorhanden ist. Wenn das der Fall ist, setzen Sie eine entsprechende Variable, hier boolVorhanden, auf true. Andernfalls behält sie ihren Anfangswert false.

```
#Benoetigte Variablen
$appExcel
$strPfad=getPfad
$strName="test.xls"
$strDateiname=Join-Path $strPfad $strName
$strBlatt="Daten"
$boolVorhanden=$false
$objTBlatt
#Skriptbloecke und Funktionen

#Skriptinhalt
#Excel starten
$appExcel=New-Object -ComObject "Excel.Application"
#Excel-Fenster einblenden
$appExcel.Visible=$true
#Pruefen, ob die Arbeitsmappe vorhanden ist
if ((Test-Path $strDateiname) -eq $false)
{
    #Arbeitsmappe erstellen
    $objWB=$appExcel.Workbooks.Add()
    #Arbeitsmappe speichern
    $objWB.SaveAs($strDateiname)
}
else
{
```

```
    #Arbeitsmappe oeffnen
    $objWB=$appExcel.Workbooks.Open($strDateiname)
}
#Alle Tabellen-Blaetter durchlaufen
foreach ($objTBlatt in $objWB.Worksheets)
{
    if ($objTBlatt.Name -eq $strBlatt)
    {
        $boolVorhanden=$true
    }
}
```

8.1.7 Ein Tabellenblatt hinzufügen und benennen

Nach Abschluss der Schleife können Sie dann am Wert der Variablen erkennen, ob es das gesuchte Blatt **Daten** schon gibt. Falls ja, können Sie einer Variablen objTBlatt das Worksheet-Objekt zuweisen, das das Blatt darstellt. Dieses können Sie über die Worksheets-Auflistung zurückgeben, indem Sie dessen Namen angeben.

> [!] Allerdings gibt es hier eine Besonderheit gegenüber der Nutzung des Excel-Objektmodells mit VBA. Die Worksheets-Eigenschaft ist ja keine Methode und kann daher auch keine Parameter haben. In VBA können Sie aber dennoch über Worksheets("Daten") auf das Tabellenblatt **Daten** zugreifen. Das liegt daran, dass es in VBA abkürzende Schreibweisen gibt. In der PowerShell ist dies nicht möglich. Die Worksheets-Eigenschaft gibt eine Auflistung von Elementen zurück. Diese Auflistung wiederum verfügt über eine Methode Item, über die Sie auf ein einzelnes Element zugreifen können, indem Sie den Namen angeben.

Gibt es das Blatt noch nicht, können Sie es erstellen, indem Sie die Add-Methode der Worksheets-Auflistung aufrufen. Ein Parameter ist hier nicht notwendig. Die Methode gibt das erzeugte Blatt zurück. Sie können es dann benennen, indem Sie seine Name-Eigenschaft festlegen.

```
...
if ($boolVorhanden -eq $true)
{
    $objTBlatt=$objWB.Worksheets.Item($strBlatt)
}
else
{
    $objTBlatt=$objWB.Worksheets.Add()
    $objTBlatt.Name=$strBlatt
}
...
```

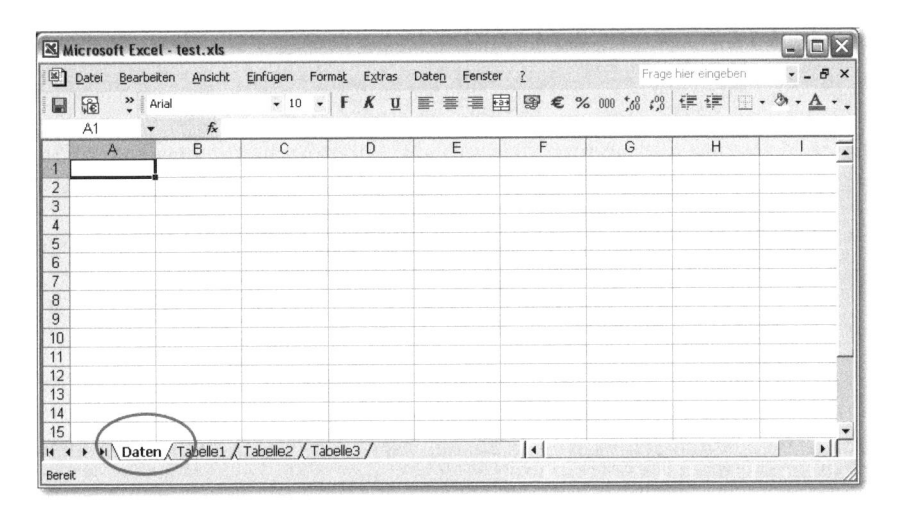

Abbildung 8.7 Das erzeugte Blatt

Sie sehen hier schon eine Regelmäßigkeit, die sich duch das ganze Excel- und Word-Objektmodell zieht. Gleichartige Objekte sind in Auflistungen organisiert, die Sie über eine Methode zurückgeben können, die den gleichen Namen wie die Eigenschaft hat. Auf die Elemente der Auflistung können Sie über deren Namen zugreifen, indem Sie ihn in Klammern hinter die Eigenschaft setzen. Möchten Sie neue Objekte an die Auflistung anhängen, gibt es dazu in aller Regel eine Add-Methode.

8.1.8 Zugreifen auf Zellen

Auch der Zugriff auf die Zellen erfolgt über eine Auflisting. Davon gibt es sogar mehrere die Range-, die Cells-, die Rows- und die Columns-Auflistung.

Wenn Sie die Range-Auflistung nutzen, können Sie wahlweise über einen Zellbereichsnamen oder die Zelladresse auf eine einzelne Zelle oder einen Zellbereich zugreifen. Beim Zugriff über die Cells-Auflistung erfolgt der Zugriff über den Zeilen- und Spaltenindex, der auf jeden Fall numerisch sein muss.

Die Rows- und die Columns-Auflistung beinhalten Row- bzw. Column-Objekte, die jeweils eine Zeile (Row) oder Spalte (Column) darstellen und wiederum aus einzelnen Zellen bestehen. Jeder Zellbereich, also eine Gruppe von Zellen, eine oder mehrere Spalten und Zeilen bestehen wiederum aus einzelnen Zellen, die jeweils durch ein Range-Objekt repräsentiert werden.

Das hört sich jetzt komplizierter an, als es ist. Die folgenden Beispiele machen den Zusammenhang deutlich und zeigen die verschiedenen Möglichkeiten, mit Zellen und Zellbereichen umzugehen.

8.1.9 Einen Zellbereich benennen

Als Erstes soll der Zellbereich, der nachfolgend weiter bearbeitet werden soll, benannt werden. Dazu müssen Sie zunächst einmal den Zellbereich als `Range`-Objekt zurückgeben und können diesem dann einen Namen geben, indem Sie der `Name`-Eigenschaft den gewünschten Wert zuweisen.

Hier wird der Zellbereich von Zelle `A1` bis Zelle `J10` benannt Das sind 10 Zeilen und 10 Spalten. Den Namen für den Bereich legt die Variable `strBereichsname` fest.

```
$strBereichsname="Datenbereich"
```

Um den Zellbereich zu benennen, gibt es zwei Möglichkeiten: Sie geben zunächst über die `Range`-Auflistung den Zellbereich zurück und speichern ihn in einer Variablen. Im zweiten Schritt weisen Sie der `Name`-Eigenschaft den gewünschten Zellbereichsnamen zu.

```
...
if ($boolVorhanden -eq $true)
{
    $objTBlatt=$objWB.Worksheets.Item($strBlatt)
}
else
{
    $objTBlatt=$objWB.Worksheets.Add()
    $objTBlatt.Name=$strBlatt
}
#Zellen im Blatt bearbeiten
#Zellbereich benennen
$objBereich=$objTBlatt.Range("A1:J10")
$objBereich.Name=$strBereichsname
...
```

Es geht aber auch kürzer. In diesem Fall rufen Sie direkt die Eigenschaft des `Range`-Objekts auf. Sie haben dann aber keine Variable, die schon den Zellbereich enthält.

```
...
#Zellen im Blatt bearbeiten
#Zellbereich benennen
$objTBlatt.Range("A1:J10").Name=$strBereichsname
...
```

8.1.10 Auf einzelne Zeilen zugreifen

Jeder Zellbereich ist ein `Range`-Objekt und verfügt wiederum über eine `Rows`-, eine `Cells`- und eine `Columns`-Auflistung. Über die `Rows`-Auflistung können Sie alle Zeilen des Zellbereichs durchlaufen, über die `Columns`-Auflistung die Spalten. Zunächst müssen Sie den Bereich zurückgeben. Das können Sie bspw. über die `Range`-Methode, der Sie den Namen des benannten Zellbereichs übergeben.

Möchten Sie bspw. jede zweite Zeile des Bereichs grau einfärben, können Sie die `Rows`-Auflistung in einer `foreach`-Schleife durchlaufen. Bei jedem Schleifendurchlauf prüfen Sie dann, ob die Zeilennummer der Zeile durch zwei teilbar ist, indem Sie den `Modulo`-Operator verwenden. Die Zeilennummer können Sie über die `Row`-Eigenschaft ermitteln.

Handelt es sich um eine gerade Zeile, legen Sie die Füllfarbe der Zellen fest. Dazu verwenden Sie die Anweisung `$objZeile.Interior.Color=14606046`. Die `Interior`-Eigenschaft gibt ein `Interior`-Objekt zurück, das alle Fülleigenschaften der Zelle bzw. des Zellbereiches definiert. Über dessen `Color`-Eigenschaft können Sie die Füllfarbe definieren. Das muss ein RGB-Farbwert sein.

RGB-Werte lassen sich mit einer Formel berechnen, die die Farbanteile von Rot, Grün und Blau zusammenfügt und so einen numerischen Wert berechnet. Sie können dazu entweder direkt den numerischen Wert verwenden oder auch die .NET-Bibliothek `System.Drawing`.

```
...
$objTBlatt.Range("A1:J10").Name=$strBereichsname
#Jede zweite Zeile grau füllen
foreach ($objZeile in `
    $objTBlatt.Range($strBereichsname).Rows)
{
   if (($objZeile.Row % 2) -eq 0)
   {
      $objZeile.Interior.Color=14606046
   }
}
#Fragen, ob Excel beendet werden soll
...
```

Wenn Sie das Skript nun ausführen, sehen Sie, dass jede zweite Zeile grau unterlegt wird.

Generell ist es natürlich nicht ganz einfach, sich die gewünschten Farbwerte aus den Fingern zu saugen. Möchten Sie die Farbe mit Hilfe der ARGB-Funktion des .NET-Frameworks aus den einzelnen Farbanteilen berechnen, müssen Sie dazu am Anfang des Skriptes zunächst die benötigte .NET-Bibliothek `System.Drawing` laden.

8 | Fremde Anwendungen steuern

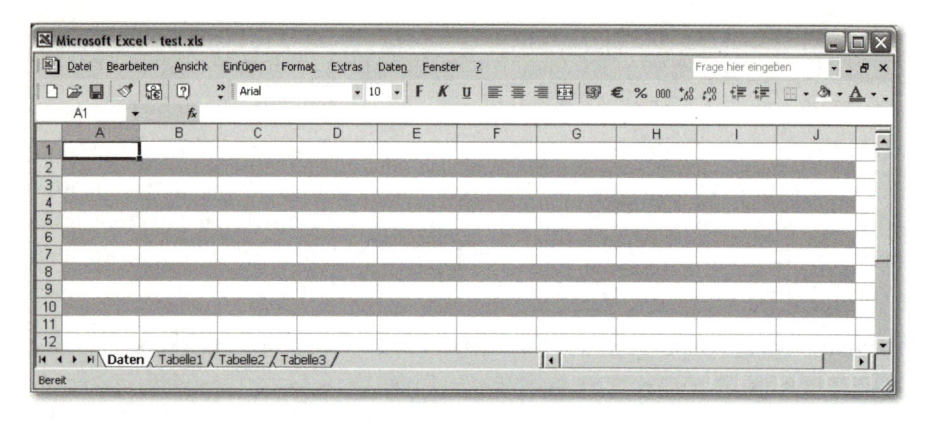

Abbildung 8.8 Das Ergebnis der Formatierung

```
...
#Benoetigte Variablen
$appExcel
$strPfad=getPfad
$strName="test.xls"
$strDateiname=Join-Path $strPfad $strName
$strBlatt="Daten"
$strBereichsname="Datenbereich"
$objTBlatt
$boolVorhanden=$false
$lngFarbe
#Skriptbloecke und Funktionen

#Skriptinhalt
#.NET-Bibliothek laden
$erg=[reflection.assembly]::LoadWithPartialName(
    "System.Drawing")
#Excel starten
...
```

Bevor Sie dann die Rows-Auflistung durchlaufen, können Sie die FromArgb-Funktion aufrufen und den Farbwert der Variablen lngFarbe zuweisen. Allerdings gibt die FromArgb-Funktion ein Color-Objekt zurück, keinen numerischen Wert. Das .NET-Color-Objekt können Sie aber der Color-Eigenschaft von Excel nicht zuweisen. Sie müssen daher aus dem Color-Objekt den numerischen Farbwert ermitteln. Dazu rufen Sie die ToArg-Funktion auf. Sie gibt den numerischen Farbwert zurück.

```
    ...
    #Jede zweite Zeile grau füllen
```

```
#Farbe festlegen
$lngFarbe=[System.Drawing.Color]::FromArgb( `
    222, 222, 222).ToArgb()

foreach ($objZeile in $objTBlatt.Range($strBereichsname).Rows)
{
    if (($objZeile.Row % 2) -eq 0)
    {
        $objZeile.Interior.Color=$lngFarbe
    }
}
...
```

Sie können aber nicht nur alle Zeilen durchlaufen, sondern auch auf einzelne Zeilen und Spalten zugreifen und auf diese Weise bspw. die erste Spalte und erste Zeile farbig hervorheben.

Dazu greifen Sie über die Item-Methode auf ein bestimmtes Element der Rows- bzw. Columns-Auflistung zu. Auf welches Element Sie zugreifen möchten, legen Sie über den Index fest. Wenn Sie 1 angeben, wie im Beispiel, geben Sie damit die erste Zeile bzw. erste Spalte zurück.

Im Beispiel wird zunächst die gewünschte Farbe über die FormArgb-Methode berechnet. Anschließend wird die Füllfarbe der erste Zeilen (.Rows.Item(1)) gesetzt. Analog dazu wird dann die erste Spalte über die Columns-Auflistung zurückgegeben und deren Farbe gesetzt.

```
...
foreach ($objZeile in $objTBlatt.Range( `
$strBereichsname).Rows)
{
    if (($objZeile.Row % 2) -eq 0)
    {
        $objZeile.Interior.Color=$lngFarbe
    }
}

#Erste Zeile und Spalte farbig hervorheben
$lngFarbe=[System.Drawing.Color]::FromArgb( `
    200, 222, 200).ToArgb()
$objTBlatt.Range($strBereichsname `
    ).Rows.Item(1).Interior.Color=$lngFarbe
$objTBlatt.Range($strBereichsname `
    ).Columns.Item(1).Interior.Color=$lngFarbe
...
```

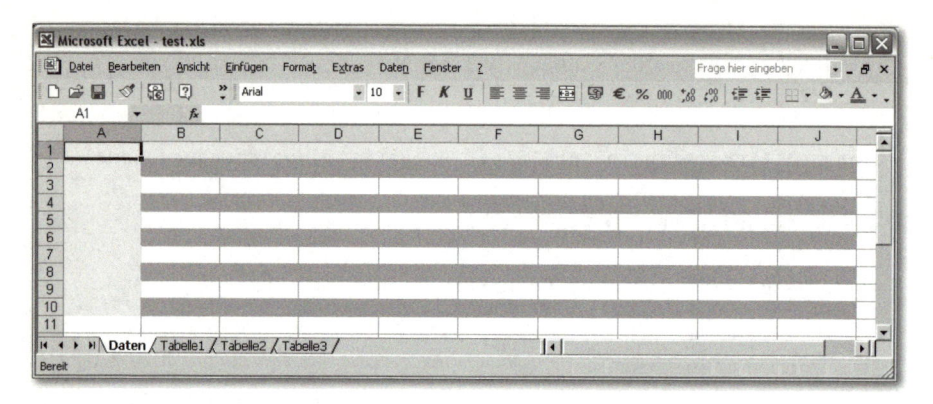

Abbildung 8.9 Das Ergebnis

8.1.11 Daten- und Formeln in Zellen schreiben

Möchten Sie Daten und Formeln in Zellen schreiben, setzen Sie dazu die Value-Eigenschaft oder die Formula-Eigenschaft einer einzelnen Zelle. Der Value-Eigenschaft können Sie prinzipiell einen beliebigen Wert zuweisen. Er wird dann genauso in Excel darstellt, als wenn Sie den Wert direkt in die Zelle eingeben.

[!] Allerdings handelt es sich bei der Value-Eigenschaft um eine sogenannte parametrisierte Eigenschaft. Diese können Sie zwar innerhalb von höheren Programmiersprachen wie VBA, Visual Basic etc. direkt aufrufen und verwenden, in der PowerShell machen solche Eigenschaften jedoch Probleme. Ersatzweise können Sie innerhalb der PowerShell die Value2-Eigenschaft verwenden.

Bei Formeln sieht das etwas anders aus. Weisen Sie der Formula-Eigenschaft eine Formel zu, müssen Sie alle Excel-Zellfunktionen mit ihren englischen Namen angeben.

[+] Wenn Sie diese englischen Funktionsnamen nicht kennen, können Sie auch diejenigen in der entsprechenden Lokalisierung Ihrer Excel-Version verwenden. In deutschen Excel-Versionen wären das also die deutschen Funktionsnamen. Dann müssen Sie die Formel aber der Eigenschaft FormulaLocal zuweisen.

Im Beispiel sollen Informationen zu den Laufwerken des Systems in die Excel-Tabelle ausgegeben werden. In der ersten Zeile sollen dann die Namen der Eigenschaften stehen, in der ersten Spalte eine fortlaufende Nummer. Diese können Sie natürlich als festen Wert einfügen. Im Beispiel wird dazu jedoch eine Formel verwendet. Die Formel nutzt die WENN-Funktion und prüft, ob die vorherige Zelle der Spalte die Spaltenüberschrift enthält. In diesem Fall wird die Zelle auf den Wert 1 gesetzt, ansonsten wird zum Wert der vorherigen Zelle 1 addiert.

Um die Spaltenüberschriften auszugeben, greifen Sie direkt auf die einzelnen Zellen zu. Hier wird zunächst die erste Zeile zurückgegeben. Dann können Sie über die `Cells`-Auflistung und deren `Item`-Methode auf die einzelnen Zellen der Zeile zugreifen, indem Sie als Zeilenindex immer den Wert 1 angeben. Als zweiten Parameter übergeben Sie den Spaltenindex. Hier wird also in die erste Spalte die Überschrift »Nr.« geschrieben, in die zweite der Text »Name« usw.

```
...
#Erste Zeile und Spalte farbig hervorheben
$lngFarbe=[System.Drawing.Color]::FromArgb(`
    200, 222, 200).ToArgb()
$objTBlatt.Range($strBereichsname `
    ).Rows.Item(1).Interior.Color=$lngFarbe
$objTBlatt.Range($strBereichsname `
    ).Columns.Item(1).Interior.Color=$lngFarbe

#Ausgabe der Daten
#Ausgabe der Spaltentitel
$objZeile=$objTBlatt.Range($strBereichsname `
    ).Rows.Item(1)
$objZeile.Cells.Item(1,1).Value2="Nr."
$objZeile.Cells.Item(1,2).Value2="Name"
$objZeile.Cells.Item(1,3).Value2="Beschreibung"
$objZeile.Cells.Item(1,4).Value2="Dateisystem"
$objZeile.Cells.Item(1,5).Value2="freier Speicher"
...
```

Möchten Sie nicht erst die erste Zeile als `Range`-Objekt zurückgeben, können Sie natürlich auch die `Cells`-Auflistung des benannten Bereichs verwenden. In diesem Fall, weil Sie nur auf die erste Zeile zugreifen, bleibt auch hier der Zeilenindex 1. Wenn Sie jedoch auf eine andere Zelle des benannten Bereiches zugreifen, müssen Sie den Zeilenindex berechnen und anpassen.

In diesem Fall müsste der Code wie folgt aussehen:

```
$objZeile=$objTBlatt.Range($strBereichsname `
    ).Rows.Item(1)
$objTBlatt.Range($strBereichsname).Cells.Item(1,1).Value2="Nr."
$objTBlatt.Range($strBereichsname).Cells.Item(1,2).Value2="Name"
$objTBlatt.Range($strBereichsname).Cells.Item(1,3).Value2=`
    "Beschreibung"
...
```

Anschließend müssen Sie noch die Formeln für die Ausgabe der Zeilennummern ausgeben. Da Sie in jeder Formel die Adresse der vorherigen Zelle in der gleichen Spalte benötigen, müssen Sie diese Adresse zunächst ermitteln. Dazu und zum

Zugriff auf die einzelnen Laufwerke, deren Informationen ausgegeben werden sollen, benötigen Sie zwei Variablen. Die Variable LWListe speichert die Auflistung aller Laufwerke, und die Variable lngZeile speichert die Zeilennummer, in der die Formel ausgegeben werden soll.

In einer foreach-Schleife durchlaufen Sie dann alle Laufwerke und berechnen für jedes Laufwerk zunächst nur die Formel. Als Erstes geben Sie die Zeile zurück, die aktuell bearbeitet werden soll. Deren Zeilenindex gibt die Variable lngZeile an.

Die Formel dürfen Sie natürlich nur berechnen, wenn die Zeilennummer größer als 1 ist. In der ersten Zeile stehen ja die Spaltenüberschriften, sodass hier keine Nummer in die erste Spalte einzutragen ist. Daher prüfen Sie als Nächstes, ob die Variable lngZeile größer als 1 ist. Falls ja, folgen die Berechnung und Ausgabe der Formel.

Dazu müssen Sie zunächst die Zelle in der vorherigen Zeile zurückgeben, weil Sie deren Adresse in der Formel benötigen. Sie können sie über die Rows-Auflistung zurückgeben und vom aktuellen Wert der Variablen lngZeile einfach 1 abziehen. Die Adresse selbst können Sie dann über die Address-Methode abrufen und mit der ToString-Methode in eine Zeichenkette konvertieren. Diese Adresse wird in der Variablen strAdresse gespeichert.

In der Variablen strFormel setzen Sie dann die Formel zusammen und weisen diese dann der Eigenschaft FormulaLocal zu. Zum Schluss erhöhen Sie noch den Wert der Variablen lngZeile, damit die nächste Zeile bearbeitet wird.

```
...
$LWListe=Get-PSDrive -PSprovider "filesystem"
$lngZeile=1
foreach ($LW in $LWListe)
{
   $objZeile=$objTBlatt.Range($strBereichsname `
    ).Rows.Item($lngZeile)
   if ($lngZeile -gt 1)
   {
      $objZellevorherige=$objTBlatt.Range( `
        $strBereichsname).Rows.Item(($lngZeile-1 `
        )).Cells.Item(1,1)
      $strAdresse=$objZellevorherige.Address( `
        ).ToString()
      $strFormel="=WENN(" + ($strAdresse) + `
        '="Nr.";1;' + ($strAdresse) + "+1)"
      $objZeile.Cells.Item(1,1 `
        ).FormulaLocal=$strFormel
```

```
        }
        $lngZeile++
}
```

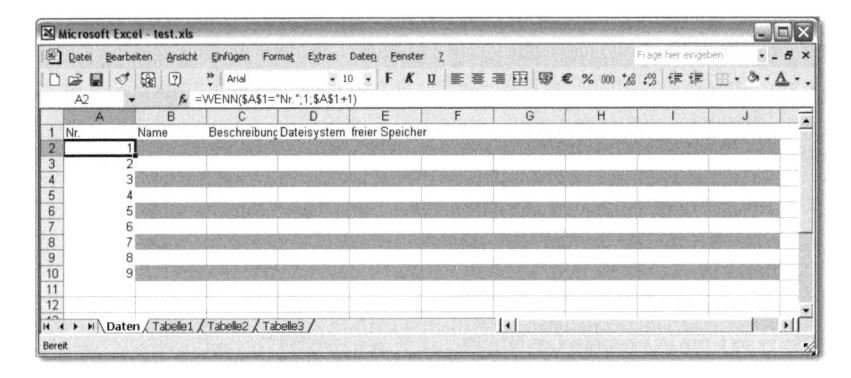

Abbildung 8.10 Das Ergebnis mit den eingefügten und von Excel berechneten Formeln

Nun fehlt noch die Ausgabe der eigentlichen Daten. Diese erfolgt ebenfalls innerhalb der Schleife. Für einige der benötigten Angaben, wie bspw. den freien Speicherplatz, sollten Sie sich jedoch noch ein paar Funktionen erstellen.

Eine Beschreibung und nähere Erklärung der Funktionen finden Sie in Kapitel 5, *Arbeiten mit dem Dateisystem*. [«]

```
...
#Skriptbloecke und Funktionen
function Dateisystem ([System.String] $strLW)
{
    $LWInfo=New-Object System.IO.DriveInfo $strLW

    return ($LWInfo.DriveFormat)
}

function freierSpeicher ([System.String] $strLW)
{
    $LWInfo=New-Object System.IO.DriveInfo $strLW
    #umrechnen in GB
    $Erg=(((($LWInfo.TotalFreeSpace)/1024)/1024)/1024)
    #runden auf zwei Nachkommastellen
    $Erg=[System.Decimal]::round($Erg,2)
    #anhaengen der Einheit
    return ($Erg.toString() + " GB")
}
...
```

Diese Funktionen müssen Sie nun natürlich noch aufrufen, und zwar innerhalb der Schleife, in der Sie auch die Nummerierung in die erste Spalte einfügen. Allerdings ist es so, dass Sie die Nummerierung erst ab der zweiten Zeile einfügen. Würden Sie auch die Ausgabe der Daten innerhalb der if-Anweisung einfügen, würde das dazu führen, dass das erste Laufwerk nicht mit ausgegeben wird. Geben Sie die Daten jedoch außerhalb der if-Verzweigung aus, würde das dazu führen, dass die erste Zeile mit den Spaltenüberschriften überschrieben wird. Das liegt daran, dass für die Ausgabe der Formatierung die Variable objZeile auf die erste Zeile des Zellbereichs festgelegt wird.

```
$objZeile=$objTBlatt.Range($strBereichsname `
    ).Rows.Item($lngZeile)
```

Vor der Ausgabe der Daten müssen Sie daher unbedingt die Variable objZeile auf die nächste Zeile festlegen, indem Sie die Zeile aus dem Zellbereich zurückgeben, die den Zeilenindex lngZeile +1 hat.

```
...
foreach ($LW in $LWListe)
{
    $objZeile=$objTBlatt.Range($strBereichsname `
     ).Rows.Item($lngZeile)
    if ($lngZeile -gt 1)
    {
        $objZellevorherige=$objTBlatt.Range( `
            $strBereichsname).Rows.Item(($lngZeile-1 `
            )).Cells.Item(1,1)
        $strAdresse=$objZellevorherige.Address( `
            ).ToString()
        $strFormel="=WENN(" + ($strAdresse) + `
            '="Nr.";1;' + ($strAdresse) + "+1)"
        $objZeile.Cells.Item(1,1 `
            ).FormulaLocal=$strFormel
    }
    $objZeile=$objTBlatt.Range($strBereichsname `
     ).Rows.Item($lngZeile+1)
        #Ausgabe der Daten
    $objZeile.Cells.Item(1,2 `
      ).Value2=$LW.Name
    $objZeile.Cells.Item(1,3 `
      ).Value2=$LW.Description
    $objZeile.Cells.Item(1,4 `
      ).Value2=Dateisystem($LW)
    $objZeile.Cells.Item(1,5 `
      ).Value2=freierSpeicher($LW)
```

```
    $lngZeile++
}
...
```

Wenn Sie das Skript nun starten, können werden die Daten angezeigt und formatiert:

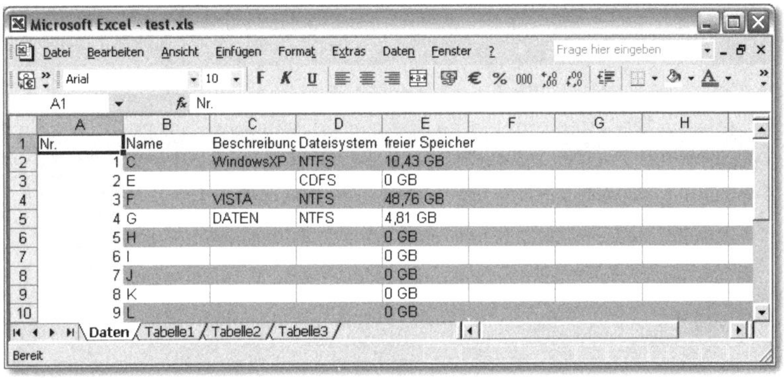

Abbildung 8.11 Das Ergebnis

Die Änderungen speichern

Was jetzt natürlich noch fehlt, ist das Speichern der Arbeitsmappe, bevor diese geschlossen wird. Zwar fragt Excel nach, bevor Excel geschlossen wird, aber wenn Sie die Änderungen automatisch speichern, ersparen Sie dem Benutzer einen zusätzlichen unnötigen Mausklick.

Hat eine Arbeitsmappe bereits einen Namen, den Sie nach dem Erstellen der Arbeitsmappe mit der SaveAs-Methode festgelegt haben, können Sie Änderungen jederzeit mit der Save-Methode speichern.

> Darüber hinaus gibt es eine SaveCopyAs-Methode, mit der Sie eine Kopie der Arbeitsmappe speichern können. Ihr übergeben Sie wie der SaveAs-Methode den Dateinamen und Pfad der Kopie. Sie können jedoch auch jederzeit erneut die SaveAs-Methode aufrufen, um die Datei unter einem anderen Namen zu speichern. Der Unterschied zwischen SaveAs und SaveCopyAs besteht darin, dass beim Speichern mit der SaveAs-Methode die Datei mit dem neuen Dateinamen geöffnet und bei der Verwendung SaveCopyAs-Methode die Datei mit dem neuen Namen als Kopie erzeugt wird, die immer noch nicht gespeicherte Originaldatei jedoch geöffnet bleibt.

[«]

```
...
#Aenderungen speichern
$objWB.Save()
#Fragen, ob Excel beendet werden soll
```

8 | Fremde Anwendungen steuern

```
$antw=Frage("Soll Excel geschlossen werden?")
if ($antw -eq $true)
{
   #Excel beenden
   $appExcel.Quit()
   $appExcel=$null
}
...
```

[+] Abhängig von den Änderungen, die Sie an einer Arbeitsmappe vornehmen, ist es natürlich nicht gesagt, dass es überhaupt zu speichernde Änderungen gibt. Falls Sie vorab prüfen möchten, ob es überhaupt Änderungen gibt, die einer Speicherung bedürfen, können Sie dazu die Saved-Eigenschaft abfragen. Sie hat den Wert false, falls es Änderungen gibt, und nach dem Speichern hat sie den Wert true.

```
...
#Aenderungen speichern
if ($objWB.Saved -eq $false)
{
    $objWB.Save()
}
...
```

Sie haben nun zwar die wichtigsten Teile des Excel-Objektmodells kennengelernt. Allerdings war das bei weitem noch nicht alles. Die Beschreibung des Objektmodells von Excel würde sicherlich ein eigenes Buch füllen. Mit diesen Grundlagen ausgestattet, sind Sie aber in der Lage, sich weiter einzuarbeiten.

8.1.12 Zugreifen auf Word

Der Zugriff auf Word funktioniert prinzipiell genauso. Das Objektmodell ist in gewissen Bereichen dem von Excel sehr ähnlich. Auch der Start von Word vollzieht sich hier mit Hilfe des CmdLets New-Object, und es gibt eine Quit-Methode, um Word zu beenden.

Word starten und beenden

Möchten Sie Word starten, übergeben Sie dazu den Klassennamen Word.Application an das CmdLet New-Object. Es gibt dann ein Application-Objekt von Word zurück. Auch Word startet unsichtbar, sodass Sie es zunächst einblenden müssen, indem Sie die Visible-Eigenschaft auf true setzen.

```
#Skriptname: Word.ps1
#Autor: Helma Spona
#Auflage: 1
```

```
#Verzeichnis: /Bsp/K08
#Beschreibung: Zeigt Grundlagen des
#  Word-Objektmodells
#Anmerkungen: Benoetigt Microsoft Word 2000
# oder hoeher auf dem System sowie die
# Datei wichtigefunktionen.ps1
#Laden der Bibliotheksdateien

#Laden der Hilfsfunktionen
$bibpfad=$myInvocation.get_MyCommand().Definition
$bibpfad= (Split-Path ($bibpfad) -parent)
$bibpfad= Split-Path ($bibpfad)  -parent

#Achtung, wenn Sie das Skript aus der
#PowerShellIDE ausfuehren,
#bitte folgende Zeile aktivieren und das
#korrekte Verzeichnis
#zur Datei wichtigefunktionen.ps1 angeben
$bibpfad="G:\GAL_powerShell\bsp"
. ($bibpfad + "\wichtigefunktionen.ps1")

#Benoetigte Variablen
$appWord

#Skriptbloecke und Funktionen

#Skriptinhalt

#Word starten
$appWord=New-Object -ComObject "Word.Application"
#Word-Fenster einblenden
$appWord.Visible=$true
...
#Fragen, ob Word beendet werden soll
$antw=Frage("Soll Word geschlossen werden?")
if ($antw -eq $true)
{
   #Word beenden
   $appWord.Quit()
   $appWord=$null
}
```

Ein Dokument öffnen und erzeugen

Alle geöffneten Word-Dokumente werden in der Documents-Auflistung von Word verwaltet, die damit analog zur Workbooks-Auflistung von Excel funktioniert. Ist ein Dokument geöffnet, ist es also in der Documents-Auflistung von Word enthalten. Wenn Sie es öffnen oder erstellen möchten, müssen Sie es der Auflistung hinzufügen. Dazu gibt es zwei Methoden, Open und Add.

Add erzeugt ein neues Dokument, Open öffnet ein vorhandenes. Beide hängen das Dokument an die Documents-Auflistung an und geben es als Document-Objekt zurück.

Sie können also einfach mit dem CmdLet Test-Path prüfen, ob es das gewünschte Dokument gibt. Falls ja, rufen Sie die Open-Methode auf, andernfalls die Add-Methode. An die Open-Methode übergeben Sie dazu den kompletten Namen (incl. Pfad) der zu öffnenden Datei. Dieser wird hier, wie im Excel-Beispiel, aus dem Namen test.doc und dem Pfad des Skriptes zusammengesetzt.

[»] Führen Sie das Skript über die PowerShell aus, bedeutet dies, dass die erzeugte Word-Datei im Temp-Pfad der PowerShell gespeichert wird.

```
...
#Benoetigte Variablen
$appWord
$strPfad=getPfad
$strName="test.doc"
$strDateiname=Join-Path $strPfad $strName
$objDoc

#Skriptbloecke und Funktionen

#Skriptinhalt

#Word starten
$appWord=New-Object -ComObject "Word.Application"
#Word-Fenster einblenden
$appWord.Visible=$true
#Pruefen, ob die Word-Datei vorhanden ist
if ((Test-Path $strDateiname) -eq $false)
{
    #Datei erstellen
    $objDoc=$appWord.Documents.Add()
    echo "Datei erstellt"
    #Dokument speichern
    $objDoc.SaveAs($strDateiname)
```

```
}
else
{
    #Dokument oeffnen
    $objDoc=$appWord.Documents.Open($strDateiname)
    echo "Datei oeffnen"
}
...
```

Alle Daten in einem Word-Dokument bestehen aus Absätzen. Jeder Absatz wird in Word durch eine Absatzmarke gekennzeichnet. Alles, was zwischen zwei Absatzmarken steht, ist der Inhalt des Absatzes.

Standardmäßig blendet Word Absatzmarken aus, und viele Benutzer finden sie lästig und störend und blenden sie daher auch nicht ein. Dann lässt sich ein Absatzende aber schlecht von einem Zeilenumbruch unterscheiden, was sehr schwierig ist, wenn Sie bspw. ermitteln möchten, warum ein Skript nicht zum gewünschten Ergebnis führt. Sie sollten daher unbedingt Absatzmarken in Word anzeigen lassen, damit Sie sehen, wo ein Absatz endet und beginnt. Selbstverständlich können Sie das auch mit der PowerShell machen.

Programmeinstellungen ändern

Die Programmoptionen von Word werden für das aktuelle Dokument-Fenster festgelegt. Das ist der Grund dafür, dass Sie mindestes ein Dokument öffnen müssen, damit der Menüeintrag **Extras • Optionen** zur Verfügung steht. Für die Steuerung von Word aus einem Skript gilt natürlich das Gleiche.

Sie können den Code zum Einblenden der Absatzmarken also erst nach dem Öffnen oder Erstellen des Dokuments ausführen. Dazu müssen Sie ein Dokumentfenster als Windows-Objekt zurückgeben, indem Sie die Windows-Auflistung des Dokuments abrufen. Die Windows-Auflistung enthält alle Dokumentfenster, in denen das Dokument angezeigt wird. Das können durchaus mehrere sein. Sie benötigen aber einfach nur das einzige Dokumentfenster des Dokuments, auf das Sie über den Index 1 der Item-Methode zugreifen können.

Der Rückgabewert der Item-Methode ist ein Window-Objekt, das Sie dann einfach einer Variablen (hier objWin) zuweisen können. Es verfügt über verschiedene Eigenschaften, darunter für jede Registerkarte des Dialogs **Extras • Optionen** eine entsprechende.

Die zu ändernde Einstellung finden Sie auf der Registerkarte **Ansicht**, deren Einstellungen der Eigenschaft View untergeordnet sind. Die View-Eigenschaft gibt ein View-Objekt zurück, das über eigene Eigenschaften die Einstellungen der Registerkarte **Ansicht** festlegt. Damit alle Leerzeichen, Tabstoppzeichen etc.

8 | Fremde Anwendungen steuern

angezeigt werden, sollten Sie alle nichtdruckbaren Formatierungszeichen einblenden, indem Sie die Eigenschaft ShowAll auf true setzen. Das entspricht dann dem Aktivieren des Kontrollkästchens **Alle** im Dialogfeld.

```
...
#Benoetigte Variablen
$appWord
$strPfad=getPfad
$strName="test.doc"
$strDateiname=Join-Path $strPfad $strName
$objDoc
$boolVorhanden=$false
$objWin
#Skriptbloecke und Funktionen

#Skriptinhalt

#Word starten
$appWord=New-Object -ComObject "Word.Application"
#Word-Fenster einblenden
$appWord.Visible=$true
#Pruefen, ob die Word-Datei vorhanden ist
if ((Test-Path $strDateiname) -eq $false)
{
    #Datei erstellen
...}
else
{
    #Dokument oeffnen
...
}
#Absatzmarken einblenden
$objWin=$objDoc.Windows.Item(1)

$objWin.View.ShowAll=$true
...
```

[+] Möchten Sie nur Absatzmarken einblenden (das würde dem Aktivieren des Kontrollkästchens **Absatzmarken** entsprechen), verwenden Sie anstelle der Eigenschaft ShowAll die Eigenschaft ShowParagraphs.

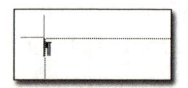

Abbildung 8.12 Nun werden Absatzmarken angezeigt.

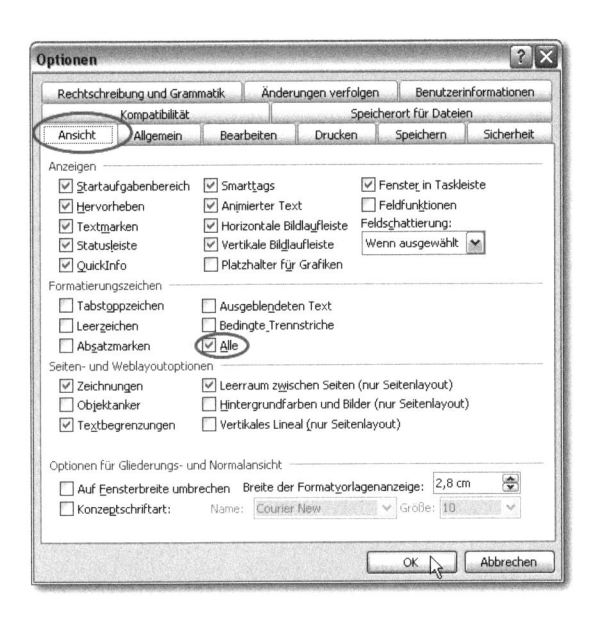

Abbildung 8.13 Die gesetzte Einstellung im Word-Dialog Optionen

Viele Benutzer empfinden es als sehr lästig, wenn Makros in Vorlagen oder gar externe Skripte ihre gewohnten Einstellungen verändern. Wenn Sie so etwas in Skripten machen, die von anderen Benutzern ausgeführt werden, und Sie möchten die Einstellungen nicht auf Dauer ändern, sollten Sie unbedingt vor der Änderung die aktuellen Einstellungen speichern und am Ende des Skriptes wiederherstellen.

[!]

```
...
#Window-Objekt zurueckgeben
$objWin=$objDoc.Windows.Item(1)
#Alte Einstellungen sichern
$boolShowAll=$objWin.View.ShowAll
#Absatzmarken einblenden
$objWin.View.ShowAll=$true


#Fragen, ob Word beendet werden soll
$antw=Frage("Soll Word geschlossen werden?")
if ($antw -eq $true)
{
    #Alte Einstellungen wiederherstellen
    $objWin.View.ShowAll=$boolShowAll
    #Word beenden
    $appWord.Quit()
    $appWord=$null
}
```

Absätze einfügen

Alle Absätze eines Dokuments werden in der `Paragraphs`-Auflistung verwaltet. Die einzelnen Absätze selbst stellen `Range`-Objekte dar. Wie in Excel ist das `Range`-Objekt auch in Word sehr flexibel. Es kann ein einzelnes Zeichen, ein Wort, einen Satz, eine Zeile, mehrere Absätze und weitere Inhalte, wie Tabellen, Bilder etc. umfassen. Jeder Absatz hat wiederum eine `Range`-Eigenschaft, die den Inhalt des Absatzes enthält. Dieser Inhalt kann kein Wagenrücklaufzeichen enthalten. Dieses Zeichen (es wird in VBScript mit `Chr(10)` erzeugt) wird bei Eingabe von Inhalten in ein Word-Dokument über die ⏎-Taste erzeugt und stellt die Absatzendemarke dar. Die Absatzendemarke selbst ist jedoch Bestandteil des Absatzes. Das folgende Beispiel verdeutlicht dies.

Sie können dem Dokument daher problemlos neue Absätze hinzufügen, indem Sie in einen vorhandenen Absatz ein Wagenrücklaufzeichen einfügen. Das wird in der PowerShell durch die Escape-Sequenz `` `r `` dargestellt.

> [»] Escape-Sequenzen sind besondere Zeichenfolgen, die innerhalb einer anderen Zeichenkette eine bestimmte Bedeutung haben. Sie werden durch das Escape-Zeichen der jeweiligen Programmiersprache eingeleitet. In der PowerShell ist das das Zeichen `` ` ``.

> [»] Im Anhang finden Sie eine Auflistung der definierten Escape-Sequenzen.

Ein leeres Dokument enthält exakt einen Absatz, und der ist leer, besteht daher nur aus der Absatzendemarke.

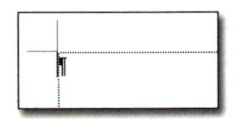

Abbildung 8.14 Eine leeres Dokument hat nur eine Absatzmarke.

Sie können den Inhalt des Absatzes neu festlegen, indem Sie ihn aus der `Paragraphs`-Auflistung zurückgeben und über dessen `Text`-Eigenschaft des `Range`-Objektes den Inhalt neu festlegen.

Zunächst wird im Beispiel der erste Absatz aus der `Paragraphs`-Auflistung zurückgegeben und der Variablen `objAbs` zugewiesen. Über die `Range`-Eigenschaft wird dann das `Range`-Objekt abgerufen und deren `Text`-Eigenschaft gesetzt. Der zugewiesene Wert besteht hier aus einer Zeichenfolge, die hinter `"Titel"` ein Wagenrücklaufzeichen (`` `r ``) enthält. Dadurch wird also ein Text zugewiesen, der eine Absatzendemarke beinhaltet. Dies führt dazu, dass ein neuer Absatz erzeugt wird. Es gibt danach also zwei Absätze im Dokument: Der erste enthält den Text `"Titel"`, der zweite den Text `"Absatztext"`.

```
...
#Absatzmarken einblenden
#$objWin.View.ShowParagraphs=$true
$objWin.View.ShowAll=$true

#Zwei Absaetze einfuegen
$objAbs=$objDoc.Paragraphs.Item(1)
$objAbs.Range.Text="Titel`rAbsatztext"
...
```

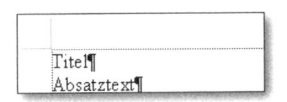

Abbildung 8.15   Das Zwischenergebnis

Legen Sie die `Text`-Eigenschaft eines `Range`-Objektes fest, überschreiben Sie damit vorhandenen Inhalt. Möchten Sie also einen weiteren Absatz anfügen, funktioniert das am einfachsten, indem Sie Text an den vorhandenen Inhalt anfügen.

```
...
$objAbs.Range.Text=($objAbs.Range.Text + `
    "zweite Zeile")
...
```

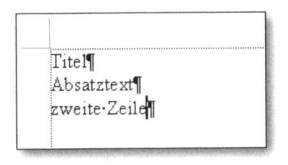

Abbildung 8.16   Das Ergebnis

Formatvorlagen zuweisen

Eine Möglichkeit, Text zu formatieren, besteht darin, den Absätzen oder einzelnen Zeichen Formatvorlagen zuzuweisen. Dazu setzen Sie die `Style`-Eigenschaft des Absatzes.

Die folgende Ergänzung des Beispiels zeigt, wie Sie den ersten Absatz als Überschrift erster Ordnung formatieren. Dazu müssen Sie der `Style`-Eigenschaft nur den Namen des Absatzformates Überschrift 1 zuweisen.

8 | Fremde Anwendungen steuern

[!] Wichtig ist dabei allerdings, dass Sie zuvor die Variable `objAbsatz` auf den ersten Absatz neu festlegen. Durch die vorgenommenen Änderungen enthält die Variable nun nämlich ein `Range`-Objekt, das alle drei Absätze umfasst.

```
...
$objAbs.Range.Text=($objAbs.Range.Text + `
    "zweite Zeile")
#Ersten Absatz als Ueberschrift for-
#matieren
$objAbs=$objDoc.Paragraphs.Item(1)
$objAbs.Style="Überschrift 1"
...
```

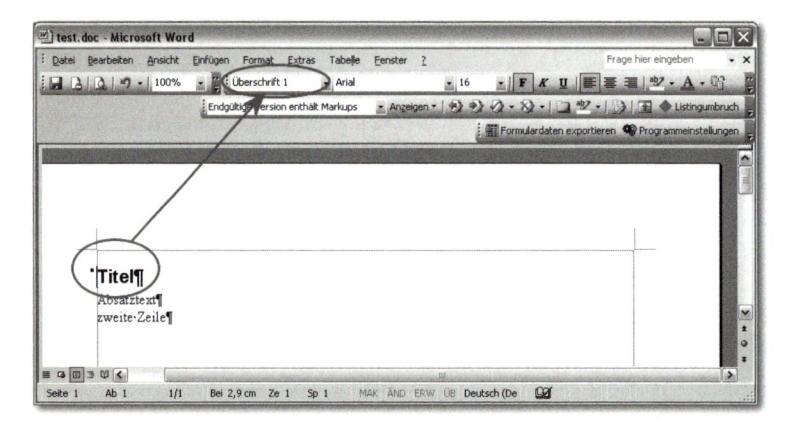

Abbildung 8.17 Der formatierte erste Absatz

[!] Aufgrund des Problems, das die PowerShellIDE mit Umlauten hat, sollten Sie den Code im Windows-Editor bearbeiten und speichern, da die PowerShellIDE das »Ü« in »Überschrift 1« ansonsten durch ein Sonderzeichen ersetzt und eine Formatvorlage dieses Namens nicht gefunden werden kann. Nach dem Bearbeiten des Codes im Windows-Editor sollten Sie ihn auch direkt in der PowerShell ausführen.

Das Dokument drucken

Von den vielen Funktionen, die Word bietet, ist die Druckfunktion sicherlich die wichtigste. Gleichzeitig stiftet sie aber auch die meiste Verwirrung, wenn Word extern per Objektautomation gesteuert wird.

Zwar können Sie die `PrintOut`-Methode des Dokuments nutzen, um es zu drucken, das funktioniert jedoch nur unter zwei Voraussetzungen:

▶ Sie drucken nicht im Hintergrund, und

▶ Word ist sichtbar.

Aus diesem Grund ist es nicht möglich, Word vollständig im Hintergrund auszuführen, wenn Sie dabei drucken müssen.

Damit Sie der `PrintOut`-Methode sagen können, dass der Druck nicht im Hintergrund erfolgen soll, übergeben Sie als ersten Parameter den Wert `false`. Der Druckauftrag wird dann ganz normal in die Druckerwarteschlange des Standarddruckers gestellt.

Der Aufruf der `PrintOut`-Methode in dieser Form entspricht dem Klicken auf den **Drucken**-Button der Symbolleiste, außer dass eben nicht im Hintergrund gedruckt wird. Das bedeutet, dass der Ausdruck bei einem neuen, noch nie gedruckten Dokument immer auf dem Standarddrucker erfolgt. Verwenden Sie Word 2003 und haben Sie das Dokument schon einmal gedruckt, erfolgt der Ausdruck auf dem Drucker, der mit dem Dokument gespeichert ist. Das ist der Drucker, auf dem es zuletzt gedruckt wurde.

Änderungen speichern

Auch Word fragt zwar noch, ob Änderungen gespeichert werden sollen, wenn Sie Word schließen. Aber auch hier können Sie dem Benutzer natürlich einen Mausklick ersparen, indem Sie die Änderungen speichern. Dazu rufen Sie die `Save`-Methode auf. Außerdem können Sie auch in Word (wie in Excel) die `Saved`-Eigenschaft abrufen, um zu ermitteln, ob es zu speichernde Änderungen gibt.

```
...
#Dokument drucken
$erg=$objDoc.PrintOut($false)

#Aenderungen speichern
if ($objDoc.Saved -eq $false)
{
    $objDoc.Save()
}
...
```

Änderungen verwerfen

Natürlich müssen Sie die Änderungen nicht speichern, nur damit die Rückfrage nicht vom Benutzer beantwortet werden muss. Wenn Sie das Dokument vor dem Aufruf der `Quit`-Methode mit der `Close`-Methode schließen, können Sie einen booleschen Wert übergeben, der bestimmt, dass Änderungen nicht gespeichert werden. Geben Sie dazu als ersten Parameter einfach `false` an.

```
...
#Fragen, ob Word beendet werden soll
```

8 | Fremde Anwendungen steuern

```
$antw=Frage("Soll Word geschlossen werden?")
if ($antw -eq $true)
{
   #Alte Einstellungen wiederherstellen
   $objWin.View.ShowAll=$boolShowAll
   #Dokument schliessen, Aenderungen verwerfen
   $objDoc.Close($false)
   #Word beenden
   $appWord.Quit()
   $appWord=$null
}
```

[!] Sie dürfen das Dokument erst schließen, wenn Sie die alten Einstellungen wiederhergestellt haben. Sonst steht kein `Window`-Objekt zur Verfügung, über das Sie die ursprünglichen Einstellungen wiederherstellen können.

8.2 SMTP-E-Mails senden

Es gibt mehrere Möglichkeiten, E-Mails mit Hilfe eines SMTP-Servers zu senden. Ist auf dem Rechner bspw. Outlook installiert, können Sie dazu natürlich auch Outlook per Objektautomation steuern. Allerdings machen die restriktiven Sicherheitseinstellungen der neueren Outlook-Versionen dies zunehmend komplizierter.

Besser ist daher, Sie nutzen das .NET-Framework und senden damit E-Mails. Alles, was Sie dazu benötigen, ist ein SMTP-Mailserver, der lokal installiert oder bspw. über eine bestehende Internetverbindung erreichbar sein muss. Das folgende kleine Beispiel zeigt, wie das funktionieren kann.

Zunächst definieren Sie dazu die erforderlichen Zugangsdaten. Die Variable `smtpHost` muss den Namen des SMTP-Mailservers enthalten. In der Variablen `Absender` geben Sie die Absender-Adresse ein. Zum Testen des Skriptes reicht es aus, wenn Sie der Variablen `Empfaenger` den Wert der Variablen `Absender` zuweisen. Dann schicken Sie die E-Mail an sich selbst. Ansonsten tragen Sie als Wert der Variablen `Empfaenger` einfach die E-Mail-Adresse des Empfängers ein.

Für die Variablen `User` und `KW` müssen Sie die Zugangsdaten für die Anmeldung am SMTP-Server angeben, sofern diese notwendig sind.

[»] Die Angabe ist nicht erforderlich, wenn Sie einen lokal installierten SMTP-Server verwenden, der Ihre Windows-Anmeldung akzeptiert, oder wenn Sie bspw. einen Provider haben, dessen SMTP-Server die Berechtigung für den Versand von E-Mails anhand der verwendeten Internetverbindung verifiziert. Dazu gehört bspw. T-Online.

8.2 SMTP-E-Mails senden

Über die Variablen `Nachricht` und `Betreff` definieren Sie dann noch die Betreffzeile und den Inhalt der Nachricht.

Selbstverständlich können Sie diese Angaben, wie auch die Empfänger-Adresse, in einem Dialog abfragen oder bspw. aus einer Datenbank abrufen. Wie das geht, wird in den Kapiteln 4, *Kommunikation mit dem Anwender*, und 7, *Datenbankzugriffe*, beschrieben.

```
#Skriptname: MailSenden.ps1
#Autor: Helma Spona
#Auflage: 1
#Verzeichnis: /Bsp/K08
#Beschreibung: Sendet eine Mail per SMTP
#Anmerkungen: keine

#Benoetigte Variablen
$User=""
$KW=""
$smtpHost="smtp.XXX.yz"
$smtpPort=25
$Absender="absender@XXX.yz"
$Empfaenger=$Absender #oder Empfaenger-
# adresse eintragen
$Betreff="Test-Mail"
$Nachricht="Dies ist der Inhalt der Mail"
#Skriptbloecke und Funktionen

#Skriptinhalt
...
```

Um eine E-Mail senden zu können, müssen Sie die Assembly `System.Net` laden. Das passiert daher unmittelbar nach den Variablendeklarationen. Danach erzeugen Sie mit dem CmdLet `New-Object` ein Objekt aus der Klasse `System.Net.Mail.SmtpClient`.

Dieses Objekt ermöglicht Ihnen dann den Versand der E-Mail und die Anmeldung am SMTP-Server. Diesen legen Sie über die `Host`-Eigenschaft und den zugehörigen Port über die `Port`-Eigenschaft fest.

```
...
#Assembly laden
[Reflection.Assembly]::LoadWithPartialName(`
    "System.Net")
#SMTP-Objekt erzeugen
$objSmtpClient=New-Object `
```

```
    "System.Net.Mail.SmtpClient"
$objSmtpClient.Host = $smtpHost
$objSmtpClient.Port = $smtpPort
...
```

Als Nächstes müssen Sie ein `System.Net.networkCredential`-Objekt erzeugen, das für die Anmeldung am SMTP-Server erforderlich ist. Über die Methoden `set_Password` und `set_UserName` legen Sie Kennwort und Benutzername fest. Anschließend fügen Sie das `NetworkCredential`-Objekt über die `set_Credentials`-Methode an das `SmtpClient`-Objekt an.

```
...
#Berechtigungen festlegen
$NetCred = New-Object "System.Net.NetworkCredential"
$NetCred.set_Password($KW)
$NetCred.set_UserName($User)
$objSmtpClient.set_Credentials($NetCred)
...
```

Nun können Sie die eigentliche Nachricht erzeugen, indem Sie ein neues Objekt aus der Klasse `System.Net.Mail.MailMessage` ableiten. Danach legen Sie Absender (`From`), Betreffzeile (`Subject`) und Nachrichteninhalt (`Body`) fest. Die Empfänger bestimmen Sie durch Aufruf der `Add`-Methode, und Sie übergeben dieser die Empfänger-Adresse.

> [+] Wenn Sie eine Mail an mehrere Empfänger schicken möchten, rufen Sie die `Add`-Methode also nacheinander mit allen Empfänger-Adressen auf.

Über die Eigenschaft `IsBodyHtml` können Sie festlegen, ob es sich um eine HTML-E-Mail oder eine Nur-Text-E-Mail handelt. Für Letztere müssen Sie den Wert auf `false` setzen. Über die `Send`-Methode des `SmtpClient`-Objekts können Sie die Nachricht dann senden.

```
...
#Nachricht erzeugen
$objMessage=New-Object "System.Net.Mail.MailMessage"
$objMessage.From = $Absender
$objMessage.To.Add($Empfaenger)
$objMessage.Subject = $Betreff
$objMessage.IsBodyHtml = $false
$objMessage.Body = $Nachricht
#Nachricht senden
$objSmtpClient.Send($objMessage)
```

8.3 Windows-Systemprogramme ausführen

Sie können nicht nur Anwendungen wie Word- und Excel per Objektautomation steuern, sondern auch die ganz normalen Anwendungen von Windows ausführen, wie Regedit, Ping etc.

Generell gilt, dass Sie alle Anwendungen wie ein CmdLet, also ohne Pfadangabe, ausführen können, die Ihnen mit Get-Command "*" angezeigt werden. Einige Beispiele werden nachfolgend dargestellt.

8.3.1 Ping ausführen

Den Ping-Befehl auszuführen ist im Prinzip kein Problem. Der Aufruf ist mit wenigen Zeilen Code erledigt. Sie müssen nur die Adresse bzw. die IP-Adresse definieren und als Parameter an den Ping-Befehl übergeben:

```
#Skriptname: ping.ps1
#Autor: Helma Spona
#Auflage: 1
#Verzeichnis: /Bsp/K08
#Beschreibung: Fuehrt ein Ping aus.
#Anmerkungen: keine
#Laden der Bibliotheksdateien

#Benoetigte Variablen
$adresse="192.168.1.1"
#Skriptbloecke und Funktionen

#Skriptinhalt
ping $adresse
...
```

In diesem Fall wird das Ergebnis des Ping-Kommandos an der Kommandozeile ausgegeben. Die Auswertung ist dann wieder Ihre Sache, die Sie genauso manuell machen müssen, als hätten Sie den Ping-Befehl manuell aufgerufen. Dafür brauchen Sie also kein Skript.

Möchten Sie aber eine Reihe von IP-Adressen prüfen, ist ein Skript sinnvoll – allerdings auch nur dann, wenn es das Ergebnis des Ping-Befehls automatisch auswerten kann. Dazu ist ein viel größerer Aufwand notwendig als für den Aufruf des Befehls.

Dazu müssen Sie den Rückgabewert des Befehls zunächst in einer Variablen speichern. Sie enthält dann ein Array aus allen Zeilen, die sonst ausgegeben würden.

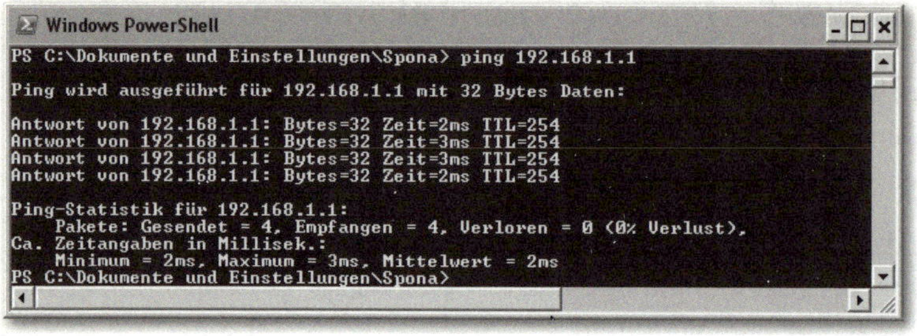

8 | Fremde Anwendungen steuern

Abbildung 8.18 Ausgabe des Ping-Befehls

Dieses Array können Sie dann in einer Schleife durchlaufen und nach einer Zeile durchsuchen, in der das Wort »Pakete«, gefolgt von einem Doppelpunkt, vorkommt. Ob ein Wort in einem anderen vorkommt, können Sie mit der `IndexOf`-Methode des `String`-Objekts ermitteln.

Kommt der gesuchte Text in der Zeile vor, ist die Zeile mit dem Ergebnis gefunden und wird der Variablen `strErgebnis` zugewiesen. Die Zeile enthält bei fehlerfreier Ausführung des `Ping`-Befehls die Angaben:

```
Pakete: Gesendet = 4, Empfangen = 4, Verloren = 0 (0% Verlust),
```

```
...
$erg=ping $adresse
foreach ($strTemp in $erg)
{

    if ($strTemp.IndexOf("Pakete:") -gt 0)
    {
       $strErgebnis=$strTemp
    }
}
...
```

Möchten Sie nun also feststellen, ob die Verbindung in Ordnung ist, müssen Sie nur den Wert hinter `"Verloren ="` ermitteln. Ist er 0, ist alles in Ordnung. Ist er größer 0, gibt es Fehler in der Netzwerkverbindung.

Sie müssen also in der ermittelten Zeile zunächst wieder mit der `IndexOf`-Methode die Position des Textes `"Verloren"` ermitteln. Davon ausgehend ermitteln Sie die Teilzeichenfolge, die aus dem Wert dahinter besteht. Diese ermitteln Sie mit Hilfe der `SubString`-Methode. Als ersten Parameter geben Sie dabei den Rückgabewert der `IndexOf`-Methode zuzüglich 11 (der Länge von `"Verloren = "`) an. Der zweite Parameter gibt die Länge an. Da maximal vier Pakete verloren gehen können, ist eine Stelle ausreichend.

Der Rückgabewert der `SubString`-Methode wird dann der Variablen `Verloren` zugewiesen, anhand deren Wert dann die Ausgabe des Skriptes festgelegt wird.

```
...
$Verloren=$strErgebnis.Substring( `
    ($strErgebnis.IndexOf("Verloren -") + 11),1)
if ($Verloren -eq 0)
{
    echo "Alles OK"
}
else
{
    echo "Verbindung fehlerhaft"
}
```

8.3.2 FTP-Verbindung aufbauen

Windows bringt ein kleines FTP-Programm mit, mit dessen Hilfe sich kleinere FTP-Downloads durchaus bewerkstelligen lassen. Der Aufruf ist auch hier nicht das Problem. Mit einer einzigen Codezeile

```
ftp -A ftp.microsoft.com
```

können Sie sich bspw. anonym (`-A`) am Microsoft FTP-Server anmelden.

Wenn Sie den Befehl an der Eingabeaufforderung der PowerShell eingeben, erhalten Sie folgende Ausgaben:

```
Verbindung mit ftp.microsoft.com wurde hergestellt.

220 Microsoft FTP Service

331 Anonymous access allowed, send identity (e-mail name) as
password.

230-Welcome to FTP.MICROSOFT.COM. Also visit
http://www.microsoft.com/downloads.

230 Anonymous user logged in.

Anonyme Anmeldung erfolgreich für ...
```

Nun befinden Sie sich am FTP-Prompt und können weitere FTP-Befehle ausführen, bspw. die Verbindung mit `quit` verlassen. Geben Sie `quit` ⏎ ein, wird die FTP-Verbindung getrennt, und Sie befinden sich nach Ausgabe von

```
221 Thank you for using Microsoft products.
```

wieder am PowerShell-Prompt.

8 | Fremde Anwendungen steuern

Das eigentliche Problem liegt im Detail. Rufen Sie beide Befehle nacheinander in einem Skript auf, funktioniert das nicht. Zwar wird dann die FTP-Verbindung aufgebaut. Dann ist jedoch der FTP-Prompt aktiv, und das Skript wird nicht weiter ausgeführt, bis das FTP-Programm nicht mehr aktiv ist. Der quit-Befehl wird also nicht ausgeführt.

Aber auch dafür gibt es eine Lösung. Sie müssen dazu eine Textdatei zu Hilfe nehmen, die die auszuführenden FTP-Befehle enthält. Diese können Sie natürlich bei Bedarf auch mit einem PowerShell-Skript erzeugen. Wie Sie das machen, zeigt das folgende Beispiel.

FTP-Befehle per Textdatei ausführen

Als Erstes benötigen Sie eine Textdatei, die alle FTP-Befehle nacheinander enthält. Für den Download einer bestimmten Datei vom FTP-Server könnte das bspw. wie folgt aussehen:

```
binary
get /softlib/MSLFILES/216641up.exe G:\K08\Downloads\temp.exe
Quit
```

Abbildung 8.19 Aufbau und Inhalt der Textdatei

Der Befehl `binary` sorgt für eine binäre Übertragung der Datei. `get` definiert die Datei, die heruntergeladen werden soll. Mit dem zweiten Parameter legen Sie fest, wohin die Datei gespeichert werden soll. Mit `Quit` beenden Sie dann das FTP-Programm.

Wichtig ist, dass das Zielverzeichnis für den Download vorhanden ist. Das sollten Sie also vor dem Aufruf des FTP-Befehls prüfen und das Zielverzeichnis gegebenenfalls erstellen. Damit sollte das Skript also beginnen.

[»] Das Skript nutzt die Datei **wichtigefunktionen.ps1**, die eine Funktion `getPfad` zur Ermittlung des Skriptverzeichnisses enthält. In diesem Verzeichnis wird auch die Textdatei mt den FTP-Befehlen gesucht. Da die PowerShellIDE die Skripte immer aus einer temporären Datei im Skriptverzeichnis der PowerShellIDE ausführt, müssten Sie in dieses Verzeichnis auch die Textdatei mit den FTP-Befehlen kopieren.

Außerdem müssen Sie dann im Skript einen absoluten Pfad zur Datei wichtigefunktionen.ps1 angeben oder auch diese Datei in ein übergeordnetes Verzeichnis des PowerShellIDE-Skriptverzeichnisses kopieren. Besser ist es daher, Sie führen das Skript direkt in der PowerShell aus.

Haben Sie die Datei wichtigefunktionen.ps1 geladen, deklarieren Sie die benötigten Variablen, wie den Namen der Textdatei und den Pfad des Skriptes (und damit der Textdatei), den Sie mit der getPfad-Funktion ermitteln.

```
#Skriptname: ftp.ps1
#Autor: Helma Spona
#Auflage: 1
#Verzeichnis: /Bsp/K08
#Beschreibung: Baut eine FTP-Verbindung auf
#Anmerkungen: Benoetigt die Datei wichtigefunktionen.ps1
#Laden der Bibliotheksdateien

#Laden der Hilfsfunktionen
$bibpfad=$myInvocation.get_MyCommand().Definition
$bibpfad= (Split-Path ($bibpfad) -parent)
$bibpfad= Split-Path ($bibpfad) -parent

#Achtung, wenn Sie das Skript aus der
#PowerShellIDE ausfuehren,
#bitte folgende Zeile aktivieren und das
#korrekte Verzeichnis
#zur Datei wichtigefunktionen.ps1 angeben
. ($bibpfad + "\wichtigefunktionen.ps1")

#Benoetigte Variablen
$URL="ftp.microsoft.com"
$Datei="FTP.txt"
$Pfad=getPfad
$PfadDownload=Join-Path $Pfad "Downloads"
#Skriptbloecke und Funktionen
...
```

Nach den Variablendeklarationen prüfen Sie dann zunächst, ob der Downloadpfad vorhanden ist. Falls nicht, wird er mit dem CmdLet New-Item erstellt. Danach prüfen Sie ebenfalls mit dem CmdLet Test-Path, ob die Textdatei vorhanden ist. Falls nicht, geben Sie eine Fehlermeldung aus.

```
...
#Skriptinhalt
#Pruefen, ob es das Zielverzeichnis
```

8 | Fremde Anwendungen steuern

```
#fuer den Download sowie die Textdatei
#gibt
if ((Test-Path $PfadDownload) -eq $false)
{
    #Download-Pfad erstellen
    $erg= New-Item $PfadDownload -ItemType "directory"
}

if ((Test-Path (Join-Path $Pfad $Datei)) -eq $false)
{
    echo "Fehler: Die FTP-Textdatei ist nicht vorhanden!"
    exit
}
...
```

Falls die Textdatei vorhanden ist, können Sie den FTP-Befehl und die Anweisungen innerhalb der Textdatei ausführen. Normalerweise sollte dazu die folgende Anweisung ausreichend sein, sofern die Variable textdatei den gültigen Namen inklusive Pfad der Textdatei und die Variable URL den Namen des FTP-Servers enthält:

```
$Erg=ftp -s:$textdatei -A $URL
```

[!] Leider funktioniert das so nicht. Aus welchem Grund auch immer, die PowerShell hat ein Problem mit dem Parameter -s und der Angabe der Textdatei. Wenn Sie den Befehl so ausführen, wird die Hilfe zum FTP-Befehl ausgegeben. Der gleiche Aufruf mittels WSHShell-Objekt funktioniert allerdings reibungslos. Sie müssen daher auch hier das WSHShell-Objekt zu Hilfe nehmen.

Dann benötigen Sie jedoch das Systemverzeichnis, weil Sie den Pfad zum FTP-Befehl angeben müssen. Den können Sie über die statische Eigenschaft System-Directory ermitteln.

```
#Benoetigte Variablen
$URL="ftp.microsoft.com"
$Datei="FTP.txt"
$Pfad=getPfad
$Textdatei=Join-Path $Pfad $Datei
$PfadDownload=Join-Path $Pfad "Downloads"
$objWSH=New-Object -ComObject "Wscript.Shell"


...
    Exit
}
#FTP-Programm ausfuehren
```

```
$SysPath=[System.Environment]::SystemDirectory
$objWSH.Run($SysPath + "\FTP.exe -s:" + `
   $Textdatei +" -A " + $URL,0,$true)
```

Die Textdatei wird nun ausgeführt und damit der dort angegebene Download ausgeführt. Sie finden die Zieldatei dann im Download-Verzeichnis.

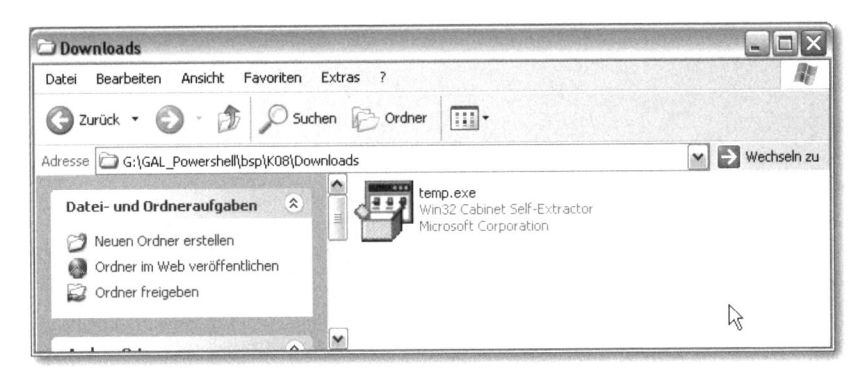

Abbildung 8.20 Die heruntergeladene Datei

Die Textdatei automatisch erstellen

Ungünstig ist nun natürlich noch, dass in der Textdatei eine feste Pfadangabe für das Download-Ziel steht, sodass Sie die FTP-Datei immer anpassen müssen, wenn sich bspw. mal der Laufwerksbuchstabe oder die Verzeichnisstruktur ändert.

Es gibt viele verschiedene Möglichkeiten, mehrere Zeilen in eine Textdatei zu schreiben. Wenn Sie keine besonderen Formatierungen benötigen, ist die einfachste Möglichkeit sicherlich das CmdLet Out-File. Ihm übergeben Sie als Parameter -FilePath den Namen und Pfad der Textdatei sowie optional den Parameter -encoding, der die Kodierung der Textdatei bestimmt.

Die einfachste Möglichkeit, den Inhalt der Datei zu bestimmen, ist die Nutzung einer Pipeline. Dabei ist das erste Element eine Variable mit dem Inhalt der Datei und das zweite Element der Pipeline das CmdLet Out-File.

Enthält die Variable ein Array von Werten, werden diese automatisch als einzelne Zeilen in die Datei geschrieben. Sie müssen also nur dafür sorgen, dass jeder FTP-Befehl in einem eigenen Feld eines Arrays steht. Dazu erzeugen Sie einfach ein ausreichend großes Array aus Zeichenketten. In diesem Fall soll die Textdatei drei Zeilen enthalten, sodass Sie drei Arrayfelder benötigen.

> Ein Array erzeugen Sie in der PowerShell, indem Sie einer Variablen mehrere Werte gleichzeitig zuweisen, die Sie durch Kommata trennen. Mit $temp=1,3,2 würden Sie ein numerisches Array erstellen, das drei Felder mit den Werten 1, 3 und 2 enthält.

8 | Fremde Anwendungen steuern

> Analog dazu erstellen Sie ein `String`-Array, indem Sie Zeichenketten zuweisen und diese natürlich wie gewohnt in Anführungszeichen einfassen.

Bei der Variablendeklaration ist es zunächst ausreichend, ein Array aus drei leeren Feldern zu definieren, indem Sie `$strTemp="",""," "` angeben.

```
...
#Benoetigte Variablen
$URL="ftp.microsoft.com"
$Datei="FTP.txt"
$Pfad=getPfad
$Textdatei=Join-Path $Pfad $Datei
$PfadDownload=Join-Path $Pfad "Downloads"
$objWSH=New-Object -ComObject "Wscript.Shell"
$strTemp="","",""
...
```

Da die Datei auf jeden Fall beim Start des Skriptes neu erstellt werden soll, sollten Sie sie mit dem CmdLet `Remove-Item` löschen, falls sie schon vorhanden ist. Anschließend können Sie die Textdatei neu erstellen.

```
...
if ((Test-Path $PfadDownload) -eq $false)
{
    #Download-Pfad erstellen
    $erg= New-Item $PfadDownload -ItemType "directory"
}

if ((Test-Path $Textdatei) -eq $true)
{
    #Textdatei loeschen
    Remove-Item $Textdatei
}
...
```

Um die Datei neu zu erstellen, müssen Sie zunächst das Array mit den entsprechenden FTP-Befehlen füllen. Dazu weisen Sie einfach jedem Feld den entsprechenden Befehl zu und übergeben die Variable anschließend in der Pipeline an das CmdLet `Out-File`.

```
...
#Textdatei neu erstellen
#neues Array erstellen
$strTemp="","",""
$strTemp[0]="binary"
```

```
$strTemp[1]="get /softlib/MSLFILES/216641up.exe " + `
    (Join-Path $PfadDownload  "temp.exe")
$strTemp[2]= "quit"

$strTemp | Out-File -Filepath $Textdatei `
    -encoding "ASCII" -force
#FTP-Programm ausfuehren
...
```

8.3.3 Eine Webseite mit dem IE anzeigen

Sie können aber natürlich nicht nur VBA-Hostanwendungen wie Word- und Excel steuern sowie sonstige Systemprogramme über Parameter steuern. Auch viele andere Programme, wie bspw. der Internet Explorer, erlauben die Steuerung über Objektautomation. Das folgende Skript zeigt, wie das geht. Es startet den Internet Explorer und navigiert zu einer Seite.

Zunächst müssen Sie dazu ein COM-Objekt aus der Klasse InternetExplorer.Application erzeugen, indem Sie das CmdLet New-Object verwenden. Anschließend setzen Sie die Visible-Eigenschaft auf true, um den Browser einzublenden.

Damit eine Webseite aufgerufen wird, übergeben Sie dann deren URL an die Methode Navigate.

```
#Skriptname: Webbrowser.ps1
#Auflage: 1
#Verzeichnis: /Bsp/K08
#Beschreibung: Startet den IE und ruft damit
#  eine definierte Webseite auf.
#Anmerkungen: benoetigt den IE

#Benoetigte Variablen
$URL="http://www.helma-spona.de/hsp"
$appIE=New-Object -ComObject "InternetExplorer.Application"

#Skriptbloecke und Funktionen

#Skriptinhalt
$appIE.visible=$true
$appIE.Navigate($URL)
```

Abbildung 8.21 Die angezeigte Webseite

[!] Die `Navigate`-Methode wird asynchron ausgeführt. Das bedeutet, dass unmittelbar nach deren Aufruf die nächste Anweisung im Skript ausgeführt wird. Wenn Sie damit abwarten möchten, bis die Seite geladen ist, können Sie das erreichen, indem Sie eine Schleife ausführen, die so lange läuft, wie die `busy`-Eigenschaft des Internet Explorers den Wert `true` hat. Sie können in der Schleife bspw. eine Ausgabe erzeugen. Die Anweisungen nach der Schleife würden dann erst ausgeführt, wenn die Seite geladen ist.

```
...
#Skriptinhalt
$appIE.visible=$true
$appIE.Navigate($URL)
while ($appIE.busy -eq $true)
{
   echo "."
}
```

Anhang

A **Übersichtstabellen** 415

B **Glossar** 431

A Übersichtstabellen

A.1 CmdLets

CmdLet	Beschreibung	Beispiel
Get-Command	Listet alle verfügbaren Befehle auf bzw. ermöglicht die Filterung nach Befehlstyp und Name.	`Get-Command -Name *` Listet alle Befehle auf. `Get-Command -Name Get-* -Type CmdLet` Listet alle CmdLets auf, deren Namen mit `"Get-"` anfangen. `Get-Command -Name 'ping.exe'`, ermittelt Informationen zum Ping-Befehl.
Get-Date	Gibt das aktuelle oder das per Parameter definierte Datum zurück.	`Get-Date`, gibt das aktuelle Datum zurück. `Get-Date -Month 5 -Year 2006 -Day 1`, gibt den 1. Mai 2006 zurück.
Get-Help	Gibt die Hilfe zum angegebenen CmdLet aus.	`Get-Help -Name 'Get-Process'`, gibt die Hilfe zum CmdLet `Get-Process` aus.
Get-Process	Gibt eine Liste mit den aktuellen Prozessen aus.	`Get-Process`, gibt alle Prozesse aus. `Get-Process	WHERE {$_.Company -like "*Microsoft*" }`, gibt alle Prozesse aus, deren Herstellerbezeichnung die Zeichenfolge »Microsoft« enthält.
Get-Member	Listet alle Eigenschaften, Methoden und Ereignisse von Objekten auf. Das CmdLet muss auf der rechten Seite eines Pipe-Zeichens stehen, da es einen Eingangswert erwartet.	`Get-Date	Get-Member`, listet alle Eigenschaften, Methoden und Ereignisse des Objektes auf, das von `Get-Date` zurückgegeben wird.  `Get-Date	Get-Member -MemberType 'Properties'`, listet alle Eigenschaften des `System.DateTime`-Objekts auf.

CmdLet	Beschreibung	Beispiel
Format-List	Gibt eine formatierte Liste aus, bei der alle Informationen untereinander ausgegeben werden. Das CmdLet muss auf der rechten Seite eines Pipe-Zeichens stehen, da es einen Eingangswert erwartet.	Get-Command -Name 'ping.exe' | Format-List -Property '*' gibt alle verfügbaren Informationen zum Ping-Befehl aus.
Get-PSProvider	Listet alle Datenprovider der PowerShell und deren Aliasnamen auf.	Get-PSDrive -PSprovider "filesystem", gibt eine Liste aller Laufwerke zurück.
Get-Content	Gibt den Wert eines Ausdrucks aus.	Get-Content Env:Path, gibt den Wert der Umgebungsvariablen Path aus.
Set-Execution-Policy AllSigned	Setzt die Ausführberechtigung für Skripte in der PowerShell.	Set-ExecutionPolicy AllSigned RemoveSigned, führt alle Skripte aus, Skripte aus Online-Quellen jedoch nur, wenn sie signiert sind.
Write-Output	Schreibt einen oder mehrere Texte in den Ausgabestrom. Wird mehr als ein Text als Parameter übergeben, werden alle Text untereinander in separaten Zeilen ausgegeben.	Write-Output "Hallo Welt!" gibt "Hallo Welt!" aus.
Split-Path	Ermittelt einen bestimmten Teil aus einer Pfadangabe.	Split-Path $pfad -parent, ermittelt das übergeordnete Verzeichnis aus der in der Variablen pfad gespeicherten Pfadangabe.
Join-Path	Verbindet zwei Teile einer Pfadangabe zu einem gültigen Pfad.	Join-Path $pfad "Skriptparameter.ps1", verbindet die Pfadangabe in der Variablen pfad und den Dateinamen zu einer gültigen Pfadangabe. Dabei werden notwendige Pfadtrennzeichen ergänzt.
Get-Service	Ermittelt alle Dienste oder den über die Parameter angegebenen Dienst.	Get-Service -DisplayName 'Warndienst', gibt den Warndienst aus der Dienstliste des Systems zurück.
Out-File	Schreibt das Eingangsobjekt in die mit dem Parameter -filepath angegebene Ausgabedatei.	Write-Output "test" | Out-File -filepath "C:\test.txt" -append Schreibt die Zeichenfolge »test« in die angegebene Textdatei und hängt die Ausgabe an eine schon vorhandene Datei an.
echo	Aliasname für Write-Output	echo "test"

CmdLet	Beschreibung	Beispiel
Write-Host	Gibt einen Text an der Kommandozeile aus und erlaubt dessen Formatierung.	`Write-Host $text -foregroundColor blue -backgroundColor white`, erzeugt eine blaue Schrift auf weißem Hintergrund.
Write-Error	Erzeugt ein `Error`-Objekt und gibt die Fehlermeldung aus.	`Write-Error "Das ist eine Fehlermeldung!"`, gibt eine Fehlermeldung aus.
Write-Warning	Gibt eine Warnung aus.	`Write-Warning "Dies ist eine Warnung!"`, schreibt eine Warnung.
Read-Host	Liest einen Wert von der Kommandozeile ein und gibt ihn zurück.	`$wert1=Read-Host -Prompt "Bitte geben Sie eine Zahl ein!"`, gibt eine Eingabeaufforderung für eine Zahl aus und speichert die Eingabe in der Variablen wert.
ConvertTo-SecureString	Konvertiert eine Zeichenkette in ein `SecureString`-Objekt.	`ConvertTo-SecureString $strKW -AsPlainText -Force`
New-Object	Erzeugt ein neues .NET-Objekt.	`$Dlg=New-Object("System.Windows.Forms.OpenFileDialog")`, erzeugt ein `OpenFileDialog`-Objekt und speichert es in der Variablen Dlg.
Test-Path	Prüft, ob es ein bestimmtes Verzeichnis, eine Datei oder einen Registry-Eintrag gibt, und gibt entsprechend `true` oder `false` zurück.	`Test-Path "C:\Test\"` prüft, ob es das Verzeichnis C:\Test\ gibt.
Set-Location	Setzt das aktuelle Verzeichnis.	`Set-Location "C:\Test"` setzt das aktuelle Verzeichnis auf C:\Test.
Get-Location	Ermittelt den aktuellen Pfad des angegebenen Laufwerks.	`Get-Location -PSDrive "C"` ermittelt das aktuelle Verzeichnis auf Laufwerk C:.
New-Item	Erstellt ein neues Element.	`New-Item "C:\Test" -Itemtype directory` erzeugt das Verzeichnis C:\Test. `New-Item -Name hallowelt.txt -Itemtype "file" -Path $Pfad -Value "Hallo Welt!"`, erstellt eine Datei mit dem Namen hallowelt.txt und dem Inhalt »Hallo Welt!« in dem Verzeichnis, das mit dem Parameter -Path angegeben wurde.

CmdLet	Beschreibung	Beispiel
Remove-Item	Entfernt ein Element.	Remove-Item "C:\Test" löscht das angegebene Verzeichnis. Remove-Item "C:\Test" -recurse löscht das angegebene Verzeichnis und alle untergeordneten Dateien und Verzeichnisse.
Rename-Item	Benennt ein Element um.	Rename-Item "C:\Test" "Test2" benennt das Verzeichnis C:\Test in C:\Test2 um.
Get-Item	Gibt ein Element zurück.	Get-Item $Dateiname, gibt ein System.IO.FileInfo-Objekt mit Dateiinformationen zur mit Dateiname angegebenen Datei zurück.
Copy-Item	Kopiert ein Element.	Copy-Item "C:\Test2\test.txt" "C:\" -Force, kopiert die angegebene Textdatei in das Verzeichnis C:\ und überschreibt dabei die Zieldatei, falls sie schon vorhanden ist.
Get-ChildItem	Gibt eine Auflistung mit untergeordneten Elementen zurück.	$ordner=Get-Item("C:\Test") foreach ($Item in (Get-ChildItem $ordner -Recurse)) { echo ($Item.Fullname) }, durchläuft alle Dateien und Verzeichnisse des Ordners »C:\« rekursiv.
Get-WMIObject	Gibt ein WMI-Objekt zurück.	get-wmiobject ` -class "Win32_LogicalProgramGroupItem" ` -namespace "root\CIMV2" ` -computername "." Gibt eine Liste aller Programmgruppen des Startmenüs zurück.
Tee-Object	Gibt die angegebene Meldung an der Kommandozeile und in ein explizit definiertes Ausgabeziel aus.	Tee-Object -inputObject $text -Variable "meineVariable", gibt den Inhalt der Variablen text in die Variable meineVariable und an der Kommandozeile aus.

A.2 Systemvariablen

Variable	Beschreibung
$^	Enthält das erste Element des vorherigen Befehls. Haben Sie bspw. vorher an der Kommandozeile `Get-Date -Day 1` ausgeführt, enthält die Variable den Wert "Get-Date".
$$	Enthält das letzte Element des vorherigen Befehls. Haben Sie bspw. vorher an der Kommandozeile `Get-Date -Day 1` ausgeführt, enthält die Variable den Wert 1.
$_	Das aktuelle Objekt der Pipeline
$?	Enthält den Fehler- und Erfolgsstatus des letzten Befehls.
$Error	Enthält den zuletzt aufgetretenen Fehler.
$foreach	Ermöglicht den Zugriff auf die Laufvariable in einer `foreach`-Schleife.
$HOME	Enthält das Benutzerverzeichnis des Benutzers.
$Match	Eine Hash-Tabelle mit den Ergebnissen des `match`-Operators
$MyInvocation	Enthält Informationen über das augenblicklich ausgeführte Skript oder CmdLet.
$PSHome	Das Verzeichnis, in dem die PowerShell installiert ist
$Host	Informationen zur aktuellen Laufzeitumgebung der PowerShell
$true	Der boolesche Wert `True`
$false	Der boolesche Wert `False`
$null	Der Wert `Null`
$OFS	Das Feldtrennzeichen, das verwendet wird, wenn ein Array in einen String konvertiert wird. Standardmäßig hat die Variable ein Leerzeichen als Wert.
$ShellID	Die ID der Shell. Anhand dieses Wertes werden bspw. die Ausführungsregeln für Skripte geprüft.
$StackTrace	Enthält detaillierte Fehlerinformationen zum Debuggen der Skripte.

Variable	Erlaubte Werte, Datentyp	Beschreibung
$DebugPreference	Command Policy	Legt die Aktion fest, die ausgeführt werden soll, wenn Debug-Daten geschrieben werden.
$ErrorActionPreference	Command Policy	Bestimmt die Aktion, die ausgeführt werden soll, wenn Fehlerinformationen geschrieben werden.
$MaximumAliasCount	Int	Bestimmt die maximale Anzahl von Aliasnamen.
$MaximumDriveCount	Int	Legt die maximale Anzahl von Providerlaufwerken fest.

Variable	Erlaubte Werte, Datentyp	Beschreibung
$MaximumErrorCount	Int	Definiert die maximale Anzahl Fehler, die in der Variablen Error gespeichert werden.
$MaximumFunctionCount	Int	Legt die maximale Anzahl benutzerdefinierter Funktionen fest.
$MaximumVariableCount	Int	Definiert die maximale Anzahl Variablen.
$MaximumHistoryCount	Int	Die maximale Anzahl Einträge in der Kommando-Historie.
$ShouldProcessPreference	Command Policy	Die Aktion, die ausgeführt werden soll, wenn die Funktion ShouldProcess innerhalb eines CmdLets aufgerufen wird.
$ProcessReturnPreference	bool	Der Rückgabewert der ShouldProcess-Funktion.
$ProgressPreference	Command Policy	Die Aktion, die ausgeführt wird, wenn mit dem CmdLet Write-Progress oder der Funktion WriteProgress Daten geschrieben werden.
$VerbosePreference	Command Policy	Die Aktion, die ausgeführt werden soll, wenn Daten mit Write-Verbose oder WriteVerbose geschrieben werden.

A.3 PowerShell-Schlüsselwörter

Schlüsselwort	Bedeutung	Bereich
begin	Formuliert zusammen mit end Codeblöcke innerhalb von Funktionen.	
break	Bricht eine switch-Anweisung ab.	Programmablaufsteuerung
continue	Bricht den aktuellen Zweig einer switch-Anweisung ab und fährt mit der Prüfung des nächsten Vergleichswertes oder dem default-Zweig fort.	Programmablaufsteuerung
do	Definiert eine do-Schleife.	
else	Definiert den Alternativzweig einer Verzweigung.	Programmablaufsteuerung
elseif	Definiert eine alternative Prüfbedingung.	Programmablaufsteuerung
end	Formuliert zusammen mit begin Codeblöcke innerhalb von Funktionen.	

Schlüsselwort	Bedeutung	Bereich
exit	Beendet die Skriptausführung.	
filter	Definiert einen Filter.	
for	Definiert eine Zählschleife.	Programmablaufsteuerung
foreach	Definiert eine Zählschleife zum Durchlaufen von Auflistungen und Arrays.	Programmablaufsteuerung
function	Definiert eine Funktion.	
if	Definiert eine Verzweigung.	Programmablaufsteuerung
in	Legt die Auflistung bzw. das Array in einer foreach-Schleife fest.	Programmablaufsteuerung
param	Definiert eine Parameterliste für eine Funktion oder einen Scriptblock.	
return	Legt den Rückgabewert einer Funktion oder eines Skriptblocks fest.	
switch	Definiert eine switch-Anweisung.	Programmablaufsteuerung
trap	Legt Anweisungen zur Fehlerbehandlung fest.	
until	Leitet eine Austrittsbedingung in einer Schleife ein.	Programmablaufsteuerung
while	Definiert eine while-Schleife.	Programmablaufsteuerung

A.4 Operatoren

A.4.1 Mathematische Operatoren

Operator	Definition
+	Addition
-	Subtraktion
*	Multiplikation
/	Division
%	Modulo (Rest einer ganzzahligen Division)

A.4.2 Zuweisungsoperatoren

Operator	Beschreibung
++	Inkrement
--	Dekrement
+=	Addiert den Wert rechts vom Operator zu dem Wert auf der linken Seite.
-=	Subtrahiert den Wert rechts vom Operator von dem Wert links vom Operator.

Operator	Beschreibung
*=	Multipliziert den Wert rechts vom Operator mit dem links vom Operator und weist das Ergebnis dem Wert links vom Operator zu.
/=	Dividiert den Wert links vom Operator durch den Wert rechts davon und weist das Ergebnis dem linken Operanden zu.
%=	Berechnet den Modulo der beiden Operanden und weist das Ergebnis dem linken Operanden zu.

A.4.3 Vergleichsoperatoren

Operator	Groß- und Kleinschreibung wird berücksichtigt	Beschreibung
-lt		kleiner als
-gt		größer als
-le		kleiner oder gleich
-ge		größer oder gleich
-eq		gleich
-ne		nicht gleich
-contains		Prüft, ob das gesuchte Element in einer Gruppe von Elementen vorhanden ist.
-notcontains		Prüft, ob das gesuchte Element nicht in einer Gruppe von Elementen vorhanden ist.
-like		Prüft, ob der Wert einem Suchmuster mit Platzhalterzeichen entspricht.
-notlike		Prüft, ob der Wert nicht einem Suchmuster mit Platzhalterzeichen entspricht.
-match		Prüft, ob der Wert einem Suchmuster mit regulären Ausdrücken entspricht.
-notmatch		Prüft, ob der Wert nicht einem Suchmuster mit regulären Ausdrücken entspricht.
-clt	ja	kleiner als
-cle	ja	größer als
-cgt	ja	kleiner oder gleich
-cge	ja	größer oder gleich
-ceq	ja	gleich
-cne	ja	nicht gleich
-clike	ja	Prüft, ob das gesuchte Element in einer Gruppe von Elementen vorhanden ist.
-cnotlike	ja	Prüft, ob das gesuchte Element nicht in einer Gruppe von Elementen vorhanden ist.

Operator	Groß- und Klein-schreibung wird berücksichtigt	Beschreibung
`-ccontains`	ja	Prüft, ob der Wert einem Suchmuster mit Platzhalterzeichen entspricht.
`-cnotcontains`	ja	Prüft, ob der Wert nicht einem Suchmuster mit Platzhalterzeichen entspricht.
`-cmatch`	ja	Prüft, ob der Wert einem Suchmuster mit regulären Ausdrücken entspricht.
`-cnotmatch`	ja	Prüft, ob der Wert nicht einem Suchmuster mit regulären Ausdrücken entspricht.

A.4.4 Logische Operatoren

Operator	Syntax	Beschreibung
`-not`	`-not Ausdruck`	Der Gesamtausdruck ist `true`, wenn der Ausdruck `false` ist.
`-and`	`Ausdruck1 -and Ausdruck2`	Der Gesamtausdruck ist wahr, wenn beide Teilausdrücke wahr sind.
`-or`	`Ausdruck1 -or Ausdruck2`	Der Gesamtausdruck ist wahr, wenn mindestens einer der Teilausdrücke wahr ist. Es dürfen auch beide Teilausdrücke wahr sein.
`!`	`!Ausdruck`	Der Gesamtausdruck ist `true`, wenn der Ausdruck `false` ist.

A.5 Verzweigungen

Syntax	Beschreibung	Beispiel

`if (boolescher Ausdruck)`
`{`
`    Anweisungen`
`}`
	Die Anweisungen innerhalb des ersten Klammerpaares werden ausgeführt, wenn der boolesche Ausdruck wahr ist.	`if (1 -lt 2)`
		`{`
		`    Write-Output "1 ist kleiner als 2"`
		`}`

`if (boolescher Ausdruck)`
`{`
`    Anweisungen`
`}`
`else`
`{`
`    Anweisungen`
`}`
	Die Anweisungen innerhalb des ersten Klammerpaares werden ausgeführt, wenn der boolesche Ausdruck wahr ist, und die Anweisungen im Code-Block nach `else` werden ausgeführt, wenn der Ausdruck `false` ist.	

Syntax	Beschreibung	Beispiel

`if (boolescher Ausdruck)`
`{`
`    Anweisungen`
`}`
`elseif (boolescher Ausdruck)`
`{`
`    Anweisungen`
`}`
`else`
`{`
`    Anweisungen`
`}`
	Prüft nacheinander alle Ausdrücke und führt den Code-Block des Ausdrucks aus, der wahr ist. Falls kein Ausdruck wahr ist, wird der optionale `else`-Zweig ausgeführt.	`if ($zahl1 -lt`
		`$zahl2)`
		`{`
		`    ...`
		`}`
		`elseif ($zahl1 -gt`
		`$zahl2)`
		`{`
		`    ...`
		`}`
		`else`
		`{`
		`    ...`
		`}`

`switch (Ausdruck) {`
`    Vergleichswert1 {Anweisungen}`
`    Vergleichswert2 {Anweisungen}`
`    Vergleichswert3 {Anweisungen}`
`    Vergleichswert4 {Anweisungen}`
`    default{Alternative Anweisungen}`
`}`
	Vergleicht den Ausdruck der Reihe nach mit den Vergleichswerten und führt den Code aus, der dem oder den passenden Vergleichswerten zugeordnet ist. Wird kein passender Vergleichswert gefunden, wird der optionale `default`-Zweig ausgeführt.	Siehe Kapitel 3

A.6 Schleifen

Syntax	Beschreibung	Beispiel

`do { `*Anweisungen*` } until ( `*boolescher Ausdruck*` )`	Führt die Schleife aus, bis der Ausdruck wahr ist.	`do`
		`{`
		`    $summe+=$I`
		`    $I++`
		`} until ($I -gt 10)`

`do { `*Anweisungen*` } while ( `*boolescher Ausdruck*` )`	Führt die Schleife aus, solange der Ausdruck wahr ist.	`do`
		`{`
		`    $summe+=$I`
		`    $I++`
		`} while ($I -le 10)`

Syntax	Beschreibung	Beispiel

`foreach (Variable in Array|Auflistung)`
`{`
`    Anweisungen`
`}`
	Durchläuft das Array oder die Auflistung und weist der Schleifenvariablen den Wert des aktuellen Eintrags zu. Innerhalb der Schleife haben Sie über die Schleifenvariable Zugriff darauf.	`foreach ($wert in Get-command)`
		`{`
		`    Write-Output $wert.Name`
		`}`

`for (Initialisierung;`
`boolescher Ausdruck;`
`Abschluss)`
`{`
`    Anweisungen`
`}`
	Wiederholt die Schleife, bis der boolesche Ausdruck den Wert `false` hat.	`for ($I=1;$I -le 10;$I++)`
		`{`
		`        $summe+=$I`
		`}`

`while (Eintrittsbedingung){`
`Anweisungen }`
	Führt die Schleife so lange aus, wie die Eintrittsbedingung erfüllt ist.	`while ($I -le 10)`
		`{`
		`    $summe+=$I`
		`    $I++`
		`}`

A.7 Wichtige Member der Klasse String

Member	Typ	Beschreibung	Beispiel
Concat	statische Methode	Fügt zwei oder mehr Zeichenketten zu einer zusammen und gibt die zusammengefügte Zeichenkette zurück.	`[String]::Concat("text", $zahl1, "-", $zahl2)`

Substring	Methode	Gibt eine Teilzeichenfolge zurück. Der erste Parameter bestimmt das Anfangszeichen, der zweite die Länge.	`$text2.SubString(1,2)`
			oder
			`"test".Substring(0,1)`

Remove	Methode	Schneidet eine Teilzeichenfolge aus der Zeichenkette aus. Der erste Parameter bestimmt das Anfangszeichen, der zweite die Länge.	`$text2.Remove(1,2)`
			oder
			`"test".Remove(0,1)`

Member	Typ	Beschreibung	Beispiel
Insert	Methode	Fügt in eine Zeichenkette an der mit dem ersten Parameter angegebenen Position die Zeichenkette im zweiten Parameter ein.	$Erg.Insert(7,"&")
Replace	Methode	Ersetzt jedes Vorkommen des ersten Parameters durch den zweiten.	$ZK.Replace("und","&")
Contains	Methode	Gibt True zurück, wenn die als Parameter übergebene Zeichenkette im String-Objekt vorkommt.	$Erg.Contains("&")
Trim	Methode	Schneidet führende und abschließende Leerzeichen ab.	$Text.Trim()
TrimStart	Methode	Schneidet führende Leerzeichen ab.	$Text.TrimStart()
TrimEnd	Methode	Schneidet abschließende Leerzeichen ab.	$Text.TrimEnd()
toLower	Methode	Wandelt eine Zeichenkette in Kleinbuchstaben um.	$Text.toLower()
toUpper	Methode	Wandelt eine Zeichenkette in Großbuchstaben um.	$Text.toUper()
toString	Methode	Wandelt einen Wert in ein System.String-Objekt um.	$Wert=1 $Wert.toString()
Split	Methode	Spaltet eine Zeichenkette in ein Array auf.	$pfad.Split("\")[0], spaltet die Zeichenfolge in pfad an den Backslashs auf und gibt dann das erste Element mit dem Index 0 zurück.

Member	Typ	Beschreibung	Beispiel
IndexOf	Methode	Gibt die Position zurück, an der die angegebene Teilzeichenfolge im String beginnt. Ist die Teilzeichenfolge nicht vorhanden, wird –1 zurückgegeben.	$pos=$strTemp.IndexOf("test")

A.8 Escape-Zeichen

Escape-Zeichen werden durch ` eingeleitet.

Escape-Sequenz	Bedeutung
`0	null
`b	Del
`f	Zeilenvorschub
`n	Zeilenwechsel
`r	Absatzende (Wagenrücklauf)
`t	⇥
`v	Zeichen `

A.9 Wichtige Code-Fragmente

Die folgende Tabelle enthält wichtige Code-Fragmente zur Lösung gängiger Probleme, die Sie immer wieder benötigen.

Stichwort	Code	Gültigkeitsbereich	Beschreibung
Skriptname	$MyInvocation.get_MyCommand().Name	Skript	Gibt den Namen des Skriptes zurück.
Funktionsname	$MyInvocation.get_MyCommand().Name	Funktion	Gibt den Namen der Funktion zurück.
Skriptverzeichnis und Name	$MyInvocation.get_MyCommand().Definition	Skript	Gibt den Namen und Pfad des Skriptes aus, in dem die Anweisung steht.

Stichwort	Code	Gültigkeits-bereich	Beschreibung
Befehls-kontext	`$MyInvocation.get_MyCom-mand().Definition`	Funktion	Gibt den Inhalt der Funktion zurück, in der die Anweisung verwendet wird.

Meldungs-dialog	`[System.Windows.Forms.Message-Box]::Show("Meldung")`
	Erfordert vorab die Anweisung
	`$erg=[reflection.assem-bly]::LoadWithPartialName("System.Windows.Forms")`
			Gibt eine Dialogbox mit einer Meldung aus.

Durchlau-fen von Ordnern und Dateien	`$ordner=Get-Item ("C:\pfadname")`
	`foreach ($Item in (Get-ChildItem $ordner ))`
	`{`
	`    ...)`
	`}`		

.NET-Member	`[System.Environment]::System-Directory`		Gibt das Systemverzeichnis zurück, bspw. `C:\Windows\System32`.
.NET-Member	`[System.Environment]::GetFolder-Path(11)`		Gibt das Startmenü-verzeichnis des aktuellen Benutzers zurück.
.NET-Member	`[System.Environment]::GetFolder-Path("Programs")`		Gibt den Pfad zum Order **Programme** des Startmenüs zurück.
CmdLet	`New-Object -com "WScript.Shell"`		Erzeugt ein neues Com-Objekt aus der angegebenen Klasse, hier also ein `WSCript.Shell`-Objekt.

A.10 Wichtige Fehlermeldungen und deren Ursache

Fehlermeldung	Ursache	Problemlösung
Cannot find type [Klassenname]: make sure the assembly containing this type is loaded.	Sie haben versucht, eine statische Klasse in einem .NET-Namensraum zu verwenden. Diese ist aber nicht geladen.	Nutzen Sie die Anweisung [reflection.assembly]::LoadWithPartialName("*Klassenname*"), um die Klasse zu laden.
Cannot bind argument to parameter ??? because it is null.	Sie verwenden eine Variable als Parameter für ein CmdLet oder eine Funktion, die null ist.	Für diesen Fehler gibt es drei mögliche Ursachen: ▶ Entweder hat die Wertzuweisung an die Variable nicht geklappt und sie enthält nun keinen Wert, ▶ Sie haben vergessen, die Variable zu initialisieren, oder ▶ Sie haben sich beim Variablennamen verschrieben.
Unexpected token '(' in expression or statement.	Sie haben eine überflüssige Klammer oder eine Klammer an der falschen Stelle im Code.	Die Fehlermeldung erscheint, wenn Sie eine runde öffnende Klammer an einer Stelle angeben, an der sie nicht zulässig ist, oder wenn sie an einer zulässigen Stelle steht, aber davor ein Leerzeichen steht.
Cannot convert value ... to type		

A.11 WMI-Klassen und Namensräume

Namensraum	Klasse	Beschreibung
root\CIMV2	Win32_LogicalProgramGroupItem	Enthält alle Startmenüeinträge.
root\CIMV2	Win32_ProgramGroup	Enthält die Programmgruppen des Startmenüs.
root\CIMV2	Win32_Registry	Stellt Informationen über die Registry zur Verfügung.
root\CIMV2	Win32_Service	Stellt Informationen über Dienste zur Verfügung.
root\CIMV2	Win32_TCPIPPrinterPort	Stellt alle TCP-IP-Druckeranschlüsse zur Verfügung.
root\CIMV2	Win32_PrinterDriver	Gibt Informationen über die installierten Drucker bekannt.
root\CIMV2	Win32_StartupCommand	Gibt Informationen über das Startverhalten von Windows zurück.

Namensraum	Klasse	Beschreibung
root\CIMV2	Win32_OperatingSystem	Stellt Informationen zum Betriebssystem zur Verfügung, ermöglicht bspw. das Herunterfahren und Neustarten des Rechners.
root\CIMV2	Win32_UserAccount	Stellt Informationen über die Benutzerkonten zur Verfügung.
root\CIMV2	Win32_Group	Enthält Informationen zu Benutzergruppen.
root\CIMV2	Win32_NTDomain	Gibt Informationen über die NT-Domäne aus.
Root\CIMV2	Win32_Share	Enthält Informationen über Netzwerkfreigaben.
Root\CIMV2	Win32_Environment	Enthält alle Umgebungsvariablen und deren Werte.

A.12 Datentypen

Klassenname	Datentyp	Beschreibung
System.Byte	Byte	Eine 8-Bit-Ganzzahl ohne Vorzeichen
System.Int16	Int16	Eine 16-Bit-Ganzzahl mit Vorzeichen
System.Int32	Int32	Eine 32-Bit-Ganzzahl mit Vorzeichen
System.Int64	Int64	Eine 64-Bit-Ganzzahl mit Vorzeichen
System.Single	Single	Eine Gleitkommazahl einfacher Genauigkeit (32 Bit)
System.Double	Double	Eine Gleitkommazahl doppelter Genauigkeit (64 Bit)
System.Boolean	Boolean	Ein boolescher Wert (true oder false)
System.Char	Char	Ein Unicode-Zeichen (16 Bit)
System.Decimal	Decimal	Ein Dezimalwert (128 Bit)
System.IntPtr	IntPtr	Eine ganze Zahl mit Vorzeichen, deren Größe von der zugrunde liegenden Plattform abhängt (32-Bit-Wert auf einer 32-Bit-Plattform und 64-Bit-Wert auf einer 64-Bit-Plattform)
System.Object	Object	Der Stamm der Objekthierarchie
System.String	String	Eine unveränderliche Zeichenfolge fester Länge mit Unicode-Zeichen

B Glossar

ADO Abkürzung von ActiveX Data Objects, das eine schon länger verwendete Technologie zum Zugriff auf Datenbanken darstellt und vor allem für den Datenbankzugriff im Internet optimiert ist.

Array Als Array wird eine virtuelle Tabelle bezeichnet, die im einfachsten Fall bei einem eindimensionalen Array aus einer Spalte und mehreren Zeilen besteht. Der Zugriff auf die einzelnen Zellen der Tabellen erfolgt über einen Index, der in der PowerShell bei 0 beginnt.

Ausdrücke Bestehen immer aus einfachen Werten (wie Zeichenketten und Zahlen oder Eigenschaftswerten, Rückgabewerten von CmdLets etc.), die mit anderen einfachen Werten und Operatoren kombiniert werden. Die Operatoren bestimmen, was mit den Operanden geschieht.

Boolesche Werte Werte des Typs System.Boolean. Sie können zwei Zustände haben: True (Wahr) und False (Falsch). Damit entsprechen sie den möglichen Werten eines Bits, 1 und 0. Sie werden vor allem als Ergebnis von Vergleichen und booleschen Ausdrücken verwendet, die als Schleifeneintrittsbedingungen oder in Verzweigungen verwendet werden.

Commandlets (CmdLets) Als CmdLets werden die Befehle der PowerShell bezeichnet, bei denen es sich nicht um .NET-Klassen, Objekte oder Methoden oder ausführbare Windows-Dateien handelt.

Datenbanken Strukturierte und verwaltete Datenmengen. Auch XML-Dateien können gemäß dieser Definition als Datenbanken gelten.

Datenbankmanagementsysteme Zur Verwaltung von Datenbanken wird ein Programm verwendet, das allgemein als Datenbankmanagementsystem (DBMS) bezeichnet wird. Es hat die Aufgabe, die Daten zu speichern, Änderungen zu ermöglichen und die Daten auf Abruf bereitzustellen. Ganz allgemein dienen Datenbankmanagementsysteme damit zur Verwaltung der Daten und der Datenbank und abstrahieren die physikalische Datenspeicherung.

Escape-Sequenzen Besondere Zeichenfolgen, die innerhalb einer anderen Zeichenkette eine bestimmte Bedeutung haben. Sie werden durch das Escape-Zeichen der jeweiligen Programmiersprache eingeleitet. In der PowerShell ist das das Zeichen `.

EventHandler Spezielle Prozedur, die ausgeführt wird, wenn das zugeordnete Ereignis eintritt. Das Click-Ereignis tritt ein, wenn der Benutzer mit der Maus auf den Button klickt.

Funktionen Dienen im Allgemeinen dazu, Codeblöcke unter einem Namen zu speichern und diese zu jeder Zeit mithilfe ihres Namens ausführen zu können. Dadurch wird die Anzahl der Codezeilen, die Fehlerzahl und der Aufwand für die Codeerfassung reduziert.

Gültigkeitsbereich Definiert den Bereich innerhalb der PowerShell, in dem eine

Variable gültig ist und ihren Wert behält. Nur innerhalb des Gültigkeitsbereichs kann die Variable verwendet werden.

Instanz Jedes Objekt, das aus einer Klasse erzeugt wird, ist eine Instanz der Klasse. Der Vorgang der Objekterzeugung wird auch als Instanziierung bezeichnet.

Klassen Definieren, wie ein Objekt aussieht, welche Eigenschaften und Methoden es hat und welche Standardwerte den Eigenschaften nach der Erzeugung des Objektes zugewiesen werden. Man kann sie sich als eine Vorlage für Objekte vorstellen, aus der gleichartige, aber nicht identische Objekte erzeugt werden. Deshalb nicht identisch, weil sie zwar die gleiche öffentliche Schnittstelle haben (das heißt, sie verfügen über die gleichen Eigenschaften und Methoden), aber die Eigenschaften nicht die gleichen Werte haben müssen.

OOP Abkürzung für objektorientierte Programmierung. Diese Programmiertechnik ist weit verbreitet und wird von allen aktuellen, modernen Programmiersprachen unterstützt.
Bei der OOP werden Daten in Form von Objekten verpackt und durch Methoden verändert und manipuliert. Methoden dienen dabei nicht nur der Kommunikation zwischen den Objekten, sondern sie können auch neue Objekte erzeugen und Werte zurückgeben. Methoden werden daher häufig auch als Message oder Nachricht bezeichnet. Die Daten von Objekten werden in Form von Eigenschaften gespeichert. Durch Veränderung einer Eigenschaft können daher auch die Objekte selbst verändert werden.
Die OOP dient vornehmlich dazu, die Wartungsfreundlichkeit des Codes zu erhöhen, indem Code wiederverwertbar wird.

Operatoren Dienen dazu, in Ausdrücken festzulegen, welche Aktion mit den Werten links und rechts vom Operator ausgeführt werden soll. Diese Werte werden analog zur Mathematik als Operanden bezeichnet. Operatoren stehen für verschieden Bereiche zur Verfügung. Sie dienen zum Vergleichen von Werten genauso wie für mathematische Operationen und Wertzuweisungen. Für Zeichenketten stehen außerdem noch spezielle Operatoren zur Verfügung.

Operatorvorrang Bestimmt, welche Operatoren in welcher Reihenfolge ausgeführt werden. Damit legt er ganz entscheidend fest, welchen Wert der Gesamtausdruck hat.

Optionale Parameter Das sind Parameter einer Funktion, die angegeben werden können, aber nicht müssen.

Schleifen Dienen dazu, Code wiederholt auszuführen. Man unterscheidet dabei abweisende und nichtabweisende Schleifen, je nachdem, ob es eine Bedingung zum Verlassen der Schleife (Austrittsbedingung) oder zum Betreten der Schleife (Eintrittsbedingung) gibt. Schleifen mit Eintrittsbedingung sind abweisende, solche mit Austrittsbedingung nichtabweisende Schleifen.

SQL Abkürzung für Structured Query Language. Eine Datenbankabfragesprache, mit der Daten aus der Datenbank abgefragt und auch geändert werden können. Die Datenbank kann manipuliert werden und es können Tabellen erstellt werden.

Statische Klassen Können verwendet werden, ohne daraus ein Objekt erzeugen zu müssen. Member dieser statischen Klassen werden auch als statische Member bezeichnet.

Tabellen Basis jeder Datenbank. Sie dienen dazu, die zu speichernden Daten in strukturierter Form zu ordnen. Jede

Tabelle definiert Datenbankfelder, in aller Kürze auch »Felder« genannt. Diese speichern die einzelnen Feldwerte. Ein Wert pro Feld bildet einen Datensatz, wobei die Felder auch leer sein können. Dann enthalten sie den Wert NULL.

Tabulatorreihenfolge Reihenfolge, in der die Steuerelemente aktiviert werden. Das Steuerelement mit dem Index 0 wird automatisch aktiviert, wenn das Formular angezeigt wird.

Variablen Benannte Platzhalter für Werte, die einmal definiert und beliebig oft im Skript geändert und verwendet werden können.

VBA Eine in viele Anwendungen integrierte, auf Visual Basic basierende, objekt-orientierte Makrosprache. VBA-Befehle sind Teile der Objektbibliothek von VBA, die jedoch einen sehr begrenzten Umfang hat. Sie werden in den einzelnen Anwendungen durch das Objektmodell der Anwendung ergänzt. Anwendungen, die VBA beinhalten, werden als VBA-Host-Anwendungen bezeichnet. Alle diese Anwendungen stellen ein Objektmodell zur Verfügung, über das der Zugriff auf fast alle Programmfunktionen und Einstellungen möglich ist.

Verzweigungen Dienen dazu, Code abhängig von einer Bedingung auszuführen. Dabei werden einfache Verzweigungen von Mehrfachverzweigungen unterschieden. Bei Mehrfachverzweigungen werden zwei oder mehr Bedingungen definiert und wird jeder Bedingung ein Code-Abschnitt zugewiesen.

WQL Abkürzung für WMI Query Language. Eine Abfragesprache für WMI-Provider, die verwendet wird, um Daten über den WMI-Dienst zu ermitteln, zu sortieren und zu filtern. WQL hat eine gewisse Ähnlichkeit mit SQL.

Zuweisungsoperatoren Dienen dazu, einer Variablen oder einem Parameter eines CmdLets, einer Funktion oder eines Skriptes einen Wert zuzuweisen. Der Standard-Zuweisungsoperator der PowerShell ist das Gleichheitszeichen.

Index

- 72
$ 96
$_ 102
$myInvocation 108
$null 35
% 72
%= 75
& 29
* 72
*= 75, 76
+ 70
+= 74
/ 72
/= 75
:: 80
-= 74
= 74
> 141
`n 35
| 46

A

Absatzendemarke 396
Absatzmarken
  einblenden 394
AcceptChanges 358, 363
Access 332, 342
ActiveDirectory 307, 310
Add 174, 379, 402
Add_Click 178
Add_TextChanged 339
AddDays 97
Addition 71
Address 386
AddWindowsPrinterConnection 290
ADO.NET 334
  Schreibzugriffe 350
ADSI 310
  Daten 313
  Grundlagen 311
  -Pfad 316
  Provider 311
  Verzeichnispfad 312
Aliasnamen 45, 46, 96

AllowMaximum 323
-and 127
Anführungszeichen 25, 42, 70
Anweisungen 59
Anwendungen
  starten 235
Anwendungsfenster 371
-append 149
AppendText 229
Application 24, 371, 373, 390
Arbeitsmappen
  erstellen 373
  öffnen 376
  schließen 390
  speichern 374
  Zellen 385
Array 93
-AsSecureString 156
Ausdrücke 70
  boolesche 124
  reguläre 88
Ausdrucksmodus 30
Ausführungsregeln 20
Ausgabe
  Dialoge 161
  formatierte 152
  in Ausgabestrom 147
  in Daten 148
  Warnungen 152
  Write-Error 152
  Write-Output 147
  Write-Warning 152
Ausgabestrom 26, 95
Ausnahmen 142
AutoWert 358

B

Backslash 276
Batch-Dateien 22
Befehlsmodus 30
Befehlsschaltfläche 173
begin 101
Benutzer
  einer Gruppe hinzufügen 318

erstellen 312
-gruppe 316
-gruppe, auflisten 317
-konto, anpassen 316
-verwaltung 316
Benutzeroberfläche 172
erstellen 30
break 142

C

Call 104, 111, 235
casesensitive 130
Cells 379, 385
Click 175
Close 175
CmdLets 23, 41
Klammern 27
Parameter 43
Code
debuggen 143
Codeblöcke 28, 101, 103
Codefragmente 28, 103
speichern 29
ColItems 238
Color 382
Columns 379, 383
COM 245, 367
Command 299, 301, 355, 357, 363
-ComObject 369
Concat 24, 82, 83
Connection 346
ConnectionString 342
Container 312
Contains 87
-contains 120
continue 142
Controls 174
Copy-Item 210
CopyTo 210
Create 313
CreateObject 36
CreateShortcut 245
CreateSubKey 270
CScript 21
CurrentSize 260

D

DataGridView 341, 362
DataSet 334
DataSource 224
DataTable 334, 350, 356
DataView 334
Dateien
ausführen 171
auswählen 166
Eigenschaften 202, 204
erstellen 201
Existenz prüfen 201
Inhalte ausgeben 201
kopieren 210
laden 119
löschen 202
schreiben, in 199
Schreibschutz 204
Text- 227
umbenennen 202
verschieben 213
XML- 227
zugreifen auf 189
Dateinamenserweiterung 60, 168, 212
Datei-Öffnen-Dialog 166
Datenbanken
Access 342
Änderungen übernehmen 363
Änderungen verwerfen 363
Definition 332
Felder 332
schreiben, in 350
Tabellen 332
zugreifen auf 333
Datenbankmanagementsystem 332
Datenbankserver 331
Datenbankverbindung 344
Datenbankzugriffe, WSH 331
Datenprovider 57
Datensicherung 214
Datenträgerbezeichnung 256
Datentyp
Variablen 26
Datentypen 96
Datum
aktuelles 43
formatieren 43
Tage addieren 97

Index

DCOM 310
DELETE 350, 360
Delete 284, 293, 322, 326, 327
DeleteSubKeyTree 275
DeleteValue 303
Description 299
Dialoge
  anzeigen 161
  Meldungen 161
Dienst 127
  starten 127
  stoppen 127
Dienste 279
  beenden 279
  starten 279
dir 21
DirectoryInfo 211
DirectoryName 204
Disabled 309
Dispose 175
Division 72
Documents 392
Dokumentation 14
  installieren 14
  PowerShellDocumentation-Pack 15
  Startmenüeinträge 15
Dokumente
  Absätze 396
  Absatzformate 397
  drucken 399
  öffnen 392
  speichern 399
Doppelpunkte 24, 190
DOS 21
Drive 215
DriveFormat 221
DriveType 218
Drucker
  -anschlüsse
           auflisten 281
  lokaler
           löschen 293
  Netzwerk-, verbinden 289
  -port 282
  -port erstellen 283
  prüfen 286
  -treiber, abhängige Dateien 288
  -treiber, auflisten 280
  -treiber, fehlerhafte 289

-treiber, installierte 286
-treiber, löschen 295
-verbindung, löschen 291

E

Echo 36
echo 149, 154
Eigenschaften 23, 79
  parametrisierte 37
Eingabeaufforderungen 188
Eingabedialog 176
Eingabefeld 180
Eintrittsbedingung 133, 230
else 126, 128
E-Mails
  senden 400
end 101
Endlosschleife 134
Environment 36
-eq 120
Ereignisse
  Click 175
  Load 185
  TextChanged 186
Escape 35, 396
  -Zeichen 90
EventHandler 175, 185, 339, 354
  zuordnen 178
Excel 370
  Spalten 380
  starten 373
  Zeilen 380
  Zellen 380
Excel.Application 370
Excel.Workbook 373
ExecuteNonQuery 357
Exit 129
Extension 213

F

Farben
  Hintergrund- 183
  Vordergrund- 183
  Write-Host 150
Fehler
  Laufzeit- 140

437

Index

logische 143
Syntax- 140
Fehlerbehandlung 22, 30, 143
Fehlermeldungen 152, 341
Filterbedingung 169, 257
Flush 229, 271, 303
for 138
foreach 136
ForeColor 183
Formula 384
FormulaLocal 384
Formulare
  Befehlsschaltfläche 173
  EventHandler 175
  Farben 183
  Label 173
  schließen 175
  Steuerelemente 173
FTP
  -Programm 405
  -Prompt 406
Funktionen 91
  aufrufen 27
  definieren 91
  mehrere Rückgabewerte 93
  Parameter 95
  Rückgabewert 92

G

Garbage-Collection 368, 369
-ge 120
Gesamtausdruck 77
get_DayOfWeek 80
get_Item 359
Get_MyCommand 108
Get-ChildItem 212, 213
Get-Command 45, 50, 137, 403
Get-Content 58
GetFolderPath 245
Get-Item 268
Get-Location 191
Get-Member 37, 370
Get-Process 47
Get-PSDrive 58
get-PSDrive 215
Get-PSProvider 57
Get-Service 127

GetValue 264
Get-WMIObject 243
Get-WmiObject 38, 277, 309, 323
Groß- und Kleinschreibung 24, 120
Großbuchstaben 27
  umwandeln in 81
Group 320
GroupName 243
Grundrechenarten 74
Gültigkeitsbereiche 108
  globale 109
  lokale 109

H

Haltepunkte 144
Hardware 237
Hauptschlüssel 262
Height 339
Hintergrundfarbe 150
Hochkommata 42, 62
HOME 68
HTA-Dateien 331

I

if 124
IndexOf 404
Initialisierung 138
Inkrement 133
InputBox 30
-inputObject 154
Insert 86
INSERT-INTO 360
Interior 381
Internet Explorer
  starten 411
InternetExplorer.Application 411
IsBodyHtml 402
IsReadOnly 205
isReady 217
ItemWord 264

J

Join-Path 108, 198, 235, 245, 375

K

Klammern 78
 eckige 24
 geschweifte 28, 91, 133
 runde 25, 27
Klassen 23
 statische 24
Klassifizierung 312
Konstante 150
Kontingentverwaltung 221
Konvertierung 71

L

Label 173
Ländereinstellungen 66
Laufwerke 215
 Eigenschaften 218
 freier Speicher 220, 221
 physische 215
Laufwerksauswahl realisieren 222
Laufzeit 70
Laufzeitfehler 141
-le 120
Leerzeichen 25
 abschneiden 87
Left 177
Lenght 213
Length 240
-like 88, 120, 240
Load 185
Location 303
-lt 120

M

Match 68
MaximumAllowed 323
MaximumDriveCount 69
MaximumSize 259
Mehrfachverzweigungen
 if 126
 switch 128
Meldungen 147
Member 24
 statische 79
MessageBox 166
MessageBoxButtons 161

Messages 23
Methoden 23, 79
 aufrufen 27
 Parameter übergeben 28
Microsoft Access 332
Modified 360
Modulo 72, 74, 381
MoveTo 213
MsgBox 30
Multiplikation 72
 Zeichenketten 76
MyInvocation 68, 109

N

Name 380
Navigate 411
-ne 120
NET 22
Netzwerk
 -freigabe löschen 326
 -freigaben erstellen 323
Netzwerkdrucker verbinden 289
Neuinstallation 13
New-Item 192, 202, 324
New-Object 36, 245, 369, 373, 390
-NoExit 248
-NoLogo 248
-NoNewLine 151
Nothing 35
nothing 370
null 370

O

Objektautomation 367, 368
Objektbibliothek 367
Objekte 23, 79
 COM- 369
 erstellen 369
 erzeugen 23, 79
objektorientierte Programmierung 23
ODBC 333
OleDbCommand 346
OleDbConnection 345, 355
OleDbDataAdapter 346
OLEDB-Provider 334
Open 343, 392
Open Database Connectivity 333

Index

OpenFileDialog 166
OpenRead 230
OpenSubKey 264, 268, 271
Operanden 70
Operatoren 70
   arithmethische → Operatoren, mathematische
   Dekrement 78
   Inkrement 78
   logische 127
   mathematische 70, 72
   Vergleichs- 120
   Zuweisungs- 74
Operatorvorrang 77

P

Paragraphs 396
Param 96, 105
Parameter
   CmdLets 43
   Datentypen 97
   -namen 25, 53
   optionale 53, 99, 155
   Standardwert 99
Parameterliste 325
Parse-Modi 30
   wechseln 31
Pfad 148
Pfadangaben 189
   relative 190
Pfade
   vollqualifizierende 189
Pfadtrennzeichen 108, 198
Pfeilschaltfläche 61
Ping 403
Pipe
   -Symbol 47
   -Zeichen 46
Pipelines 21, 46
Platzhalter 45, 88
Plus → +
PowerShell
   Befehle 26
   Entwicklungsumgebung 17
PowerShellIDE 17
Primärschlüssel 350
PrimaryKey 334
PrintOut 398, 399

process 101, 103
Programmablaufsteuerung 119
Programmiertechnik 23
-prompt 155
Provider ermitteln 57
Prozeduren 28
PSDrive 261
-Psprovider 215
Punkt-Vor-Strichrechnung 78
Put 257, 283, 309

Q

Quit 293, 371, 399, 405

R

Range 385, 396
Read-Host 154
Reboot 304
Recordset 334
Recurse 196
RegDelete 276
Regedit 403
Registry 259
   empfohlene Größe 260
   Größe 260
   Hauptschlüssel 261, 262
   -Pfad 262
   Schlüssel erstellen 268
   Schlüssel löschen 275
   schreiben 268, 273, 274
   Schreibzugriffe 269
   Unterschlüssel 264
   Unterschlüssel öffnen 264
   Wert 267
   Wert erstellen 268
   Wert löschen 302
   Werte lesen 264
   Werte löschen 275
   WSH 271
RegWrite 271
RejectChanges 364
Remove 84
Rename-Item 196, 202
Replace 86, 234
return 92, 93, 142, 343
   Skriptblöcke 106

Round 220
Rückgabewert 26

S

Save 246
SaveAs 374, 389
SaveCopyAs 389
Saved 390, 399
Schleifen
  abweisende 133
  Do 134
  Endlos- 134
  for 138
  foreach 136
  nichtabweisende 134
  while 133
  Zähl- 138
Schleifeneintrittsbedingungen 87
Schreibschutz 204
Schriftfarbe 150
SelectCommand 346
Seriennummer 256
Set_Attributes 207
SetInfo 313, 321
Set-Location 191, 262
SetPassword 313
Sheets 376
Show 160, 161
ShowAll 394
ShowDialog 174, 178, 340
Sicherheit 19
  ADSI 310
Sicherheitsanforderungen 60
Sicherheitseinstellungen 19, 20
Skriptblöcke 103
  mehrzeilige 104
Skripte
  ausführen 20
  beenden 129
  laden 119
Skriptebene 29
SMTP 400
SmtpClient 402
Sort-Object 48
Split 269
Split-Path 39, 108
SQL 360
  -Abfragen 47
  ausführen 357
  Definition 333
SQL-Server 332
Standardfreigaben 323
Standardwerte 23
Startmenü 243
  Eintrag erstellen 246
Startmenüeinträge 15
  filtern 243
Start-Service 127
State 344
Status 127
Steuerelemente
  ausblenden 187
  einfügen 177
  Kombinationslistenfeld 225
  positionieren 177
StopService 127, 279, 280
String 404
Structured Query Language 333
Style 397
SubString 171, 214, 404, 405
Substring 83, 85
Subtraktion 72
Suchmuster 89
switch 124, 218
Syntaxcheck 141
Syntaxfehler 140
System
  -einstellungen 298
  -verzeichnis 408
system.consolecolor 150
System.Data.OleDb.OleDbConnection 341, 343
System.Data.OleDb.OleDbconnection-StringBuilder 342
System.Data.RowState 356
System.DateTime 97
System.Drawing 381
System.Environment 39, 235, 244
System.Environment.SpecialFolder 244
System.Int32 96
System.IO.DirectoryInfo 204
System.IO.DriveInfo 217
System.IO.StreamWriter 229, 234
System.Net.Mail.SmtpClient 401
System.String 23, 81
System.Windows.Form.DataGridView 338

System.Windows.Forms   335, 336
System.Windows.Forms.Button   173
System.Windows.Forms.ComboBox   223
System.Windows.Forms.DataGridView   345
System.Windows.Forms.Form   172
Systemdateien   212
SystemDirectory   39, 235
Systemstart   298
Systemvoraussetzungen   62

T

TabIndex   180
Tabulatorreihenfolge   180
TargetPath   245
Tee-Object   153
Teilausdrücke   123
   vorrangige Berechnung   25
Teilzeichenfolge   85, 87
Test-Path   192, 201, 246, 287, 324
Testphase   374
Text   173, 397
TextChanged   186
Textdateien
   ändern   234
   durchsuchen   232
   lesen   230
   schreiben   229
ToLower   82, 219
Top   173
TopMost   176
ToString   80
TotalFreeSpace   220
TotalSize   220
ToUpper   27, 81, 82
trap   142
Trennzeichen   190
Trim   87
TrimEnd   87
TrimStart   87
try-catch   142

U

Umgebungsvariablen   36, 39
UNC   290
Untercontainer   189
until   134

UPDATE   358, 359

V

Variablen   25, 63
   Datentyp   26
   Datentypen   97
   Gültigkeitsbereiche   29, 115
   -namen   67
   System-   68
   untypisierte   26
VBA   367
VBA-Hostanwendung   367, 368
VbCrlf   35
Verbindungszeichenfolge   342
Vergleichsausdruck   125
Vergleichsmuster   89
Vergleichsoperatoren   88, 120
   Groß- und Kleinschreibung   24
Verzeichnis
   Skript-   108
   übergeordnetes   108
Verzeichnislisten   21
Verzeichnisse
   aktuelles   191
   ändern   191
   Anzahl Dateien   204
   erstellen   192
   Existenz prüfen   192
   kopieren   210
   löschen   196, 202
   umbenennen   196, 202
   zugreifen auf   189
Verzweigungen   120
   Mehrfach-   124, 128
   switch   128
Visible   186, 371, 411

W

Warnungen   152
Wechseldatenträger   216
Werte übergeben   95
Wertzuweisung   74
Win32_LogicalProgramGroupItem   238
Win32_NTDomain   313
Win32_Share   323
Win32_StartupCommand   298
Win32_TCPIPPrinterPort   283

Win32_UserAccount 307
Windows 393
  neu starten 304
  Systemprogramme 403
Windows-Verzeichnis 39, 235
WMI 38, 237
  Anbieter 253
  Dokumentation 248
  Filterbedingung 257
  Klasse 283
  -Objekte 239
  Objekte erstellen 245
  Provider 253
  Ressourcen 253
WMI-Browser 250
WMIObject 239
Word
  Absätze 396
  Absatzformate 397
  drucken 399
  speichern 399
  starten 392
  -Version 265
Workbook 373, 374, 376, 392
Worksheet 378
WQL 243
  Vergleichsoperatoren 243
Write-Host 94, 149
Write-Output 147
  echo 149

Parameter 71
Write-Warning 152
WScript.Network 290, 328
WScript.Shell 245
WSH 19, 217, 245
  starten 21
  Unterschiede 24
WSHNetwork 327
WSHShell 271, 307, 408
WSH-Skripte portieren 32

X

XML-Dateien 227

Z

Zählschleife 138
Zeichenfolgen
  ersetzen 86
  Mustersuche 88
Zeichenketten 24, 66, 70, 81, 141
  ersetzen in 234
Zeilenfortsetzungszeichen 34, 99
Zeilenumbruch 73, 96
Zeilenumbruchzeichen 67
Zugriffsanzahl 325
Zuweisung 74
Zuweisungsoperatoren 74
  erweiterte 75

Technische Umsetzung,
Benutzereffizienz,
Verfügbarkeit,
Kostenoptimierung

664 S., 2005, mit Poster, 59,90 Euro
ISBN 3-89842-663-7

Konzepte und Lösungen für
Microsoft-Netzwerke
www.galileocomputing.de

Ulrich B. Boddenberg

Konzepte und Lösungen für Microsoft-Netzwerke

Technische Umsetzung, Verfügbarkeit, Kostenoptimierung

Dieses Buch enthält keine langatmigen Installationsanleitungen, sondern liefert „Fakten, Fakten, Fakten" zu Design und Konzeption von Microsoft-Umgebungen. Es beginnt mit den Grundlagen des Sizings von Servern und Storage-Bereichen, beschäftigt sich detailliert mit den „großen" Applikationsservern, erklärt, was eigentlich hinter .NET steckt, diskutiert die Voraussetzungen einer sicheren Internetanbindung und behält stets die Kernaspekte Kosten, Performance und Verfügbarkeit im Auge.

>> www.galileocomputing.de/1030

SharePoint Portal Server 2003,
Windows SharePoint Services
v2, Office System 2003

Entwicklung von Webparts und
SharePoint-Erweiterungen

Webparts, Office und XML,
Server-Integration

623 S., 2005, mit CD
49,90 Euro
ISBN 3-89842-607-6

SharePoint Portal Server 2003 und Windows SharePoint Services

www.galileocomputing.de

Ulrich B. Boddenberg

SharePoint Portal Server 2003 und Windows SharePoint Services

Der SharePoint Portal Server 2003 ermöglicht die Entwicklung eines intelligenten Portals, das einzelne Mitarbeiter und Teams aus unterschiedlichen Geschäftsprozessen miteinander verbindet. Dieses Buch bietet einen Einstieg und einen Überblick in die SharePoint Portal-Technologien.
Es ist ein Praxishandbuch, das für Entwickler, Administratoren und Entscheider das nötige Wissen an die Hand gibt, die SharePoint-Technologien in mittelständischen Unternehmen effektiv einzusetzen.

>> www.galileocomputing.de/936

Windows Server 2003 R2,
Small Business Server 2003, ADS,
Exchange Server, Windows XP
und Microsoft Office

Lösungen für Unternehmen
und Behörden

Von der Testumgebung
zur Pilotierung

1000 S., 3., aktualisierte und erweiterte Auflage 2006,
mit DVD, 69,90 Euro
ISBN 3-89842-847-8

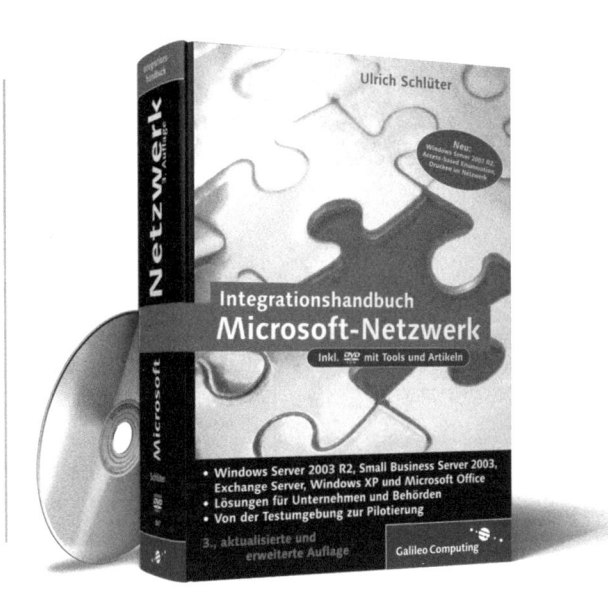

Integrationshandbuch Microsoft-Netzwerk
www.galileocomputing.de

Ulrich Schlüter

Integrationshandbuch Microsoft-Netzwerk

Windows Server 2003 R2, SBS 2003, ADS, Exchange Server, Windows XP und Microsoft Office

Ein Integrationshandbuch im besten Sinne: Das Wissen um das Zusammenspiel von Microsoft Windows Server 2003, ADS, Windows XP Professional, Office XP/2003 oder Exchange Server ist sehr komplex. Administratoren, die nach einer Gesamtlösung suchen, stellen fest, dass es immens viele Informationen, Fehlerbeschreibungen, Service Packs, Patches und Hotfixes zu den Einzelprodukten gibt, aber keinen Lösungsansatz, der dieses Wissen bündelt und in Beziehung setzt. Anders dieses Buch: Schritt für Schritt wird ein Gesamtsystem implementiert, das nicht nur über einen kurzen Zeitraum läuft, sondern wartbar bleibt und später auf neue Versionen upgedated werden kann.

>> www.galileocomputing.de/1338

Aktuelle Bücher aus unserem Programm

AJAX
Asynchronous JavaScript and XML
550 S., CD, 34,90 €
ISBN 978-3-89842-857-6
www.galileocomputing.de/1172

Besser PHP programmieren
701 S., CD, 39,90 €
ISBN 978-3-89842-648-0
www.galileocomputing.de/1010

C++ von A bis Z
Das umfassende Handbuch
1.229 S., CD, 39,90 €
ISBN 978-3-89842-816-3
www.galileocomputing.de/1278

CSS-Praxis
Mit farbiger CSS-Referenzkarte
530 S., 4. Aufl., CD, 34,90 €
ISBN 978-3-89842-765-4
www.galileocomputing.de/1173

Einstieg in PHP 5 und MySQL 5
Einführung in die Webprogrammierung
546 S., 4. Aufl., CD, 24,90 €
ISBN 978-3-89842-854-5
www.galileocomputing.de/1173

Einstieg in TYPO3
504 S., DVD, 24,90 €
ISBN 978-3-89842-836-1
www.galileocomputing.de/1229

Handbuch für Fachinformatiker
1.078 S., 34,90 €
ISBN 978-3-89842-668-8
www.galileocomputing.de/975

ITIL
328 S., 49,90 €
ISBN 978-3-89842-717-3
www.galileocomputing.de/1112

Java ist auch eine Insel
Programmieren mit der Java-Platform in der Version 6
1.444 S., DVD, 49,90 €
ISBN 978-3-89842-838-5
www.galileocomputing.de/1318

JavaScript und AJAX
Das umfassende Handbuch
842 S., DVD, 39,90 €
ISBN 978-3-89842-859-0
www.galileocomputing.de/1349

Joomla!
Das Handbuch für Einsteiger
496 S., mit CD, 29,90 €
ISBN 978-3-89842-632-9
www.galileocomputing.de/975

Konzepte und Lösungen für Microsoft-Netzwerke
664 S., Mindmap-Poster, 59,90 €
ISBN 978-3-89842-663-3
www.galileocomputing.de/1030

Linux
Das umfassende Handbuch
1.008 S., mit DVD, 39,90 €
ISBN 978-3-89842-677-0
www.galileocomputing.de/941

PC-Netzwerke
Praxislösungen für Büro, Home, Office und LAN-Party
698 S., mit DVD, 29,90 €
ISBN 978-3-89842-750-0
www.galileocomputing.de/1156

PHP 5 und MySQL 5
Schritt für Schritt zur professionellen Web-Applikation
763 S., mit CD, 34,90 €
ISBN 978-3-89842-693-0
www.galileocomputing.de/1084

Praxisbuch Objektorientierung
Von den Grundlagen zur Umsetzung
Beispiele in C++, Java, C# u.a.
609 S., 49,90 €
ISBN 978-3-89842-624-4
www.galileocomputing.de/966

Subversion
Grundlagen, Konzepte, Praxis
369 S., mit Referenzkarte, 34,90 €
ISBN 978-3-89842-879-8
www.galileocomputing.de/1244

TYPO3 4.0
Das Handbuch für Entwickler
808 S., mit CD, 44,90 €
ISBN 978-3-89842-812-5
www.galileocomputing.de/1230

UML 2.0
Das umfassende Handbuch
424 S., mit CD/Poster, 29,90 €
ISBN 978-3-89842-738-8
www.galileocomputing.de/1142

VBA mit Excel
Excel programmieren mit Visual Basic für Applikationen
720 S., CD, 39,90 €
ISBN 978-3-89842-489-9
www.galileocomputing.de/734

Visual C# 2005
Das umfassende Handbuch
1.320 S., mit 2 CDs, 59,90 €
ISBN 978-3-89842-586-5
www.galileocomputing.de/742

VMware Server und VMware Player
Virtuelle Maschinen erstellen und nutzen
360 S., mit DVD, 34,90 €
ISBN 978-3-89842-822-4
www.galileocomputing.de/1302

Das vollständige Programm, ausführliche Informationen sowie Leseproben finden Sie auf unserer Website:

www.galileocomputing.de

Galileo Computing
Professionelle Bücher. Auch für Einsteiger.